地球の歩き方 ムー JAPAN

神秘の国の歩き方

君は、日本で
何を見つけられるのか。

ここは沖縄県石垣島北部にある久宇良地区。頭上いっぱいに広がる天の川や流れ星が自慢の地だ。UFOなるものの目撃証言もある。(→P.332)

地球の歩き方 編集部 × ムー 編集部

その山のさま、
いと世に見えぬさまなり
『更級日記』

見本を旅しよう
知らない世界の 扉を開けよう
ちょっぴりの勇気と好奇心だけを携えて
「新しい何か」を探す旅へ

地球の歩き方編集部×ムー編集部

皮留久佐乃皮斯米之刀斯
『難波宮跡出土木簡』

後に怨み残すは
世の常のことなり
『源氏物語』

迎へに人々
まうで来むず
『竹取物語』

2

旅をしよう

日本には
まだ知らないところがたくさんある

行ったことがない町
見たことがない、何か
新しい何かに出合うのが旅

アナタだけの日本を見つけよう
想像をはるかに超えて目の前に現れるモノ、コト、事象

日常から心を解き放ち
自然の風に耳を傾け、新しい色を見る
日本が語りかけてくれるのは何？

何千年という時間を遡り先人の知恵に触れ
この先の未来を想像する
時間も空間も超えることができるのが旅

いと赤くきらきらしく
見えたるこそ、
あやしげれど、をかし
『枕草子』

初春令月
気淑風和
『万葉集』

世は定めなきこそ
いみじけれ
『徒然草』

然
り
首

3

351
パラレルワールドの歩き方

from Editor's

この本は、ガイドブック「地球の歩き方」が、ムー的世界の舞台となった場所を紹介するガイドブックです。地球の歩き方の解説は取材体験に基づき、2023年12月までに日本で確認したものですが、新型コロナウイルス感染症やその他状況により変更になる場合もあります。また、令和6年能登半島地震の影響で、石川県、新潟県、富山県の施設を中心に休館など記載内容に変更が出ているところがあります。訪問の際にはご自身でご確認をお願いします。
神秘の国、日本のミステリースポットは掲載のほかにもたくさんあり、またミステリーの背景は諸説あります。本書では同意をいただけなかった施設は掲載しておりません。「ムー」の記事や見解については、コラムやロゴ付きの項目で区別しています。必ずしも証明された事柄でない場合もありますが、いろいろな見方があるという点をお楽しみください。
国名、地域名はおもに略称または通称を使用しています。
🚶+ 地球の歩き方の取材で得られた補足情報などを記載しました
⚑+ ムーの見解や補足記事です

EXPLORATION

アルテミス計画で日本人が月に立つ？

アポロ計画により人類が初めて月面に降り立ったのは1969年7月のことで、最後が1972年12月。月面に立った12人はすべてアメリカ人の白人男性だった。アポロ計画が終了して約半世紀が経過した現在、NASA（米航空宇宙局）は新たな有人月探査を行うアルテミス計画を主導しており、2026年以降のアルテミス3では有人月面着陸を予定している。

アルテミス計画はNASAのみでなく、日本のJAXA（宇宙航空研究開発機構）や西欧諸国の宇宙局も参加する国際協力プロジェクト。月面を走る探査車ルナクルーザーの開発はトヨタ自動車が担当している。日本人宇宙飛行士の月面探査も調整が進められており、正式に決定すれば日本人が初めて月面に降り立つことになる。

月に日本人が降り立つのはそう遠い日ではない

EXCAVATION

富雄丸山古墳で国宝級埋蔵物見つかる

2022年12月、奈良市西部にある4世紀後半の円墳、富雄（とみお）丸山古墳から、盾の形をした銅鏡と、曲がりくねった刃をもつ蛇行剣が出土した。盾形銅鏡は縦64cm、最大幅31cmで、裏側は「だ龍」という神獣の文様が施された円形を上下に2枚配置したデザインになっている。盾型をした銅鏡の発掘は過去になく、同時代の銅鏡としては最大のもの。一方の蛇行剣は、全長237cmの鉄剣で、刀身の蛇行は7ヵ所程度見られる。古墳時代の鉄剣としては、これまで発見されている鉄剣の倍近い長さだ。どちらも過去に類例のないもので、国宝級の発掘品だといわれている。

GHOST BENCH

福崎町の妖怪ベンチ21基目は喰わず女房

民俗学者・柳田國男の出身地、兵庫県福崎町（→P.249）は「妖怪の町」として町おこしを行っている。町内各地には2017年に河童の河次郎の妖怪ベンチが登場して以来、アマビエや猫また、座敷童など、さまざまな妖怪と一緒に座れ、写真も撮れるベンチが設置されている。妖怪ベンチの数は年々増え続け、2023年8月には21基目となる妖怪ベンチが設置された。新登場した妖怪は、「喰わず女房」。ベンチの真ん中に座っており、ベンチの右側と左側でまったく違う姿が見られるのがおもしろい。

正面と背後とのギャップにはびっくり

UMA

淡水で生息する首長竜の化石発掘！ネッシー実在説に追い風

2022年7月、モロッコの太古に川底があった場所で、首長竜のプレシオサウルスの化石が発見されたと、イギリスのバース大学などの研究チームが発表した。これまで首長竜は海にしか生息していないと考えられていたが、今回川底で首長竜の化石が発掘されたことで、淡水で生活した首長竜がいたことが証明された形となる。これまでネッシー懐疑派が常套句のように繰り返していたのは、海水でしか生きられない首長竜が淡水のネス湖に住めるわけがないというもの。今回の発表により、ネッシー懐疑派の根拠は脆くも崩れた形となる。これにより、同じく淡水の湖である屈斜路湖のクッシーや、池田湖のイッシーが実在する可能性もグッと高まったといえるだろう。もっとも、淡水のプレシオサウルスは小柄で、全長は約3mほど。全長3mある動物は決して小さくないが、これがネッシーや他の首長竜型のUMAだとすると、やや迫力不足は否めない。いや、その後の進化によって巨大化したのかもしれない。

ムーJAPANへ
ようこそ！

隣町のあの山がピラミッド？
数百年続くあの祭りの起源はヨーロッパ？
すぐそばにある不思議世界、
信じるか信じないかはアナタ次第！

日本各地に
パラレルワールドが！

富士山

裾野から立ち上がる富士山の姿は、均整のとれた三角形でどこから見ても美しい。登山客でにぎわう現代からは想像しにくいが、縄文時代は激しく噴火しており「畏れ」の存在だったそうだ。登山するようになったのは修験者に修行の場として利用されたのがきっかけ。江戸時代になると、庶民の間にも登山ブームが起きる。富士講はメンバーが金を出し合い、代表者が富士山を登り、信仰を深めるというシステム。富士登山はその後、鉄道や道路の整備で信仰の側面から観光へとシフトしていく。現代の富士山は、東京と名古屋・大阪をつなぐ大動脈を懐に、人々の暮らしを見守るようにそびえ立つ。

Mystery of Mt. Fuji

静岡市から眺める夜明けの富士山

富士吉田市にある金鳥居越しに富士山を望む

日本人の心を支える
美しき霊峰

新幹線から見える富士山、飛行機から見える富士山頂。ニッポンジンは、旅の途中で遭遇する富士山につい心を躍らせる。きっと昔の旅人もそうだったはず。そしてこれからも永遠に。

The truth about
ancient

富士の**樹海**の地下に
超古代文明が!?

civilizations

富士山の麓にはかつて、高度な文明が栄えていた。ところが平安時代、2度に渡る大規模噴火に襲われて、すべてが溶岩の下に埋もれてしまった。「神社仏閣をはじめ、人々、草木・鳥獣・魚虫の類に至るまで福地山（富士山）の廻りは二十里四方が皆消滅」したと、ある古文書は記す。そしてこのとき、「背の湖」と呼ばれる湖の半分は青木ヶ原樹海に、残りは西湖・精進湖・本栖湖になったという。

7匹の鬼は神の使い！
神戸長田神社
追儺式神事

炎で災いを焼き尽くす！
太刀の刃で凶事を切り捨て！
松明の灰で厄払い！

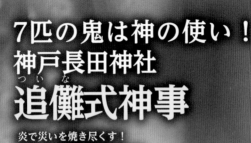

鬼

Oni

秋田県
男鹿（おが）の
ナマハゲ

厄災をもたらす悪者の象徴にされがちな鬼だが、
地方によっては村を守る
『神』として祀っているところもある。
アナタの心にも潜んでいるかもしれない。
強く超人的な鬼、

悪者か神か

鬼のような仮面をつけ、
藁などで作った衣装をまとったナマハゲが、
家々を巡って厄払いをする。
同様の行事は日本各地に広く分布し
「来訪神：仮面・仮装の神々」のひとつとして
ユネスコの無形文化遺産に登録されている。

なまはげ柴燈（せど）まつりでたいまつを持って
下山するナマハゲ

ヨーロッパの鬼との共通点も
鬼は渡來人？

「強」くて「悪」く、「大」きく「怖」ろしい――鬼の正体とは何なのか？　それは未知なるものであり、得体の知れない存在。すなわち、人々が怖れを抱いた異人、異世界（他国）からやってきた赤ら顔の渡来人集団だったのかもしれない。

carnivorous

クランプス

ヨーロッパ中部で聖ニコラウスのお
供をする悪魔のような存在。プレゼン
トを配る聖ニコラウスに対し、クラン
プスは鎖を持ってその年によい子で
なかった子供たちの前に現れ罰を与
える。「クランプス」という名前は、
悪魔の姿によくあるような「鉤爪」に
由来する。

10000年以上続いた
縄文時代

Dogu, Humorous Clay

縄文時代は、獲物を追って
遊動生活をしていた旧石器時代の後、
紀元前1万3000年頃 から1万年以上続いた文明。
土器や弓矢を用い、
竪穴住居で定住生活を営んだ。
近年の発掘調査により
遺跡はたくさん見つかっており、
歴史公園のように整備されているところもある。

環状列石

いわゆるストーンサークル
祭祀や埋葬に利用していたと思われる

大湯環状列石にあるふたつのストーンサークルの
ひとつ、万座環状列石

土偶

平板なもの、ふくよかなものなど
種類はいろいろ
どこかひょうきんな人気者

頭部が皿のように見える河童型土偶
出典：ColBase (https://colbase.nich.go.jp/)

Figures

竪穴住居

柱を建てた跡などから
規模や用途が推測できる

埼玉県富士見市にある水子貝塚公園には復元され
た竪穴住居がある

ストーンサークルは
UFO基地?

Dogu, Aliens or
Ancient Humans?

縄文遺跡から見つかった、宇宙飛行士の姿をした土偶。
洞窟の壁に残された、翼をもった謎の人物の絵。
古代の日本列島を異星人が訪れた痕跡は、各地にある。
そしてこれらを密接に結びつけるもの──。
それが、縄文人が祈りを捧げたストーンサークルだ。
果たしてそれは、どんな役割を担ったのだろうか。

土偶は宇宙人？

The Power of Healing Your

多彩な植生が見られる屋久島で、ゆったりと森林
浴を楽しもう

Forests, Heart

心を癒やす 森のパワー

森の中に入ってみる。ふと異世界に迷い込んだような不思議な感覚に陥ったことはない
だろうか。樹木のフィトンチッドが気持ちを鎮め、滝や川のしぶきが清涼な「気」を運
ぶという。古来から洋の東西を問わず巨木には精霊が宿り、神が降臨するという伝説が
残る。太古から受け継がれてきた森の営みは、ヒトの知らないパワーが秘められている
のかもしれない。

猩猩？ 妖怪？

いたずら好きの怖いやつ

怪しい光で発光する　　崇られると目を病む

魚をむさぼる

Any naughty
kids here?

悪い子は沈めちゃうぞ

ガジュマルの古木に宿るとされる、沖縄の有名な妖怪キジムナー。
子供のような姿と人間との交友から、「沖縄の河童」とも呼ばれている。
これととてもよく似ているのが、奄美諸島の妖怪ケンムンである。
しかもこちらは相撲好きで頭に皿があるなど、まさに河童そのものだ。

皿の水が抜けると死ぬ

個性豊かな 日本の祭り

海に囲まれ四季のある日本列島。古来日本人は豊かな自然の恩恵により稲作や漁をして生活してきた。一方で自然はときとして台風や地震などの天災をもたらす存在でもあった。列島各地に伝わるさまざまな祭りは、こうした自然への感謝と畏怖を背景に生まれたものが多い。地域ごとに独自の祭りが発展し、人々の生活に根づいている。

日本三大祭のひとつ、大阪の天神祭。陸渡御（りくとぎょ）では神輿を担いで大阪の町を練り歩く

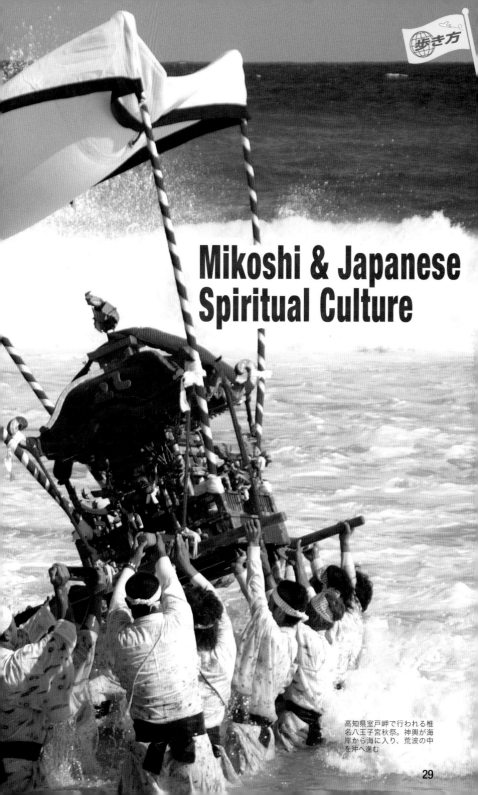

Mikoshi & Japanese Spiritual Culture

高知県室戸岬で行われる椎
名八王子宮秋祭。神輿が海
岸から海に入り、荒波の中
を沖へ進む

日本の**神輿**は**聖櫃**(アーク)
ユダヤと
不思議な類似

だった
日本の

祭礼で地域を練り歩く勇壮な神輿の姿は、誰もが見たことがあるだろう。実は今から3000年以上も昔、これとそっくりな光景を見ていた人々が、中東にいた。この時代、預言者モーセの指導により出エジプトを果たした古代イスラエル民族は、40年間にわたって荒野を放浪していた。そのとき彼らは「契約の箱（アーク）」に「十戒石板」「アロンの杖」「マナの壺」という「三種の神器」を収め、まさに神と一緒になって移動していたのだ。この「契約の箱」、まさに日本の神輿とそっくりなのである。そこには、どのような秘密が隠されているのだろうか。

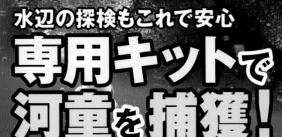

河童さがしの旅へ

Step 1
まずは好物の キュウリで 誘い出す

防水のシールバッグで鮮度を保ったキュウリをホルダーに入れ、そのみずみずしい香りで河童を誘い出す

水辺の探検もこれで安心
専用キットで 河童を捕獲！

古くから伝わる日本の妖怪として人々に親しまれている河童。
ムーと防水バッグで定評のあるストリームトレイルのコラボで生まれた
捕獲キットで、いまこそ河童を捕まえよう！

Step 2
残留物を 見つけたら すぐに保存

排泄物や分泌物、皿の破片など、河童の痕跡と思わしきものが見つかったら収集しよう

メッシュキャップ
水辺の探検、夏の太陽光線や少々の水しぶきはキャップでガード

ボトルホルダー
折りたたみ式のボトルホルダー。600mlのペットボトルも入るのでキュウリ2〜3本はラクラク！

TROPIDE（トロピード）
ワンタッチで開閉できるカラビナ付きの河童残留物入れ。携帯灰皿にもなる

DRY TANK D2 25L
抜群の防水性能を誇る。この大きさなら河童も入る

防水バッグ
防水仕様の立体型インナーバッグ。キュウリの予備はこちらに

※キットに含まれる各アイテム
それぞれでも購入できます

キーワードで知る 日本の ミステリースポット

知っているようで
意外に説明しにくい日本のこと。
神話世界から縄文土偶、果ては磐座まで
パラレルワールド日本の基本を押さえよう。

芸術性の高さに驚く！
縄文時代のキーワード

縄文時代の年代は諸説あるが、紀元前1万3000年頃から紀元前1000年頃まで1万年以上も続いた時代。前時代にあたる旧石器時代との一番の違いは、移動生活ではなく特定の場所で定住生活を営んでいたこと。長らく寒冷期であった地球環境が急激に温暖化していったことから定住生活が始まり、狩猟や採集を生活の基盤としていた。土器をはじめとする縄文文化が花開いた。

集団生活の痕跡
縄文のムラ

縄文時代の人々は地面に穴を掘り下げて床と低い壁を作り、藁もしくは土で屋根を葺いた竪穴住居で生活していた。広さは15〜25㎡で、畳にして8〜14畳ほどが一般的だが、100㎡を超える大型の建造物跡も発見されている。縄文時代の集落は、時代や場所によっても大きく異なるが、ひとつのムラにはおおむね4〜10棟ほどの竪穴住居が築かれ、30〜100人ほどが生活していたと考えられている。三内丸山遺跡（→P.88）では、最盛期には約500人が暮らしていたと考えられている。

三内丸山遺跡の竪穴住居

三内丸山遺跡の大型竪穴住居の内部

まるで宇宙人？　土偶

縄文人は呪術や祭祀といった文化をもっており、人や動物をかたどった土製の人形が多く出土している。人型のものは土偶と呼ばれ、日本全国の出土総数は2万体ほどとされている。土偶はほとんどすべてが女性で、明確に男性とわかる土偶はごくわずか。女性のもつ「命を宿し育む神秘的な力」の象徴として、呪術や祭祀に使われたと考えられている。宇宙人によく似た遮光器土偶をはじめ、デザイン性も豊かだ。

亀ヶ岡石器時代遺跡（→P.90）で出土した遮光器土偶（※1）

ミミズク土偶。榛東村耳飾り館（→P.155）で見られるような耳飾りをしている（※1）

頭部が皿のようになっている河童型土偶（※1）

遠方との交易を物語る
黒曜石とヒスイ

縄文人は、完全な自給自足で生活していたわけではなく、近くで手に入らない物や貴重な品などは交易によって入手していた。特に石器の材料として重宝された長野県和田峠産の黒曜石や、装飾品の原料である新潟県糸井川地域のヒスイは、縄文時代を代表する高級品。どちらも青森県の三内丸山遺跡から見つかっており、縄文時代の人々が非常に広範囲な交易ネットワークをもっていたことがわかる。

世界遺産にも登録されている、北海道伊達市の北黄金（きたこがね）貝塚

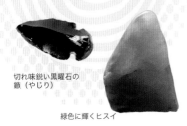

切れ味鋭い黒曜石の鏃（やじり）

緑色に輝くヒスイ

古代人のゴミ集積所 貝塚

貝塚とは、古代人によって捨てられた貝殻が積み重なってできたもの。貝殻以外にも動物の骨や、土器、石器などが一緒に捨てられる場合があり、縄文人の生活を知るうえで重要な手がかりとなる。一方で貝塚のなかには、1種類の貝のみで構成しているものもあり、これらは貝の加工場跡だとの説が有力。貝を保存加工したのち、内陸部などへ商品として流通させたと考えられている。

胎児の姿のような埋葬 屈葬

縄文時代には屈葬と呼ばれる、体を折り曲げて地面に埋められる埋葬方式が広く見られる。折り曲げることで地面に穴を掘る面積が少なくて済むというメリットがあるほか、胎児が母親のおなかにいる形と同じであるため、再生への願いが込められていたとも考えられている。

体育座りのような形で埋葬されている

装飾性豊かな器
縄文土器

日本各地の遺跡から出土したこの時代の土器は、縄目の文様があることから縄文土器と呼ばれている。窯ではなく焚き火のような形で約800℃の低温で焼成される。赤褐色をしており厚手でもろく、調理や保存、祭祀などに使われていた。調理用の土器は深鉢が基本で、煮炊きによってできた使用痕がある。一方、火焔型土器をはじめとする装飾性が豊かな土器は、祭祀用に使用されていたと考えられている。

新潟県長岡市の馬高遺跡から出土した火焔型土器（※1）

高度な装飾が施された縄文時代中期の土器（※1）

より鋭い切れ味を追求 磨製石器

旧石器時代には、石を砕いたものをそのまま利用した打製石器が使われていたが、縄文時代に入ると、石器を砂や砥石などで研磨して、より表面が滑らかな磨製石器が使われるようになった。加工することで、切れ味をよくする効果をもたせることができた。とはいえ縄文時代に打製石器がなくなったというわけではなく、用途により依然として打製石器も使われていた。

磨かれることで切れ味を増した磨製石斧

（※1）出典：ColBase (https://colbase.nich.go.jp)

水田稲作が伝来
弥生時代のキーワード

弥生時代は、紀元前10世紀から紀元後3世紀中頃までの時代区分で、名称は1884年に東京都の弥生町で土器が発見されたことに由来している。縄文時代との違いとしては、水田稲作など農耕による食料生産が根づいたことが大きい。稲作文化は社会に貧富の差をもたらし、集落単位の武力衝突が発生。いくつもの集団を束ねるクニが形成されるようになった。

敵から守る堀がある
環濠集落

水田稲作が始まったことで、集落同士で土地や食料をめぐって争うようなこともあり、周囲に環濠をめぐらされた環濠集落が造られた。縄文以来の竪穴住居で生活しており、高床建物や平地建物はおもに倉庫として使われた。祭祀のための巨大な建物も登場している。佐賀県にある吉野ヶ里遺跡（→P.320）は、日本を代表する環濠集落遺跡として名高い。

吉野ヶ里遺跡は周囲を壕と柵で囲み、防衛に優れた集落

高床の巨大な建物。祭祀が行われたと考えられている

壕と柵に加えて、尖った杭も並べられ、襲撃に備えていたことがわかる

吉野ヶ里遺跡の外壕は、断面がV字型になっている

分担して農作業 稲作

水田稲作は、中国もしくは朝鮮半島から移り住んだ人々によってもたらされたもの。九州から日本列島の東へと徐々に伝わっていった。稲作は大人数で作業するため、集団をまとめる指導者が必要となり、身分の差が生まれるようになった。

水田稲作が行われるようになり、人々の生活は大きく変わっていった

甕棺（かめかん）は、九州北部で多く見られる

四隅突出型墳丘墓。古墳時代の到来を予感させる形状だ

身分の差が現れる
墓

弥生時代には、集落のはずれに埋葬のための専用の場所、共同墓地が造られるようになった。遺体は直接埋められるほか、棺におさめられた状態で埋葬されるものも見られる。身分が高い者は、盛り土をされた立派な墳丘墓に副葬品と一緒に葬られるなど、階級差が墓にも現れるようになっている。

戦いや祭祀に使用 金属器

世界の多くの地域では、新石器時代の後には青銅器時代、次いで鉄器時代の順に続くが、日本には青銅器と鉄器がほぼ同時に伝わっている。そのため、農作業や武器など実用的なものはおもに硬い鉄が使われ、青銅器は祭祀の道具など、儀礼的なものに使われることが多い。青銅製のベルである銅鐸（どうたく）は、朝鮮半島や中国では見られない日本独自のもの。豊作を祈る儀式の際に使われたと考えられている。

弥生時代後期の広形銅矛（ひろがたどうほこ）。武器としての機能はない（※1）

実用本位の
弥生土器

稲作が始まったことで、貯蔵用の壺、煮炊き用の甕（かめ）、盛り付け用の高坏（たかつき）など、用途によって異なる形のものが作られるようになった。縄文時代に比べて過度な装飾性はなくなり、実用性が重視されるようになったが、人や動物の形をした器なども出土している。

東京国立博物館（→P.72）に収蔵されている全長134.7cmの日本最大の銅鐸（※1）

群馬県埋蔵文化財調査センター（→P.153）が収蔵している弥生時代の人形土偶

左から壺、甕、高坏。東海地方を中心に穴が空けられた甕が出土している（右端）（※1）

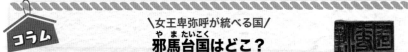

コラム

＼女王卑弥呼が統べる国／
邪馬台国はどこ？
（やまたいこく）

漢委奴国王の金印（レプリカ）（※1）

弥生時代の日本では文字は使われていないが、中国の歴史書『魏志倭人伝』によると、3世紀中頃に女王卑弥呼が治める邪馬台国という国があり、倭国連合の都となっていたという。邪馬台国が日本のどこにあったかについては、畿内説と九州説が有力だが、今もわかっていない。『魏志倭人伝』の景初3年には、卑弥呼の使者に「親魏倭王」と書かれた金印や銅鏡100枚が授けられたと書かれている。

親魏倭王の金印はまだ見つかっていないが、もし発見されることになったら、邪馬台国論争に終止符を打つ重要な発見になるだろう。現在福岡市立博物館に収蔵されている金印は、「漢委奴国王」と書かれたもので、邪馬台国の時代よりもさらに2世紀遡る、後漢時代の金印だとされている。

❻ 仮面の女神
縄文

写真提供：茅野市尖石縄文考古館

❻ 縄文のビーナス
縄文

縄文のビーナスは棚畑遺跡、仮面の女神は中ッ原遺跡と、どちらも長野県茅野市から出土したもの。縄文のビーナスは腹部が大きくでていることから、妊婦の姿を表していると考えられている。仮面の女神は、その名のとおり逆三角形をした仮面がとりわけ印象的。

写真提供：茅野市尖石縄文考古館

縄文 & 弥生の 国

2024年2月現在、縄文時代と弥生時代の遺物で国宝に指定されているものは全部で12件。すべて博物館で管理されているが、特別展などのため国内外の博物館に貸し出されることも少なくないので、訪問前に展示されているか確認するのがよいだろう。縄文時代の国宝はすべて日本北東側、弥生時代の国宝はすべて日本南西側から出土しており興味深い。

❷ 合掌土偶 縄文

八戸市風張（かざはり）1遺跡から出土した縄文時代後期半に作られた土偶。両手を合わせていることから合掌土偶と呼ばれる。祈っているようにみえるが、出産後の姿という説が有力視されている。

写真提供：八戸市埋蔵文化財センター是川縄文館

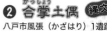

縄文

❹ 笹山遺跡出土
深鉢形土器

縄文土器として唯一国宝に指定されている。57点で構成されており、そのうちの14点が火焔型土器になっている。

写真提供：十日町市博物館

縄文

❸ 縄文の女神

まるで現代アートのオブジェのような造形美を誇る土偶。山形県舟形町の西ノ前遺跡から出土した。

写真提供：山形県立博物館

❽ 荒神谷遺跡出土品

弥生

弥生

❽ 加茂岩倉遺跡出土銅鐸
（かもいわくら）

出雲国こと島根県東部は、大量の青銅器が発掘されている。出雲市の荒神谷（こうじんだに）遺跡では358本の銅剣、6個の銅鐸、16本の銅矛が出土、雲南市の加茂岩倉遺跡からは39点の銅鐸が出土しており、まとめて国宝に登録されている。

写真提供：島根県立古代出雲歴史博物館　所有：文化庁

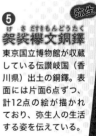

弥生

❺ 袈裟襷文銅鐸
（けさだきもんどうたく）

東京国立博物館が収蔵している伝讃岐国（香川県）出土の銅鐸。表面には片面6点ずつ、計12点の絵が描かれており、弥生人の生活する姿を伝えている。

出典：ColBase (https://colbase.nich.go.jp)

❶ 中空土偶　**縄文**
（ちゅうくう）

函館市南茅部（みなみかやべ）にある著保内野（ちょぼないの）遺跡から出土した土偶。中が空洞になっていることから中空土偶と呼ばれるが、南茅部の茅と中空の空を取って茅空（かっくう）という愛称が付けられている。

写真提供：函館市教育委員会

❶ 函館市縄文文化交流センター
住 北海道函館市臼尻町 551-1
URL www.hjcc.jp

八戸市埋蔵文化財センター是川縄文館 ❷
住 青森県八戸市大字是川字横山1
URL www.korekawa-jomon.jp

❸ 山形県立博物館
住 山形市霞城町 1-8
URL www.yamagata-museum.jp

（→P.208）**十日町市博物館 ❹**

（→P.210）**茅野市尖石縄文考古館 ❻**

❺ 東京国立博物館（→P.72）

弥生

❿ 平原方形
（ひらばるほうけい）

周溝墓出土品
（しゅうこうぼ）

福岡県糸島市は、『魏志倭人伝』で邪馬台国へ向かう途中にあるとされる伊都国があったと思しき場所。伊都国歴史博物館には、伊都国王の墓とされる平原王墓からの出土品を収蔵しており、国宝に指定されている。40枚の銅鏡をはじめ、ガラス勾玉や鉄刀などからなっている。

所有：文化庁

島根県立古代出雲歴史博物館 ❽
住 島根県出雲市大社町杵築東 99-4
URL www.izm.ed.jp

❼ 神戸市立博物館（国宝 桜ヶ丘銅鐸・銅戈群を収蔵）
住 兵庫県神戸市中央区京町 24
URL www.kobecitymuseum.jp

伊都国歴史博物館 ❿
住 福岡県糸島市井原 916
URL www.city.itoshima.lg.jp

❽ 福岡市立博物館
住 福岡市早良区百道浜 3-1-1
URL museum.city.fukuoka.jp

❾ 漢委奴国王金印　**弥生**
（かんのわのなのこくおう）

江戸時代に福岡市東区志賀島で偶然発見された。57年に光武帝が奴国王に与えた金印と考えられているが、異論もある。（写真は東京国立博物館が収蔵している模造品）

出典：ColBase (https://colbase.nich.go.jp)

世界でも稀な巨大墓 古墳を学ぶ

古墳時代は巨大な丘陵墓が造営された時代で、3世紀から7世紀頃にあたる。この時期は文字の記録はほとんどないが、古墳の形状や副葬品などによって、大和政権の成立過程や大陸との交流など、さまざまな情報をうかがい知ることができる。

古墳の形→墳丘

古墳は墳丘の形状によっていくつかのタイプに分けることができる。なかでもよく知られているのが前方後円墳で、円墳と方墳が組み合わされたものだ。

前方後円墳は最初に近畿地方、瀬戸内海沿岸に登場し、その後全国へと広がっていったことから、大和政権の影響力が拡大していったことを示していると考えられている。最大の前方後円墳とされるのは、仁徳天皇陵として知られる大仙陵古墳で全長486m。天皇陵は敏達天皇陵を最後に前方後円墳では造られなくなっており、以後は円墳または方墳、八角墳などで造られている。

方墳

方墳は古墳時代を通じて造営された四角形をした墳丘

円墳

円墳は円形をした墳丘。方墳と同じく全国で見られる

前方後円墳

大和政権が造りはじめたとされる前方後円墳

前方後方墳

方墳がふたつ組み合わされた前方後方墳。関東地方に多い

上円下方墳

下が方形、上が円形をしている上円下方墳

八角墳

古墳終末期に大王の墓として造営された八角墳

古墳の 中 → 石室

古墳は墓なので、墳丘の内部には石室があり、遺体が埋葬されている。埋葬の方法によって大きく竪穴式石室と横穴式石室の2種類がある。竪穴式石室は、古墳時代初期から見られる形式で、墳丘の上から穴を掘って造られたもの。埋葬後に閉じてしまえば、再度入ることはできない。一方、横穴式石室は墳丘の横から穴を掘って造られたもので、閉じても入口を開ければ再び入ることができ、追葬するのが容易。横穴式石室は、古墳時代中期の5世紀頃から造られ始めており、この頃に人々の死生観が変化したことが示唆されている。

横穴式石室。入口から続く羨道（えんどう）の先に玄室が広がる

竪穴式石室。棺の周りに小石を詰め込んでいる

文様や絵で装飾された石室もあり、装飾古墳と呼ばれている

古墳に眠っている 人 → 棺

古墳時代初期は、割竹形木棺という、縦にふたつに割った木の両面をくり抜いた棺が広く用いられた。石材を使った棺は、1枚の石をくり抜いて作ったものと、複数の石を組み合わせて作ったものがある。横穴式石室のなかには棺がなく、布や木の板の上に遺体が置かれた例もある。

割竹形木棺の複製

石をくり抜いて造られた船形石棺

複数の石で組み立てられた家形石棺

古墳の 権力 → 副葬品

古墳の大きさは、被葬者の権力や財力の大きさを示しており、石室の中には権力者のみがもつことができた豪華な品物が一緒に埋葬されている。なかには中国や朝鮮半島など遠方からもたらされた物もある。また、古墳時代は日本に馬が伝わった時代で、豪華な馬飾りも多く見つかっている。

画文帯同向式神獣鏡（※1）

東大寺古墳出土の国宝「金錯銘花形飾環頭大刀」。日本最古の銘文入り刀剣で、刀身は中国製（※1）

鞍の後ろにつける杏葉（ぎょうよう）という馬具（※1）

綿貫観音山古墳の副葬品、金銅鈴付大帯。群馬県立歴史博物館保管

（※1）出典：ColBase（https://colbase.nich.go.jp）

古墳の お茶目⇒埴輪

埴輪（はにわ）とは、古墳の表面や周囲に配置された素焼きの土器のこと。極度にデフォルメされたものや、写実的なものまでさまざまな形があり、見た目にも楽しい。写実的な埴輪は、文字資料がほとんどない古墳時代を知る重要な手がかりにもなっている。

家形埴輪（上）、靫（ゆぎ）形埴輪（右）。ゆぎとは弓矢の入れ物のなかで背負えるタイプのもの（※1）

円筒埴輪、朝顔形埴輪

円筒埴輪は古墳時代の最初期からある古いタイプの埴輪。上部で花が開いたような形のものは朝顔形埴輪という。

古墳の表面には円筒埴輪数本につき、朝顔形埴輪1本の割合で配置されている

器財形埴輪、家形埴輪

大刀や甲冑、盾など物の形をした埴輪を器財形埴輪という。防具は被葬者の霊を護る意味があるとされる。家形埴輪は、被葬者の霊が住む場所で、通常は墳丘の頂上部に置かれる。

人物埴輪

人の形をした埴輪のこと。古墳は有力者の墓なので、被葬者を護る武人や祭礼を行う人物の埴輪が多い。

国宝の挂甲武人埴輪（※1）

埴輪 踊る人々（※1）
踊っているのではなく、馬を曳く姿という説もある

動物埴輪

埴輪には動物の形をしたものも数多く出土している。特に馬は古墳時代の権力と財力の象徴であり、きちんと馬具を揃えた姿のものがよく見られる。

鶏は朝を呼ぶ神聖な生き物（※1）

馬具が装着された馬形埴輪（※1）

埴輪の行列

人物や動物、器財形埴輪などをまとめて形象埴輪という。古墳によっては形象埴輪をまとめて配置した場所があって壮観だ。

綿貫観音山古墳（→P.152）出土の国宝埴輪。石室の入口近くに置かれ、祭祀の姿を再現している

八幡塚古墳（→P.154）前に配置された埴輪の行列

（※1）出典：ColBase (https://colbase.nich.go.jp)

あまりにもマナの壺に酷似している前方後円墳とは？

前方後円墳は古代イスラエルの秘宝をかたどったもの

壺をかたどった巨大古墳

古墳にはさまざまな種類があるが、誰もが最初に思い浮かべるのは、方墳と円墳が接合された**前方後円墳**だろう。実はこの形の陵墓は日本独特のもので、一部、朝鮮半島南部に影響が見られるが、ほぼ日本列島でしか見ることができない。

当然、なぜこのような形になったのか、そこにはどのような意味があるのかと多くの議論がなされてきた。そんななかに、これは**壺を模したものではないか**、という指摘が挙がった。例えば全長486mと、日本最大の前方後円墳である伝仁徳天皇陵を上空から見てみよう。ポイントは通常の見方ではなく、後円部分を下にすることだ。すると前方部分は、上から下に向かってくびれていく台形になっていることがわかる。さらに方墳と円墳がつながる部分には、造出という左右に耳のような飛び出しもある。この形が、壺にそっくりだというのである。

イスラエルの三種の神器

では、なぜ壺なのか？ 古代イスラエルには日本の皇室と同じく、三種の神器があった。**モーセの十戒石板、マナの壺、アロンの杖**で、いずれも契約の箱に収められていた。これらはバビロン捕囚を境に消えてしまったとされるが、この三種の神器が遠い昔、古代イスラエル人とともに日本列島に渡ってきたとする説がある。いわゆる**日ユ同祖論**（→P.204）だ。

壺をめぐる古代の取引

古代イスラエル三種の神器のうち、マナの壺は、元伊勢として知られる京都府の籠神社で御神宝として伝承され、代々の宮司である海部氏が継承儀式で用いてきたとされる。超常現象研究家の飛鳥昭雄氏は、古代の日本列島にユーラシア大陸で騎馬民族となった古代イスラエルのガド族が、マナの壺を携えてやってきたと主張する。彼らは倭国を征服すると、丹後の王であった海部氏と謁見。その際に実は海部氏の先祖も同じ古代イスラエルの支族だったことが判明する。ここで、互いに同じ出自であることを確認した両支族は、倭国の支配権力をガド族が握る代わりに、マナの壺を海部氏に委ねたのではないか、というのだ。ガド族の王はその後、代々の天皇となった。そして権力のシンボルとして、マナの壺をかたどった巨大な陵墓＝前方後円墳を建造したのである。

仁徳天皇陵として伝わる大仙陵古墳

籠神社の参道

日本全国 城にまつわるウワサ MAP

全国各地に建つ城は、堅牢な石垣や天に向かってそびえ立つ天守など、見る人の目を楽しませてくれる。一方で城の本来の目的とは防衛のための最後の拠点。落城とは多くの場合、防御側の死を意味しており、城にまつわる悲劇や呪い、祟りなどについては枚挙にいとまがない。

播州皿屋敷のお菊井戸が実在する

世界遺産

11
島根県松江市
松江城

9
兵庫県姫路市
姫路城

人柱にされた娘の呪いが天守を揺らす

小早川秀秋が城主になって間もなく死亡。関ヶ原の戦いで敗れた西軍方の呪いか?

10
岡山県岡山市
岡山城

12
熊本県熊本市
熊本城

8
大阪府大阪市
大坂城

豊臣秀頼は秘密の抜け穴から脱出した?

江戸時代に起きた落雷で5層の天守が大爆発！　原因は城主・信枚の叔母の呪いとも

青森県弘前市
弘前城
1

近くの橋ではこの城で自刃した柴田勝家の亡霊と首なし武者行列が現れる！？

福井県福井市
福井城
3

白虎隊伝説に彩られた戊辰戦争の舞台

福島県会津若松市
鶴ヶ城
2

長野県松本市
松本城
5

愛知県名古屋市
名古屋城
6

重税にあえぐ農民たちの恨みが天守を傾かせた？

東京都八王子市
八王子城
4

小田原征伐で激戦の末に陥落した悲劇の山城

岐阜県郡上市
郡上八幡城
7

1

青森県弘前市
弘前城

城と桜が
織りなす絶景

歩き方 1611年に弘前藩2代藩主の津軽信枚によって築城された青森県弘前市にある城。現在は弘前公園として整備されている。現在の天守は再建で1810年に建てられたもの。江戸時代から現在まで残っている天守は全国でも12しかなく、非常に貴重な存在だ。園内は桜の名所としても知られており、毎年開花時期には弘前さくらまつりが開かれ、多くの人が訪れる。

弘前公園
住青森県弘前市下白銀町1　URL www.city.hirosaki.aomori.jp
JR弘前駅から弘南バスで市役所前下車、徒歩約4分

天守は石垣修理工事のため仮天守台に移動している

初代藩主信公は弘前城の西1.3km、革秀寺に祀られている

津軽為信を祟った
ふたりの女性

初代藩主・津軽為信は、美人で評判だった藤代御前を自分の側室にしようとしたが、夫を殺された恨みのある藤代御前は断固拒否。一族とともに為信が差し向けた兵と戦い、為信の一族を末代まで祟ってやると言って討ち死にしたという。その後為信の嫡男が若くして病死、為信自身もその2ヵ月後に死の床につき、祟りを封じるため自分の骨を藤代御前の墓の上に埋葬するよう遺言したという。

また、為信の死から約20年後、弘前城の5層の天守は1627年に落雷にあい、保管していた火薬に引火し大爆発を起こしている。人々はこれを為信によって無理矢理離縁させられた為信の義姉の祟りだと噂したという。爆発事件の翌年、もとは鷹岡（高岡）だった地名を天海大僧正の名付けで弘前に改め、城名も弘前城になった。

2

福島県会津若松市
鶴ヶ城

赤い瓦が映える
誇り高き会津藩の城

赤味を帯びた瓦が鮮やかな鶴ヶ城

飯盛山に並ぶ白虎隊士十九士の墓

歩き方 伊達政宗、蒲生氏郷、上杉景勝など名だたる武将が城主を務めた城。1643年に第3代将軍徳川家光の異母弟である保科正之が藩主となり、以来会津藩主、会津松平家の居城となった。幕末から明治にかけての戊辰戦争では、会津藩が旧幕府方の中心となったことで戦いの舞台になっている。城内の建物は1874年に石垣を除いて取り壊されたが、1965年に天守が外観復元され、2011年には天守の瓦が江戸時代と同じ赤い瓦に葺き替えられた。天守内は郷土博物館として利用されており、2023年には内部の展示がデジタル技術を駆使した最新のものにリニューアルされた。

少年兵の
悲惨な死を悼む

戊辰戦争のなかで最も悲劇的ともいえるエピソードのひとつが、白虎隊と呼ばれる16～17歳の少年部隊にまつわる物語。飯盛山にいた隊士たちは、煙が出ている鶴ヶ城を燃えて落城したと誤認し自刃したとして広く知られていた。しかし、近年では落城を誤認したというのは誤りで、城に戻る途中に捕らえられるよりも潔く自刃を選んだという説が有力になっている。

鶴ヶ城
住会津若松市追手町1-1
URL www.tsurugajo.com
JR会津若松駅からまちなか周遊バスで鶴ヶ城入口下車すぐ

3

福井県福井市
福井城

**柴田勝家と
お市の方終焉の地**

福井城は戦国時代は北之庄城という名で、織田家臣団の筆頭格だった柴田勝家の居城。9層の天守をもつ立派な城だったという。柴田勝家は信長の死去後に羽柴（豊臣）秀吉と対立し、1583年に北之庄城は包囲される。天守は炎上し、勝家は自害。妻のお市の方も運命をともにした。関ヶ原の戦い後には、徳川家康の次男である結城秀康がこの地に入り、焼失した城の北に新たな城が建てられ、以来江戸時代を通じて福井松平家の居城として利用された。焼失した北之庄城の天守があった場所は現在、柴田公園となっており、公園に隣接する柴田神社は柴田勝家とお市の方を祭神として祀っている。

見事な堀と石垣が残る福井城。本丸には福井県庁舎が建てられている

福井城
住 福井県福井市大手
3-17-1
JR福井駅から約7分

柴田神社
住 福井県福井市中央
1-21-17
JR福井駅から約6分

首が無い武者行列が通る九十九橋

北ノ庄城の「首のない行列」

福井の城下町では、毎年4月24日（旧暦）は、夜に家を出ることがタブーとされていた。この日は、柴田勝家が妻・お市の方とともに亡くなり、北ノ庄城が落城した日。その夜に、柴田勝家ら首が無い武者行列が、足羽川にかかる九十九橋から旧北ノ庄城本丸に向かうと語られていた。そしてこの行列を見た人は、必ず謎の死を遂げるといわれた。このため町人らはこの日を「柴田忌」とし、夜の外出を禁忌にしたという。

4

東京都八王子市
八王子城

**激戦が
繰り広げられた
関東屈指の山城**

御主殿跡へと通じる石段と石垣

北条家第3代北条氏康の三男で、第4代北条氏政の弟である北条氏照が築いた城。1590年の小田原征伐では、豊臣秀吉率いる全国の大名連合軍が北条領に攻め込んでおり、八王子城も前田利家、上杉景勝、真田昌幸といったそうそうたる武将の攻撃に遭い、あえなく落城した。建てられた時期は安土城よりも新しいが、軍事を第一に考えられた山城であるため、象徴的な意味合いが強い何層にもわたる豪華な天守などはもたない。落城後は廃城となったため、江戸時代に改修もされず、戦国時代最後の大規模山城の姿を色濃く残している。

八王子城跡
住 東京都八王子市元八王子町3
JR高尾駅から西東京バスで霊園前・八王子城跡入口下車、徒歩約20分

米を研ぐと血で染まる

豊臣秀吉の小田原征伐の際に攻撃を受けた八王子城。籠城していた守備兵は反撃かなわず自刃し、ともに城にいた3000もの婦女子は御主殿の滝に身を投げて全員が死を選んだ。その滝を流れる川は三日三晩、血で染まったという。現存する滝のそばに供養碑があり、付近の村では、川の水で米を炊くと（血で）赤く染まるなど、奇怪な噂が語られたそうだ。

三日三晩血で染まったと伝わる御主殿の滝

47

戦闘と風流、ふたつの機能を兼ね備える

5

長野県松本市
松本城

均整のとれた姿をした松本城の天守

義民のにらみで傾く天守

松本城の天守は傾いていたといわれており、実際に明治と昭和の大改修では傾きを直す作業が行われている。原因とされるのが、1686年に起きた加助騒動。重い年貢に苦しめられている農民の窮状を救うため、多田加助が主導した農民一揆で、一度は願いを聞き届けられたが、後に反故にされ、加助とその同士は処刑されてしまう。磔にされた加助は年貢の減免を叫びながら絶命したが、死ぬ前に城を睨んだところ、城が傾いたと伝わっている。ただし、この伝説は明治になって生まれたもので、実際は天守内の土台支持柱が腐ったために傾いたものと推定されている。

北アルプスをバックに建つ松本城は、日本に5つしかない国宝天守の城。天守は大天守に辰巳附櫓・月見櫓が接しており、さらに渡櫓を通じて乾小天守ともつながっている連結複合式の名城だ。築城したのは徳川家の重臣だったが、後に出奔し豊臣秀吉の配下となった石川数正と息子康長。黒漆が塗られた重厚感があるたたずまいで、豊臣政権時代に東の大大名・徳川家康に睨みを利かす役割を果たした。月見櫓は江戸時代になってから増築された風流のための建物で、平和な時代が到来したことを反映した優美な造りになっている。

松本城
住 長野県松本市丸の内4-1
URL www.matsumoto-castle.jp
JR松本駅から約20分

明治時代の松本城天守の写真。カメラレンズの歪曲収差により、実際より傾いて見えているらしい

尾張名古屋は城でもつ

6

愛知県名古屋市
名古屋城

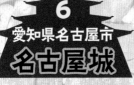

金色に輝く鯱がひときわ印象的な名古屋城。木造での再建が計画されている

名古屋城は、徳川家康によって関ヶ原の戦いが終わった後の1610年に築城された。当時はまだ豊臣秀頼が大坂城に健在であり、西に睨みを利かし、徳川家の威信を見せつける巨大城郭となった。城の普請は全国の大名が参加しており、とりわけ築城の名手として知られた加藤清正が手がけたとして有名だ。城内には清正公の石曳き像が立てられている。天守は城郭として最初に国宝に指定されたが、第2次世界大戦の空襲によって焼失、現在は復興天守が建てられている。

名古屋城 住 愛知県名古屋市中区本丸1-1
URL www.nagoyajo.city.nagoya.jp 地下鉄名古屋城駅から約5分

金鯱盗難伝説

鯱（しゃち）とは頭は龍もしくは虎で、体は魚という空想上の生き物。口から水を吐き火を消すことから、防火のお守りになったという。名古屋城の天守には一対の金のシャチホコが鎮座しており、長らく城のシンボルとして親しまれてきた。そんな金鯱の鱗を大凧に乗って盗んだとされるのが、大泥棒として知られる柿木金助。『けいせい黄金鯱』として歌舞伎の演目にもなっている。大凧で盗もうとしたのはあくまで伝説だが、1937年には実際に38枚の金鯱の鱗が盗まれる事件が発生。犯人は大凧ではなく、自力で天守をよじ登ったそうだ。

金鯱の鱗を盗んだとされる柿木金助。
柳沢武運三編『柿木金助実伝』より
国立国会図書館デジタルコレクション

奥美濃にそびえる
天空の城

険しい山に築かれた難攻不落の城

7
岐阜県郡上市
郡上八幡城

天守のすぐ横には、およしを祀ったお堂がある

ぐじょうはちまん
郡上八幡城の人柱伝説

関ヶ原の戦い後、郡上八幡城の改修にあたり、ときの城主は不思議な力をもつという17歳の娘およしを堅固な石垣を築くための人柱にすることを企て、およしに白装束を着せ、櫓の下に空いた空間に入れて外から石で塞いだという。時代が下り、1907年の水害の後、町では火災が頻発。白装束の若い女性の亡霊が方々にあらわれた。そのため近くの善光寺の住職は「およし観音堂」を建立。今も城の本丸跡の石段下で手を叩き、およしの名を呼べば、泣くような声で応えるともいう。

岐阜県郡上市にある郡上八幡城は、戦国時代末期に築かれた山城。関ヶ原の戦いの前哨戦である八幡城の合戦において激しい攻城戦が繰り広げられた城で、江戸時代になると郡上藩の藩庁として利用された。天守をはじめとする建物は維新後にすべて取り壊されており、現在見られる天守は大垣城を参考に1933年に築かれた模擬天守。木造の模擬天守としては国内最古で、郡上市有形文化財に指定されている。

郡上八幡城
岐阜県郡上市八幡町柳町一の平659
hachiman-castle.com
郡上八幡ICから約12分

8
大阪府大阪市
大坂城

太閤秀吉ゆかりの大城郭

大坂城は、石山本願寺跡に豊臣秀吉が築いた。秀吉自身がこの城に住んだ時期は短かったが、秀吉の嫡男秀頼とその母淀殿は、秀吉の死後居城としており、大坂の陣で豊臣氏が滅亡するまでの波乱の歴史を見守り続けた。現在見られる石垣などの遺構は徳川時代に新たに築かれたもので、豊臣時代の遺構はその下に眠っている。天守は1931年に築かれたコンクリート造りの復興天守で、徳川時代と豊臣時代を折衷したデザインになっている。

大阪城天守閣
大阪市中央区大阪城1-1
www.osakacastle.net
JR大阪城公園駅から約18分

天守は大阪城公園の中心に鎮座している

三光神社の境内にある真田の抜け穴。扉は閉ざされて入ることはできない

真田の抜け穴

1615年の大坂夏の陣で豊臣秀頼は切腹。大坂城は紅蓮の炎に焼き尽くされた。その後、秀頼の遺児国松が斬首されたことで豊臣家は滅亡したが、実は秀頼と国松はひそかに脱出し、鹿児島へ落ち延びたという伝説が残っている。伝説による脱出の手引きをしたとされるのが、日ノ本一の兵（つわもの）といわれる真田信繁（幸村）。大阪市天王寺区にある三光神社には真田の抜け穴と呼ばれる穴が残っており、かつて大坂城と地下道でつながっていたといわれている。

人柱伝説と残念石

　城を護るために埋められた人々
人柱伝説を聞いたことがあるだろう。城や橋、堤防などを護るために生きた人間が捧げられたという、いわゆる人身御供の儀式だ。日本のみならず、古代エジプトやアステカ文明、古代ローマ文明においても、こうした儀式は頻繁に行われていた。

メキシコのチチェン・イッツァ遺跡

　日本の城の場合、石垣のなかや城の土台に生きたまま人を埋めた、というのが定番だ。実際、人柱伝説が残された城は日本各地にあり、郡上八幡城（→P.49）や長浜城（→P.251）のものが特に有名である。しかし、実際に城で人柱が行われたかどうかはわかっていない。人骨が発見されることはあるものの、それが人柱だったという確証がないからだ。

　人柱が本当に行われたのだとすれば、なぜ城を守るために人の命が必要だったのだろうか。それは**地鎮祭**と関係があるのではないかともいわれている。

　地鎮祭とは、食材などを供えて土地を利用する許可を得る儀式のことで、城を築く際にも当然、地鎮祭は執り行われた。このとき、鏡や玉、小刀、舎利、経文などが埋められて、土地神が鎮められた。また大相撲でも、勝ち栗やカヤの実、昆布、するめ、洗米、塩を土俵の中央に埋め、土俵の安全を祈願している。

　もちろんこれらは**呪物**であり、その呪力が期待されて埋められるわけだが、その呪力を最大にしたいと願った場合、生きた人間を神に捧げるというアイデアが出てくるのは不可避だろう。

　ただし力が強ければそれだけ、恨みや祟りも強くなる。郡上八幡城にも長浜城にも、人柱になった女性の霊を慰める祠が建っているのはそのためだ。

郡上八幡城にある人柱「およし」の石碑

験を担いで捨てられた残念石

　ところで関西圏ではしばしば、**残念石**と呼ばれる巨石が、街道沿いや山中に放置されているのを見かける。大坂城（→P.49）築城の際に石垣用として切り出されたものだが、これに関しても興味深い話がある。

　巨大な切り石は、遠路はるばる大阪まで運ぶ必要があった。当然、途中で事故も起こる。落石、石を地面に落としてしまうミスだ。城にとって「落ちる」は完全なるタブーだ。一度落ちた石は使うわけにはいかない。それゆえその場に放置された残念な石──「残念石」になったというのだ。

　これもまた、ひとつの城の呪術というべきものだろう。

香川県小豆島にある大坂城残念石記念公園

9
兵庫県姫路市
姫路城

世界遺産に登録された 白亜の名城

兵庫県姫路市の姫路城は、別名・白鷺城とも呼ばれる白い漆喰で覆われた美しい天守を頂く城。大天守と3つの小天守をもつ連立式の天守は、12ある現存天守のなかで最大のもの。国宝指定され、ユネスコの世界遺産にも登録されているなど、まさに日本を代表するにふさわしい城といえるだろう。天守だけでなく、櫓や石垣などの防備施設もよく保存されており見ごたえがある。西御屋敷跡には日本庭園の好古園が整備されている。

姫路城　住兵庫県姫路市本町68　白く輝く姿は白鷺（しらさぎ）城と呼ぶにふさわしい
URL www.city.himeji.lg.jp/castle/　JR姫路駅から約20分

『播州皿屋敷』の舞台になったと伝わる井戸

姫路城のお菊井

姫路城の城内には「お菊井」と呼ばれる井戸があり、『播州皿屋敷』の怪談で知られている。今ある姫路城の造営前、家臣であった青山鉄山の乗っ取りに遭った城主、小寺則職は、忠臣の妻お菊をスパイとして城の動向を探らせた。だがお菊を怪しんだ鉄山の家臣は、鉄山が大事にしていた皿10枚のうち1枚を隠し、その罪をお菊に着せてしまう。だが、折檻を受けながらも罪を認めなかったお菊は、殺されて井戸に放り込まれた。「するとその夜から、『1枚、2枚、3枚……9枚』と皿を数える声とともに、ガラガラと皿の音が屋敷中に鳴り響く怪異が続いた」という。

岡山城は、豊臣政権で五大老を務めた宇喜多秀家の居城。秀家が関ヶ原の戦いに敗れた後は小早川秀秋が城主を務めたが、わずか2年で天折している。以降は池田氏の居城となり明治を迎えた。天守は、明治の破却は免れたが、1945年の岡山空襲によって焼失。現在はコンクリート造りの復興天守が建っている。望楼型で黒く塗られた天守は、江戸以前の古い様式の特徴をよく残し、随所に金箔瓦が効果的に用いられている。旭川を挟んで岡山城の対岸にあるのは、日本三名園として名高い岡山後楽園。岡山藩2代藩主池田綱政によって作られ、その後も歴代藩主によって手が加えられていった。

岡山城
住岡山市北区丸の内2-3-1
URL okayama-castle.jp
岡山電気軌道城下電停から約10分

2022年にリニューアル！

10
岡山県岡山市
岡山城

全体が黒く塗られ、引き締まって見える岡山城の天守

岡山城に取り憑いた怨霊

岡山城の天守は、太平洋戦争後に再建されたものだが、元の天守には開かずの間があったという伝説がある。そこは城主の小早川秀秋の乱行を諫めた家臣が殺害された現場といい、その部屋では畳を新しくしても血痕のような染みが浮かび上がってきたという。秀秋の乱行の原因は、関ヶ原の戦いの西軍の将、大谷吉継の亡霊に悩まされたためと伝わる。秀秋はこの戦で西軍方として参戦しながらも東軍に寝返り、吉継の陣へ攻めかかったと伝えられてきた。吉継は最後、小早川秀秋の陣に向かい、「人面獣心なり。3年の間に必ずや祟りをなさん」と言って自害したそうだ。

月岡芳年の『魁題百撰相 金吾中納言秀秋』に描かれた大谷吉継の霊と小早川秀秋

戦国時代を駆け抜けた英雄たちは神仏の加護を得て戦っていた！

戦の勝利に必要なのは、兵力や軍備はもとより、情報収集や謀略を含めた作戦の立案にあるのは当然である。しかし、いくら智謀の限りを尽くしても、最後は時の運、人知を超えたツキに頼ることもある。したがって、武将らは神や仏にすがったのである。

織田信長と熱田神宮

織田信長は徹底したリアリストで、宣教師ルイス・フロイスによれば、あらゆる卜占迷信的慣習を軽蔑していたという。確かに比叡山延暦寺や一向宗に対する仕打ちを見ると、当時精神的権威として君臨していた仏教を嫌悪していた節はみられるが、神々への尊崇の念はもっていた。その好例が、桶狭間の戦いにおける熱田神宮である。

今川義元の軍勢2万5000、対する織田方は約3000。前線の砦はすでに包囲され、絶体絶命のタイミングで未明に清洲城を発った信長は、熱田に向かった。信長が戦勝祈願を熱田神宮の神前で読み上げると、このとき本殿の奥から甲冑の触れ合う音がし、1羽のシラサギが舞い立ったという。それを見た信長は「これぞ、熱田大神がわれわれを護り、勝利へと導き給うしるしなり*」と声をあげた。

結果、織田方の大逆転劇へ。桶狭間の戦いは、近世の幕開けを告げる合戦と評され、**熱田大明神の神軍**とも称されている。（※出典：『信長公記』）

模擬天守の清洲城

明智光秀と愛宕神社

明智光秀は織田信長への謀反の意志を表明する直前、居城である亀岡城の北東にそびえる愛宕山に向かった。愛宕山は山城と丹波の境にある山で、愛宕権現を祀る修験山伏の聖地である白雲寺（現在の愛宕神社）が鎮座している。光秀は愛宕権現の本地仏である勝軍地蔵に信長暗殺の是非をうかがうべく、本尊に祈願し、御籤を引いたところ凶と出た。再度引いても凶。3度目でようやく吉だった。その夜、山上の寺坊で連歌会を開催。歌を奉納して戦勝を祈願した。こうした一連の儀礼ののち発せられたのが、あの「敵は本能寺にあり！」だったのである。

武田信玄と上杉謙信が祀った神仏

ライバルとして覇を競った武田信玄と上杉謙信。長野県の川中島で5回にわたって合戦を繰り広げたふたりの名将はどうだったのか。

信玄は自身をモデルにした不動明王像を彫らせたことで知られ、菩提寺の恵林寺には武田不動尊が奉安されている。信玄は、忿怒の相をあらわし、一切の魔を調伏するというその仏尊と一体化し、現世の覇者を目指したのである。このほか信玄は、氏神の八幡神や諏訪大社も篤く崇敬し、諏訪明神ゆかりの諏訪法性兜を被り、その神名を記した**諏方南宮上下大明神**の旗を掲げて出陣した。

一方の謙信は、武神、毘沙門天の生まれ変わりを自証し、**毘の軍旗**とともに、常にその念持仏を戦場に携行した。その像は**泥足毘沙門天**と称され、現在は上杉家の菩提寺である法音寺に奉安されているほか、かつて居城とした春日山城の毘沙門堂にもその写し像が祀られている。

11
島根県松江市
松江城

水の都にそびえる 国宝天守

周囲を堀川で囲まれている松江城

関ヶ原の戦いの後、出雲に入国した堀尾家によって建てられた城。天守は1611年に築かれた現存天守で、国宝にも指定されている。出雲には名城とうたわれた月山富田（がっさんとだ）城があり、当初はここを居城としたが、難攻不落の要害に建つ山城のため、都市開発の余地は少なかった。そのため宍道湖のほとりに松江城が新たに建てられ、城を中心に城下町が発展した。城の周りには堀がめぐっており、小船の上から城や、水の都と讃えられる松江の城下町を眺めることができる。

松江城　住島根県松江市殿町1-5　URL www.matsue-castle.ip
🚌 JR松江駅から市営バスで国宝松江城・県庁前下車、徒歩約2分

盆踊りで揺れると伝わる天守の最上階

盆踊りの祟り

松江の城下町エリアでは、伝統的に盆踊りは行われない。実情は不明だが、盆踊りにまつわる祟りのせいだと言い伝えられている。伝説によると、松江城築城の際に石垣を積むと、どういうわけか石垣が崩れてしまい、何度積んでもそのたびに崩れる場所があったという。ある者が人柱として生贄を捧げればよいのではないかと言い出し、盆踊りのときに踊りの上手い娘を連れ去り、人柱として石垣の下に生き埋めにしてしまったという。その後、城は無事完成したが、盆踊りで人々が踊ると、天守が揺れるという怪事件が起きるようになった。これは人柱にされた娘の祟りだとして、以来、城下町で盆踊りが行われることはなくなったという。

城造りの名手が築いた 九州の名城

12
熊本県熊本市
熊本城

熊本地震での被害を修復した天守

熊本城は、猛将として名高く、城造りの名手としても知られる加藤清正によって築かれた城。清正の死後は、息子の加藤忠広が継いだが、大坂夏の陣の約17年後の1632年に加藤家が改易となり、以降は細川家の居城になっている。天守や本丸御殿などは西南戦争のときに焼失したが、天守は1960年、本丸御殿は2008年に復元された。2016年の熊本地震でも大きな被害を受けたが、復旧工事が進められ、2021年には天守の復旧が完了している。

熊本城　住熊本県熊本市中央区本丸1-1　URL castle.kumamoto-guide.jp
🚋 熊本市電熊本城・市役所前電停から約10分

豊臣秀頼を迎える部屋だったと伝わる「昭君之間」

昭君之間（しょうくんのま）は将軍の間？

熊本城の本丸御殿で最も格式が高いとされるのが昭君之間。昭君とは中国の故事に登場する王昭君のことで、中国四大美女のひとり。絶世の美女だったが、画家に賄賂を払わなかったため肖像画を醜く描かれ、そのために異民族に嫁ぐことになったという。昭君之間の由来は、部屋の壁に王昭君にまつわる物語が描かれていることだが、実は「将軍の間」という隠れた意味をもっていたともいわれる。ここでいう将軍とは、豊臣秀吉の遺児・豊臣秀頼のことだ。本丸御殿が建てられた当時は大坂夏の陣で豊臣家が滅亡する前のこと。豊臣秀吉の忠臣として知られた加藤清正は、いざというときは豊臣秀頼を熊本城にかくまうために、この部屋を造ったのではないかといわれている。

日本全国 城にまつわる ウワサ解説

53

石峰山 石神社
（いしみねやま　いその）

宮城県石巻市雄勝町

石峰山は宮城県石巻市東部にある標高352mの山。山頂に鎮座する石神社は、およそ1800年前の創祀と伝わる古社で、『延喜式神名帳』にも記載されている。社殿はなく、高さ7m、幅3mの巨石が御神体岩として祀られている。かつてこの周辺は、修験場だったそうで、法印さんと呼ばれる修験者によって受け継がれた神楽が盛んに奉納されていた。現在は、神職や地区の氏子が引き継ぎ、雄勝法印神楽として石神社をはじめ、里宮の葉山神社などでも奉納されている。

古代から伝わる日本の信仰 磐座（いわくら）

　儒教や仏教など、外来の宗教が入ってくるはるか以前から、日本人は、森羅万象に神聖なものを感じ取り、崇拝し続けてきた。これを一般に古神道という。磐座（磐倉/岩倉）とは、古神道における岩に対する信仰のことで、信仰の対象となる岩そのものを磐座と呼ぶこともある。

　「イワクラ」は、磐座、石位、岩座、石坐、磐倉、岩倉とさまざまな漢字を当てる（本書では一般名詞として磐座を使用）。その名称は『古事記』、『日本書紀』や『風土記』のなかに記述があり、神のいる場所をたたえる語が本来の意味といえる。神と人が交流するための媒体になる石を一般的に磐座というが、その定義は難しい。ただいえるのは、それが信仰の対象である「聖なる石」ということ。磐座というと巨石を想像する人が多いが、石のサイズは大きい物から小さい物まであり、規定はない。

　神道は自然信仰を原点としており、もともと社殿はもたなかった。人々は山深くにある大きく立派な岩に神がお降りになると考え、注連縄（しめなわ）を張って磐座としたのが原始的な姿なのである。神道の神は磐座に常駐しているわけではなく、人々は儀式などを行うときに、そのつど神をお招きした。

　考古学的に磐座の存在が明確になるのは、古墳時代以降のこと。磐座の周囲からは、祭祀に用いられた遺物が出土することもある。

御岩神社の石柱
（おいわ）

茨城県日立市入四間町

茨城県日立市にそびえる霊山・御岩山の麓に鎮座する御岩神社。神社の創建は不詳だが、縄文時代晩期にはこの地で祭祀を行っていたとされ、古代信仰の名残りからか、188柱もの神仏を祭神として祀っている。江戸時代には歴代の水戸藩主が参拝に訪れている。社殿から山頂までは登拝道が整備されており、所要約1時間。山頂付近には小さな石祠があり、その後ろには高さ1.5mほどの石柱が鎮座している。

櫃石
ひついし

群馬県前橋市三夜沢町

赤城山南麓、三夜沢町の赤城神社は、赤城山信仰の中心地。ここから赤城山を50分ほど登ったところには、高さ2.5m、周囲12mの櫃石と呼ばれる磐座が鎮座している。周辺から土器や石製模造品などが出土していることから、6世紀中頃の祭祀場と考えられており、県の指定史跡にもなっている。天津神地津神（あまつかみくにつかみ）を祀る磐座で、一説には赤城山の御神体と考えられている。

神倉神社のゴトビキ岩
かみくら

和歌山県新宮市神倉

新宮市街地の西、権現山（神倉山）の南端に鎮座する神倉神社。熊野速玉大社の飛地境内摂社で、高倉下命（タカクラジノミコト）と、アマテラスオオミカミを祭神とする。御神体岩のゴトビキ岩は、熊野権現が最初に降臨されたと伝わる霊石で、高さ約11m、熊野酸性火成岩の巨石。ちなみに「ゴトビキ」とは地元の言葉でヒキガエルのこと。毎年2月6日には神倉神社の例大祭「お灯祭り」がこの磐座の前で行われる。上り子と呼ばれる白装束に荒縄を締めた男子2000人が、御神火を移した燃え盛る松明を持ちながら、神倉山の山頂を駆け下るというもの。1400年以上前の記録に残っており、国の重要無形民俗文化財にも指定されている。

神谷太刀宮神社
かみたにたちのみや

京都府京丹後市久美浜町新町

もともとはそれぞれ独立した神谷神社と太刀宮神社が合祀された2社一体の神社。神谷神社は、『延喜式神名帳』にも記録されている。太刀宮の祭神は四道将軍にも数えられる、丹波道主命（タンバノミチヌシノミコト）で、丹波道主命が身につけていた国見の剣を御神体としてお祀りしている。境内の西側にある磐座は神社随一のパワースポット。高さ5m、周径10mの巨石で、中央で大きくふたつに割れている。古代太陽祭祀の跡とされており、磐座の割れ目に太陽光が差し込む日があり、人々はそれで夏至を把握していたという。

須我神社奥宮の夫婦岩
島根県雲南市大東町須賀

須我神社は『古事記』など記紀神話によると、最初に建てられた宮とされる日本初之宮（にほんはつのみや）。祭神のスサノオノミコトと稲田比売命（イナタヒメノミコト）の夫婦神が、この地に新居を構えたと伝わる。奥宮の夫婦岩は本殿の東方にそびえる426mの八雲山中腹に鎮座する御神体岩。大きさの異なるふたつの岩とその手前にある小さな岩が、まるで記念写真を撮るかのように寄り添って並んでいる。これらは夫婦神と、その御子神である清之湯山主三名狭漏彦八島野命（スガノユヤマヌシミナサロヒコヤシマノミコト）の神霊が鎮まる巨石であるとされている。祭神ゆかりの夫婦円満や縁結び、子授けの御利益を頂こう。

石仏山
石川県鳳珠郡能登町柿生

能登半島に位置する石仏山は、山全体を御神体山とする聖域。今日まで続く女人禁制の山で、山麓にある祭祀場は「前立（まえだち）」「唐戸（からと）」「奥立（おくだち）」という3つの巨石から構成されている。この地域は神道（じんどう）地区と呼ばれ、地元の人々からの信仰も篤く、石神信仰や原始神道の形を色濃く残している。毎年3月1・2日には石仏山でその年の豊作を祈願する神事が行われる。

久玉権現の猿田彦大神
熊本県天草市久玉町西権現平

天草市南部にある標高430mの権現山は、古くから地元の人たちが、海の守り山として信仰している山。頂上には大人の身長を超えるくらいの石がそびえ立っており、海上安全と五穀豊穣を願ってサルタヒコノミコトが祀られている。巨石の間には隙間があり、そこをくぐり抜けられると幸福が訪れるという。頂上には展望台があり、久玉浦港を一望できる。

大剱神社の御塔石

徳島県三好市東祖谷見ノ越

西日本で2番目に標高が高い剣山（→P.302）は、修験道の山として古くから知られている霊峰。剣山の頂上付近に鎮座する大剱神社は、剣山系にある586社の総本社だ。天地一切の悪縁を断ち、現世最高の良縁を結ぶといわれている強力なパワースポットで、多くの登山者が参拝に訪れる。御神体岩の御塔石は社殿の背後にそびえる巨大な磐座。その太刀のような様相は、石灰岩が長い年月をかけて削られてできたもので、一説によると神社名の由来のひとつになっているとか。御塔石を下った先には、御神水が湧き出る場所があり、病気を治す若返りの名水ともいわれている。

神さん山

宮崎県延岡市北川町川内名

神さん山は24mと15mの巨岩が支えあってできた岩屋。言い伝えでは山幸彦ことホオリノミコトの岩屋と伝わっている。縄文時代の遺跡の一部で、巣ノ津屋洞窟遺跡という名称でも知られている。周辺からは縄文時代の鏃（やじり）や土器の一部が出土しており、古代の祭祀場だった可能性が高い。近くを流れる祝子川（ほうりがわ）はホオリノミコトに由来する清流。花崗斑岩を削ってできた巨石が続く祝子川渓谷や、美人の湯で知られる祝子川温泉にも足を運びたい。

日本の巨石信仰

　日本各地には、古くから岩石崇拝としての巨石信仰が存在する。その信仰形態は、磐座（いわくら）、岩屋（いわや）、磐境（いわさか）、石神（いしがみ）・岩神（いわがみ）の4つに分類することができるが、多くの人はそれぞれの定義が混同していることだろう。

　磐座研究家で作家の池田清隆氏は著書『古事記と岩石崇拝「磐座論」のこころみ』のなかで、「磐座は神が依りつき宿る岩石への信仰、岩屋は神が依りつき籠る岩窟への信仰、磐境は神を迎えて祀るための区切られた岩石空間への信仰、石神・岩神は岩石そのものを神として祀る信仰を指す」と定義している。すなわち、ここで紹介した神倉神社のゴトビキ岩や須我神社奥宮の夫婦岩、神谷太刀宮神社の巨石などは磐座、神さん山は岩屋、石仏山の巨石は石神であるといえる。磐境は磐座に比べると数は少ないものの、岡山県の阿智神社などが有名である。

　いにしえから続く巨石信仰だが、近年はパワースポットとしての関心も相まって、いっそう多くの人々が足を運ぶようになっている。人々に力や活力を与えてくれる対象として、現代においても巨石信仰は受け継がれているといえるのではないだろうか。

日本のピラミッド 7選

1 黒又山（くろまたやま）
→P.114 秋田

鹿角市にある標高280mの山。縄文土器などが出土し、古代山岳信仰の聖地だったとされている。

2 尖山（とがりやま）
→P.195 富山

山頂から和鏡や土器などが出土し、きれいな円錐形をしていることから人工山説が囁かれている。

3 葦嶽山（あしたけやま）
→P.296 広島

地元では神武天皇陵と伝わる山。巨石群が点在し「日本ピラミッド」とも呼ばれている。

4 皆神山（みなかみやま）
→P.194 長野

約5年間にわたって直下の群発地震が起きた、ミステリアスな溶岩ドーム火山。

国土の7割以上を山地が占める日本。古くから山は神聖な存在であり、多くの霊山が信仰の対象となってきた。祭祀の痕跡やその美しい山容から、これらの山々は、ときに「日本のピラミッド」と称される。

7 剣山（つるぎさん）
→P.302 徳島

山岳信仰の対象とされてきた標高1955mの山。失われたアーク（聖櫃）が眠ると噂される。

次郎笈（じろうぎゅう）から望む剣山（太郎笈）

5 大和三山（やまとさんざん）
→P.238 奈良

太陽信仰の聖地だった天香具山、人工山説のある耳成山、橿原神宮のある畝傍山からなる。

6 日輪神社（にちりんじんじゃ）
→P.196 岐阜

室町時代以前に創建された神社で、裏にはミステリアスな巨石が残る日輪山がそびえる。

美しい二等辺三角形をしているため、人工山説が唱えられている

日本にパワースポットが多い理由は
イヤシロチが多いから？

日本の聖山はピラミッド？

ピラミッドの定義

1874年に山形県で生まれた神学者・キリスト教伝道者、**酒井勝軍**という人物がいた。

彼こそが、日本列島各地にある自然の山がピラミッドだと主張した、最初の人物なのだ。酒井はいう。

「ピラミッドは元来、天地神明、モット的確に言へば天照日神を祭祀する神殿であるから人跡の在らん限り、世界何れの所にも見受けられる筈のものであるが、ピラミッドといふとエヂプトに限られ、赤ギザに在る物に限られたやうに今日まで誤解されて居ったのは、一つは旅行者の眼に最も触れ易い所にあるためで、モ一つは其規模が如何にも雄大であるためであった」
（出典：1934年 酒井勝軍『太古日本のピラミッド』）

1934年に発行された『太古日本のピラミッド』
国会図書館蔵

そしてピラミッドの定義として、次のように語る。

①本殿（ピラミッド）の形が**整然とした三角形**をなしていること。必ずしも人工的に築かれた建築物である必要はなく、自然の山を利用してもよい。

②本殿の頂上もしくはその付近に、太陽石を中心として円形に配置されたストーンサークルや磐境がある。

③本殿の近くにそれを拝する拝殿の役割を果たす小さな山があり、そこには祭祀用の施設が置かれている。

酒井によれば、元来ピラミッドはアマテラスオオミカミを祀るものだった。そこから神社のルーツにもなったという。だが一方で、日本列島のピラミッドは、パワースポットを繋ぐネットワークを形成する役割を果たしていたとする説もある。

パワーみなぎる大地イヤシロチ

なぜそのようなことが可能だったのか。理由のひとつとして考えられるのが、古史古伝『**カタカムナ文献**』に記載された**イヤシロチ**だ。『カタカムナ文献』はイヤシロチについて、「ヨモノタカミヲムスブハイヤシロチ」と記している。**ヨモ**とは自然の地形で、**タカミ**は高み、山や丘の山頂部を意味する。意訳すれば、自然の高み同士を結ぶ線が交わるところが**イヤシロチ**になるということだ。

イヤシロチでは大地のエネルギーがより高くなるので植物がよく育ち、動物や人間の健康も促進されるという。またイヤシロチは、巨石を一定の法則で配置することでも形成される。

つまり山頂に巨石、ストーンサークルを配置したピラミッドは、「タカミ」をより強力にイヤシロチ化させた場所であり、ほかの土地を浄化して「イヤシロチ化」するエネルギーを発生させる最強のパワースポットなのである。

日本列島はまさに、この自然のピラミッド＝イヤシロチが網羅された聖なる島なのである。ちなみにこれは、風水でいう大地のエネルギーである龍脈や、ヨーロッパの大地を流れるエネルギー、**レイライン**にも通じる。日本のピラミッドで**UFOの目撃や発光現象**が多いのも、おそらくはそれが理由であろう。

日本の神話に登場する神々

日本には八百万（やおよろず）の神と呼ばれるほど多くの神々がおり、全国各地の神社に祀られている。その多くは『古事記』や『日本書紀』に登場しているので、神話について知っておくと、ますます神社めぐりが楽しくなる。

別天津神と神世七代
ことあまつかみ　かみよななよ

別天津神は『古事記』で天地開闢の際に登場する5柱の神々。このうち最初に出現したアメノミナカヌシノカミ（→P.65）、タカミムスビノカミ（→P.65）、カミムスビノカミは造化三神（ぞうかさんしん）と呼ばれている。いずれの神も性別はなく、登場してすぐ身を隠している。『日本書紀』の本伝では、別天津神は登場しない。神世七代は、『古事記』では別天津神の5柱に次いで登場し、『日本書紀』では最初に登場している。クニノトコタチノカミを初代とし、7代がイザナギノミコトとイザナミノミコトであることは共通しているが、『古事記』と『日本書紀』では神の名前も数も異なる。

三貴子

スサノオノミコト

スサノオノミコトはアマテラスオオミカミ、ツクヨミノミコトと一緒に生まれた三貴子の1柱。イザナギノミコトから海原（『古事記』）または天下（『日本書紀』）を治めるよう命じられるが、イザナミノミコトに会いに根の国（黄泉の国）に行くことを望んだ。根の国に行く前に高天原を訪れるが、騒動を起こしてアマテラスオオミカミを怒らせ、彼女が天の岩戸に隠れる原因になる。高天原を追放された後、出雲の国を訪れ

クシナダヒメノミコト

人々を苦しめていた八岐大蛇（ヤマタノオロチ）を退治し、いけにえにされようとしていたクシナダヒメノミコトと結婚する。後に娘のスセリビメノミコトと一緒に根の国に住み、ここでオオクニヌシノミコトと出会っている。三種の神器のひとつ、草薙の剣は退治した八岐大蛇から出てきたもの。
祭神として祀るおもな神社　八坂神社　熊野本宮大社（家都美御子大神＝スサノオノミコト）

宗像三女神

スサノオノミコトが高天原を訪れたときに、邪心がないことを証明するために行った誓約（うけい）で生まれた神々。アマテラスオオミカミがスサノオノミコトの剣を噛み、吹き付けることで誕生した。イチキ

シマヒメノミコト、タゴリヒメノミコト、タギツヒメノミコトの3柱。
祭神として祀るおもな神社　宗像大社、厳島神社

イザナギノミコト

神世七代のなかで女神のイザナミノミコトと一緒に最後に生まれた男神。天の浮橋から天の沼矛を海に突き立てかき回し、オノコロ島を創ると、その島に天降り、イザナミノミコトと一緒に日本列島、次いで神々を生んだ。イザナミノミコトがカグツチノカミを生むときにやけどを負って亡くなると、イザナミノミコトを取り戻すために黄泉の国へと渡るが、見ることを禁じられた御殿の中をのぞいたために、イザナミノミコトを生き返らせることに失敗。地上に戻って禊（みそぎ）をした際に、左の目からアマテラスオオミカミ、右の目からツクヨミノミコト、鼻からスサノオノミコトが生まれた。

祭神として祀るおもな神社 伊弉諾神宮、多賀大社、自凝島神社

イザナミノミコト

神世七代のなかで男神のイザナギノミコトと一緒に最後に生まれた女神。イザナギノミコトとともに日本列島、次いで神々を生んだが、カグツチノカミを生むときにやけどを負って亡くなる。黄泉の国では、会いにきたイザナギノミコトに腐敗した体を見られたことで激怒。黄泉の醜女にイザナギノミコトを追わせるが、逃げられてしまう。夫婦神というわけで縁結びや夫婦円満に、国生みの神ということで安産などに御利益があるといわれる。

祭神として祀るおもな神社 多賀大社、自凝島神社、熊野那智大社（熊野夫須美大神＝イザナミノミコト）

オオヤマツミノカミ

オオワタツミノカミ

ヒルコノカミ

国生みに先だってイザナギノミコトとイザナミノミコトの間から生まれたが、身体に問題があったため、生まれてすぐ海に流された。後に恵比寿神と同一視される。

祭神として祀るおもな神社 西宮神社

住吉三神
すみよしさんしん

ソコツツノオノミコト、ナカツツノオノミコト、ウワツツノオノミコトの3柱の神。黄泉の国から戻ったイザナギノミコトが禊をしたときに生まれた神々。三韓征伐の際に神功皇后に加護を与えた神であり、海上交通の守護神として信仰されている。

祭神として祀るおもな神社 住吉大社

カグツチノカミ

火の神のため、生まれるときにイザナミノミコトにやけどを負わせ、死亡する原因を作る。そのためイザナギノミコトに恨まれ斬られるが、その血や体から多くの神が生まれた。

祭神として祀るおもな神社 愛宕神社

アマテラスオオミカミ
三貴子

イザナギノミコトの左眼から生まれた女神で、高天原を治めるよう命じられた。太陽の神であり、弟のスサノオノミコトが高天原で乱暴を働いたことに怒り、天の岩戸に隠れたときには世界が闇に閉ざされている。岩戸の前でアメノウズメノミコトがおもしろおかしく踊るのを神々が大笑いしているのを聞き、外の様子が気になって岩戸を少し開けたときに、アメノタヂカラオノカミに引きずり出され、世界に光が戻った。葦原の中つ国を統治させるため、孫のニニギノミコト（天皇の祖神）に三種の神器を授けて地上に派遣した。

祭神として祀るおもな神社 伊勢神宮

ツクヨミノミコト
三貴子

三貴子の1柱に数えられるが、記紀での記述は少ない。イザナギノミコトに『古事記』では夜の食国を、『日本書紀』では滄海原の潮の八百重を治めるよう命じられた。

祭神として祀るおもな神社 月山神社

地神五代の神々

地神五代とは、アマテラスオオミカミ、アメノオシホミミノミコト、ニニギノミコト、ヒコホホデミノミコト（山幸彦）、ウガヤフキアエズノミコトの５柱で、神世七代と人皇との間に位置する。

オオヤマツミノカミ

タカミムスビノカミ

アマテラスオオミカミ

タクハタチヂヒメノミコト — アメノオシホミミノミコト

誓約（うけい）によってアマテラスオオミカミの勾玉から生まれた。
祭神として祀るおもな神社 阿賀神社

イワナガヒメノミコト

コノハナサクヤヒメノミコト — ニニギノミコト

オオヤマツミノカミの娘で、姉にイワナガヒメノミコトがいる。ニニギノミコトと結婚し、ひと晩で身籠もったが、あまりに早い妊娠にニニギノミコトから不義密通を疑われる。その疑いを晴らすために、火の付いた家の中で出産し、山幸彦（ヒコホホデミノミコト）と海幸彦を産んだ。浅間大神と同一視され、浅間信仰の祭神として広く信仰されている。
祭神として祀るおもな神社
富士山本宮浅間大社

アマテラスオオミカミから三種の神器を賜り、高天原からサルタヒコノミコトの導きで高千穂に天降った（天孫降臨）。オオヤマツミノカミのふたりの娘、コノハナサクヤヒメノミコトとイワナガヒメノミコトと結婚するが、容姿に難のあるイワナガヒメノミコトは送り返してしまう。神の子孫である天皇の命が石のように不変でなく、花のように短いのはそのためだとされている。コノハナサクヤヒメノミコトとの間に山幸彦（ヒコホホデミノミコト）と海幸彦をもうけた。
祭神として祀るおもな神社
霧島神宮、高千穂神社

オオワタツミノカミ

トヨタマヒメノミコト — ヒコホホデミノミコト

海神であるオオワタツミノカミの娘。山幸彦（ヒコホホデミノミコト）がワタツミの宮に訪れたときに出会い結婚する。出産する様子を山幸彦にのぞかれ、本来の姿であるワニ（サメまたは海の怪物といわれている）となった姿を見られてしまう。そのことを恥じて、生まれた子のウガヤフキアエズノミコトを置いて、海へと去って行った。
祭神として祀るおもな神社
豊玉姫神社、鹿児島神宮

『日本書記』ではヒコホホデミノミコト、『古事記』ではホオリノミコト。山幸彦の別名で有名。海でなくしてしまった兄の海幸彦の釣り針を探すため、海底のワタツミの宮にたどり着いた山幸彦は、オオワタツミノカミの娘トヨタマヒメノミコトと結婚。舅の助力でなくした釣り針を取り戻し、潮の干満を司る珠を使って、海幸彦を屈服させた。
祭神として祀るおもな神社 鹿児島神宮

タマヨリヒメノミコト — ウガヤフキアエズノミコト

神武天皇

神武天皇の父だが、記紀での記述はほとんどない。宮崎県の鵜戸神宮のある場所で生まれたとされる。
祭神として祀るおもな神社 鵜戸神宮

国譲りと天孫降臨神話の神々

天孫降臨とは、アマテラスオオミカミの孫ニニギノミコトが高天原から葦原の中つ国へ降り立つ神話。それに先だち、それまで葦原の中つ国を統治していたオオクニヌシノミコトに対し、アマテラスオオミカミの子孫に国を譲ることを認めさせる神話は、国譲りと呼ばれている。

オオクニヌシノミコト ── スセリビメノミコト

オオクニヌシノミコトは国つ神と呼ばれる高天原を出身としない神の代表的存在。記紀での記述も多く、因幡の白兎やスセリビメノミコトとの結婚など、いくつものエピソードが描かれている。オオモノヌシノカミ、オオナムチノミコトなど別名も多い。スクナヒコナノミコト（→P.65）とともに国造りを完成させ、葦原の中つ国を治めていたが、天孫降臨に先立って国の統治を

アマテラスオオミカミの子孫に譲ることに同意。その見返りとして建てられたのが出雲大社とされる。病気平癒、子孫繁栄など、さまざまな御神徳があるが、特に縁結びの神として名高い。

祭神として祀るおもな神社　出雲大社、大神神社（祭神はオオモノヌシノオオカミ）、金刀比羅宮（祭神はオオモノヌシノカミ）、神田神社（祭神はオオナムチノミコト）

コトシロヌシノカミ

オオクニヌシノミコトの息子。国譲りについてオオクニヌシノミコトに判断を任された託宣（たくせん）の神。恵比寿神と同一視され、招福や商売繁盛の神様としても親しまれている。

祭神として祀るおもな神社
美保神社、長田神社

タケミナカタノカミ

オオクニヌシノミコトの息子。国譲りにあたって平和的に同意したコトシロヌシノカミとは異なり、すぐには承知せず、タケミカヅチノカミに力比べを挑んだ神。敗れはしたが果敢に戦い、日本三軍神に数えられている。『古事記』のみに登場し、『日本書紀』には記述がない。

祭神として祀るおもな神社　諏訪大社

タケミカヅチノカミ

カグツチノカミの血から生まれた武神で、天孫降臨に先立って、葦原の中つ国に派遣された。出雲の国の伊耶佐の小浜に十束剣（とつかのつるぎ）を逆さまに突き刺し、その切っ先の上に座って、オオクニヌシノミコトに国譲りを迫った。オオクニヌシノミコトが息子であるコトシロヌシノカミ、タケミナカタノカミに返答を委ねると、コトシロヌシノカミはすぐに国譲りに応じたが、タケミナカタノカミは力比べを求めてきたので打ち負かし、国譲りを承服させた。武門の神として崇敬され、武道上達や勝ち運に御利益があるとされる。

祭神として祀るおもな神社　鹿島神宮、春日大社

フツヌシノカミ

タケミカヅチノカミとともに国譲りに赴いた神だが、『日本書紀』にのみ登場し、『古事記』には登場しない。タケミカヅチノカミに並ぶ武神で、香取神宮に祀られている。

祭神として祀るおもな神社
香取神宮、春日大社

アメノウズメノミコト

アマテラスオオミカミが天の岩戸に隠れたときに、岩戸の前で踊って、アマテラスオオミカミが出てくるきっかけを作った女神。天孫降臨のときには、ニニギノミコトに随行し、道案内をすることになるサルタヒコノミコトと問答をしている。天の岩戸の逸話から芸能の神として崇敬を集める。

祭神として祀るおもな神社　荒立神社、鈿女神社

サルタヒコノミコト

天孫降臨においてニニギノミコト一行を迎えた国つ神で、高千穂への道案内を務めた。物事をよいほうへと導く、みちひらきの神。

祭神として祀るおもな神社
猿田彦神社、白鬚神社

神社に祀られる皇族

神代以降の皇族も神社に祀られている。なかでも応神天皇こと八幡神は、日本で最も数が多い八幡神社の祭神として知られる。

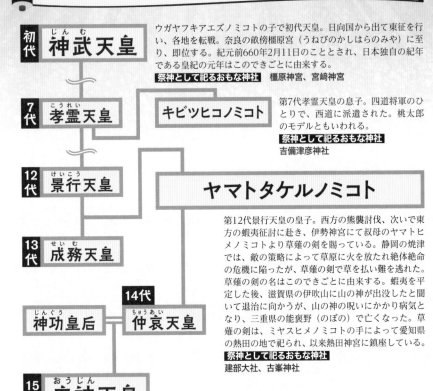

初代 神武天皇（じんむ）

ウガヤフキアエズノミコトの子で初代天皇。日向国から出て東征を行い、各地を転戦。奈良の畝傍橿原宮（うねびのかしはらのみや）に至い、即位する。紀元前660年2月11日のこととされ、日本独自の紀年である皇紀の元年はこのできごとに由来する。

祭神として祀るおもな神社 橿原神宮、宮﨑神宮

7代 孝霊天皇（こうれい）

キビツヒコノミコト

第7代孝霊天皇の息子。四道将軍のひとりで、西道に派遣された。桃太郎のモデルともいわれる。

祭神として祀るおもな神社
吉備津彦神社

12代 景行天皇（けいこう）

ヤマトタケルノミコト

13代 成務天皇（せいむ）

第12代景行天皇の皇子。西方の熊襲討討、次いで東方の蝦夷征討に赴き、伊勢神宮にて叔母のヤマトヒメノミコトより草薙の剣を賜っている。静岡の焼津では、敵の策略によって草原に火を放たれ絶体絶命の危機に陥ったが、草薙の剣で草を払い難を逃れた。草薙の剣の名はこのできごとに由来する。蝦夷を平定した後、滋賀県の伊吹山に山の神が出没したと聞いて退治に向かうが、山の神の呪いにかかり病気となり、三重県の能褒野（のぼの）で亡くなった。草薙の剣は、ミヤスヒメノミコトの手によって愛知県の熱田の地で祀られ、以来熱田神宮に鎮座している。

祭神として祀るおもな神社
建部大社、古峯神社

14代

神功皇后（じんぐう） **仲哀天皇**（ちゅうあい）

15代 応神天皇（おうじん）

仲哀天皇の息子だが、父は応神天皇が生まれる前にすでに亡くなっている。母の神功皇后は、摂政として応神天皇を妊娠している最中に船で朝鮮半島に渡りその地を征服（三韓征伐）、帰国したのち応神天皇を出産したという。神功皇后は亡くなるまで摂政を続け、応神天皇が即位するのは母の死後のこと。治世期には朝鮮半島からの使者や渡来人がたびたび訪れ、儒教や文字文化が伝わったとされている。応神天皇こと

ホムダワケノミコトは八幡神として親しまれており、日本全国にある八幡神社の祭神である。八幡神は武神として多くの武士の崇敬を集めた。また、第16代仁徳天皇は応神天皇の息子で、以降、第25代武烈天皇まで仁徳天皇の血筋が続くが、武烈天皇が子供がないまま亡くなると、天皇の血筋は応神天皇まで遡り、その5世孫の継体天皇が第26代天皇として即位している。

祭神として祀るおもな神社 宇佐神宮

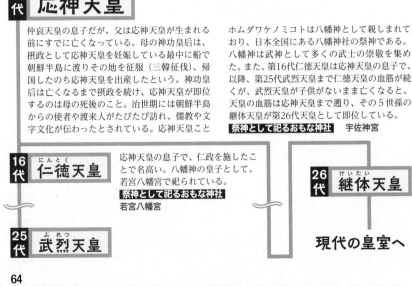

16代 仁徳天皇（にんとく）

応神天皇の息子で、仁政を施したことで名高い。八幡神の皇子として、若宮八幡宮で祀られている。

祭神として祀るおもな神社
若宮八幡宮

26代 継体天皇（けいたい）

25代 武烈天皇（ぶれつ）

現代の皇室へ

そのほかの祭神

日本の神社には『古事記』と『日本書紀』に名前が載っていない神や、名前は載っているものの、ほとんど登場していない神も多く祀られている。

アメノミナカヌシノカミ

『古事記』の本文は「天地初めて発けし時、高天の原に成れる神の名は天之御中主神」から始まるように、天地開闢の最初に登場した神。その後すぐに身を隠してしまい、登場することはないが、天の中心に位置する神という名前が示すように、宇宙の根源神とされ、江戸中期に興った復古神道では、最高神に位置づけられた。宇宙の中心の神ということから、北極星および北斗七星を祀る妙見社の主祭神でもある。

祭神として祀るおもな神社 水天宮、八代神社

タカミムスビノカミ

『古事記』でアメノミナカヌシノカミの次に現れる神で、造化三神の1柱。ニニギノミコトは、アマテラスオオミカミの子アメノオシホミミノミコトと、タカミムスビノカミの娘タクハタチヂヒメノミコトの間の子であることから、ニニギノミコトにとっては、母方の祖父にあたる。天孫降臨神話において、アマテラスオオミカミと並び指導的な役割を務めるほか、神武東征のときにも八咫烏を遣わすなど、神武天皇に援助を行っている。またの名をタカギノオオカミ。単独で祭神として祀る神社は少なく、造化三神として祀っている所が多い。

祭神として祀るおもな神社
高木神社、東京大神宮

オオヤマクイノカミ

スサノオノミコトの子であるオオトシノカミと、アメチカルミズヒメノカミとの子。「近つ淡海国の日枝の山に坐し、また葛野の松尾に坐し」と『古事記』に書かれているように、日枝神社、松尾大社の祭神。明治以前の神仏混淆の時代には、比叡山の山岳信仰や天台宗と結び付き、山王権現と同一視されていた。松尾大社の祭神としては、酒造りの神として広く酒造関係者の崇敬を集めている。

祭神として祀るおもな神社
日枝神社、日吉大社、松尾大社

ウカノミタマノカミ

『古事記』ではスサノオノミコトと、オオヤマツミノカミの娘の子であるとされ、『日本書紀』では、イザナギノミコトとイザナミノミコトが国生みを終え、飢えているときに産んだ子とされている。どちらも名前が登場しているのみ。ウカノミタマノカミの「ウカ」は穀物を意味しており、食物の神様として知られる。祭神として祀っている稲荷神社は、八幡神社と並んで日本で最も数の多い神社である。

祭神として祀るおもな神社 伏見稲荷大社

トヨウケヒメノカミ

イザナミノミコトから生まれたワクムスビノカミの子として、『古事記』に名前のみ登場している。「ウケ」はウカと同様に穀物を意味しており、食物の神とされている。

祭神として祀るおもな神社 伊勢神宮外宮

スクナヒコナノミコト

オオナムチノミコト（オオクニヌシノミコト）と一緒に国造りを行った神。『古事記』では造化三神のカミムスビノカミの子、『日本書紀』ではタカミムスビノカミの子。小人として描かれ、国造りの後は常世の国へ渡ったとされている。医学や酒造りの神として祀られている。

祭神として祀るおもな神社 少彦名神社

イタケルノミコト

スサノオノミコトの子で、樹木・植林の神。『日本書紀』の別伝には父のスサノオノミコトが高天原を追放されたときに、ともに新羅に天降ったという。船で日本に渡った後、各地を回って植林を行ったとされている。

祭神として祀るおもな神社 伊太祁曽神社

ククリヒメノカミ

記紀の本文には記述はないが、『日本書紀』内の別伝承に登場する女神。イザナギノミコトがイザナミノミコトに会うため黄泉の国に行ったときに遭遇し、言い争う2柱の神を取りなしたとされている。そのことから和合の神、縁結びの神、縁切りの神とされている。白山比咩神社をはじめとする全国にある白山神社に祭神として祀られている。

祭神として祀るおもな神社 白山比咩神社

カナヤマヒコノカミ

『古事記』では、イザナミノミコトがカグツチノカミを生むときに負ったやけどのため臥せっているときに、吐瀉物から生まれた神。同時に生まれた神としてカナヤマヒメノカミがおり、男女で対の神になっている。名前のみの登場で、活躍などについては書かれていないが、カナヤマとあるように金属を神格化しており、鉱業、金属業の守護神として信仰されている。金運上昇にも御利益があるといわれている。

祭神として祀るおもな神社 南宮大社

菅原道真公

平安時代に実在した人物。高い学識を誇ったが、讒言のために失脚し、大宰府に左遷されて失意のままその地で没した。死後に天変地異が頻発したことから、これらは道真公の祟りではないかと噂され、清涼殿に落雷があったことで、雷神と結びつけられ神として祀られるようになった。怨霊として大いに恐れられたが、後の世になると学問の神様として広く信仰されるようになった。日本全国の天満宮で祀られている。

祭神として祀るおもな神社
北野天満宮、太宰府天満宮

徳川家康公

江戸幕府を開き、戦乱の世を終わらせ平和をもたらした徳川家康は死後、後水尾天皇より東照大権現という神号が与えられ、神として祀られた。日光東照宮をはじめとする各地にある東照宮で祀られている。権現とは、神仏習合の思想で仏が仮の姿として現れた神のことで、真の姿の方を本地仏という。東照大権現の本地仏は東方の浄瑠璃世界に住むとされる薬師如来。明治の神仏分離により権現という号は廃された。

祭神として祀るおもな神社
日光東照宮、久能山東照宮

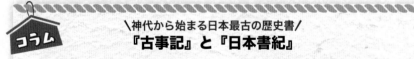

コラム

\神代から始まる日本最古の歴史書/
『古事記』と『日本書紀』

　『古事記』と『日本書紀』は、ともに奈良時代に編纂された歴史書。『古事記』は、稗田阿礼（ひえだのあれ）が記憶していたものを太安万侶（おおのやすまろ）が筆録したとされ、神話時代から推古天皇の治世までを年代順に記している。『日本書紀』は国家事業として編纂された正式な歴史書、すなわち正史で、六国史（りっこくし）の最初のもの。神代から持統天皇の治世期までを記録している。

　両書が扱う時代の多くが重複しているが、『古事記』は天皇家の正統性を国内に示すことがおもな目的となっており、文体も漢文に日本語の要素が混じった変体漢文で書かれている。一方の『日本書紀』は国家の成り立ちを中国や朝鮮半島の外国に示し、日本が高い文化をもつ国であることを認めさせることをおもな目的としており、東アジアの共通文章語である漢文で書かれている。

　両書を併せて記紀と呼ばれることもあるが、『古事記』と『日本書紀』では同じ場面でも内容や神の名前が異なる所も多い。同じ神の名前でも、イザナギノミコトは『古事記』では伊邪那岐命だが、『日本書紀』では伊奘諾尊と書か

『日本書紀』は漢文で書かれている

れているように、別の漢字が当てられているものがほとんどだ。

　また、『日本書紀』の神代には本伝だけでなく、「一書に曰く」と始まる本伝とは異なる伝承も記録されている。例えば国生み神話でイザナギノミコトとイザナミノミコトが生んだ大八島の国の島は、『古事記』では淡路、四国、隠岐、九州、壱岐、対馬、佐渡、本州の順に生んだとされているが、『日本書紀』の本伝は本州、四国、九州、隠岐、佐渡、越、大島、吉備子の順。さらに異伝では、本州、淡路、四国、九州、隠岐、佐渡、越、吉備子の順や本州、四国、九州、隠岐、佐渡、越、大島、小島の順など、順番も該当する島も異なる5種類が追記されており、本伝と併せて6種類が書かれている。

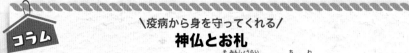

\疫病から身を守ってくれる/
神仏とお札

猛威をふるい続けてきた疫病

　新型コロナウイルスの世界的流行は、私たちに感染症の恐ろしさをまざまざと見せつけた。世界的なロックダウンや急速に進められたワクチンの開発と接種など、現代医学と防疫学のすべてを注ぎ込んでも、パンデミックが収束するまで数年を要したことを考えると、医学の知識が限られていた昔の人々にとって、感染症がいかに恐ろしい存在だったか想像するに難くない。感染症はかつて疫病、流行病（はやりやまい）などと呼ばれ、貴賤を問わず多くの命を奪ってきた。日本で最も疫病が猛威をふるったとされるのは、奈良時代の天平7〜9（735〜737）年にかけての天然痘の大流行で、100〜150万人が犠牲になったとされる。当時の全人口の約3割にあたるという凄まじさだ。

　当時の人々にウイルスの存在がわかるはずもなく、疫病は怨霊や疫神によるものとされた。聖武天皇が東大寺の大仏を建立した最大の理由は疫病の収束だったといわれるように、神仏や護符などに救いを求めたのは、人々にとって自然なことであったのだろう。

牛頭天王（スサノオノミコト）

　疫病退散の最強の神とされたのが牛頭天王。頭上に牛の頭が乗っている異形の神だ。もともと釈迦が説法を行ったというインドの祇園精舎の守護神だったとされるが、インドにこれに類する神はおらず、謎が多い存在でもある。

　古くは疫病を防ぐどころか、疫病そのものである疫神で、平安時代に描かれた国宝『照本著色辟邪絵』には、天刑星が牛頭天王をつかんで食べる姿が描かれており、時代が下って疫神から防疫神になったと考えられている。疫病を防ぐ神として庶民から絶大な人気を得ていたが、明治に入ると神仏混淆の出自不明な神として名前は消され、同一視されていたスサノオノミコトが祭神として前面に出されるようになった。八坂神社の別名が祇園社で、その例祭が祇園祭（→P.234）であるのも、牛頭天王が祇園精舎の守護神だったことにちなんでいる。疫病封じで知られる愛知県津島神社の例祭が尾張津島天王祭と天王の名を冠しているのも、本来は牛頭天王を祀っていたためだ。

祇園大明神とも呼ばれていた

蘇民将来の札と茅の輪

　「蘇民将来之子孫也」と書かれた札は、古くは奈良時代にすでに疫病に効果があるとされてきた。武塔神（＝スサノオノミコト＝牛頭天王）はひと晩もてなしてくれた蘇民将来に、お礼として子孫を災いから守ってくれると約束したことから、この札を家の前に貼っておくと、疫病から家を守ってくれるとされる。

　蘇民将来の伝説は、茅の輪くぐりの由来にもなっている。武塔神は、蘇民将来の子孫が茅の輪を腰に付ければ、難を防げると約束したとされるが、やがて輪が大きくなり、くぐるように変化した。京都の祇園祭では、茅の輪が粽（ちまき）に変化して厄除けのお守りになっている。

祇園祭の粽

薬師如来

　薬師如来は、東方の浄瑠璃世界に住む仏で、手に薬瓶をもっているように、疫病を含む病気から救ってくれるとされている。神仏習合では、スサノオノミコトと牛頭天王は薬師如来が姿を変えて現れた姿だと考えられていた。

角大師（→P.259）

　角大師とは、比叡山延暦寺の第18代天台座主である良源上人のことで、平安時代中期の人物。正月3日に亡くなったことから、元三大師とも呼ばれる。角を生やした鬼の姿になって疫病を退散させたといわれており、鬼と化した姿を写し取ったお札は、疫病をはじめ、さまざまな災難から身を守ってくれるとされている。

鬼と化して疫病を封じる

アマビエ

　アマビエは、コロナ禍の最中に話題となり、全国的に知られるようになった疫病退散の妖怪。ゆるキャラのような姿をしており、厚生労働省による感染拡大防止を啓発するアイコンにも広く用いられた。1846年に熊本県の海に現れたとされ、「これから6年豊作が続くが、疫病になる。自分の姿を多くの人に写して見せよ」と告げ、海中に消えたという。

SNSなどを通じて広まった

神話上の聖地や神社仏閣を結ぶと浮かび上がる直線の数々。日本列島は巨大な結界に守られていた！

日本のレイラインと結界

聖地と俗世を隔てる結界

悪霊や邪悪なものの侵入を防ぐため、あるいは特定の場所を神聖に保つために巡らされた境界を**結界**という。もとは仏教の世界で聖俗のエリアを区切るために行われていたものだが、用語こそ異なるにせよ、こうした考え方や儀式は、神道はじめさまざまな宗教で見られるものだ。

寺院によっては山門近くに**結界石**と呼ばれる石柱などを立てることもあるが、神様の領域と俗世を区切る神社の**鳥居**も結界の一種になるだろう。

結界といえば、やはり陰陽道や**安倍晴明**（あべのせいめい）を思い浮かべる人も多いだろう。東京には、安倍晴明が張り巡らせたと伝わる五芒星の結界を境内にした珍しい神社がある。葛飾区の五方山熊野（ごほうざんくまの）神社がそれで、現在でも境内に沿って108度（五角形の内角）で曲がる道路を確認することができる。

山手線も結界のひとつ

東京都には、東京の町と皇居を守護するために結界が張られているといわれる。山手線と中央線によってつくられた太極図だ。東京の都心部をぐるりと取り巻く山手線を**鉄の結界**とし、それを貫いて東京駅に至る中央線は、もう一方の基点である高尾山から都心へと気を注入する働きをしているのだといわれる。

高尾山は言わずもがな古くからの霊山だが、それに加えて100年ほど前、高尾山付近には皇居にも匹敵する皇室の聖域が誕生している。いわゆる多摩御陵（たまごりょう）、大正天皇以後の歴代天皇皇后が眠る陵墓地である。

このようにふたつ以上の聖域を結びつけることを結界の一種と考えるのならば、日本列島にはさらに巨大な結界が張り巡らされているとみることもできる。

不思議な一致をみるレイライン

レイラインという単語を聞いたことがあるだろうか。20世紀のイギリス人考古学研究家アルフレッド・ワトキンスによって提唱された仮説で、古代から人々が聖域として信仰していた場所や遺跡などが直線上に並んでいる、意図的にそのような直線が作られたケースがあるのではないかというものだ。

本来イギリスの古代遺跡研究から導き出されたものではあるのだが、この仮説にもとづいて日本の聖地を検証すると、同様に多くのラインが浮かび上がってくるのだ。日本列島において最も有名なもののひとつで、その発見の嚆矢（こうし）といえるのが、写真家・小川光三氏によって調査研究された**太陽の道**と名づけられたラインだ。

古代の聖地を結ぶ直線

太陽の道は、奈良県の三輪山（みわやま）近辺を中心として東西150km近い総延長をもつ大規模なラインだ。太陽の道と呼ばれるのは、このラインが古代日本の太陽信仰に関連していたのではないかと考えられていることに由来する。

その中心部分にあたるのは、奈良県の檜原（ひばら）神社。三輪山麓に位置し、三輪山を神体とする大神（おおみわ）神社の摂社だが、その境内周辺は『日本書紀』に記される大和（やまと）の笠縫邑（かさぬいむら）があった場所だと考えられている。笠縫邑は、アマテラスオオミカミ信仰を考えるうえで重要な

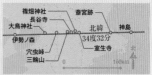

太陽の道レイライン

場所だ。第10代崇神天皇の時代、それまで代々天皇の住む宮で奉斎されていたアマテラスオオミカミの御霊である八咫鏡を初めて外に持ち出し祀った場所が、大和の笠縫邑なのだ。

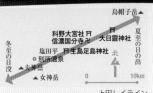

上田レイライン

太陽信仰の聖域

その後、幾多の変遷があって神鏡は伊勢の五十鈴川のほとり、現在の伊勢神宮に祀られることになるのだが、笠縫邑はその長い旅の始まりの場所、伊勢神宮のルーツともいえる聖地なのである。この檜原神社から真東に線を延ばしていくと、その線上に現れるのが伊勢の斎宮跡だ。古代から中世にかけて、朝廷からつかわされ伊勢神宮のアマテラスオオミカミに奉仕した、斎王と呼ばれる未婚の皇女たちが住んだ宮の跡地である。そして反対に真西に向かって線を進めていくと、突き当たるのは淡路島にそびえる伊勢ノ森という山。その名が示すとおりアマテラスオオミカミの祭祀に関連する聖域だったと考えられている場所だ。

小川説では、伊勢神宮にまつわる3つの聖域を貫くこの直線上には、ほかにもいくつもの太陽信仰にかかわる聖地が見出せるという。真西と真東、つまり春分と秋分の日の出、日没のラインを結ぶ線上に集中する聖域からは、太陽の運行を読み、太陽神を信仰した祭祀集団の存在が浮かび上がってくる。

町おこしに寄与したレイライン

このような、神話上の聖地や寺社仏閣を結ぶレイラインの存在は全国各地に数多く提唱されている。地域おこしのアイテムとして自治体が推進し、かの日本遺産にも認定されたユニークな例が長野県の上田市、塩田平を中心としたレイラインだ。

太陽と大地の聖地と名づけられたこのレイラインは、いずれも塩田平にある信濃国分寺、別所温泉、生島足島神社を結んでいる。信濃国分寺は聖武天皇の勅命により建立された1300年の

歴史を持つ県下屈指の古刹で、大日如来、すなわち太陽の仏を祀る。生島足島神社は大地そのものを祀る珍しい神社であり、東の鳥居は夏至の日に太陽が真ん中から昇るよう、西の鳥居は冬至の太陽が中心にくるように配置されているという。別所温泉は皇室ゆかりの御湯の称号を許された数少ない温泉で、古来の聖域でもある。

太陽、大地、聖地をつなぐ、このレイラインは、神社と温泉地を結んでいる別所線の軌道とも一致し、それはあたかも龍の姿をしているようにみえる。塩田平は雨の少ない土地で、雨乞いの祭礼も盛んだった。水を司る龍はとりわけ特別な存在であり、先人たちは聖地をつなぐラインに祈りを込め、そこに龍の姿を投影したのだ……というのが、上田市が公表する日本遺産「太陽と大地の聖地」の概要だ。

現在、日本遺産として登録されているレイラインはこれが唯一。地域振興にも結びついたレアなケースである。

神々の視座としか言えない巨大なレイラインを提唱するのが『古事記のコード』などを発表する池田潤氏。氏は、伊勢の朝熊山と富士山に注目する。このふたつの山を結ぶラインを延長すると、東西にそれぞれ常陸と日向がつきあたる。常陸は「日立」で日の立つ場所、日向はまさに日に向かう場所であり、「日」に関するラインが作られているという。さらにここに、このラインと交差する足摺岬〜対馬（→P.340）をつないだラインを加えると、そこにはニニギノミコトの降臨ルートが浮かび上がってくるというのである。

レイライン仮説は他にも多く提唱されている。いまだ発見されないレイラインが眠る可能性もゼロではないのだ。

狛犬の起源

日本の狛犬

神社に置かれた、左右2体で1対の狛犬を見たことがあるだろう。ただし、犬とはいうものの、どう見ても犬ではない。1体は獅子つまり**ライオン**で、もう1体は想像上の聖獣**ユニコーン**なのだから当然である。もちろん、どちらも神道とは関係がない。ではなぜ、神社には狛犬が置かれているのか。実は狛犬は、もともとは神社には置かれていなかったのだ。

平安時代の記録を見ると、狛犬は宮中で玉座である御簾の両脇に置かれ、天皇を守護するものとされていたのだ。それは、平安時代の随筆として有名な清少納言の『枕草子』に、「しし、こまいぬ、み帳の前にしつらふすゆ」と書かれていることからもわかる。また鎌倉時代の記録でも、「獅子、狛犬は清涼殿の御座の帳の前の南北にあり、左は獅子」と書かれており、やはりこれが本来の形であったことは間違いない。

つまり狛犬は神社ではなく、**天皇を守護する聖獣**、シンボルとされていたわけだ。ところが平安時代末期から少しずつ事情が変わってきた。狛犬は天皇ではなく、神社に祀られた神像を守るために、社殿の奥に置かれるようになっていくのだ。このような狛犬は神殿狛犬と呼ばれていたが、時代とともに拝殿の前へと移動していき、ついに外に置かれるようになったらしい。

ではなぜ狛犬は犬ではなく、獅子であり一角獣なのか。その秘密は、狛犬

皇室の紋章に描かれた獅子と狛犬

のルーツに隠されている。

狛犬は高麗の犬だから、朝鮮半島からきたものとされる。だが朝鮮半島で狛犬は中国の犬を意味する唐獅子と呼ばれていた。その中国では「ペルシアの犬」を意味するという。こうしてルーツをたどっていくと、なんと**中近東に到達する**。中近東といえば、エジプトのスフィンクスや、古代ペルシアの獅子像など、動物をかたどった像が神殿や王宮の遺跡から発見されている発祥の地である。まさにこれが狛犬の原形なのである。

中東起源説

では、こうした中近東の聖獣像のなかで、どれが日本まで伝わったきたのだろうか。源流はどうやら、古代イスラエルの**ソロモン神殿**内に描かれたライオンのレリーフ、玉座の両脇に置かれていたライオン像にあるらしい。

つまり日本の狛犬のルーツは、古代イスラエルにあるわけだ。しかも古代イスラエルの神殿と日本の皇室で、聖獣像はまったく同じ使われ方をしているのである。

興味深いことに、**ライオンは古代イスラエルのユダ族の、ユニコーンはエフライム族の紋章、シンボルだった**。つまりこうした類似点は、いわゆる日ユ同祖論（→P.204）、日本と古代イスラエルのつながりを暗示する証拠ともいえるのである。

エジプトのマディーニト・イル・マアーディにあるプトレマイオス朝時代のライオン像

珍品 & 逸品 見るならココ！

地球の歩き方 オススメ 博物館

全国の博物館を巡って
珍しい展示物や国宝を堪能しよう！

日本最大級の博物館
東京国立博物館

日本一の収蔵数を誇る国立博物館。1873年のウィーン万国博覧会のために収集したものを、前年にシミュレーションを兼ねて湯島聖堂博覧会として展示したのが始まり。2023年現在、国宝89件、重要文化財649件を含む収蔵品の総数は約12万件に及ぶ。6館からなる展示館では日本美術を中心に、考古、東洋美術などが展示されている。

🏠 東京都台東区上野公園13-9
URL www.tnm.jp
🚶 JR上野駅から約10分

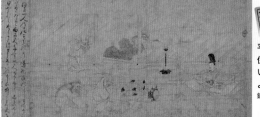

重要文化財 土蜘蛛草子（つちぐもぞうし）

平安中期の武将・源頼光が京都洛北に住む土蜘蛛を退治するという物語を描いた絵巻。伝統的なやまと絵の画法によって描かれている。
鎌倉時代　14世紀

重要文化財 鵺（ぬえ）を殺した刀

『平家物語』に言及のある刀で、号は「獅子王」。源頼政が鵺（→P.247）を退治した際に近衛天皇から賜り、のちに徳川家康や明治天皇に所持された。
平安時代　12世紀

国宝 童子切安綱（どうじぎりやすつな）

古来「天下五剣」のひとつに数えられた名刀。安綱とは平安時代の伯耆国（鳥取県西部）で名を馳せた刀鍛冶で、「童子切」は酒呑童子を切ったという伝説にちなむ。
平安時代　10〜12世紀

魔鏡（まきょう）

光を反射させると裏面に書かれた「南無阿弥陀仏」という文字が浮びあがるという銅鋳造の鏡。
江戸時代　18世紀

国宝 硬玉勾玉（こうぎょくまがたま）

江田船山古墳は5世紀後半から6世紀初頭にかけて製造されたとされる前方後円墳で、出土品のすべてが国宝に指定されている。
熊本県江田船山古墳出土
古墳時代　5〜6世紀

竹生島祭礼図
ちくぶしまさいれいず

竹生島（→P.250）に鎮座する都久夫須麻（つくぶすま）神社で行われた祭礼の様子。竹生島は神の棲む島として、古くから信仰の場所だった。

室町時代　16世紀

土面
どめん

粘土で作られた縄文時代の仮面。同じく亀ヶ岡で出土した遮光器土偶とよく似ている。

青森県亀ヶ岡遺跡出土
縄文時代（晩期）前1000〜前400年

パキスタン出土の土偶

パキスタンの遺跡で出土した女性の土偶。百瀬治・富美子氏により寄贈された。

パキスタン、バローチスタン地方
前2700〜前2500年頃

パシェリエンプタハのミイラ

1904年にエジプト考古庁長官から寄贈されたミイラ。棺の表面に真っ黒な謎の液体がかけられているのが特徴で、エジプトのミイラのなかでも珍しいもの。

エジプト・テーベ出土　第22王朝　前945〜前730年頃

呪詛人形
じゅそにんぎょう

1877年に上野公園で鉄釘7本が打ち付けられている状態で発見された藁人形。東洋館の地下1階にひっそりと展示されている。

東京上野公園発見　1877年

73

東京国立博物館
法隆寺宝物館

イエス・キリストの聖骸布や、釈迦の仏舎利（→P.120）など、聖人と称される人物の体の一部や身に着けていたものは人々の崇敬の対象となる。日本に仏教を広めた聖人として知られる聖徳太子に関しても、7つの宝物が特にゆかりのある品として扱われてきた（ただし、いずれも太子より後の時代に作られたもの）。7つの宝物は七種宝物と呼ばれ、長らく法隆寺で保管されていたが、現在は東京国立博物館の法隆寺宝物館で7つのうち6点を所蔵している。

聖徳太子の肖像画（部分）

七種宝物
其ノ壱

太子自筆の経
梵網経
ぼんもうきょう

重要文化財

聖徳太子自筆と伝わる仏教経典。藍（あい）で紺色に染色した和紙に金粉をニカワの液で溶かした金泥（こんでい）で書写されている。鎌倉時代に法隆寺の僧侶が記した『古今目録抄』によれば、題箋（だいせん）と呼ばれる表紙のタイトルの部分に、聖徳太子の手の皮が使われていると記されている。
平安時代　9世紀

七種宝物
其ノ弐

太子着用の袈裟
糞掃衣
ふんぞうえ

重要文化財

糞掃衣はその名前のとおり、糞尿の掃除に使われるようなボロ切れをつなぎ合わせて作られた衣で、最も尊い袈裟。江戸時代の文献によれば、聖徳太子の糞掃衣は釈迦如来から勝鬘夫人（しょうまんぶにん）にわたり、小野妹子が日本に持ち帰ったとされている。
奈良時代　8世紀

コラム

聖徳太子信仰の歴史

聖徳太子信仰は、日本仏教において特定の宗派を形成しているわけではないが、大阪の四天王寺や奈良の法隆寺を中心に全国各地で広く信仰されている。太子が聖人化されたのは622年の没後すぐで、約100年後に編纂された『日本書紀』には「10人の訴えを聞き分けた」などの超人的な逸話が収められている。また、奈良時代後期には釈迦の伝説になぞらえた伝記を絵画化した「聖徳太子絵伝」が描かれるようになる。これらの伝承や伝記が集約されたのが、平安期の917年に成立した『聖徳太子伝暦（でんりゃく）』。これにより、太子＝救世観音とする信仰が定着。以降の太子に関する書物はおもにこの書物に典拠している。

平安時代から鎌倉時代にかけて、日本仏教の指導者たちは太子を篤く崇敬した。真言宗において空海は太子の生まれ変わり、天台宗でも開祖智顗（ちぎ）の師である慧思（えし）の生まれ変わりが太子だとされた。浄土真宗の親鸞や日蓮宗の日蓮も太子を深く信仰しており、彼らの思想に大きな影響を与えてたといわれている。その後も、戦国時代には物部守屋に勝った戦いの神として、江戸時代には多くの寺院を建てた大工の神などとして崇敬を集めた。戦後になっても聖徳太子は広く尊敬されており、1958年から1963年の間は、千円札、5千円札、1万円札の肖像はすべて聖徳太子だった。

大阪の四天王寺

七種宝物 其ノ参

七種宝物 其ノ肆

太子所持の弓矢
六目鏑箭と梓弓
（むつめのかぶらや）（あずさゆみ）

重要文化財

弓と矢で分けて七種宝物に数えられる。『御宝物絵図』などによると、丁未（ていび）の乱において、排仏派の政敵だった物部守屋を討伐した際に使用された弓矢と伝わっている。

〈六目鏑箭〉奈良時代 8世紀
〈梓弓〉奈良時代 8世紀

太子誕生時に出現
五大明王鈴
（ごだいみょうおうれい）

重要文化財

唐で作られたと推定されている仏像鈴。持ち手に欠損があるが金メッキが施された銅五鈷鈴（どうごこれい）とされ、中央には五大明王がデザインされている。天保期に製作された『御伽藍御宝物略御縁由』には、太子が誕生した際、この仏像鈴が光を発しながら御殿の棟に出現したと記されている。　唐時代 8〜9世紀

七種宝物 其ノ伍

七種宝物 其ノ漆

八臣瓢壺
（はっしんのひさごつぼ）

ヒョウタンで作られた壺型の容器。成長途中のヒョウタンを型にはめて作られている。別名・賢聖瓢壺（けんじょうのひさごつぼ）とも呼ばれ、孔子など古代中国の賢者9名が浮き出しで描かれている。七種宝物のなかで、これのみ宮内庁三の丸尚蔵館が所蔵している。

七種宝物 其ノ陸

太子の足跡
御足印
（ごそくいん）

聖徳太子の足痕が残る布。聖徳太子が未来の衆生と縁を結ぶために遺したとされており、足痕が見えるかどうかで仏法の興滅を占ったという。『斑鳩古事便覧』では足跡の大きさは21.8cmと記されており、現在は左足の跡のようなものがうっすらと見える。　奈良時代 8世紀

皇居東御苑にある三の丸尚蔵館

秋の正倉院展が人気
奈良国立博物館

仏教美術を中心に収蔵展示を行っている国立博物館。正倉院展では同院に収蔵されている9000点もの宝物のなかから60点ほどが毎年公開され、人気を集めている。

住 奈良市登大路町50
URL www.narahaku.go.jp
🚶 近鉄奈良駅から約15分

弘法大師
二十五箇条遺告

空海が入定の前に門弟のために記したとされる二十五箇条の遺言状
南北朝時代　1339年

大将軍神半跏像

京都にある大将軍八神社の神像群とともに伝来した神像
平安時代　12世紀

国宝

日本書紀巻第十残巻

720年に完成した『日本書紀』の現存する最古の写本 平安時代　9世紀

聖徳太子
二王子像

奈良時代に描かれた最も有名な聖徳太子の肖像画「聖徳太子二王子像」の忠実な模本
明治30年

辟邪絵 神虫 国宝

辟邪絵とは、疫鬼を懲らしめ退散させる善神を描いた絵。神虫は節足が8本ありながら甲虫のような胴体をもち、疫鬼を食い散らかしたという。
平安～鎌倉時代　12世紀

日本の歴史を広い視点で展示
九州国立博物館

日本文化の形成をアジア史的観点から捉える国立博物館。九州がアジア大陸との交流を盛んに行っていた玄関口であったことから、日本国内のみならずアジア文化と比較することで、日本文化の原点と本質を学ぶことができる。

住 福岡県太宰府市石坂4-7-2
URL www.kyuhaku.jp
🚶 西鉄太宰府駅から約10分

化物図巻　蛸入道(たこにゅうどう)や河童などが描かれた、狩野宗信による作品 江戸時代　17世紀

出典：ColBase（https://colbase.nich.go.jp/）

1万4600件もの文化財を収蔵
京都国立博物館

長らく日本の首都機能を果たしていた京都にまつわる文化財を収蔵する国立博物館。歴史ある社寺の文化財を中心に、日本と東洋の美術品を展示している。

住 京都府京都市東山区茶屋町527
URL www.kyohaku.go.jp
🚶 京阪本線七条駅から約7分

金銅五鈷杵

密教において本尊と同体となるべく手中に握る仏具 鎌倉時代　13世紀

羅城門絵巻

酒呑童子退治の後日談が描かれた武家の武勇伝
江戸時代　18世紀

重要文化財
蓬莱山蒔絵硯箱

大亀の上に仙人が住む不老不死の地、蓬莱山が描かれた硯箱
室町時代　15世紀

六字経曼荼羅図

六字経法という密教修法の曼荼羅 鎌倉時代

餓鬼草紙 **国宝**

平安時代に作成された絵巻物、餓鬼草紙は六道のうち三悪道に含まれる餓鬼道に落ちた亡者（＝餓鬼）の様子を描いた作品。後白河法皇が三十三間堂の宝蔵に納めた六道絵の一部と考えられている。平安～鎌倉時代　12世紀後半

天神飛梅図

左遷された菅原道真を慕う紅梅が大宰府に降り立つシーンと見られている 江戸時代　17世紀

殉教三聖人図

長崎で処刑された二十六聖人のうちイエズス会士3名を想像も交えて描いた油彩画 スペイン　17世紀

重要文化財
鬼瓦

西海道九国二島を統括した大宰府政庁に用いられた鬼瓦
福岡県太宰府市都府楼跡出土　奈良時代　8世紀

針聞書

中世には、病気を患う原因は悪い虫によるものという考えがあった。『針聞書』は室町時代に描かれた東洋医学資料で、各病気の治療法や原因となった空想上の虫が描かれている。
室町時代　1568年

6つの展示室に膨大な資料
国立歴史民俗博物館

日本の歴史の変遷と民俗文化をメインに扱う博物館で、大学共同利用研究機関でもある。総合展示は6つの展示室に分かれており、さまざまな興味深い企画展も催される。

🏠 千葉県佐倉市城内町117
URL www.rekihaku.ac.jp
🚃 京成本線京成佐倉駅から約15分

河童想像模型

江戸時代の学者・高木春山(たかぎしゅんざん)が描いた図をもとに制作した模型。体長は1mを超えるとされている

百鬼夜行図

江戸時代の絵師・狩野益信作。京都大徳寺の真珠庵本系に分類される(複製を展示)
江戸時代

江戸橋広小路復元模型

現在の中央区江戸橋から日本橋エリアの巨大ジオラマ。実物資料を基に、江戸の町並みが細かく再現されている

占術・暦注雑書

いわば陰陽師が占術を行う際の手引き書。これは16世紀初頭から前半に書かれたもので、図式による説明もある。なお常設展示してはいないので注意。
16世紀初頭〜前半

人類と自然の共存を目指して
国立科学博物館

自然史と科学技術史の分野に関する標本資料を展示する、日本最大級の博物館。世界中で発見された化石や江戸時代に製作された時計など、幅広く展示されている。

🏠 東京都台東区上野公園7-20
URL www.kahaku.go.jp
🚃 JR上野駅から約5分

フタバスズキリュウ

1968年の発見後、国立科学博物館の長谷川博士の監修により復元された全身骨格(レプリカ)
白亜紀後期

コロンブスマンモス

大型で北アメリカでは最大のゾウ類であるコロンブスマンモスの全身骨格(レプリカ)

　画像提供：国立科学博物館

文化人類学と民族学がテーマ
国立民族学博物館

日本はもちろん、世界各国の生活文化に視点を置いた展示を行う博物館。大陸や地域ごとに展示室が分けられている。衣食住にまつわる展示品をメインに、言語や音楽といった側面からも世界の文化を学ぶことができる。

🏠 大阪府吹田市千里万博公園10-1
URL www.minpaku.ac.jp
🚶 大阪モノレール万博記念公園駅から約15分

メンドン

薩摩硫黄島で旧暦8月1・2日に行われる、八朔（はっさく）太鼓踊りで登場する来訪神。ユネスコの無形文化遺産 鹿児島県三島村

ラピタ土器

人類史上初めて遠洋航海を行い、南太平洋の島々に住み着いたラピタ人の土器
ニューカレドニア　前1000年頃
（2003年復原）

シャマン用衣装

呪い返しなどに使われた三角の太鼓や、モンゴルの国章がついた清朝風の帽子が特徴的
モンゴル

陽気な墓

サプンツァ村のカラフルな墓標。故人の職業や生活など、生前の楽しそうな様子が描かれている
ルーマニア　1900年代

重要文化財
紙張子製地球儀

渋川春海が1695年に製作した、日本製最古の地球儀（レプリカ）
江戸時代

ハチ公の剝製

亡くなった主人を渋谷駅で待ち続けた、日本で最も有名な秋田犬。意外と大きい

小惑星イトカワの微粒子

イトカワは長さ500m程度の小天体で、小惑星探査機「はやぶさ」がランデブーした際の地球からの距離は3億kmほど。月以外で採取された地球外物質を顕微鏡で見ることができる

江戸時代のミイラ

東京都台東区の谷中三崎町遺跡で発見された女性の死蠟化遺体が、国立科学博物館に展示されている。反対意見もあったが、度重なる議論の結果、展示する運びとなったそうだ。彼女の尊厳のため、写真撮影および画像掲載はできない。

湯本豪一記念日本妖怪博物館
三次もののけミュージアム

民俗学者で妖怪研究の第一人者である湯本豪一氏のコレクション。日本初の妖怪博物館として、およそ5000点の資料が収蔵されている。妖怪をモチーフにした玩具のほか、幻獣ミイラや江戸時代の妖怪絵巻などを定期的に入れ替えながら展示している。

住 広島県三次市三次町1691-4
URL miyoshi-mononoke.jp
JR三次駅から備北交通バスで三次もののけミュージアム下車すぐ

百鬼夜行図着物
百鬼夜行絵巻に登場する妖怪が描かれた着物 江戸時代以降

百物語絵巻
林熊太郎による全2巻の絵巻物で、『稲生物怪録』に関する内容が描かれている（部分）
明治時代

妖怪像
その不気味さからSNSでも話題になったコレクション。企画展では妖怪座像100体と妖怪立像36体が展示された
江戸時代以降

源頼政鵺退治
『平家物語』で語られる、源頼政による鵺退治を描いた錦絵。作者は武者絵の名手・歌川国芳
江戸時代以降

コラム 『稲生物怪録』

備後三次（現在の広島県三次市）に実在した江戸時代の武士、稲生平太郎（のちの武太夫ぶだゆう）が16歳のときに体験した怪異譚をまとめたもの。1749年の旧暦7月、平太郎のもとに妖怪があらわれ、30日間にわたって、さまざまな怪異がおこる。しかし、平太郎は妖怪におどかされながらも、耐えぬき、最後に魔王からその勇気を認められたという。三次もののけミュージアムから5分ほどのところには、武太夫の石碑が残っている。

博物館グッズにも注目！！

猫鬼の頭蓋骨
猫鬼とは、かつて山に生息していた幻獣。角の本数によって階級が分かれていたそうだ。
江戸時代以降

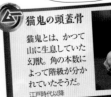

80

ビル・ゲイツ氏も来館
目黒寄生虫館

名称のとおり、寄生虫に特化した展示を行う博物館。約300点の標本・資料が展示されており、穴場のデートスポットにもなっている。

(住) 東京都目黒区下目黒4-1-1
URL www.kiseichu.org
(人) JR目黒駅から約15分

フタゴムシ
創設者である亀谷了(かめがいさとる)博士がライフワークとして長年研究を続けた。フナや鯉のエラに寄生する

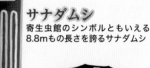
サナダムシ
寄生虫館のシンボルともいえる8.8mもの長さを誇るサナダムシ

サナダムシがプリントされたTシャツが人気！

深海生物をテーマにした世界初の水族館
沼津港深海水族館
～シーラカンス・ミュージアム～

日本一の深さを誇る駿河湾に面した、深海がテーマの水族館。多くの謎に包まれている深海には、摩訶不思議な生物が多数生息している！

ダイオウグソクムシ
通称「深海の掃除屋」。世界最大のダンゴムシの仲間で、大きな個体は約45cmにもなる

(住) 静岡県沼津市千本港町83
URL www.numazu-deepsea.com
(電車) JR沼津駅から伊豆箱根／東海バスで沼津港下車、徒歩5分

© 沼津港深海水族館

ミドリフサアンコウ
チョウチンアンコウと同じく頭上の疑似餌で小魚をおびき寄せて捕食する

メンダコ
深海にのみ生息し、詳しい生態がわかっていないタコ。とても繊細で展示が難しいといわれている

シーラカンス
アフリカとインドネシアで生息が確認されている、3億5000万年前から変わらぬ姿をもつ深海魚。世界的にも希少な冷凍個体をはじめ、5体の標本を展示している。

貴重な考古資料と刑罰器具
明治大学博物館

商品、刑事、考古の3部門に分かれ、刑事部門には国内外の刑罰具(模型)も展示されている。

(住) 東京都千代田区神田駿河台1-1
URL www.meiji.ac.jp/museum/
(人) JR御茶ノ水駅から約5分

石抱責(いしだきぜめ)
三角形の木を並べた台に正座させ、上に重い石を置いて自白を強いる拷問具
江戸時代

重要文化財 打製石斧(だせいせきふ)
日本史を塗りかえた岩宿遺跡(→P.155)から出土した石斧形の打製石器
群馬県岩宿遺跡出土

顔面付壺型土器(がんめんつきつぼがたどき)
遺体を埋めるなどして骨の状態にし、壺または甕形土器に入れて再埋葬する再葬墓遺跡で見つかった土器
栃木県出流原(いずるはら)遺跡出土　弥生時代中期

重要文化財

ニュルンベルクの鉄の処女
人を入れ、内側の針で突き刺す道具と考えられていたが、実は針は後付けで、胴体は空洞だったことが判明している。現在は、秩序を乱す者への辱めを与える恥辱刑の道具とされている。
ドイツ　中世

81

日本で唯一のツチノコ資料館
つちのこ館

リアルな造形が目を引く、ツチノコの再現模型

ツチノコを目撃したという情報が日本で最も多い東白川村にある。目撃情報をもとに再現したツチノコの模型を展示している。

🏠 岐阜県加茂郡東白川村神土426-1
URL tutinokoyakata.jimdofree.com
🚌 JR白川口駅から濃飛バスでつちのこ館前下車すぐ

表にはツチノコの顔出しパネルも

ツチノコを15分にもわたり観察した目撃者に関する展示

1階では「つちのこパン（月に1回販売）」のほか、さまざまなグッズが販売されている

約2万点もの標本を展示
つやま自然のふしぎ館

絶滅危惧種に指定されているローランドゴリラ

孫悟空のモデルになったともいわれるキンシコウ

世界中から集められた動物の剥製を中心に、およそ2万点が展示されている自然史博物館。初代館長の臓器の一部がホルマリン漬けで展示されているが、館長自身の遺言によって実現したという。

臓器の置かれている人体生理標本室

🏠 岡山県津山市山下98-1
URL www.fushigikan.jp
🚌 JR津山駅から約15分

ワシントン条約以前に収集されたマレーバク

徐福伝説が多く残る佐賀市に立つ
徐福長寿館

謎に包まれた徐福にまつわる資料が展示されている資料館。一説には、始皇帝の命で仙薬を求めて海に出た徐福は、佐賀に上陸し、フロフキという薬草を発見したという。

左／フロフキは薬効のある日本固有種の植物、カンアオイのこと　右／徐福や薬草にまつわる資料を展示している

建物の中央に鎮座する徐福像

🏠 佐賀県佐賀市金立町金立1197-166
URL www2.saganet.ne.jp/jyofuku
🚌 JR佐賀駅から市営バスで金立いこいの広場下車すぐ

徐福長寿館の背後にそびえる金立山。徐福は金立山の村落でフロフキ（不老不死がなまったものといわれている）を発見したとされている

北海道と北東北のミステリースポット

世界遺産の縄文遺跡から
キリストの墓まで。
ニッポンの北には不思議がいっぱい。
キュウリ持って河童釣り、
行っちゃう?

鬼神と縄文 異形の北東北を旅する

秋田 青森

1日目

8:10 秋田空港

1時間15分

9:45 男鹿半島を訪れ、ナマハゲについての理解を深める ➡ P.104

ナマハゲが現れるのは大晦日だが、なまはげ館や男鹿真山伝承館では、1年を通じてナマハゲ習俗についての紹介や、ナマハゲ行事の再現を見ることができる。

なまはげ館では、各地区のナマハゲが揃ってお出迎え

ランチ＆おみやげ探しは「道の駅おが」がおすすめ

1時間15分

13:15 世界遺産の縄文遺跡、伊勢堂岱遺跡を満喫 ➡ P.110

伊勢堂岱遺跡は4つのストーンサークルが並ぶ縄文時代後期の遺跡。併設する伊勢堂岱縄文館では、板状土偶をはじめとする発掘品の数々を見ることができる。

出典：JOMON ARCHIVES（北秋田市教育委員会所蔵）

1時間

15:15 ふたごのストーンサークル大湯環状列石に感動！ ➡ P.108

伊勢堂岱遺跡を見た次は、大湯環状列石へ。こちらも世界遺産に登録されている縄文遺跡で、巨大なストーンサークルがふたつ並んでいる。出土品の土版は、ゆるキャラのようなかわいいフォルム。「どばんくん」として親しまれている。

Tシャツやクッキーなどグッズやおみやげも揃ってるよ

写真提供：鹿角市教育委員会

1時間

18:00 秋田の旅はきりたんぽを食べずに終われない

現在秋田県全域で食べられているきりたんぽは秋田県北部の大館、鹿角地方が発祥だという説が有力。秋田県を巡った旅の1日目。最後はぜひ、きりたんぽ鍋を堪能して締めくくりたい。

秋田県男鹿半島のナマハゲや、青森県弘前市の鳥居の鬼コなど、
北東北は奇怪な姿をした神々であふれている。
独自の造形美を誇る縄文文化の遺跡とともに異形を愛でる旅に出発！

ポイント
時間があるなら、津軽岩木スカイラインで岩木山にも行ってみたい。

2日目

7:30 鹿角

🚗 1時間30分

鹿角から北へ進み青森県の弘前市へ。目的地の巌鬼山神社へ行く途中には、津軽富士こと岩木山を眺めることができる。

9:10 津軽屈指のパワスポ
巌鬼山神社にお参り ➡ P.101

岩木山の山岳信仰の拠点である巌鬼山神社。この地には鬼伝説が残っており、神社が鎮座する十腰内という地名も、鬼伝説が由来になっているという。

🚗 15分

10:00 岩木山をバックに
鶴の舞橋を眺める

鶴の舞橋は、津軽富士見湖に架かる全長300mの木製の橋。三連太鼓橋としては日本最長で、渡ると長生きできるといわれている。

鶴の舞橋
🏠青森県北津軽郡鶴田町廻堰大沢
🚶JR 陸奥鶴田駅から約15分

🚗 15分

10:45 熊野宮の鳥居に鎮座する
鬼コを見つける ➡ P.100

津軽地方の神社では、人々を守ってくれる鬼が鎮座する鳥居を見ることができる。

熊野宮
🏠青森県弘前市種市熊谷4
🚶JR 板柳駅から約5分

🚗 1時間

12:00 十二本ヤスの造形に驚嘆
➡ P.133

巨大な幹から12本の枝が天に向かってまっすぐ伸びている十二本ヤス。その異様な姿は、まさに神木と呼ぶにふさわしい。

🚗 1時間

13:30 青森魚菜センターで
のっけ丼ランチ

元祖のっけ丼は、市場内にある30店舗の店から自分の好きな食材を、好きなだけドンブリにのっけて食べる。

自分好みのドンブリが作れちゃう！

青森魚菜センター
🏠青森県青森市古川 1-11-16　URL nokkedon.jp
🚶JR青森駅から約7分

🚗 15分

14:30 国内最大級の縄文遺跡
三内丸山遺跡を見学 ➡ P.88

三内丸山遺跡は、その規模や充実度から日本を代表する縄文時代の遺跡。多くの建物が復元されており、縄文時代のムラの様子がよくわかる。

日本全国 縄文遺跡 MAP

世界遺産に登録されたのは17ヵ所ながら
日本には9万件以上も縄文遺跡がある。
ここでは、ぜひ行っておきたい14ヵ所を厳選！

石川県能登町
真脇遺跡 P.211

ドルメンは支石墓とも呼ばれる墓の一種

長崎県南島原市
原山ドルメン

アナタが
撮った
写真を
貼ってね！

まだある！ 縄文遺跡

☑	岩手県一戸町	**御所野遺跡**
☑	福島県福島市	**宮畑遺跡**
☑	山梨県北杜市	**金生遺跡**
☑	岐阜県下呂市	**岩屋岩陰遺跡** P.196
☑	鹿児島県霧島市	**上野原遺跡**

遺跡と一緒に若狭
三方縄文博物館も
訪ねよう

福井県若狭町
鳥浜貝塚

北海道函館市
大船遺跡

世界遺産

縄文中期の大規模
集落跡。クジラの骨
なども出土した

日本最大級の集落
遺跡。約500人が暮
らしていた

世界遺産

青森県青森市
三内丸山遺跡 P.88

新潟県十日町市
笹山遺跡 P.208

世界遺産

秋田県鹿角市
大湯環状列石 P.108

世界遺産に登録さ
れているストーン
サークル

千葉県千葉市
加曽利貝塚 P.182

アナタが
撮った
写真を
貼ってね！

茅野市尖石縄文
考古館で国宝土
偶とご対面！

長野県茅野市
尖石石器時代遺跡 P.210

国宝土偶 縄文のビーナス
写真提供：茅野市尖石縄文考古館

縄文の暮らしがわかる

世界遺産

三内丸山遺跡
（さんないまるやま）

板状土偶もさまざまな大きさのものが出土している※

三内丸山遺跡は5900～4200年前、縄文時代前期から中期にかけての遺跡。大規模な集落跡が見つかっており、縄文時代の生活を知ることができる。2021年には「北海道・北東北の縄文遺跡群」として世界遺産に登録されるなど、名実ともに日本を代表する縄文遺跡といえる。

まずは縄文時遊館へ

縄文時遊館は遺跡のビジターセンター。遺跡を紹介する8分ほどの映像が上映されている縄文シアターで、まず予習をしておこう。

常設展が行われるさんまるミュージアムでは、出土品とともに、縄文時代の暮らしや精神文化を紹介している。

そのほか、縄文時代のものづくりができる体験工房もあり、勾玉作りや土偶作り、再生琥珀を使ったペンダント作りなどに挑戦できる。

縄文のムラへ

時遊トンネルを抜ければ広い野原があり、縄文時代の建物が復元されているのが見える。とりわけ印象的なのが、長さ32mの大型竪穴建物と高さ14.7mの大型掘立柱建物。どちらも柱や掘り下げた地面などの痕跡をもとに復元されたものだ。近くには柱の跡とされる大きな穴も見ることができる。柱の太さは1mでそれぞれの柱との間隔は4.2m。柱の穴からは、残存していたクリの木の柱跡も発見されている。

遺跡の北と南には盛土がある。ここは土と一緒に大量の土器や石器なども捨てられた場所だ。

三内丸山遺跡
住 青森県青森市三内字丸山305
URL sannaimaruyama.pref.aomori.jp
JR青森駅から青森市営バスで三内丸山遺跡前下車すぐ

ヒスイ製大珠

さんまるミュージアムに展示されているヒスイは、新潟県糸魚川周辺で採れたもので広範な交易の証し。縄文時代の高度な加工技術がうかがえる※

広い家！中に入ってみよう！
使用目的には集会所、共同住居、共同作業所などの説がある

さんまるミュージアムの常設展示室ではリアルな人形で当時の生活を再現している※

縄文うどん！

れすとらん 五千年の星

縄文時代の食材を使った遺跡グルメが楽しめる。古代米おにぎり、栗やどんぐりが練り込まれた縄文うどんが人気。

復元住居は内部を見学できるものも多い

子どもの墓
柱の跡
北の谷
大型掘立柱建物
北盛土
大型竪穴建物
縄文のムラ
大人の墓
南盛土
復元住居群

青森駅方面バス停
縄文シアター
時遊トンネル
ピクニック広場
タクシー乗り場
さんまるミュージアム
れすとらん 五千年の星
ミュージアムショップ
縄文時遊館

青森IC（東北自動車道）へ
青森県立美術館へ

南盛土は、1000年にわたって使われたため、高く積み重なっている。ここからは土器や石器のほか、土偶やヒスイの珠などが見つかっている

太い柱！
宗教施設？　物見櫓？
あなたなら何に使う？

ミュージアムショップ
遮光器土偶メガネ、縄文ポシェットなど、ここでしか手に入らないオリジナルグッズをCHECK！

亀ヶ岡石器時代遺跡
住 青森県つがる市木造館岡
🚃 JR五所川原駅から弘南バスで亀ヶ岡下車、徒歩すぐ
▶ **木造亀ヶ岡考古資料室**
住 青森県つがる市木造館岡屏風山195
🚃 JR五所川原駅から弘南バスで館岡下車、徒歩約20分
▶ **縄文住居展示資料館カルコ**
住 青森県つがる市木造若緑59-1
🚶 JR木造駅から約15分

亀ヶ岡石器時代遺跡にある遮光器土偶のオブジェ

しゃこちゃんの故郷
✿ 亀ヶ岡石器時代遺跡
かめがおかせっきじだいいせき

世界遺産

青森県つがる市にある亀ヶ岡石器時代遺跡は、紀元前1000～紀元前400年にかけての縄文時代晩期頃の遺跡。東京国立博物館（→P.72）に収蔵されている遮光器土偶（愛称しゃこちゃん）が発掘された場所として名高い遺跡だ。遺跡の南に隣接する縄文遺跡案内所では、4～11月にはボランティアによる遺跡ガイドを受けることができる。

亀ヶ岡石器時代遺跡の全景
出典：JOMON ARCHIVES（つがる市教育委員会撮影）

●出土品を展示している施設

つがる市内には**木造亀ヶ岡考古資料室**、**縄文住居展示資料館カルコ**というふたつの資料館があり、出土品の展示などが

異星人と縄文人はすでに交流していたのかもしれない？

遮光器土偶はハイテクウエアを着た異星人像

1962年、ソ連の宇宙科学者A・カザンチェフが日本で出土した縄文時代の土偶に対し、「宇宙服を着た異星人をモデルにしたのではないか？」と主張。大きな話題となった。それが亀ヶ岡石器時代遺跡で出土した**遮光器土偶**だ。確かに、誰が見てもその姿は宇宙服そのものだ。しかも頭部には、巨大なゴーグルのついたヘルメットのようなものもかぶっている。口元には呼吸器のようなパーツが、腰には幅広のべ

遮光器土偶とカザンチェフ（向かって左）

ルトまで見える。

そもそもこの遮光器土偶という名前は、イヌイットがつけるサングラス状のものを目につけていることによる。しかし、なぜ縄文人がそのことを知っていたのか、服のイメージはどこからきたのか、説明はできていない。

ではこの土偶は、本当に異星人の姿をモデルにしたものなのか。彼らはどのようにして異星人と遭遇したのか。残念ながらこちらも決め手はない。それでもこの遮光器土偶が、日本はおろか、世界でも有数のオーバーツのひとつであることだけは間違いない。

ちなみに、中南米でも人を象った土器は見られるが、日本ほど奇抜な形のものは少ない。遮光器土偶はまさに、日本独自のオーバーツといえるのだ。

歩き方＋ 木造駅の運行ダイヤは上下線とも1～2時間に1本程度と少ない。遺跡や資料室なども見学予定であれば車での移動がおすすめ。

行われている。また、市内の遺跡では亀ヶ岡石器時代遺跡のほか、田小屋野貝塚も世界遺産に登録されている。

●しゃこちゃんで町おこし

JR五能線の木造駅には巨大な遮光器土偶のしゃこちゃんがくっついている。通称いらっしゃいビームと呼ばれている目を光らせて電車の発着を知らせてくれる機能つきで、町を代表するオブジェとなっている。また、木造駅から徒歩10分の地元の**たいま菓子店**では、遮光器土偶をイメージしたクッキーやカップケーキなどオリジナル商品を販売している。

世界を驚かせた土器が出土

🌸 大平山元遺跡
おおだいやまもといせき

世界遺産

太古のロマンを今に伝える大平山元遺跡
出典：JOMON ARCHIVES（外ヶ浜町教育委員会撮影）

本州の最北端、津軽半島に位置する大平山元遺跡は、**縄文時代草創期の紀元前1万3000年頃の遺跡**。驚くべきことは、この遺跡で**土器片**が発掘されていること。縄文時代に土器があるのは当たり前と思われるかもしれないが、文明発祥の地ともいわれる西アジアのメソポタミアでさえ最古の土器は紀元前7000年頃。それより6000年も遡る縄文時代の土器は、**日本最古のみならず、世界的に見ても最古級の土器のひとつ**とされている。土器と一緒に旧石器時代の特徴をもつ石器も発見されており、旧石器時代の遊動型の生活から縄文時代の定住へと、人々の生活様式が変化したばかりの姿を伝える貴重な遺跡だ。

●出土品の特徴

紀元前1万3000年頃の無文土器
出典：JOMON ARCHIVES（外ヶ浜町教育委員会所蔵）

縄文土器といえば、その名のとおり、縄の跡の文様が付いているのが大きな特徴だが、縄目の文様がついた縄文土器が作られるようになるのは1万年前頃からで、ここで発見された土器片は、縄目のついていない**無文土器**。土器片には煮炊きした痕跡が見られるので、当時は近くで取れた魚介類を調理して食べていたと考えられている。

遺跡のすぐ南側には、ガイダンス施設となる**大平山元遺跡展示施設むーもん館**が2024年4月にオープンする予定。出土品の展示のほか、体験学習なども行われる予定で、この世界遺産遺跡についてより深く知ることができる。

いらっしゃいビーム

たいま菓子店のしゃこちゃんケーキ

大平山元遺跡
🏠 青森県東津軽郡外ヶ浜町字蟹田大平山元
🚗 JR蟹田駅から約10分
▶ 大平山元遺跡展示施設 むーもん館
🏠 青森県東津軽郡外ヶ浜町字蟹田大平沢辺46-4
（2024年4月開館予定）
🚗 JR蟹田駅から約10分

コラム 世界最古級の土器が発見された場所のひとつとして、大平山元遺跡と双璧をなすのが長崎県佐世保市にある泉福寺洞窟。1万2000年以上前の遺物ともいわれる豆粒文（とうりゅうもん）土器が発掘された。豆粒文土器などの出土品は佐世保市博物館島瀬美術センターで所蔵、展示されている。

遮光器土偶が何をかたどっているのかは諸説あるが、縄文人の食べ物だったサトイモを象徴（頭部が親芋、手足は子芋などを表す）し、縄文人が植物に精霊が宿ると考え、擬人化したとの説もある。

あの有名な遮光器土偶は東北王朝で信仰されたアラハバキ像!?

縄文神アラハバキ

縄文神アラハバキ

　縄文時代の日本列島には、アラハバキという神がいた。荒脛巾と書くことが多い。現在でも関東・東北にこの神を祀る神社は150ほどあるといわれている。ただ、客人神とされるケースがほとんどなので、あまり目立つことはなく『古事記』や『日本書紀』などに登場しないこともあって、この神の正体についてはよくわかっていない。どこでどうやって生まれ、どのように信仰されていたのか、不明なのだ。

　そこで指摘されるのが、大和朝廷以前に祭祀されていた神、すなわち縄文神の名残ではないか、ということだ。弥生時代を経て大和朝廷が成立し、地方支配が進んでいく過程において、旧来の土地神の多くは消され、あるいは吸収されてしまった。アラハバキはそのなかで、わずかに生き残った古い神ではないか、というのだ。

アラハバキ絵図

東北王朝とアラハバキ

　『東日流外三郡誌』という謎の書がある。津軽地方を中心とした、超古代東北王朝の歴史を綴ったものだ。真贋については議論もあるが、そこに遮光器土偶の絵とともにアラハバキ族というものが紹介されている。

　同書によれば、古代の津軽地方には阿蘇辺族が住んでいた。彼らは大陸からやってきた津保毛族に征服されてしまうが、そこに神武天皇との戦いで敗れたナガスネヒコと兄のアビヒコがやってきて、アビヒコは津軽王となる。

　津軽王はここで津軽の人々が信仰していた神、アラハバキにちなんでアラハバキ族と名乗ったというのである。遮光器土偶は、そのアラハバキ神を象ったものだったというのだ。アラハバキ族を率いる津軽王は大和朝廷に再戦を挑み、最終的に東北地方を支配するようになる。津軽王の血統は子孫の安倍氏から津軽の安東氏へと受け継がれていった。安東氏は十三湊という国際港を整備し、安東水軍という強力な船団を作りあげ、海洋民族として名をはせるが、室町時代に発生した大津波で湊ともども壊滅してしまったという。

　『東日流外三郡誌』については、偽書だという声が一部あるが、仮にこの記述が過去の歴史を反映したものであるなら、アラハバキ神社は彼らが祀っていた東北の神だったということになる。それは、縄文時代から続く古い神なのだ。そしてこうした歴史があったのだとすれば、彼らアラハバキ族が長く大和朝廷と戦い続けた、いわゆる「まつろわぬ民」と呼ばれた人々になったことも納得がいく。

　こうしてアラハバキ神は、皇室の正史である『古事記』や『日本書紀』から、消されてしまったのだ。

『東日流外三郡誌』

アラハバキ神社

歩き方➕　多賀城市にあるアラハバキ神社は、鹽竈（しおがま）神社の境外末社。漢字では「荒脛巾」と表記し、「脛」という漢字が使われていることから、足腰に関する御利益があるとされる。

岩に人や動物の刻画が残る続縄文文化の遺跡

✿ フゴッペ洞窟
ふごっぺどうくつ

およそ30㎡の洞窟に描かれている刻画　提供：余市町教育委員会

フゴッペ洞窟
🏠北海道余市郡余市町栄町87
🚶JR蘭島駅から約20分

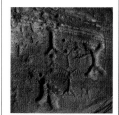
翼が生えた人の刻画
提供：余市町教育委員会

コラム　フゴッペ洞窟では翼が生えたような人の刻画がデザインされたオリジナルTシャツが人気。フゴッペ洞窟のほか、ドニワ部オンラインショップ URL shop.doniwab.com でも販売している。

洞窟内の刻画をもとにデザインされている

　本州では紀元前4世紀には稲作文化が北端まで伝わり、縄文文化に代わって弥生文化となっていく。しかし、北海道では気候条件から稲作ができなかったため、**続縄文文化**と呼ばれる縄文文化を残しつつ、弥生文化等の影響を受けた文化が続いていった。

　北海道余市町にあるフゴッペ洞窟は、続縄文時代の1～6世紀頃の遺跡。札幌市から海水浴に来た中学生によって偶然発見された。縄文海進で**海水が陸地へと侵入した際に造られた洞窟**で、岩壁には800にもおよぶ刻画が点在し、人や動物、船などが象徴的なスタイルで刻まれている。人には角や翼が生えているものも見られる。調査の結果、続縄文人が祭祀などを行っていたと考えられているが、現在も詳細は不明のままだ。洞窟の入口を覆うように保護、展示施設があり、一般に公開されている。

続縄文時代人によって刻まれた神秘の彫刻

✿ 手宮洞窟
てみやどうくつ

手宮洞窟保存館
🏠北海道小樽市手宮1-3-4
🚌JR小樽駅から中央バスで総合博物館下車、徒歩すぐ

　北海道小樽市にある手宮洞窟は、フゴッペ洞窟と並び**日本にふたつしかない刻画が残る洞窟**のひとつ。1866年に発見されたもので、4～5世紀の続縄文時代の遺跡と考えら

洞窟内では刻画が保存展示されている

角のようなものが生えた人が刻まれている

洞窟を保護するために建てられた手宮洞窟保存館

れている。洞窟内の岩肌には人や動物の刻画が描かれ、なかには角のようなものが生えた人の姿も。保護、展示施設である**手宮洞窟保存館**が洞窟を覆うように建てられており、外観だけでは洞窟とは思えない印象を受ける。

🔺➕「古代から異星人が地球を訪れていた」との自説を唱えたUFO研究家ジョージ・ハント・ウイリアムソン氏は、1961年8月16日、フゴッペ洞窟を見にきている。

93

古代人が残した岩絵は異星人との交流記録だった!?

洞窟に描かれた地球人ならざる者

タッシリ・ナジェールの壁画

　文字をもたない古代人は、見たものに対する驚き、感謝などを、絵画で記録した。古代人が暮らしたとされる洞窟や岩に残された壁画がそれだ。

　異星人やUFO、あるいは神という具体的な言葉がない時代、仮に彼らが未知なる存在と遭遇したとしよう。その衝撃を絵にして残すのも、極めて自然なことに違いない。

　アフリカのアルジェリア南東部、サハラ砂漠に、**タッシリ・ナジェール**という山脈がある。この山脈のとある岩壁には、なんと**1万5000以上の線画や絵画が描かれている**。最も古いものは紀元前1万年頃といわれ、以後、1万年にわたって描き継がれてきた、まさに人類の古代史を記した一級史料といえる。

　例えば古い時代には、カバやワニ、キリン、ゾウ、バッファローなどが鮮やかに描かれている。その周囲には、弓や槍を持った人間らしき姿もある。当時のサハラ砂漠が、緑と動物であふれる楽園だった何よりの証拠だ。

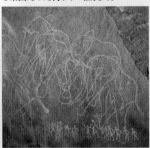

ゾウの群れと人々が描かれた岩絵

ふたつの異星人壁画

　だが、ここで取り上げるのは、紀元前6000年頃に描かれたと推定される、奇妙なふたつの絵だ。ひとつは岩穴の壁に描かれた、高さ3m以上もある巨大な人物像。**白い巨人**と呼ばれるこの

人物は、一見しただけでその奇妙さがわかる。まず、頭には2本の小さな角のような突起が見えるし、耳の部分にも角のようなものが左右にある。もっと奇妙なのが、両肘だ。その内側から、やはり角のような突起物が飛び出している。どう見ても、地球人とは思えない。また、胴体と重なるように、白いヤギの姿も描かれている。これには何か、特別な意味があるのだろうか。

　そしてもうひとつ、1956年に現地調査を行ったフランスの探検家、アンリ・ロートによって発見された**火星人**はさらに興味深い。その全長は6mもあり、その姿はどう見ても、宇宙服をまとった姿だとしか思えない。頭には丸いヘルメットのようなものを被っているが、目も鼻も耳もない。ただ中央に、二重の円が描かれている。「火星人」というのは、発見者のアンリ・ロートによって名づけられたものだが、彼がこれを見て、地球外からやってきた生命体を連想したのも当然だろうと思える。

　ちなみにこうした奇妙な古代の壁画は、熊本県のチブサン古墳（→P.312）の頭に角が生えた人物など、日本でも見られる。

　もしかすると遠い昔、異星人は世界中を訪れていたのかもしれない。

地球人とは思えない様相の「白い巨人」

歩き方＋ およそ8000年以上前からこの地で生活していた古代人が残した岩絵や線刻絵が多数発見されているタッシリ・ナジェール。1982年にはユネスコの世界遺産にも登録されている。

各地に残る竜伝説と恐竜との繋がりは？
むかわ竜と湖に潜むUMA

北海道

カムイサウルス・ジャポニクスの全身化石。体長は約8m、約7200万年前の地層から見つかった

むかわ竜として親しまれている

🌸 カムイサウルス・ジャポニクス
かむいさうるす・じゃぽにくす

　恐竜の化石は、歯や爪、骨の一部などが見つかる場合が多く、全身の骨がまとまって見つかることは非常に珍しい。そのようななか、カムイサウルス・ジャポニクスは**全身の6割、体積にして約8割にあたる骨が発掘されている非常に貴重な化石**だ。当初、2003年に地元のアマチュア化石収集家によって尾椎骨の化石が発見されたが、首長竜の骨と考えられたため詳しい調査がされず、2013年から行われた発掘調査で、全身骨格が発見された。発掘された北海道むかわ町にちなんで**むかわ竜**と呼ばれている。2019年には新属新種の恐竜であることが学術的に証明され、カムイサウルス・ジャポニクスという学名が付けられた。

●全身復元骨格の一般公開

　カムイサウルス・ジャポニクスは、国立科学博物館で開催された「恐竜博2019」で実物化石と全身復元骨格が展示され、話題となった。現在は**むかわ町穂別博物館**が収蔵しているが、展示スペースの都合で、全身化石は一部のみの展示。全身復元骨格は、特別展示室で展示しているが、企画展の開催状況によっては展示しないこともある。館内では、首長竜のホベツアラキリュウの全身復元模型や、モササウルス類のティロサウルスの生体復元模型なども収蔵、展示している。

カムイサウルスの全身復元骨格

むかわ町穂別博物館
🏠 北海道勇払郡むかわ町穂別80-6
URL www.town.mukawa.lg.jp
🚗 むかわ穂別ICから約20分

むかわ町穂別博物館の外観

カムイサウルスをはじめとした恐竜化石が続々と発見されている北海道。恐竜研究においては、北海道は世界屈指の可能性を秘めているのだ。これまでの常識を覆す発見もあるかも！？

屈斜路湖
住 北海道川上郡弟子屈町
北見東ICから約1時間

✿ 屈斜路湖
くっしゃろこ

北海道の阿寒摩周国立公園（あかんましゅう）内にある屈斜路湖は、日本最大のカルデラ湖。カルデラとは、火山活動で噴出物を出し切って、内部がからっぽになったため、底が抜けて陥没した地形のこと。カルデラ

冬は白鳥が飛来することでも知られている

湖とは、その陥没部分に水が溜まってできた湖のことを指す。屈斜路湖のカルデラは、約3万年前の火山活動によって造られたと考えられている。湖畔には多くの温泉が湧き出しており、露天風呂に浸かりながら屈斜路湖の絶景を眺めることができる。

●クッシーの目撃情報

屈斜路湖で最初にUMA（未確認生物）の目撃情報があったのは1972年のこと。ネス湖のネッシーにちなんでクッシーと名づけられ、マスコミを通し日本中に知られるようになった。地元では、クッシーのマスコットを目玉に、観光誘致に

屈斜路湖のクッシーは果たして本物の首長竜なのか?

屈斜路湖に生息するUMAクッシー

北海道東部の弟子屈町（てしかが）にある日本最大の**カルデラ湖**、屈斜路湖（くっしゃろ）。ここにはネス湖のネッシーならぬ、**クッシー**と呼ばれる怪獣が潜んでいるという。

最初の目撃は、1972年11月だった。湖畔の国道を走行中のドライバーが、水面を岸に向かって移動する物体の影を発見。それはまるでボートを転覆させたような形をしていたという。

また、1973年8月には遠足で訪れた40人の中学生が怪しい影を目撃。こうしてテレビなどマスコミで盛んに取りあげられたことにより、クッシーの存在が全国に知られるようになる。それからも目撃は続き、湖面を泳ぐ黒い影や巨大な波などが次々と報告されたが、最近では目撃情報はぴたりと途絶えてしまっている。

クッシーの正体については、首長竜の生き残り説、イトウやアメマスなど巨大な魚の誤認説などがあるが、決定打はない。湖は約3万年前に形成されたカルデラ湖なので、時代的にも首長竜が入り込むのは困難だという指摘もある。

ちなみに北海道先住民の間には、彼らの英雄が巨大なアメマスを捕らえ、湖畔の山に縛りつけたという伝説が残っている。このアメマスは山を引き抜き、その山の下敷きになりながら今もなお暴れているというのである。

屈斜路湖のマスコット的存在

歩き方+ 世界最大の爬虫類とされるのはイリエワニ。これまで捕獲されたなかでは体長6.17m、体重1075kgのものが最大で、マニラの国立自然史博物館にはく製と骨格標本が収蔵されている。

も積極的に取り組んだ。その後クッシーの目撃情報は、断続的にあったものの次第に減っていき、21世紀に入ってからは途絶えている。

屈斜路湖をネッシーで有名なスコットランドのネス湖と比べると、湖の

美幌峠の展望台から望む屈斜路湖

広さは屈斜路湖が79.3 km²なのに対してネス湖は56.4km²と屈斜路湖の方が広く、一方、最大水深はネス湖の約227 mに対して、屈斜路湖は約118mと半分ほどだ。

龍伝説が数多く伝えられるパワースポット

❀ 洞爺湖
とうやこ

日本で9番目の大きさを誇る洞爺湖は、約11万年前の噴火によって造り出されたカルデラ湖。湖の中心に浮かぶ中島は約5万年前の噴火によって造られたものだ。湖の南に位置する有珠山は今も活動

紅葉に染まる有珠山から洞爺湖を望む

する活火山で、周囲は地質学的な価値の高さから、**洞爺湖有珠山ジオパーク**として日本に10ヵ所しかないユネスコ世界ジオパークにも登録されている。遊覧船では4つの中島を巡ることができ、最大の大島に上陸できる。

●パワスポと龍伝説

洞爺湖は、パワースポットとしても人気が高い。風水では、四方を山に囲まれ、なかに水がある地には良い気が溜まると考えられており、洞爺湖はまさにこの条件にぴった

洞爺湖にたたずむ三重塔

りなのだ。**風水では良い気の通る道は龍脈、良い気が噴出する場所を龍穴と呼ばれていることからか、洞爺湖には龍にまつわる伝説にも事欠かない。**中島のひとつである観音島の近く、湖上に浮かぶ**三重塔**は、湖の守護神である**白龍神**を祀るために建てられたもの。さらには龍脈上に鎮座しているとされる洞爺湖町の虻田神社境内の裏山には、**龍山道と呼ばれる**山道が整備されており、片道15分ほどの山道の先には**触れたら願いがかなうとされる龍の珠**が置かれている。

ヒメマスとは海に戻らないまま湖で暮らすベニマスのこと

洞爺湖
▷洞爺湖ビジターセンター
🏠北海道虻田郡洞爺湖町洞爺湖温泉142-5
🔗www.toyako-vc.jp
🚗虻田洞爺湖ICから約10分
▷虻田神社
🏠北海道虻田郡洞爺湖町青葉町54
🔗abutajinja.holy.jp
🚶JR洞爺駅から約10分

コラム ネッシーのような巨大な水生生物のUMAは、日本においてほとんど目撃されていない。国内で屈斜路湖のクッシーと並んでよく知られているのが、鹿児島県の池田湖で目撃情報があるイッシーだ。池田湖は周囲約15kmの九州最大の湖で、ここで謎の生物が目撃されたのは、1978年のこと。その後新聞やテレビが特集を組んで広く知られるようになり、捜索隊なども組まれたが、クッシー同様に、鮮明な写真などは撮影されておらず、幻の生物のままになっている。池田湖の湖畔にはイッシーの像が立っているほか、指宿市の市内循環バスにはイッシーバスという名が付けられており、町のシンボルとして親しまれている。

🇯🇵 日本全国

鬼出没 MAP

日本各地に残る鬼伝説。
人を食らう悪い鬼、村人を守る善の鬼。
恐ろしい形相のなかに昔の人の思いがこもる。
鬼退治なのか、鬼詣でなのか……
行ってみなきゃはじまらない！

熊本県天草市
鬼の城公園

毎年1月14日に念仏
寺にて行われる

奈良県五條市
陀々堂の鬼走り

アフタが撮った
写真を貼ってね！

兵庫県神戸市
長田神社追儺式 P.246

日本全国！
桃太郎伝説が残る地

✓	岩手県奥州市	胆江地方
✓	山梨県大月市	桂川周辺
✓	愛知県犬山市	木曽川周辺
✓	香川県高松市	女木島 P.281
✓	岡山県岡山市	吉備津神社など

岡山駅前のモニュメン
トはもちろん桃太郎！

三重県熊野市
鬼ヶ城

北海道 登別市
のぼりべつ
登別温泉

地元のクラフトビール
「鬼伝説」は全国に根
強いファンをもつ

青森県弘前市
鬼神社 P.100

福島県二本松市
あだちがはら
安達ヶ原

岩手県北上市
おにけんばい
鬼剣舞 P.105

アナタが
撮った
写真を
貼ってね!

周辺には犬目や鳥沢、猿
橋など桃太郎にまつわる
地名が残っている!

埼玉県嵐山町
きちん
鬼鎮神社

山梨県大月市
鬼の岩屋

古津軽の鬼伝説巡り

古津軽とは、霊峰・岩木山を中心とする青森県の津軽地方に古くから伝わっている祭りや信仰、芸能、食文化などを、物語世界とともに紹介する観光ブランドの名称。なかでも特筆すべきは鬼伝説と鬼神信仰で、その代表的アイコンが「鬼コ」だ。

古津軽の「鳥居の鬼コ」

全国でも津軽平野の神社にしかないアイテムが「鳥居の鬼コ」だ。神社の鳥居上部に掲げられた小ぶりな鬼の像がそれで、疫病などの災いが集落に入り込まぬよう睨みを利かせているというが、正確な由来は不明。写真は熊野宮の鬼コ。

1 本尊は鬼神
赤倉山宝泉院

弘前市の「禅林街」にあり、本尊は赤倉山大権現（鬼神大権現）。赤倉霊場に奥の院を構え、かつては鬼神社のある鬼沢地区にあったという。山開きの期間を除き本尊はこちらに祀られており、御祈祷や参拝を予約すれば開堂していただける。

弘前城の南西、禅林街の一画にある宝泉院境内の赤倉山大権現の祭壇

2 日本で唯一無二
鬼神社

拝殿の壁には鎌や鋤（すき）などが掲げられ、神額には「鬼」の字が異体字で鬼神社と表記される。かつて水不足だったこの地に、大人（鬼）がひと夜のうちに水を引いてくれたことから、鬼の鍬（くわ）とミノと笠を祀ったのがはじまり。

壁に農具が奉納された拝殿と祭りの際に頒布される「鬼神大神」の御影札

3 鬼沢のカシワ
鬼の腰掛け柏

鬼神社から徒歩約10分のりんご畑に鳥居が建ち、その先に推定樹齢700年のカシワの巨樹がある。太枝が横に伸びて腰掛け状になっており、そのたもとには小祠も。大人（鬼）はここに腰掛け、村人の困りごとを聞き、知恵を授けたという。

鬼の腰掛け柏。Googleマップには「鬼沢のカシワ」と記載

④ 鬼神の里の総本社
巌鬼山神社

岩木山三峰のうち、北東峰を巌鬼山（赤倉山）といい、魑魅（山怪）が住まうといわれた。そんなお山の「下居宮」を発祥とする。境内には、伝説の鍛冶・鬼神太夫の霊剣が飛来したというスギの御神木が2柱そびえ、龍神の沢がある。

拝殿の脇に、2本の巨大なスギが並ぶ。大きいほうは幹周り約10m

赤倉霊場内の「赤倉山神社」の前には、開祖のカミサマ・工藤むらの像がある。相馬堂奥之院には鬼と龍神が掲げられている

⑤ 鬼神の本拠
赤倉霊場

岩木山北東麓、赤倉登拝道の入口に巨岩を御神体とする大石神社があり、その奥へと進むと、赤倉霊場といわれるエリアがある。カミサマ、ゴミソと呼ばれる民間宗教者らの霊堂は28を数えるといい、独特の空気感に包まれている。

赤倉霊場は、この地で拝みや霊能の力を開花させた者（カミサマ、ゴミソ）たちが建立した霊堂が集まるエリア。霊堂とは彼らの修行場兼祈祷所（神社と称する施設も多い）で、その多くが赤倉大神（赤倉大権現）と呼ばれる鬼神を祀る。近年は、カミサマらの高齢化や死亡によって訪れる者も減少しているが、民間巫者（シャーマン）の活動と往時の隆盛を偲ばせる最後の場所といえる。

十腰内堂内に安置された赤倉大神（赤倉大権現）の石像

「津軽の鳥居の鬼コカード」が人気だ。所在地図や配布場所、コンプリート特典などは、「集めてまわろう！『津軽の鳥居の鬼コカード』!!（青森県中南地域県民局地域連携部www.pref.aomori.lg.jp/soshiki/kenmin/ch-renkei）」を参照

④ 巌鬼山神社

岩木山環状線

赤倉霊場 ⑤

相馬堂奥之院

赤倉山神社

大森勝山遺跡

鬼沢のカシワ ③ ② 鬼神社
（鬼の腰掛け柏）

林崎駅

熊野宮

月夜見神社

鶴泊駅

板柳駅

藤崎駅

川部駅

岩木山

撫牛子八幡宮 撫牛子駅 三社神社

津軽藩ねぷた村・弘前城

赤倉山宝泉院 ① 中央弘前駅 弘前駅

白山姫神社

JR五能線

JR奥羽本線

北

0 5km

◎近辺の鬼コのある神社

\地獄の看守か武の神か/
鬼に関するあれこれ

鬼とは

鬼という言葉の語源を調べてみると、隠（おん）、隠人（おんにん）が訛ったという説が有力視されている。目に見えない、隠れた存在というような意味合いだ。中国語での鬼は、死者の魂を意味しており、やはり目に見えたり、手に触れたりできない存在とされている。

一方、昔ばなしに登場する鬼の多くは、人里離れた山などに住み、人を襲ったりする存在で、実際に見て触れられるし、退治されるべき存在として描かれている。つまり、鬼は目に見えない霊的なものもいれば、桃太郎や一寸法師に出てくるような人々を襲う妖怪もいるなど、さまざまな超常的なものをひっくるめた呼び名であり、個々の性格が大きく異なっている。

最古の鬼

文献にある日本最古の鬼は、奈良時代に編纂された『古事記』に見られる。死んだイザナミノミコトを現世に連れ戻すためにイザナギノミコトが黄泉の国に訪れる場面に登場する黄泉醜女（ヨモツシコメ）や黄泉軍（ヨモツイクサ）がそれにあたる。黄泉醜女と黄泉軍は、逃げるイザナギノミコトを捕えようと追いかける、いわば地獄の兵士のような役割で、イザナギノミコトはこれを桃の実を投げて撃退している。桃が鬼を退けることは、昔話の桃太郎にも通じる逸話で、古くから桃の実には邪を払う力があるとされてきた。

地獄絵図

現在広く知られる鬼の姿は、仏教による影響も大きい。特に平安時代に源信が書いた『往生要集（おうじょうようしゅう）』に描写された地獄の獄卒を絵にした姿は、庶民の考える鬼のイメージを形作ったといってもよいほど。『往生要集』は、浄土の教えを広めるために書かれたものだが、このなかの地獄があまりに詳細かつ鮮烈に記されていたため、盛んに絵にされ、庶民の間に広がったのだ。

地獄草紙（東京国立博物館蔵）
出典：ColBase（https://colbase.nich.go.jp/）

鬼門

古くから北東の方角は鬼門と呼ばれ、鬼が出入りする方角として忌み嫌われてきた。日本では伝統的に方角を十二支で表現しており、鬼門にあたる北東は丑（うし）と寅の間にあるから丑寅／艮（うしとら）の方角ともいう。鬼が牛の角をもち、虎柄のパンツをはいている姿で表現されるのは、このためだとされている。また、桃太郎のお供が猿、犬、キジなのは、艮の反対である申（さる）、酉（とり）、戌（いぬ）の方角から取られているという説がある。本来、艮（うしとら）の反対は、坤（ひつじさる）なのに羊が入っていないのは、日本人に羊はなじみの少ない動物だったためとも、羊には鬼同様に角があるので不適当とされたともいわれている。

節分

「鬼は外、福は内」の豆まきが行われる節分は、大晦日に行われていた宮中行事の追儺（ついな）が、民間に広まったもの。季節の境目は、この世とあの世との境界が曖昧になり、災いのもとになる悪い気が入りこむと考えられており、それを払っていたのだ。追儺では邪を払うために桃の弓と葦（あし）の矢を用いていたが、庶民の節分の行事では、豆に替わった。豆を使うようになったのは、魔を滅するという語呂合わせだと考えられている。

節分の豆まきのルーツといわれている追儺式

鬼瓦と式神

鬼は一般的に忌むべき存在であるが、そうとも言い切れないのがややこしいと同時に面白いところ。例えば瓦に恐ろしい鬼を描いた鬼瓦は、魔除けとして用いられており、恐ろしい鬼の姿を使って他の悪霊を追い払っている。ほかにも、修験道の創始者とされる役小角（えんのおづぬ）は前鬼と後鬼という鬼を従えていたとされるし、安倍晴明などの陰陽師は、式神（しきがみ）という鬼神を使役したとされ、退治するべき怪物ではなく、強力な味方になっている。各地の伝承で伝わる鬼のなかにも友好的な鬼は多く、鬼を祀る神社などもある。単純な善悪では区切れないところが、日本人の超常的な存在に対する見方をよく表しているといえる。

歩き方＋　『往生要集』のように地獄を描写した作品は、ヨーロッパでは14世紀のイタリアでダンテが書いた『神曲 地獄篇』が名高い。ボッティチェリやミケランジェロなど多くの芸術家に影響を与えた。

鬼の正体

津軽の鬼の正体は渡来人

　津軽のシンボルである岩木山（いわきさん）の山頂は大きく3峰に分かれているが、このうちの北東峰は、厳鬼山（がんきさん）または「赤倉が岳」、あるいは単に「赤倉」ともいい、鬼が棲んでいるという伝説がある。そして厳鬼山の麓に鎮座する鬼神社（→P.100）は、地元ではオニ神社、オニガミサマなどとも呼ばれ、次のような縁起が伝わっている。

　「昔、村に弥十郎（やじゅうろう）という正直な農夫が暮らしていた。ある日、赤倉へ薪伐りに出かけると、巨体の鬼と出会って親しくなった。鬼は弥十郎の家まで薪を運んでくれたうえに、田畑の開墾も手伝ってくれ、灌漑（かんがい）用の水路も作ってくれた。

　ところが、弥十郎の妻がこっそり鬼の姿を覗き見しようとすると、鬼は弥十郎に『おまえの妻に姿を見られてしまったら、神の咎めを受けるので、もうここには来ない』と告げ、糞笠と鍬を投げ出して姿を消してしまった。

　弥十郎はこれらの品を持ち帰り、堂を建てて鬼神社とした」

　つまり、鬼神社は赤倉が岳に棲んでいた鬼を神として祀っているわけだ。

　昭和30年代に岩木山麓で発掘調査が行われた際、古代の製鉄遺跡が複数出土したが、それらはいずれも赤倉側に所在した。こうしたことから赤倉の鬼の正体は、製鉄や灌漑の技術を有した大陸からの渡来人ではなかったか、という説が唱えられている。

ナマハゲとクランプス

　東北の鬼といえば、秋田県男鹿半島の伝統行事であるナマハゲも有名だ。大晦日（かつては小正月）に、鬼面をかぶってナマハゲに扮した村人が、刃物や御幣などを手に奇声を発しながら家々を訪れる。このとき、「泣く子はいねがー」「怠け者はいねがー」など

とわめき散らして子供を怖がらせるというのが見せ場で、家中の者はひたすらナマハゲの機嫌をとり、子供に代わって謝罪し、酒肴（しゅこう）を出して饗応（きょうおう）する。

　これとよく似た行事が遠く離れたヨーロッパにもある。オーストリアやドイツ東南部などでみられるもので、毎年クリスマス・シーズンになると、白衣の聖者ニコラスと黒衣の悪鬼クランプス（→P.106）に扮した者が家々を訪問。クランプスが子供を脅かし叱り、ニコラスがそれをなだめて子供に菓子を与えてゆく。クランプスのこの役回りは秋田のナマハゲと驚くほど似ている。

Gruss vom Krampus!

グリーティングカードに描かれたクランプスと子どもたち

　ナマハゲとクランプスの類似が気になるところだが、ナマハゲの原像はユーラシア大陸から日本海を経て東北に漂着したロシア人ではないか、という説もある。京都府北部にそびえる大江山（→P.249）を根城とした酒好きの鬼・酒呑童子（しゅてんどうじ）の伝説は中世には成立していたらしいが、この鬼の正体についても、日本海沿いの丹後に漂着したシュタイン・ドッチという名のドイツ人だった、とする説がある。

　その一方で、ナマハゲの青鬼・赤鬼の正体は、古史古伝の『竹内文書』にみえる太古の五色人（→P.335）のうちの青人と赤人で、彼らの生き残りが今も地底に住んでいる——という説もある。もしかすると、異界から来訪する地底人というのが鬼の本質なのかもしれない。

北東北の鬼神伝説

秋田県 ✿ 岩手県

なまはげ館、男鹿真山伝承館
🏠 秋田県男鹿市北浦真山字水喰沢
URL namahage.co.jp
🚗 JR男鹿駅から約20分

なまはげ館では、各地区のナマハゲがずらりと並び壮観

コラム ナマハゲの藁の衣装はケデと呼ばれる。ナマハゲが落としていった藁は縁起物で、頭に巻きつけると賢くなるという。

旅の思い出に持って帰ろう

真山神社で行われる、なまはげ柴灯まつり

男鹿総合観光案内所にある巨大なナマハゲ立像

日本で最も有名な来訪神

✿ 男鹿のナマハゲ
（おがのなまはげ）

秋田県の男鹿半島に伝わるナマハゲ行事は、毎年12月31日、大晦日の晩に各集落の青年がナマハゲに扮し、「泣く子はいねがー」「怠け者はいねがー」と大声を出しながら、地域の家々を巡る民俗行事。ナマハゲは角を生やし、赤と青で一組になっている姿から鬼だと考えられがちだが、実際は**来訪神**と呼ばれる神様。人々に戒めを与える一方で災厄を祓い、豊作や豊漁、福をもたらすといわれている。こうした来訪神行事は日本各地に伝わっており、2018年には『**来訪神：仮面・仮装の神々**』として、ユネスコの無形文化遺産に全国10の行事が登録された。

●ナマハゲを見るには

男鹿真山伝承館で見られる真山地区のナマハゲ。ふたりとも赤い面で、角は生えていない

大晦日のナマハゲ行事は集落ごとに行われるため、一般の旅行者は見られないが、半島中央部の真山地区には**なまはげ館**と**男鹿真山伝承館**があり、1年を通じてナマハゲ習俗に触れることができる。なまはげ館では男鹿市内60地区の150枚以上のナマハゲ面と衣装が勢揃い。赤や青のいかにも鬼っぽい恐ろしい容貌をしたナマハゲだけでなく、黒や緑色をしたもの、どこかユーモラスな感じのものなど、地区ごとに個性があることがよくわかる。隣にある男鹿真山伝承館は男鹿伝統の曲家民家を利用しており、館内では真山地区に伝わるナマハゲ行事の再現を間近に見ることができる。すぐ近くの**真山神社**では、毎年2月の第2土曜を含む金〜日曜になまはげ柴灯まつりが行われ、**ナマハゲ行事の再現や、ナマハゲ踊り、ナマハゲ太鼓**が披露される。

●ナマハゲ立像

男鹿半島には、ナマハゲ立像が見られる場所がいくつかある。最大のものは男鹿総合観光案内所にある一対のナマハゲ立像。国道101号線で男鹿市に入ってすぐにあり、高さは約15mある。また、男鹿半島の南西、門前地区のナマハゲ立像は高さ9.99m。同地区にある赤神神社には、鬼が作ったとされる999段の石段があり、高さはそれにちなんでいる。

歩き方+ 週末を中心に鬼剣舞が披露される郷土芸能居酒屋「鬼剣舞」北上店。地酒や地魚、郷土料理を楽しみながら迫力ある演舞を観賞しよう。

岩手という名前の由来にもなった

🌸 三ツ石神社
みついしじんじゃ

岩手県盛岡市にある三ツ石神社の境内には、**鬼の手形と呼ばれる3つの巨石**が鎮座している。

そのむかし、羅刹鬼（らせつき）がこのあたりに出没し、悪事を繰り返していた。困った人々がこの神社で鬼退治を祈願したところ、神様はその鬼を捕まえ、悪さをしないと誓わせたそうだ。その証明として、鬼が社殿の脇にあっ

三ツ石神社の社殿と巨石

毎年8月上旬に行われる盛岡さんさ踊り

た巨石に手形を押したという言い伝えが残っており、この巨石には手形のようなものがうっすらと見える。この伝承は**岩手という地名**の由来にもなっており、鬼が退散したことに喜んだ人々が神に感謝して三ツ石のまわりで踊ったことが、**盛岡さんさ踊り**の起源ともいわれている。

迫力ある伝統芸能

🌸 北上市立鬼の館
きたかみしりつおにのやかた

岩手県北上市で伝承される鬼剣舞（おにけんばい）は、**鬼のような恐ろしい形相をした面をつけ、刀を持って勇猛に舞う踊り**。正式には面は鬼ではなく、明王つまり仏で、憤怒の

8月に行われる北上・みちのく芸能まつりで披露される鬼剣舞

形相は、悪を断ち切り、力ずくでも人々を苦しみから救うためだというが、迫力あるその姿から鬼剣舞と呼ばれ、親しまれている。2021年には『風流踊』のひとつとしてユネスコの無形文化遺産にも登録された。

鬼とのゆかりが深いことから、1994年には**北上市立鬼の館**がオープン。鬼をテーマにしている博物館で、鬼面をはじめとする鬼にまつわるさまざまな資料を全国はもとより、中国やタイ、インドなど世界各地から収集し、展示している。鬼剣舞を中心に、民俗芸能の公演も行われている。

三ツ石神社
🏠 岩手県盛岡市名須川町2-1
🚶 JR上盛岡駅から約7分

奉拝 三ッ石神社 令和二年七月二十三日

三ツ石神社の御朱印は、兼務社の櫻山神社で受けられる

北上市立鬼の館
🏠 岩手県北上市和賀町岩崎16地割131
🔗 www.city.kitakami.iwate.jp
🚌 JR北上駅からおに丸号で岩崎橋下車、徒歩約10分

北上市立鬼の館のエントランスホールにある巨大な鬼面

北上市立鬼の館では鬼に関する多彩な資料が見られる

漢の武帝は不老長寿の薬草を求め、白い鹿にまたがって男鹿半島に飛来。このときともなってきた5匹のコウモリが姿を鬼に変えたのが、ナマハゲの元になったという説もある。

ヨーロッパの ナマハゲ

ナマハゲのように年の暮れや季節の変わり目に現れ、人々に祝福を与える神は来訪神と呼ばれている。2018年には国内10ヵ所の来訪神が『来訪神：仮面・仮装の神々』としてユネスコの無形文化遺産に登録された。このような神は世界各地にも存在する。ヨーロッパ版のナマハゲを見ていこう。

★ブショー
ハンガリー

★ズワルトピート
オランダ

似てる!!
サンタクロースとナマハゲ

　年の暮れに現れて、子どもたちにプレゼントを配ってくれるサンタクロース。怖いナマハゲとは正反対と思いきや、別世界からやってきて、福をもたらすという点では一致している。

　サンタクロース伝説のもとになった聖ニコラウスには従者がいる。オランダでは、11月中旬にシンタクラースと黒人の従者ズワルトピートが船でやってきてオランダ各地を回り、12月5日の聖ニコラウスの祝日後に去っていく。プレゼントを渡すのはズワルトピートの役目だが、よい子にお菓子などをあげる一方で、悪い子には石炭の欠片など誰もほしくないプレゼントをあげたり、棒で叩こうと脅したりもする。

　ズワルトピートの役目は、ドイツ南部やオーストリアでは、いかにも悪魔然とした見た目のクランプスが行うが、こちらは悪い子を脅かす専門役で、こうなるとナマハゲと見た目も役割もそっくりだ。

★クランプス
オーストリア

★クレント
スロヴェニア

カーニバルの怪物

　ナマハゲと装束がそっくりなのは、ヨーロッパのカーニバルに登場する怪物だ。各地にあるが、特にクロアチアのカスタヴのズヴォンチャリ、スロヴェニアのプトゥイのクレント、ハンガリーのモハーチのブショーは、ナマハゲ同様にユネスコの無形文化遺産に登録されている。

　カーニバルは謝肉祭とも呼ばれるキリスト教の行事で、イースター（復活祭）の46日前に行われる。キリスト教徒はこの翌日からイースターにかけて肉を食べないので、肉が食べられる最後の日として大々的に祝うのだ。もっともキリスト教と怪物に直接の関係があるわけではない。カーニバルが行われるのは2月頃なので、ヨーロッパにキリスト教が広まる前から伝わる冬の終わりと春の始まりを告げる行事が、キリスト教の節目にちょうど合ったと考えるのが妥当だろう。

　恐ろしい怪物の衣装に身を包み、手にもった杖やカウベルなどで大きく音を鳴らして町を練り歩くことで、冬を脅かして追い出し、春を招くのだ。特にプトゥイのクレントは、パレードだけでなく、各家を訪問するという点でもナマハゲによく似ている。

来訪神：仮面・仮装の神々

UNESCO
無形文化遺産

　2018年にユネスコの無形文化遺産に登録された『来訪神：仮面・仮装の神々』。東北・北陸地方の5件、九州本土と南西諸島の5件と、全部で10件が登録された。行事の内容は各地で少しずつ違いはあるが、地域の若者が神様に扮し、子供を叱ったり、いたずらをしたりしながら、福を招くというもの。

　「ナマハゲ」という言葉は、「なもみ剥ぎ」がなまったものといわれている。なもみとは囲炉裏端で長時間火に当たっていると肌にできる火ダコのこと。つまりナマハゲとは、なもみができるほど長い時間火にあたって怠けていた人を、なもみを剥いで懲らしめる者といった意味だ。無形文化遺産に登録されているほかの来訪神も、例えば、能登のアマメハギの「あまめ」は「なもみ」と同じ火ダコのこと。遊佐の小正月行事の「アマハゲ」もアマメハギが縮まったもの。吉浜の「スネカ」は、スネカワタグリが訛ったもので、スネの皮にできる火ダコを剥ぎ取る者という意味であり、言葉は違うが、元となる意味で共通している。

　本土の来訪神行事が行われるのはおおむね冬だが、もともとは旧暦の正月もしくは小正月に行われていたものがほとんど。男鹿のナマハゲも現在は12月31日の大晦日に行われるが、戦前は小正月である1月15日を中心に行われていた。さらに明治の改暦前に遡ると旧暦の小正月となる。旧暦の小正月は、立春後の満月にあたり、現在の暦でいえばだいたい2月の後半。長い冬に終わりが見え、春の近づきが感じはじめられる時期にあたり、農耕との関連性を強く感じさせる。

　本土の来訪神行事はこのように旧暦、新暦を問わず新年を中心に行われるが、南西諸島の来訪神のなかには硫黄島のメンドン（→P.79）のように、夏に行われるものもある。

左／環状列石の周りには復元された掘立柱建物が配置されている　右／環状列石にはさまざまな大きさの川原石が使われている。円のなかには日時計のような組石もある

万座環状列石

最大径約52mという日本最大級の環状列石。外環のなかに内環があり、二重の円環で形成されている。外環と内環の間、北西の方角には日時計状組石が配置されている。

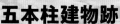

五本柱建物跡

発掘された穴に柱を立てて復元された建物跡。外環の内側に5本の柱が立っている。祭祀に関連する建物であるという説が有力。

柱列

円環状のものだけではなく、直線上に配置された柱列の遺構も見つかっている。五本柱建物の南には、一直線上に並ぶ6本の柱列が復元されている。

縄文の森

遺跡から見つかった花粉の化石を分析して再現しており、縄文時代の植生を知ることができる。特にクリが多く、縄文時代の人々の食を支えていたと考えられる。

大湯ストーンサークル花畑
植花夢

県道66号線

サイコロのような穴が空いた人型土版 どばんくん

大湯ストーンサークルで発掘された人型の土版は、ゆるキャラのような愛嬌ある姿から「どばんくん」として人気。道の駅おおゆでは、「どばんくんクッキー」も販売している

大湯ストーンサークル館

出土品の展示や遺跡の解説を行っているガイダンス施設。2023年3月には新たなデジタル映像コンテンツが導入された。勾玉や縄文土器作りなど、縄文時代を体験できるプログラムも用意されている。

左／大湯ストーンサークル館の展示　右／大湯ストーンサークル館の外観

大湯ストーンサークル館

🏠 秋田県鹿角市十和田大湯字万座45
🌐 www.city.kazuno.lg.jp
🚌 JR鹿角花輪駅から秋北バスで大湯環状列石前下車すぐ

ユネスコ世界文化遺産
国指定特別史跡
大湯環状列石を歩く
（おおゆかんじょうれっせき）

世界遺産

秋田県鹿角市にある大湯環状列石は4000～3500年前の縄文時代後期の遺跡。万座環状列石と野中堂環状列石というふたつのストーンサークルが道路を挟んで隣り合うように配置されている。周囲からは祭祀に関する遺物が多数見つかっており、集団墓および祭祀に関連した遺跡だと考えられている。

写真提供：鹿角市教育委員会

野中堂環状列石
（のなかどう）

最大径は約44m。二重の円環で、間に日時計状組石が配置される基本構造は万座環状列石と同様。ふたつの環状列石の中心と日時計状組石は一直線上に並んでおり、夏至の太陽はその延長線上に沈む。このことから太陽の運行を計算して作られたという説がある。

上／真上から眺める野中堂環状列石　左下／日時計状組石。立石を中心に放射状に石を配置して作られている　右下／右が野中堂環状列石で、左が万座環状列石

109

伊勢堂岱縄文館

住 秋田県北秋田市脇神字小ケ田中田100-1

徒 秋田内陸縦貫鉄道小ケ田駅から約5分

伊勢堂岱遺跡を代表する出土物である板状土偶。縦約19cm、横約13cm
出典：JOMON ARCHIVES（北秋田市教育委員会所蔵）

コラム 伊勢堂岱遺跡の南にある白坂遺跡は縄文時代晩期の遺跡。調査の結果、大規模な集落跡であることが判明し、多数の遺物が発掘された。なかでも有名なのが「笑う岩偶」と名づけられた小さな石像。口角の上がった仮面のようなデザインがなんともユーモラス。伊勢堂岱縄文館が収蔵している。

満面の笑みを浮かべる岩偶
提供：北秋田市教育委員会

縄文の学び舎・小牧野館

住 青森県青森市大字野沢字沢辺108-3

URL komakinosite.jp

車 JR青森駅から約35分

4つの環状列石が密集

＊ 伊勢堂岱遺跡
いせどうたいいせき

世界遺産

空から眺める伊勢堂岱遺跡の環状列石
出典：JOMON ARCHIVES（北秋田市教育委員会所蔵）

伊勢堂岱遺跡は北秋田市にある、4つの環状列石をもった縄文時代後期の遺跡。**世界遺産に登録されている『北海道・北東北の縄文遺跡群』のひと**つで、最も南西に位置している。最大の環状列石は直径45mあり、ほかのものも30mを超えている。環状列石の下には土坑墓があり、共同墓地兼祭祀の場として使われていたと考えられている。遺跡の入口には**伊勢堂岱縄文館**が建っており、遺跡や縄文時代を紹介する映画の上映や、北秋田市で出土した土偶の展示を行っている。数多い展示品のなかでも**板状土偶**は伊勢堂岱遺跡のシンボル的存在。遺跡からは約200点の土偶が発掘されているが、**完全に復元できたものは、この板状土偶のみだ。**遺跡は保護のため11月～4月中旬に閉鎖されるが、縄文館は通年オープンしている。

日本最大級のストーンサークル

＊ 小牧野遺跡
こまきのいせき

世界遺産

規則的に配列された石
出典：JOMON ARCHIVES（青森市教育委員会所蔵）

小牧野遺跡は、青森市にある大型の環状列石を中心とした祭祀遺跡。最も内側の環状列石は直径2.5m、次いで29m、35mと続き、その外側にも列石などが置かれ、全体の直径は55m。**日本最大級の環状列石だ。**列石は石の積み方に特徴があり、**縦長の石と数枚重ねた横長の石とが交互に並ぶ。**こうした配石は、遺跡の名をとって小牧野式配列と呼ばれている。そのほか遺跡内には、竪穴住居跡や捨て場跡、土坑墓群などもある。遺跡周辺の**縄文の学び舎・小牧野館**では、縄文時代の生活や祭祀について紹介しているほか、多量の三角形岩版をはじめとする出土品の展示が行われている。遺跡は11月中頃から4月末頃まで閉鎖される。

歩き方＋ 秋田内陸縦貫鉄道では毎月第3土曜と第3日曜に観光列車の「秋田縄文号」が運行している。夏には田んぼアートも楽しめる。

縄文人による石のモニュメント

❀ 樺山遺跡
かばやまいせき

　樺山遺跡は岩手県北上市にある縄文時代中期の遺跡。北上山地の麓にあり、**配石遺構**と呼ばれる石組み群を見ることができる。配石遺構の多くは立石の周囲に石が敷かれており、**立石がないものや石皿と呼ばれる道具が立っているものもある**。ここではこうした配石遺構が37基確認されているのだ。配石遺構の下からは土坑が見つかっているものもあり、**墓であると考えられている**。一段高い所には竪穴住居跡が見つかっている。現在、遺跡は**樺山歴史の広場**として整備されており、竪穴住居や配石遺構が復元されている。

ストーンサークルが数多く集まる

❀ 小樽と余市のストーンサークル
おたるとよいちのすとーんさーくる

●忍路環状列石
おしょろ

忍路環状列石。石は9km以上離れたシリパ岬から運ばれたことが判明している

　1886年に日本で初めて学会に報告された国指定史跡のストーンサークル。約3500年前の縄文時代後期のものとされており、長径約33m、短径約22mの南北に長い楕円型に大小の石が並べられている。
遺跡のすぐ北には忍路土場遺跡が隣接しており、出土品が**小樽市総合博物館運河館**に収蔵されている。

●地鎮山環状列石
じちんやま

丘の上に並ぶ地鎮山環状列石

　忍路環状列石から少し西に行った、標高50mの地鎮山の山頂に配置されているストーンサークル。**12個の立石が楕円状に並んでおり、直径約10m、短径は約8mある**。ストーンサークルの下は墓になっており、石が敷き詰められている。

●西崎山環状列石
にしざきやま

　西崎山の丘上に築かれたストーンサークル。フゴッペ洞窟（→P.93）から直線距離で800mほどのところにあるが、フゴッペ洞窟が造られた時期から1500年以上前、約3500年前の縄文時代後期の遺跡なので関連性は薄いようだ。**見学区域で見られる遺構は7つあり、それぞれが墓であったと考えられている**。

フゴッペ洞窟からも近い西崎山環状列石

樺山歴史の広場縄文館
住岩手県北上市稲瀬町大谷地316
🚗北上金ヶ崎ICから約10分

復元された配石遺構と竪穴住居
提供：北上市教育委員会

小樽のストーンサークル
▷忍路環状列石
住北海道小樽市忍路2
🚶JR蘭島駅から約25分
▷地鎮山環状列石
住北海道小樽市忍路2
🚶JR蘭島駅から約25分

▷小樽市総合博物館運河館
住北海道小樽市色内2-1-20
🚶JR小樽駅から約10分

余市のストーンサークル
▷西崎山環状列石
住北海道余市郡余市町栄町551
🚶JR蘭島駅から約30分

忍路環状列石は、「区画墓」という縄文時代後期に出現する集団の墓地と考えられている。北海道で発見された類似の遺跡のなかでも、最も大規模であり、この地の人々の集団力の大きさを示す。

コラム

\古代人が信仰していた/
海外の有名なストーンサークル

ストーンサークルとは

　ストーンサークルは、環状列石と呼ばれるように石を環のように配置したもの。日本やヨーロッパを中心に多くの遺跡が残っている。ストーンサークルが何のために作られたかは諸説あるが、古代人の骨などが発掘されていることから、埋葬施設としての役割を果たしていたほかに、天文台として利用されていたともいわれる。

ストーンヘンジ

　世界で最も有名なストーンサークルといえば、イギリスにある世界遺産のストーンヘンジを思い浮かべる人が多いだろう。20トンもあるような巨石を運ぶだけでも相当な労力なのに、さらにふたつの立石の上に横石を配置するなど、その技術には驚嘆するしかない。
　県立ぐんま天文台（→P.145）には、屋外モニュメントとして、ストーンヘンジをモデルにした現代版のストーンサークルが設置されており、天文台の位置に合わせて再現されている。日の出と日没の太陽の動きを観察し、暦がわかるようになっているなど、古代の天文技術に触れることができて興味深い。

エーヴベリ

　ストーンヘンジから30kmほど北に位置するヨーロッパ最大のストーンサークル。紀元前2850年から紀元前2200年の間に作られたとされ、直径約330mのサークル内に直径約100mのサークルがふたつ配置されている。

サルミゼゲトゥサのストーンサークル

　ルーマニアに住む先住民ダキア人によって作られたストーンサークル。三重構造になっており、一番外側だけ石で囲まれて、内側のふたつのサークルは木造となっている。

セネガンビアの環状列石

　西アフリカのセネガルとガンビアの国境付近、通称セネガンビアと呼ばれるエリアに紀元前3世紀から後16世紀という長期にわたって築かれたストーンサークル群。その数は1000を超え、世界遺産にも登録されている。

カルナック列石

　メンヒルと呼ばれる縦長で巨大な一枚岩が数kmにわたって並べられているフランス北西部、ブルターニュ地方に残る遺構。太陽信仰の場という説が有力だが、一説には巨人や宇宙人などによって建てられたのではないかともいわれている。

　トルコにあるギョベックリ・テペは、紀元前1万年以上前に築かれたとされる人類最古級の遺跡。レリーフが刻まれた石柱群が発掘され、神殿跡ともいわれている。

ストーンサークルは
縄文時代のエネルギー生成装置だった!

縄文人によるイヤシロチの形成

ストーンサークル＝パワースポット説

　石を円形に組み合わせて作られる大地の幾何学模様——ストーンサークル。日本では環状列石ともいわれ、特に縄文時代の遺跡に多く見られる。ストーンサークルは海外にもあるが、その代表はなんといってもイギリスのストーンヘンジだろう。肝心のその正体については、ドルイド僧による祭祀場、古代の天文台、あるいは墓所などさまざまな説があるが、決定打はない。日本のストーンサークルも同様で、やはり同じような説があるものの、決定的な用途はわかっていない。

　だが、いずれにしてもストーンサークルが特別なエネルギーの場、すなわち一種のパワースポットとして認識されていたことは、間違いないだろう。仮にストーンサークルが祭祀場として作られたのだとするなら、そこには当然、ある種のエネルギーが介在していたはずだ。神の力とでも呼ぶべきパワーがなければ、祭祀を行う場として機能しないのは明白である。

　ならばそれは、どのようなエネルギーなのか？　手がかりは酒井勝軍が示した日本のピラミッドの定義にある。酒井は、頂上もしくはその付近に太陽石を中心として円形に配置されたストーンサークルや磐境があることを、ピラミッドと認定する条件のひとつとして挙げた。また『カタカムナ文献』（→P.266）の記述から、これらの巨石が一定の法則で置かれることで、すぐれたエネルギーの土地イヤシロチ（→P.59）が形成されることにも言及している。

作り出されたエネルギーの場

　以上のような法則を古代の叡智とするなら、彼らがパワースポットを作り出すためにストーンサークルを用いたという可能性は高い。あるいは出現したエネルギーを神と呼び、祀った可能性もある。これはまた、ストーンサークルが日本中で形成されたことにもつながってくる。パワースポットは単独ではなく、複数が連結されることでエネルギーの流れが生まれ、より強大なパワーを発揮すると考えられるからだ。

　そもそも古代から日本では、巨石には神が降り、宿ると信じられてきた。なかでも巨大な岩や奇岩は畏怖され、それゆえ信仰の対象となってきた。だから巨大な岩を神の座として中心に置き、周囲を石で囲むことでエネルギーの流れを作り出し、聖なる空間を生み出した。やがてそこには、神々の結界が張られることになったのである。

　前述したように、イヤシロチでは大地のエネルギーが高くなるため、植物がよく育ち、動物や人間の健康も促進されるという。そうした場所をより多く作り出せば、繁栄も約束される。縄文時代の人々は、大自然の法則や宇宙の仕組みを、我々よりも深く理解していたのかもしれない。

洋の東西を問わず、人々は円形に配置された石にパワーを感じていた

イギリスのストーンヘンジと、日本の大湯環状列石など、代表的なストーンサークルが作られたのはほぼ同時代（約5000年前）。どちらも夏至には太陽と一直線に並ぶという共通点がある。

伝説を内包するピラミッド群

青森県 ✿ 秋田県 ✿ 岩手県

大石神ピラミッド

住 青森県三戸郡新郷村戸来雨池11-41
🚗 八戸西スマートICから約45分

大石神ピラミッドの頂上にある巨石群のひとつ「星座石」

コラム 津軽半島にそびえる靄山（もややま）もピラミッド型の山。モヤとは先住民の言葉であるモ・イワが語源とされ、「小さい神が住む処」あるいは「聖なる山」という意味だ。青森や秋田には、もやと名のつく山がいくつもあり興味深い。霊山とされる岩木山（麓には岩木山神社が鎮座）とは姉妹（靄山が姉、岩木山が妹）関係にある山で、同じ例祭の日にお山参詣が行われている。

黒又山
住 秋田県鹿角市十和田大湯宮野平
🚗 JR十和田南駅から約10分

頂上の巨石はキャップストーン？

✿ 大石神ピラミッド
おおいしがみぴらみっど

大石神ピラミッドの入口

　大石神ピラミッドは青森県新郷村にある小高い山。酒井勝軍がキリストの墓（→P.117）を発見した翌日に、この場所がピラミッドであることを発見した。山中には最大で12m

酒井勝軍（中央）とギザのピラミッド

の巨石群があり、それぞれ方位石、太陽石、星座石、鏡石と名づけられている。一説には方位石は正確に東西南北を指示し、星座石には古代の星座、鏡石には古代文字が刻まれているとか。入口までは車で行くことができる。

大湯環状列石の近くに鎮座する

✿ 黒又山
くろまたやま

　黒又山は秋田県鹿角市にある標高280mの小さな山。クロマンタまたはクルマンタ山の愛称で地元の住民に親しまれている。一説によると語源は、先住民の言葉で「神の山」という意味だそうだ。同志社大学の研究グループの調査によって黒又山から縄文時代の土器などが出土していることから、祭祀が行われていたと考えられている。また、およそ南西2kmのところに大湯環状列石（→P.108）があることから、両者の関連性

人工的に作られたようにも見える黒又山の全景

歩き方＋ 大石神ピラミッド付近は、春から秋にかけて熊の目撃情報が相次いでいる。登頂する際は熊鈴を持っていくと心強い。

を指摘する声もある。

●ピラミッド説

　明治から昭和にかけて活躍した地元の画家、鳥谷幡山（ばんざん）は、黒又山が人工ピラミッドであると主張した人物のひとり。その根拠として

登山口にある本宮神社の鳥居

山容がピラミッドに似ていること、大湯環状列石からも視認できることが挙げられている。また、鳥谷幡山の黒又山の絵には、上空にUFOと思しき謎の物体が描かれたものもある。山頂には本宮神社が建っているが、レーダー調査によって、その地下に空間が見つかっている点も興味深い。

日本三百名山にも選ばれている

✿ 五葉山
ごようざん

　岩手県釜石市と大船渡市、住田町にまたがる標高1351mの山。江戸時代には伊達藩直轄の山であり、火縄の材料となる木々が豊富だったことか

天気がよければ、入り組んだリアス式海岸を一望できる

ら御用山と呼ばれ、後に多く群生する五葉松にちなみ五葉山と呼ぶようになった。山頂部には**日の出岩**をはじめ多くの巨石が見られ、調査に訪れた**酒井勝軍**はこの山をピラミッドに認定している。

●釜石に伝わる聖剣伝説

　五葉山から30kmほど東にある釜石市の尾崎神社の社伝によると、尾崎神社のある尾崎半島は**ヤマトタケルノミコト**が行った東征の最終地点といわれており、その証しとして岩に剣を刺したという。その剣は御神体となって人々の信仰を集め、尾崎神社が建てられたと伝わっている。現在その聖剣は**尾崎神社の奥の院**で祀られており、実際に見ることができる。

ヤマトタケルノミコトが遺したとされる剣

　また釜石市を流れる甲子川（かっし）周辺は、円礫状になった希少な磁鉄鉱である**餅鉄**（べいてつ）が産出されることで知られており、尾崎神社の聖剣や『竹内文書』に伝わるオーパーツ・**ヒヒイロカネ**との関連も無視できない。

鳥谷幡山が描いた黒又山。こちらにはUFOは描かれていない

　地元の十和田湖を好んで描いた日本画家・鳥谷幡山。画家としての実績の一方、古史古伝『竹内文書』に明るい人物だった。同文書に記載される古代の神都が十和田湖周辺にあったと考え調査し、大石神ピラミッドを発見。酒井勝軍に紹介した。

五葉山
🏠 岩手県釜石市甲子町
🚗 JR釜石駅から約40分

甘い香りを登山者に届けるツツジ大群落

黒又山の周囲には、神社や石造遺跡が多数あり、黒又山を中心に夏至・冬至の日の出、日没点の位置にあるという。また、北に伸びるラインのみ5度のずれがあるが、4000年前の北極星の位置と一致するという。

115

古代研究家、酒井勝軍が提唱した ピラミッド日本発祥論とは？

超古代祭祀遺跡としての日本のピラミッド

日本のピラミッドと酒井勝軍

「ピラミッドの発祥地は、エジプトではない。日本だ！」

かつてそう主張した人物がいた。明治時代から昭和戦前期にかけて活躍した、異色の古代史研究家、酒井勝軍だ。

1874年に山形県に生まれた酒井は15歳でキリスト教に入信し、仙台の東北学院を卒業後は独自に伝道活動を開始。一時単身渡米して教会音楽を学び、帰国後は軍隊の通訳官なども務めるようになる。1927年、53歳のときにはユダヤ問題研究家の陸軍軍人、安江仙弘の海外視察に通訳として同行。中東ではエルサレムのほかにエジプトも訪れ、ギザのピラミッドを見物した。

この頃の酒井は日本とユダヤはルーツを同じくするという言説日ユ同祖論（→P.204）に傾倒していたが、視察から帰国すると、『旧約聖書』に登場するモーセの十戒石を拝観する機会を得る。そのモーセの十戒石なるものは、神道家、竹内巨麿が主催する茨城県の皇祖皇太神宮が所蔵する神宝で、この神社には当時密かに評判となっていた謎の古史古伝『竹内文書』も秘蔵されていた。

こうした知見をもとに酒井は「ユダヤは日本で発祥した」「日本が世界の中心である」と確信するようになり、さらには「ピラミッドのルーツは日本にある」という考えも抱くようになる。

ピラミッドの起源は日本？

酒井によれば、ピラミッドとは決して王墓などではなく、超古代に造営された太陽神を祀るための祭壇だという。そして彼は広島県にそびえる葦嶽山（→P.296）を、日本最古にして世界最古のピラミッドで、あらゆるピラミッドの原型だと断じた。この後、酒井説の影響を受けて、岩手県の五葉山（→P.115）や岐阜県の位山（→P.195）、富山県の尖山（→P.195）など、日本各地でピラミッドが発見されてゆく。

学術調査が行われた黒又山

こうした超古代祭祀遺跡としての日本のピラミッドのなかで、とくに注目されるのは、秋田県鹿角市の黒又山（→P.114）だ。黒又山は低山ながらも円錐形をした美しい山で、その姿はまさにピラミッドだ。近くには、縄文遺跡の大湯環状列石（→P.108）がある。

黒又山では1992年から数年かけて、同志社大学の研究グループを中心に結成された黒又山総合調査団により、地中レーダーなども駆使して本格的な学術調査が行われた。その結果、山全体が7～10段の階段状に加工されていることが判明。さらに、山頂部分の地下に石室のような空洞があり、石棺に似た細長い箱が丸石とともに置かれていることもわかった。最終的には、黒又山は古代山岳祭祀遺跡であると結論づけられた。

多数のUFO目撃情報

ところで、日本のピラミッドにはよくUFOが飛来するといわれているが、黒又山付近や葦嶽山付近でもUFOの目撃情報が多い。ちなみに黒又山の調査では、突然、山頂部から青白い炎が噴き上がることがあったという。超古代祭祀遺跡である日本のピラミッドからは、エイリアンをも引き付ける、強力なエネルギーが放出され続けているのだろうか。

黒又山本宮神社

歩き方＋『竹内文書』にはイエスの弟としてイスキリが登場するが、『新約聖書』「マタイによる福音書」に登場するイエスの兄弟の名前はヤコブ、ヨセフ、シモン、ユダの4人。

イエス・キリストは日本に亡命していた！？

青森にあるキリストの墓

青森県

史実か伝説か

✿ キリストの墓
きりすとのはか

青森県新郷村の戸来は、キリストの墓伝説が残る土地。昭和初期に公開された『竹内文書』をはじめとする記録や伝承によると、実はゴルゴタの丘で磔刑になったのは弟のイスキリで、キリストは日本に逃れて十来太郎大天空と改名。村の娘と結婚して、この地で106歳の天寿をまっとうしたとされる。

キリストことナザレのイエスが生きた1世紀は、日本でいえば邪馬台国の卑弥呼の時代からも2世紀前の話。そもそもイエスが磔刑にならずにその後、復活も昇天もしなければ、イエスは救世主（キリスト）とならず、**キリスト教という宗教の土台そのものが崩れ落ちてしまうことになる。**

キリスト教徒にとっては「あり得ないのでは？」と思われるキリストの墓だが、一方でロマンあふれるユニークスポットともいえ、新郷村はこの伝承を村おこしに活用している。キリストの墓の周辺は、キリストの里公園としてきれいに整備され、**キリストの里伝承館**では、『月刊ムー』の協力のもと、この説を資料とともに紹介している。また、この地には語源が不明な**ナニャドヤラ**という不思議な盆踊り唄が伝わっており、毎年6月に行われるキリスト祭りでは、ナニャドヤラの奉納が行われる。

キリストの墓／キリストの里伝承館
🏠 青森県三戸郡新郷村戸来野月野月33-1
🚗 八戸西スマートICから約50分

小高い丘の上にあるキリストの墓。イスキリの墓が隣り合うように並んでいる

 コラム
キリストっぷはキリストの墓にある駐車場の隣にあるショップ。土、日曜日の十字架ら15時まで営業している。商品の一部はキリストの里伝承館でも販売している。

お店のイチオシはオリジナル手ぬぐい

コラム

\世界中の信徒が訪れる！/
エルサレムにあるイエスの墓

イエスが葬られたと広く信じられている場所は、イスラエルのエルサレム旧市街にある聖墳墓教会。埋葬された場所のほか、磔刑に処された場所も教会内にあり、まさにキリスト教を代表する聖地だ。エルサレムには、城壁の外にも園の墓という場所があり、一部のキリスト教徒はこちらがイエスの墓のあっ

イスラエルにある聖墳墓教会

た場所だと信じている。

しかし、墓はあってもこのどちらにもイエスの遺体はない。『新約聖書』によると、イエスは死後3日目に死から復活し、弟子たちと40日過ごしてから肉体をともなって昇天したとされているからだ。つまりキリスト教の立場としては、イエスは天にいるので、遺体が地上にあってはいけないのである。ちなみに、エルサレム市は2004年、キリストの墓がある青森県新郷村に、友好の記念碑を贈呈しており、その石碑は今も墓の近くで見ることができる。

イエスの来日は実は2度目で、最初は二十歳のとき。加賀国の橋立港に上陸し、「日本の王」に拝謁。その後12年にわたり神学を学び、ユダヤの王の要請で帰郷、キリスト教を広めたという。

竹内巨麿が発見したキリストの墓。
古代書『竹内文書』が語る
古代日本のハイテク文明との関連は？

竹内巨麿

山村で発見されたキリストの墓

　ゴルゴタの丘で磔になったはずのキリストは、実は密かに日本に渡り晩年を過ごしていた。そして、その本当の墓は日本にある。キリストの死から2000年近くの間、誰ひとり想像すらしていなかった衝撃の事実が明らかになったのは、1935年の日本でのことだ。

　すべてのきっかけは、日本画家鳥谷幡山という人物が青森県戸来村（現在の新郷村）を訪れたことに始まる。もともと鳥谷は日本画制作の依頼をうけてこの地を訪れていたのだが、実は心中に密かにひとつの仮説をあたためていた。それは、十和田湖周辺には太古の昔に一大都市戸来神都が栄えていたのではないか、というものだ。

　作品のためのロケハンをするかたわら古代都市の痕跡を調査していた鳥谷は、やがてお石神と呼ばれる巨石群がピラミッドであることを発見する。そして、この発見を竹内巨麿という宗教家に報告するのである。

　竹内は茨城県磯原で皇祖皇太神宮天津教という教団を開いていた人物で、『竹内文書』と呼ばれる秘伝の文書類を所蔵していた。鳥谷が戸来神都説を着想したのも『竹内文書』の内容に触れたことがあったからで、竹内は師とでもいった存在だった。

　ピラミッド発見の一報をうけて、竹内は現地調査のため戸来村を訪れる。そしてここで、鳥谷も想像しなかった大発見がなされることになるのだ。

　竹内巨麿がキリストの墓を発見した瞬間について、鳥谷は著書でこのように回顧している。戸来村の各地を巡っているなかで、彼らはふたつの丸塚が並ぶ墓所館という高台に登る。その瞬間、竹内は突然塚に黙祷を捧げたのち、「ここだ、ここだ」と力強く口にしたのだ。

　その後も竹内はこの場所に目印を立てること、塚を十来塚と呼ぶことなどを戸来村の村長に告げる。周囲の人々はなんのことだか理解していなかったが、鳥谷には直感するものがあった。手のひらにそっと十文字を書いて「もしやこれでしょうか？」と竹内の前に差し出すと、竹内はひとこと「今少し黙れ」と返す。十文字、つまりキリストに関わる遺跡が発見されたのだ、と鳥谷が確信したのはこのときだった。

　また、この塚は地元の沢口家によって代々管理されていたのだが、沢口家でも貴人の墓との言い伝え以外には詳しいことはわからなくなっていたという。しかし竹内は塚を見つけたとたん、キリストの墓を十来塚と、その弟イスキリの墓を十代塚だと断言したらしい。

　以上のように、資料によってこのあたりのエピソードには微妙に違いがあるものの、キリストの墓はこうして発見され、以後少しずつ世間に知られるようになっていったのだ。

巨麿がキリストの墓を発見した瞬間を描いた絵。
国立国会図書館蔵

竹内巨麿と『竹内文書』

　さて、そもそも竹内巨麿とは何者なのか、所蔵されていた『竹内文書』とは何か？　なぜそれを読んだら青森に古代都市があると思ったり、キリストの墓を発見したりするのだろうと疑問を持つ者も多いに違いない。

まず、竹内巨麿の来歴から見てみよう。竹内家は古代の朝臣武内宿禰を祖とする家柄で、巨麿は養子として竹内家に入り、宿禰から数えて66代目の末裔になるという。その前半生は謎に包まれているのだが、伝記によれば青年期には鞍馬山で修行をし、山中で神々や仙人と出会い秘術や神代文字の読み書きを手ほどきされるなどスピリチュアルな体験を積み、やがて1910年、先述のように新教団**天津教**をひらいている。『竹内文書』とはこの竹内一族が代々守り伝えてきたとされる4000点を超す資料群のことで、1928年に巨麿によってそれまで秘されてきた家宝の一部が初めて公開される。

『竹内文書』によれば、**元無極躰主王御神**の出現後、はるかな時を経て地球が誕生。長い天神たちの時代ののち地球には神々が降臨し、日本を聖都として初めての上古天皇が即位する。この超古代の天皇たちは、1日で地球を1周するほどの超テクノロジーを駆使して世界中を万国巡幸し、各地に古代文明を発祥させた。

以降、人類は豊かに暮らしていたが、同時に地球には天変地異が多発し、不安定だったという。やがて人類は五色人（→P.335）と呼ばれる5つの人種に分かれてしまい、上古天皇王朝に続く**ウガヤフキアエズ王朝**の時代には地球規模の壊滅的災害が起こり、人類は死滅の危機に瀕する。そしてこの王朝の最後73代目の天皇は名を改め、新たな王朝の祖となった。彼こそが現王朝のファーストエンペラー、神武天皇である。

以上が『竹内文書』の概略となるが、つまるところこの書物は、現代の常識を超越した異端の超古代史が記された古文書なのだ。まるでSF小説のようなとてつもない話だが、日本はこうした世界文明の発祥の地だったため、キリストや釈迦、孔子たちは日本を尊び、修学や修行にやってきていたという。つまりは十和田湖近辺に超古代都市が

存在し、キリストが来日して墓が築かれていたとしても、『竹内文書』に照らせばなんら不思議ではないのである。

また、十来塚の周辺には、傍証的にキリスト渡来を補強するような不思議な事実も存在する。塚を管理してきた沢口家をはじめ、新郷村では古くから赤ちゃんの初めての宮参りの際に額に墨で十字を書く風習があり、この十字がキリスト教のクロスに由来するのではないかとの説がある。また村には、**ナニャドヤラ**という民謡が伝えられているのだが、この耳なじみのない言葉はヘブライ語の訛りではないかというのだ。なによりも戸来という村名は、ヘブライとあまりにもよく似ている。

ゴルゴタの丘で磔にされたのは、キリストの身代わりになった弟イスキリであり、キリストは日本で100歳を超える長寿を保ったという説は世間に知られるようになったが、実は『竹内文書』そのものにはキリスト渡来に関する詳細な記録はない。こうした情報の多くは、キリストの墓が発見されて以降に山根キク（→P.121）や仲木貞一らが追調査を行って掘り起こしたものなのだ。

修験者の予言

それにしても、もし『竹内文書』が世に出ていなければ、キリストが青森で葬られたなど誰も想像しなかったろう……と思いきや、偶然か必然か『竹内文書』が周知されるずっと前に同じ指摘をしていた人物がいたという。島根県益田市の比礼振山山中に暮らしていた**権現仙人**という修験者である。1910年に権現仙人は「キリストや釈迦は布教のために来日しており、キリストの墓は青森県か岩手県にある」と地元の少年に言い残していたというのだ。またその仙人は同時に「今から百年を過ぎたころから地球上に大異変が起こり、大地震や大津波が続く」との予言も残している。1910年の100年後の大災害といえば、2011年の東日本大震災を連想してしまうが……。

キリストのみならず釈迦まで日本に来ていた！

釈迦の墓

青森県

梵珠山
▷ **青森県立**
自然ふれあいセンター
住 青森県青森市浪岡大釈迦
字沢内沢1-1
URL www.bonjyu-furesen.info
🚗 青森ICから約30分

山頂付近に鎮座する松倉神社への入口

JR大釈迦駅

仏舎利を埋葬したとされる
🐚 梵珠山
ぼんじゅさん

梵珠山は青森市にある標高468mの山。古来信仰の山とされ、梵珠山という名前の由来も、文殊菩薩の文殊が訛ったもので、文の字が梵の字に変わったのも、悟りを開いた釈迦に布教を促した神、梵天とのつながりを感じさせる。

松倉観音堂の納経取扱所から望む梵珠山

山頂近くにある**釈迦の墓**は、7世紀の僧、道昭が唐に留学した際に、玄奘三蔵からもらった仏舎利を埋葬したものだと伝わる。そのほかにも、釈迦は日本にやってきてこの地で亡くなったとか、釈迦の実子で十大弟子のひとりである羅睺羅のものと伝わる墓があるなど、梵珠山にはオカルト好きを惹きつける伝承が多い。

とりわけ有名なのは、**御灯明**という謎の**火の玉**。旧暦7月9日に現れるとされ、**運良く見ることができたら御利益がある**のだとか。毎年この時期には、浪岡観光協会による火の玉探検ツアーが催され、深夜の梵珠山に登って暗闇のなか火の玉を探すイベントが開かれる。

コラム

＼世界中にある釈迦の遺骨／
釈迦入滅の地と仏舎利

クシナガラにある涅槃仏

仏典をひも解くと、釈迦入滅の地とされるのはインド北東部のクシナガラ。釈迦の遺体は近くで荼毘（火葬）にふされたとされる。火葬された釈迦の遺骨を仏舎利といい、仏教に帰依した各部族は、これがもとで争いにならないようにと、仏舎利を8つに分割したとされる。分割された仏舎利は、その後さらに細かく分割されており、その数は8万とも。インドのサーンチーをはじめ各地で仏舎利を納める仏塔、ストゥーパが作られており、日本にある三重塔や五重塔などもこうした仏塔の一種である。

すべての仏塔に仏舎利が納められているわけではないが、法隆寺や大阪府の四天王寺の五重塔には聖徳太子がもっていたとされる仏舎利が、愛知県の覚王山日泰寺の奉安塔にはタイ国王ラーマ5世から送られた仏舎利が、静岡県の富士平和公園と兵庫県の名古山霊苑の仏舎利塔にはインド首相を務めたネルーから送られた仏舎利が、釜石大観音横の仏舎利安置塔にはスリランカから送られた仏舎利がそれぞれ納められている。仏舎利が納められた場所を釈迦の墓とみなすのであれば、日本は数多くの釈迦の墓であふれていることになるのである。

インド中部サーンチーにあるストゥーパの第1塔

120

歩き方➕ 仏典に登場する村娘スジャータは、釈迦が悟る直前に乳がゆを施したという（乳粥供養）。コーヒーフレッシュで有名なスジャータめいらく株式会社の名称は、この伝承が由来となっている。

青森の山奥に眠る釈迦の墓

古文書『竹内文書』には、世界の偉人たちが日本にやってきたという興味深い記述が残されている。キリストをはじめ、儒教の祖である孔子や、その門人である孟子も日本を訪れ、修行をしたというのだ。

そして、キリスト教に並ぶ世界宗教、仏教の開祖である釈迦もまた日本で修行をして悟りを開いたとされる人物のひとり。『竹内文書』によれば、神武天皇が即位するより350年前、現在の天皇家の前王朝であるウガヤフキアエズ王朝の時代、迦毘羅国の王子である釈迦が日本にやってきて6年間修行をした。そして日本からインドに戻って教えを広めた後、再び日本を訪れて生涯を終えた。その墓はこれまた青森県にある、というのだ。

女性ジャーナリストによる発見

山根キク

日本に残された釈迦の墓を最初に発見したのは、ジャーナリストの山根キクだ。『竹内文書』を研究し、キリストの墓の調査に大きな影響を与えた第一人者だが、彼女は同様に釈迦の墓についても研究を進め、それが青森県津軽地方の梵珠山であることを突き止めた。

当初の調査で、彼女が釈迦の墓の所在地だと推定したのは長野県北部だった。人工ピラミッド説もある皆神山（→P.194）などがある地域だが、山根の著書『キリストは日本で死んでいる』によると、彼女は長野県北部の典厩寺を釈迦の墓と発表した後にさらに調べを進めた結果、そこは釈迦の分骨塚であり、本当の墓は、青森の梵珠山であるという結論に至ったのだという。

梵珠山にまつわる伝承

梵珠山は青森市と五所川原市にまたがり、古くから霊峰、修験の霊場として信仰されてきた山だ。梵珠山という名前も仏教との関連を思わせるが、山麓には大釈迦という、いかにも釈迦との関連を物語るような地名が残されている。

またこの山には、旧暦7月9日の夜、山頂に奇妙な発光体が出現するという不思議な伝説がある。山根によると、これは釈迦がロウソクくらいの光となって現れたもので、旧暦4月から7月の半ば頃まで、毎晩丑三つ時になると出現しているのだそうだ。この発光現象は現在でもミステリーファンや地元有志に調査されていて、毎年旧暦7月9日の夜には、地元観光協会による火の玉探しというイベントも行われている。釈迦の墓に眠るのは実は釈迦ではなく、その高弟だったとの説もあり、梵珠山中に現れる火の玉についても、釈迦の霊魂を迎えるための灯りだとか、UFOであるとか諸説入り乱れている状態だ。

ところで日本には、『竹内文書』が世に知られる以前から残された、釈迦来日説のはしりともいえるような伝説がある。その昔、釈迦が日本にきて常陸国の山中で説法していると、そのありがたい説法を聞こうと龍王が波に乗ってやってきた。以後、この山は筑波山と呼ばれるようになったというもの。説話であり文字どおりに信じられていたのかは注意が必要だが、ほかの日本の神様でも話は成立するところを、あえて釈迦来日の物語としている点が興味深い。

梵珠山にある釈迦の墓

『竹内文書』を基にフィールドワークを行った山根キクは、ユダヤ人の祖、ヤコブの息子ヨセフの墓も日本にあると主張。場所は神奈川県伊勢原市にある真慶塚だという。古代日本に偉人は集まってきたようだ。

日本全国 義経伝説 MAP

抜群の武功を挙げながら
兄と対立し悲劇的な最期を遂げた源義経。
義経とその家臣・弁慶にまつわる伝説は
全国各地に残されており、
歌舞伎や浄瑠璃などの題材として
広く人々に愛され続けている。

京都の五条大橋で後に主従と
なる弁慶と決闘して破る

京都府京都市
① **五条大橋**

福原に陣を敷いた平家軍
を奇襲。義経道が残る

兵庫県神戸市
③ **一ノ谷**
いち たに

山口県下関市
⑤ **壇ノ浦**
だん うら

悲願だった平家滅亡を実
現。八艘跳びで有名

香川県高松市
④ **屋島**
や しま

奈良県吉野町
⑦ **吉野**
よし の

源氏軍の那須与一が、平家の軍
船に掲げられた扇の的を射落と
したエピソードで知られている

頼朝に反旗を翻すも兵が集ま
らず逃走し、吉野に潜伏。最
愛の静御前とも別れる

北海道各地には義経が訪れたという伝説が残る。さらに大陸にわたりチンギス・ハンになったとも

平泉に向け逃走を続ける義経主従。安宅の関は勧進帳の舞台として名高い

⑧ 石川県小松市
安宅の関

⑩ 青森県外ヶ浜町
義経寺 P.125

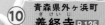

⑨ 岩手県平泉町
高館義経堂 P.124

凱旋を果たすも鎌倉入りを断られ、手前の腰越に留め置かれる。満福寺には腰越状の下書きが残る

⑥ 神奈川県鎌倉市
腰越

② 滋賀県竜王町
鏡の宿

京都を脱出し、平泉へ向かう途中に元服する

高館義経堂

🏠 岩手県西磐井郡平泉町平泉字柳御所14

URL www.motsuji.or.jp

🚶 JR平泉駅から約20分

弁慶の墓

コラム　仏ヶ浦は青森県佐井村南部の沿岸2kmにわたって奇岩が連なる秘境。畏怖の念を込めて霊界への入口という別名がある。ここにも北行伝説が伝わっており、義経が仏ヶ浦から蝦夷地に橋を架けて渡ろうと試みたという。

長年の波食によって形成された景勝地

神威岬

▷神威岬自然公園

🏠 北海道積丹郡積丹町神岬町草内

URL www.kanko-shakotan.jp

🚗 余市ICから約1時間

岬へと続く道には「女人禁制の地」と書かれた門が立っている

義経最期の地

❀ 平泉町
ひらいずみちょう

1185年の**壇ノ浦の戦い**で平家滅亡の武勲を挙げた源義経。しかし義経の大きすぎた功績は、異母兄の源頼朝にとって自身の権威を脅かす存在となってしまった。頼朝によって朝敵と認定され追われる立場になった義経は、奥州藤原氏の藤原秀衡の下で匿われていたが、秀衡の死後、息子の藤原泰衡による襲撃に遭い自決する。義経の首は最終的に幕府の置かれた鎌倉へ届けられたとされており、**義経の首洗い井戸**と**首塚の碑**が神奈川県藤沢市に実在している。

●**高館義経堂**

義経は1189年に秀衡の遺言に背いた藤原泰衡による襲撃が原因となり、身を寄せていた平泉の衣川館にて妻子とともに31歳で自害。およそ500年が過ぎた1683年、仙台藩主

静寂の地にひっそりとたたずむ

によって**跡地に義経堂と呼ばれるお堂が建てられ、義経の木彫り像が奉納された。それから数年後には松尾芭蕉一行がこの地を来訪し、「夏草や 兵どもが 夢の跡」という義経の無念をしのんだ句を残している。

義経堂から徒歩10分の中尊寺金色堂の参道入口付近には、義経の郎党だった**武蔵坊弁慶**が眠る墓がある。

地元の娘との悲恋の物語が残る

❀ 神威岬
かむいみさき

伝説によると、竜飛岬から北海道に渡った義経は、集落があった平取に滞在した後、積丹半島の**神威岬から大陸へと旅立った**という。

積丹半島には、義経と平取の首長の娘チャレンカとの悲恋物語が伝わっている。チャレンカは平取からはるばる義経を追って神威岬までやってきたが、すでに一行は出航した後だった。彼女は嘆き悲しみ、「和人の船、婦女を乗

神威岬と沖に見える神威岩

歩き方＋　『御伽草子』のなかには、頼朝の挙兵に参加する前の若き源義経が北方の島々を冒険し、鬼の王がもつ兵法書を手に入れるという『御曹子島渡（おんぞうししまわたり）』という話がある。

せてここを過ぐればすなわち覆沈せん」と言って岬から身を投げ、その体が**神威岩**となった。この地に女性を乗せた船が近づくと沈没するとされ、岬は明治初期まで女人禁制の地だった。

義経が大時化を鎮めた

✹ 厩石
まやいし

蝦夷地を目指して本州北端の竜飛岬にたどり着いた義経一行。しかし、津軽海峡は大荒れで船を出すことはできなかったという。そこで義経は海岸沿いにあった**厩石**の上で三日三晩観音像に祈りを捧げ、荒れた海を鎮めようと試みた。すると仙人が突如現れて義経に3頭の龍馬（翼の生えた馬）を与え、一行は無事に海峡を越えることができたという。

それから500年以上が過ぎた江戸時代前期、この地を訪れた円空が厩石に上ったところ、**義経の守り神だった観音像が光っている**のを発見。そこで円空も義経伝説にちなんで木像を彫り、近くに堂を建てて祀ったと伝わっている。後にその堂は山号を龍馬山とする義経寺と改名され現在に至る。

竜飛岬の周辺には**甲岩**や**鎧島**など義経が道中の安全を祈願して兜や鎧を捧げたと伝わる奇岩が点在しているほか、**みんまや義経まつり**が毎年開催されている。

厩石
▷厩石公園
住 青森県外ヶ浜町三厩中浜6
🚌 JR三厩駅から町営バスで
義経寺前下車、徒歩約3分

厩石は高さ20mの巨岩

海を見渡す高台に建つ義経寺

源義経は生き延びて ユーラシアを席巻した皇帝となっていた？

義経＝チンギス・ハン説

不遇な者や弱者の肩を持つことを意味する判官贔屓は、義経に対する人々の同情から、『義経記』が編纂された室町時代に生まれた言葉である。江戸時代に入ってからは歌舞伎や浄瑠璃など舞台作品の題材として「判官もの」の人気も高まった。そんななか、巷間で噂されていたのが**義経＝チンギス・ハン説**である。

まずは義経北行伝説について説明しよう。兄の頼朝に追われた義経が身を隠した奥州には杉目太郎行信という人物がおり、見た目が義経と瓜ふたつだった。通説では義経

チンギス・ハン

が死亡したとされる衣川の戦いだが、義経北行伝説では行信が義経の影武者を演じ、代わりに死去。そのおかげで**義経は蝦夷地へと逃れることができた**のだという。

この説は新井白石によって提唱されたのだが、ドイツ人医学者のシーボルトは、この説をさらに飛躍させ、義経が蝦夷から大陸へ渡りチンギス・ハンになったと唱えたのである。この新説は義経とチンギス・ハンはどちらも武勇に優れていたことや、チンギス・ハンの前半生に不明な点が多く、1190年代から突如として名前が登場し、それが義経没後から大陸に渡った時期と合致していることなどを根拠にしている。シーボルトのこの説に対する熱意は相当なもので、正史として認めるよう役人に請願していたというから驚きだ。

チンギス・ハンは9の数を好み、白を尊んだ。9は九郎義経に通じ、白は源氏の象徴だ。また、チンギス・ハンの影像の服には笹竜胆と悲しき模様があるが、笹竜胆は源氏の紋所でもある。

🇯🇵 日本全国 河童出没 MAP

日本中で目撃情報がある水の妖怪河童。
痕跡を示す神社や、
目撃者が奉納した像なども各地に存在する。
それらを手掛かりに、河童探しに出かけよう。
捕獲キット ➡ P.32 も忘れずに！

広島県東広島市
どんどん淵峡 P.293

芥川龍之介の晩年の
小説『河童』の舞台

長野県松本市
河童橋

アナタが撮った写真を貼ってね！

福岡県久留米市
田主丸町

大昔に9000匹の河童
が中国から渡来したと
伝わっている

熊本県八代市
河童渡来の地

兵庫県福崎町
辻川山公園 P.249

美青年が川に引き込まれ、河童と結婚したという伝説が残る温泉地

北海道札幌市
定山渓
（じょうざんけい）

山形県庄内町
（あらなべうちかわ）
荒鍋内川農村公園

岩手県遠野市
カッパ淵 P.128

調理道具店が集まる商店街。近くにある曹源寺は「河童寺」の愛称で親しまれている。

東京都台東区
かっぱ橋道具街

地元の河童伝説から生まれた「かっぱめし」は必食！

世界遺産

山梨県富士河口湖町
河口湖

アナタが撮った写真を貼ってね！

河童の
生態を知るには

河童の博物館

千葉県銚子市 大内かっぱハウス

静岡県焼津市 龍ちゃんのカッパ館

高知県県四万十町 海洋堂かっぱ館

遠野の河童

岩手県

カッパ淵

住 岩手県遠野市土淵町土淵
7地割55

車 遠野ICから約10分

狛河童（こまがっぱ）のお皿の
上にはお賽銭が置かれている

カッパ捕獲許可証には赤い河童
と運萬さんが描かれている

河童を捕獲するな
ら、好物のキュウリ
でおびき寄せるという手が
ある。かつて河童は水の
神との説があり、キュ
ウリはそのお供え物だっ
たため、好むとか。また、
人間の味がキュウリと似
ているからとの説もある。

赤い河童が目撃された
カッパ淵
かっぱぶち

柳田國男(→P.132)
の『遠野物語』でも言
及されている遠野の
河童。市内で最も目撃
情報が寄せられてい
るのはカッパ淵と呼
ばれる**常堅寺**裏を流
れる小川だ。ここに生

日中でも薄暗く河童の気配が漂う

息していた赤い河童は馬を川に引き込む悪戯に失敗し、村人
にお詫びをしたという。改心した河童は常堅寺で火事が発生
した際に鎮火にあたり、常堅寺には狛犬ならぬ狛河童として
境内に祀られている。

●河童を捕獲しよう

カッパ淵ではキュウリを餌に河童を釣り上げる環境も整っ
ている。捕獲するためには遠野市観光協会が発行する**カッパ
捕獲許可証**を伝承園(→P.130)などで購入しておかなければ
ならない。カッパ捕獲許可証の裏面にはカッパ捕獲7ヶ条が
記されており、**河童は生け捕りにし丁重に扱うこと、新鮮な
野菜を使って捕まえること**などが記されている。釣竿はカッ
パ淵のほか伝承園でレンタル可能。ちなみに河童の生け捕り
に成功し、遠野市観光協会に引き渡すと賞金**1000万円**が贈
呈されるそうだ。

●2代目河童おじさん

河童を実際に捕
獲することは難し
いが、2代目河童お
じさんこと**運萬さ
ん**には会えるかも
しれない。運萬さん
は週4日ほどカッパ
淵に現れ、訪れる観

初代河童おじさんの写真が飾られている祠

光客に河童や遠野の伝承を話してくれる遠野のちょっとした
有名人。運萬さん本人は河童を見たことはないが、実際に見
たという初代の阿部さんが体調を崩したことから2代目を継
いだという。カッパ淵のほとりには河童を祀る祠があり、初
代河童おじさんの写真が飾られている。

水辺に潜む河童の正体は異星人か恐竜人か?

河童の正体

河童のルーツ

河童の正体については、諸説ある。

よくいわれるのは、中国の河伯と呼ばれる黄河の神が日本に伝わったのではないか、というものだ。名前も「かはく」から「かっぱ」に転じたとされる。確かに名前は似ているが、河伯は竜や人間の姿をしているといわれており、河童の姿とは似ても似つかない。また、『日本書紀』でイザナギノミコトがカグツチノカミを斬ったときに飛び散った際に生まれた少童という海神をルーツとする説もあるが、川(河)に棲む河童との関係は不明だ。

ちなみに日本で最初に河童という名前が登場するのは室町時代で、当時はカワウソが年齢を重ねることで河童になると考えられていた。

河童という文字についてだが、「童」は子供の姿での目撃が多いということを物語っている。日本には「童」がつく妖怪がほかにもいて、座敷童や山童などがそれにあたる。いずれも山の神の使いだが、同様に河童も河の神の使いというわけである。

河童の正体

江戸時代になると目撃が増加するとともに、河童の身体がミイラ化したもの、いわゆる「河童のミイラ」が残されるようになる。全身あるいは腕の一部など状態はさまざまで、全国で60以上の遺物が保存されている。

目撃自体は現代でも続いており、1985年の夜には長崎県対馬で草むらから現れて川に消えたザンバラ髪の裸の子供の姿が目撃されており、翌日には道路に足跡も確認されている。

改めて河童の正体だが、前述のカワウソのように、川に棲む生物の誤認説が最初に挙げられる。甲羅を持つ生物ということからスッポン、二足歩行するサルなども該当するだろう。

さらに奇想天外な説もある。異星人説もしくは異星人による創造物説だ。なかでもグレイと呼ばれる小型の異星人は、甲羅こそないもののイメージ的には河童とよく似ている。一部ではグレイについて、異星人が持ち込んだ創造物だとする主張もあり、だとすればどこかおぼつかない河童の動きも納得がいく。

また、河童が人間の尻子玉を抜いたり、家畜を川に引きずり込むといった伝承も、異星人によるキャトルミューティレーション(動物虐殺)を彷彿とさせるものだ。

このほかにも、1982年に古生物学者のデール・ラッセルが提唱した、恐竜などの爬虫類がヒト型に進化したとする恐竜人説。身長を除けばその姿は河童とよく似ている。これが例えば地底など、地球のどこかで進化して生き残り、目撃されたのではないか、というわけである。

いずれにせよ、河童の正体については不明な点だらけなのだ。

宮崎県西都市の民家に残された河童の足跡

対馬の道路で発見された河童の足跡

『遠野物語』の舞台

遠野は江戸時代、市が立ち、交通の中継点として人々の往来が多かった要衝。周辺の地域からの不思議な情報、怪異譚なども自然と集まりやすい土地だった。こうして生まれた説話、民話が定着し『遠野物語』につながっていった。

伝承園
住 岩手県遠野市土淵町土淵
6地割5-1
URL www.densyoen.jp
🚗 遠野ICから約10分

キュウリの釣竿を持って河童ポーズで記念撮影

コラム
遠野のソウルフードといえばジンギスカン。遠野で焼肉といえば羊肉が主流になっているほど。国道283号線沿いを中心にジンギスカン専門店が立ち並んでいる。

ジンギスカンのタレは店ごとにこだわりがある

上にいくにつれてオシラサマは古いものになっていく

圧巻のオシラ堂

🌸 伝承園
でんしょうえん

カッパ淵(→P.128)から徒歩5分のところにある観光地。園内の中央には国の重要文化財に指定されている**旧菊池家住宅**が構えている。この茅葺屋根の古民家は南部曲り家と呼ばれる住宅様式で1750

おばあちゃんお手製の藁馬も販売されている

年頃に建てられた。旧菊池家住宅の内部を進んだ先には**御蚕神堂**と呼ばれるオシラサマを祀るお堂が現れる。オシラサマは**蚕の神様、農業の神様、馬の神様**として東北の家々で**信仰されている神様**。神体は桑の木を削って作った棒に衣服をかたどった布を重ねるように被せて作ったもので、堂内には1000体以上が納められている。

●食事処

伝承園には食事処(改装中のため2024年4月再開予定)が併設されており、すいとんのような、ひっつみと呼ばれる郷土料理が味わえる。またカッパ

伝承園名物カッパ焼き

淵が近いことから、河童の顔が可愛らしい**カッパ焼き**も人気。つぶあんと桑生地&クリームの2種類が選べ、カッパ淵で食べるとおいしさもひとしおだ。

歩き方＋ 市内に点在する見どころへはバスが運行されているものの便数が少ない。遠野駅前の観光案内所では自転車のレンタルサービスを行っているので日中の観光に便利だ。

座敷童に会えるかも？

✿ 早池峯神社
はやちねじんじゃ

早池峰山には登山口ごとに4つの早池峰神社があり、遠野側の早池峯神社は山の南方に位置する。創建は806年と古く、地元の猟師が山頂に建てた社が起源。この神社には**座敷童が住み着いている**という言い伝えが残っており、ざしきわらし祈願祭が毎年催される。普段は無人の神社だが、社務所に人がいればお守りなどの授与品をいただける。

時折風が吹く境内は座敷童がいそうな雰囲気

昔ながらの山村集落

✿ 遠野ふるさと村
とおのふるさとむら

南部曲り家を複数移築して、ひと昔前の山里の様子を再現している野外博物館。里内では運営を支える通称**守り人**が、庭や田んぼの手入れなどを行っている。

肝煎りの家は庄屋（村長の家）にあたる

肝煎りの家はふるさと村のなかで最も大きな民家で、その大きさは400㎡と小学校の25mプールよりも広い。古くから遠野では馬との共同生活が根づいていたため南部曲り家には馬屋が組み込まれており、肝煎りの家などでは馬が実際に飼育されている。

遠野の昔話を聞いてみよう

✿ とおの物語の館
とおのものがたりのやかた

『オシラサマ』や『ザシキワラシ』など、遠野に伝わる昔話を映像や音声で楽しむことができる体験施設。語り部による**昔話をライブで聞くこともできる**。遠野の言葉で語ってこその昔話なので、**とこ**

現役の語り部による昔話

ろどころ訛りや方言の強い口語で話が進む。そのためすべてを理解することは難しいが、伝統ある語り口を直接体験できる貴重な機会となっている。

早池峯神社
住 岩手県遠野市附馬牛町上附馬牛19-81
🚗 遠野ICから約30分

薄暗い杉木立の参道を進む

遠野ふるさと村
住 岩手県遠野市附馬牛町上附馬牛5-89-1
URL www.tono-furusato.jp
🚌 JR遠野駅から岩手県交通のバスで遠野ふるさと村下車すぐ

冬は厳しい寒さとなるため、馬釜が住民と馬にとっての暖房機能を果たしていた

とおの物語の館
住 岩手県遠野市中央通り2-11
🚶 JR遠野駅から徒歩6分

コラム　語り部による昔話は11:00、13:00、14:00（12～3月は土・日・祝の13:00のみ）となっている。

座敷で例えば8人の子供が手をつなぎ、くるくると回る遊戯をしていると、ひとり増えている。しかし知らない顔はなく、増えたのが誰かわからない。この9人目を座敷童という伝承がある。

遠野市立博物館
住 岩手県遠野市東舘町3-9
JR遠野駅から約8分

山に携わる人々に信仰されてきた、山の神像

卯子酉様
住 岩手県遠野市下組町11-1
JR遠野駅から約25分

コラム
かつて遠野ではデンデラ野と呼ばれる地に60歳を迎えた老人を住まわせたそう。現在も何もない野原にポツンと小屋が建っている。

伝承館から車で10分のところにあるデンデラ野

民俗分野に特化した博物館

遠野市立博物館
とおのしりつはくぶつかん

狩の秘伝書には、殺生した際に唱える呪文も記されている

遠野の歴史や風俗を学べる博物館。天狗の下駄や物入れなどの遺品や、**遠野の猟師に古くから伝わる秘伝書**など、ほかの博物館とは一線を画した文化財の数々を収蔵している。また、水木しげるや、さいとう・たかをといった著名な漫画家が描いた妖怪のイラストも展示されている。

恋愛成就の強力パワスポ

卯子酉様
うねどりさま

赤い布が所狭しと結ばれている境内

『遠野物語』35話に登場する恋愛成就の御利益がある小さな神社。**境内に群生するアシに恋愛の願いごとを書いた紙を結びつけると願いが叶った**という。その言い伝えは時代とともに変化し、現在は境内にある無人店で頒布されている赤い布に願いごとを書いて、左手だけで紐に結ぶことができたら成就するとされており、**境内には赤い布が数多く垂れ下がっている。**

コラム
＼日本民俗学の父／
柳田國男

1875年に兵庫県で生まれる
柳田は医者を家業としていた松岡家の6男として1875年に兵庫県田原村（→P.249）で生まれた。16歳の時に上京し、22歳で東京帝国大学法科大学政治科に入学。大学卒業後は農商務省に勤めるかたわら、全国の農山村に足を運んでいた。

日本民俗学の興り
農山村でのフィールドワークを行ってきた柳田は、これまで文字に起こされなかった地方の日常生活に着目し、文化や伝承などの事象を言語化、体系化することで新しい学問となるのではないかと考えた。そこで遠野出身の佐々木喜善と親交があった柳田は佐々木が聞き覚えていた伝承の数々を書き起こし『遠野物語』を出版した。以来、柳田は『蝸牛考』『桃太郎の誕生』『日本の民俗学』などを著し、古くからある日本人の文化や風習を体系化。日本民俗学を確立させたパイオニアとして知られている。

ライフワークとして「日本人とは何か」という問いを掘り下げていった

歩き方 姥捨（うばすて）の風習は全国各地に残っているが、『遠野物語』によるとデンデラ野に住む老人は日中に農作業のために里に降り、夕方になるとデンデラ野に戻ったという。

大自然が織りなす神秘
北東北三大パワースポット

┃青森県

『もののけ姫』の舞台のモデルといわれる

❀ 白神山地
しらかみさんち

世界遺産

青森県と秋田県にまたがる約13万ヘクタールの山地帯。世界最大級のブナの原生林が広がることから1993年に世界自然遺産に登録された。青森県側にある十二湖エリアは癒し効果が認められた森

どこまでも広がるブナの原生林

林セラピー基地で、なかでも神秘的な青さが魅力の**青池**と、透明度が高い**沸壺の池**は必見だ。

熊野や日光などと並び称された霊場

❀ 十和田湖
とわだこ

十和田湖には、十和田神社をはじめ神々が祀られた窟が点在する開運の小径や、御神木、奥宮の青龍権現社がある。奥宮の崖下にある占場は、かつて**南祖坊**という修行僧

ボートツアーでしか行くことができない占場

が湖に入水し、青龍権現に化身したと伝わる場で、同社の宮司が祈念したおより紙を湖に投げ入れ、吉凶を占う風習が残っている。

東北一の怪樹

❀ 十二本ヤス
じゅうにほんやす

青森県金木町にある驚異の**御神木**。赤い鳥居が立てかけられ、人の背丈を超える高さでぐっとエネルギーを溜め込み、12本の枝幹がまっすぐ天に伸びている。樹種は金木町の銘木として知られるヒバで、樹齢は300年とも800年とも。山の神の化身である老猿の供養のために植えられ、様相がヤスと呼ばれる銛のような漁具に似ていることが名前の由来となった。**新しい枝幹が生えてきても古い枝が枯れて12本以上になることがなかった**という言い伝えが残っており、この地方では12月12日が山の神を祀る日として神聖視されている。

白神山地
▷白神山地ビジターセンター
住 青森県中津軽郡西目屋村神田61-1
URL www.shirakami-visitor.jp
🚗 JR弘前駅から約30分

透明度が高い青池

十和田湖
▷十和田神社
住 青森県十和田市奥瀬十和田湖畔休屋486
🚌 JR八戸駅からJRバスで十和田湖駅下車、徒歩約10分

冬は白銀の世界が広がる

天に向かって伸びる12本の枝幹

十二本ヤス
住 青森県五所川原市金木町喜良市
🚗 津軽鉄道金木駅から約20分

十和田湖には、中央部の湖底にピラミッド状の構造物がある。また、東日本大震災で十和田湖の水位が下がった際、西湖畔にある礼拝堂と正対した位置にキリスト像に見える岩が発見されている。

秋田犬

秋田県

秋田犬の里
🏠 秋田県大館市御成町
1-13-1
URL akitainunosato.jp
🚶 JR大館駅から約2分

フィギュアスケーターのザギトワ選手が飼っていることでも知られる秋田犬

秋田犬ステーション
🏠 秋田県秋田市中通1-4
URL www.saveakita.or.jp
🚶 JR秋田駅から約10分

秋田犬（あきたいぬ）は**日本犬6種のうち唯一の大型犬種**。賢く主人にとても忠実な一方、知らない人に対する警戒心が強いとされている。飼い主の死後10年にわたって渋谷駅の前で帰りを待ち続けたという**忠犬ハチ公**の犬種でもあり、実際にハチは秋田県大館市で生まれている。

原産地である秋田県内には秋田犬に合うことができる施設がいくつかある。JR大館駅を出てすぐの所にある**秋田犬の里**は、忠犬ハチ公が通っていた大正時代の渋谷駅をモデルにした建物を利用しており、施設の前には忠犬ハチ公の像が立っている。施設内には**秋田犬に関する博物館や秋田犬が見られる展示室**、秋田犬グッズを販売するショップなどがある。また、秋田市の千秋公園近くにある**秋田犬ステーション**は、秋田犬の保存や保護をすすめる「ONE FOR AKITA」が運営している施設。秋田犬グッズを多数販売しており、週末には秋田犬に合うことができる。合える日時はウェブサイトで事前に確認しておこう。

秋田県で見られる人型道祖神は日本神話に登場する武神が起源？

秋田の鹿島様

秋田県中南部を旅すると、なんとも奇妙で巨大な**藁人形**を目にすることがある。なかには3〜4mの大きさのものもあり、恐ろしげな面をつけたり、鎧をまとったり、刀を帯びていたりする。どこかナマハゲのイメージにも似ており、かなり異形な存在だ。そしてその名を**鹿島様**という。

鹿島様が置かれているのは、基本的に集落の境であり、街道沿いだ。このことから、疫病などの災厄がコミュニティに入るのを防ぐ厄除け、いわゆる道祖神的な役割を担っていると考えられている。

鹿島様のルーツ

だが、なぜこのような異形の道祖神が置かれているのか。ヒントはその名前にあるようだ。鹿島様、すなわち茨城県鹿嶋市に鎮座する**鹿島神宮**の祭神は、タケミカヅチノオオカミという武神で、かつて東国を平定したとされる英雄だ。この神様が関ヶ原の戦い後に常陸国（現在の茨城県）から秋田に移封された佐竹氏とともに、この地にももたらされたのではないか、というのである。

そう考えてみれば、鹿島様が武将のような姿であることも納得がいく。ただし、近年は人手不足もあり、鹿島様の数も次第に減少しているという。

守護神の役割を果たしている人型道祖神

歩き方➕ ロイヤルホテル大館では、エイトくんとヒナちゃんの2頭の秋田犬が看板犬として活躍している。利用客や従業員からの人気も絶大だそう。

南東北と北関東のミステリースポット

UFO多発スポットや宇宙岩、
そういえばJAXAの施設も
あのあたりにあったよね。
江戸時代の「うつろ舟」って
UFOかも？
真相解明、いざ現地へ！

宇宙人や妖怪など 未確認生命体を見つける旅

茨城 栃木 埼玉 群馬

1日目

8:00 茨城県の舎利浜で 朝のUFO捜査 ➡P.141

江戸時代にこの海岸周辺で宇宙船（うつろ舟）が漂着した伝説がある。早朝に捜索すれば第一発見者になれるかも。

舎利浜
🏠 茨城県神栖市波崎
🚗 JR銚子駅から約10分

漂着した宇宙船を探そう！

最先端の宇宙科学を 知ることができる 筑波宇宙センターへ ➡P.142

日本実験棟「きぼう」の実物大模型で宇宙滞在のイメージをつかもう！ 完全予約制の有料ツアーでは、宇宙飛行士養成エリアの見学も可能だ。

1時間30分

10:00

宇宙食は人気のおみやげ！

写真提供：JAXA

10分

写真提供：JAXA

13:00 世界最大級の プラネタリウムがある つくばエキスポセンターへ ➡P.143

2020年に新たに導入されたプラネタリウムでダイナミックな星空の映像を鑑賞しよう！

1時間30分

15:30 全国でも類を見ない うつのみや妖精ミュージアムへ ➡P.147

妖精学研究のパイオニアである井村君江氏が名誉館長を務める博物館。オリジナルグッズも見逃せない！

所蔵：うつのみや妖精ミュージアム

1時間

17:00 天狗神社として知られる 古峯神社に参拝 ➡P.146

山肌が色づく秋の参拝がおすすめ。夜は古峯神社の参籠（さんろう）に宿泊してみては？

日本が誇る宇宙技術が集まるつくば市や、天狗の里を訪れる1泊2日。移動距離が長いので、適宜休憩をとりながら観光しよう。

2日目

8:00 **古峯神社**
1時間
天狗の故郷で妖気をチャージしたら長距離ドライブもなんのその！

9:00 **摩訶不思議な横穴墓 長岡百穴古墳へ**

横穴墓群といえば埼玉県の吉見百穴（→P.184）が有名だが、宇都宮にも大規模なものがある。地元の伝説では、ここに百目鬼という鬼が住み着いていたという。

長岡百穴古墳
🏠 栃木県宇都宮市長岡町
🚃 JR宇都宮駅から約20分

大谷資料館（→P151）も近くにあるよ！

2時間

12:00 **FlyStationで 屋内スカイダイビング に挑戦！**

スカイダイビングは、実際の宇宙飛行士の訓練カリキュラムに含まれている。将来、宇宙旅行に行くときに備えて、事前訓練をやっておけば安心だ。

FlyStation
🏠 埼玉県越谷市レイクタウン6-19-3
🔗 flystation.jp
🚃 JR越谷レイクタウン駅から約15分

1時間
30分

15:00 **飯能市にそびえる天覧山は UFO出現スポット？**

天覧山は標高197mの、山というよりは小高い丘陵だが、UFOの目撃情報が多数寄せられる。三島由紀夫のSF小説『美しい星』の舞台にもなっている。

天覧山
🏠 埼玉県飯能市飯能
🚃 JR飯能駅から国際興業バスで天覧山下下車、徒歩約10分

3時間

20:00 **県立ぐんま天文台で 天体観測** ▶P.145

望遠鏡で何億光年先の星を見てみよう。もしかしたら移動中のUFOを発見できるかも？

写真提供：県立ぐんま天文台

上古の湯 **伊香保温泉郷**

県立ぐんま天文台の隣町にある渋川市伊香保は、第11代垂仁天皇の時代に発見されたという伝説がある温泉地。「黄金の湯」と「白銀の湯」という効能が異なる2種類の温泉が湧き出ており、病気平癒や健康増進のため湯治に訪れる人が後を立たない。

🇯🇵 日本全国 UFO目撃 MAP

UFOや宇宙人を
見たことがある人は実は少なくないようだ。
なんと！ 江戸時代にも目撃証言がいくつもあり
日本とUFOは意外にも縁深いといえる。
次の目撃者は、アナタかもしれない！

まだある！ UFOスポット

- ☑ 福島県福島市 **UFOふれあい館** P.144
- ☑ 茨城県神栖市 うつろ舟事件の **舎利浜** P.141
- ☑ 石川県羽咋市 **コスモアイル羽咋** P.190
- ☑ 高知県吾川郡 **ＵＦＯライン** P.283

甲府事件（→P.143）が
発生した目撃現場を訪
れる調査員

1975年
山梨県甲府市

六甲山はUFO目撃多発
地帯。スカイフィッ
シュと呼ばれるUMA
も頻繁に出現

1995 6 28
11:20:21AM

1990年代後半〜
兵庫県神戸市

UFO目撃情報が多数
寄せられる石垣島
（→P.332）

1987年〜
沖縄県石垣市

地元の中学生がUFOを
捕獲した介良事件
（→P.283）の舞台

1972年
高知県高知市

八雲町郊外の牧草地は燃料の切れたUFOを捨てる場所だった

1977年〜
北海道八雲町

北見市仁頃(にころ)町で青年がUFOにさらわれた仁頃事件

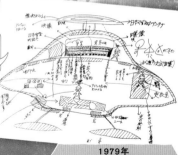

1979年
北海道北見市

アシの群生地にできたUFOの着陸痕(→P.142)

1986年
山形県西川町

大阪発千歳空港行きの飛行機からUFOが目撃された、全日空三沢事件

1982年
青森県三沢市上空

半球型で直径4〜5mと大型の浮遊物が目撃されている

1981年
埼玉県毛呂山町

石原まこちんのUFO体験

多摩川にかかる丸子橋の上から神奈川方面に、ずっと浮いて動かないUFOを見ました。不思議だったのは、3分くらい見たあと自分がその場を立ち去ってしまったこと。本来ならUFOが見えなくなるまでずっと見ていたと思うのですが……。

丸子橋の上から浅間神社上空を見ると青白い光が浮遊していたこともあります。ヘリコプターだと思っていたらジグザグに動き出し、亀の子山古墳の方角に消えていきました。

世界最古のUFOに関する歴史書か？
遡ること200年前の江戸時代に
日本人は宇宙人と邂逅していた！！

う つ ろ 舟 伝 説

常陸国に漂着した円盤と蛮女

　歴史上、UFOとの遭遇事件のはしりといわれるのは、1947年にアメリカのワシントン州で発生したケネス・アーノルド事件だ。空飛ぶ円盤という言葉が一般的になったのもこの事件以降とされるが、さらに歴史を遡ると、日本では江戸時代にUFOとしか考えられないような円盤が目撃された例がある。うつろ舟漂着事件だ。

　1803年の春のこと。常陸国の海岸に奇妙な物体が流れ着いているのを地元の漁師たちが発見する。浜に引きあげてみると、それは舟というにはあまりにも奇妙な形状をしたものだった。全長約5.5mほどのそれは、椀をふたつ合わせたような、まさに円盤を彷彿とさせる奇妙な形状をしていたのだ。

　その上部にはガラス障子のような格子窓があり、下部は岩にぶつかっても破損しないためのものか、鉄材で補強がされていた。さらに窓から内部をのぞくと、驚くべきことにそこにはひとりの女が乗っているのが確認される。女は髪の毛も眉毛も赤く、白く細い歯をしていて、後頭部には白い仮髻（ウィッグのようなもの）をつけていた。服装も見慣れない奇妙なもので、言葉も通じない。そして長さ60cmほどの箱を手に持ち、決して離そうとはしなかった。

　この事件は村人たちによって町奉行に報告され、やがてこれを知った滝沢馬琴が「虚舟の蛮女」として紹介したことで一気に人に知られるところとなった。現在、私たちはさまざまな日記や、かわら版などに残された複数のうつろ舟情報に触れることができるが、馬琴が拡散したおかげで事件が風化せずに、現在まで伝えられたのだともいえる。

　そのようなわけで、うつろ舟の関連資料として筆頭にあげられるのが、馬琴が残した『兎園小説』だ。馬琴は友人の文化人たちと集まって兎園会というミステリー同好会のような会合を開いては、珍奇なネタや博物情報を持ち寄り楽しんでいた。その会合の記録集が『兎園小説』であり、ここに馬琴が聞き伝えたうつろ舟事件の顛末や、船と蛮女の姿などが記されているのだ。

うつろ舟に関する詳録

　うつろ舟の船内には、女が持って離さない木箱のほかにもいくつか物が入っていた。ひとつは水が2升ほど入った瓶で、どのような素材で作られているのかはよくわからなかった。また敷物が2枚あり、菓子のようなものと、肉を練ったような食べ物があった。「～のようなもの」とされているからには、少なくとも発見した漁師たちにはなじみのないものだったのだろう。漁民たちはこうして舟を引きあげ、内部を確かめ、女の存在まで確認したわけだが、言葉も通じず意思疎通の方法もない。集まって話し合ったところ、古老のひとりが、女はおそらく異国の女王であろう、と推測する。王に嫁いだものの他の男と通じてしまい、不義密通の罪でうつろ舟に入れられ、流罪にされたのだろうというのだ。おそらく女が手にして離さないあの木箱には、打ち首になった愛人の首が入っているのだろう、と。

　そして、過去にもそのような事例があったという話をもとに、漁民たちは女をうつろ舟に戻し、なんと再び海に流してしまったのである。そのため、うつろ舟は町奉行による公式な取り調べを受けることもなく、女の正体も謎のままになってしまったのだ。

うつろ舟の蛮女

記されていた宇宙文字

　謎だらけのうつろ舟と蛮女だが、漁師たちが異国の女王だと推測したのには大きな理由がある。言葉が通じなかったことに加えて、うつろ舟には見慣れない文字が書かれていたのだ。それは△や○、王の文字を組み合わせたような不思議なもので、現存する資料によっても微妙な差があるが、おおむね右下の図のようなものだったとされる。

　地球上に現存するどの言語とも合致しない、奇妙な4つの文字。文字だと断言することもためらわれるようなものだが、この「王」のような文字に注目し、あるUFO事件との関連を指摘する声もある。1960年代頃から各地で目撃されるようになった、**ウンモ星人のUFO**との共通点である。ウンモ星人のUFOには、底部に必ずキリル文字の「Ж」のようにみえるマークが刻印されているといわれたのだが、「Ж」を90度回転させれば「王」となる。うつろ舟に記されていたのも、このウンモ星人UFOと類似したなんらかの宇宙文字ではなかったかとするのだ。

　一方で、△と○を組み合わせたものは、当時長崎などの港にも出入りしていた**オランダ東インド会社のロゴマーク**に類似しているようにも思える。江戸時代の人々のなかにも、この文字はアルファベットなのではないかと推測した人がいる。さらにある資料には、この文字はコンパニヤの合字であり、西洋の東方役所の印ではないか、すなわちオランダ東インド会社のマークなのではないか、とかなり合理的な仮説が書き留められている。しかし現在のところ、○、△、王や直線を組み合わせたこれらが何を意味していたのか、決定打となるような結論は導かれていない。

オランダ東インド会社のロゴ

仮説から導き出される漂着地

　うつろ舟漂着事件には、このように多くの資料が残されていながらも解明できない点が多い。例えば舟が流れ着いた常陸国の海岸は、『兎園小説』などには「はらやどり」という浜だと書かれているが、別の資料には原舎浜、また別のものには京舎ヶ浜とされるなど統一されない。さらには、漂着した日付についても2月22日とする資料があれば、3月のことだと書かれたものもあったりで、これまた合致しないのである。

　そんなところから漂着事件そのものが捏造だったのだとする説さえあるのだが、しかし表記の細かな差異については、現代の常識で考えてはならない部分がある。コピー技術のない時代、書物は基本的には手で書き写すものであり、そこに人為ミスはつきものだった。例えば漂着地を厚舎ヶ浜と書いた資料もあるが、これは明らかに原を厚と誤写したものだろう。固有名詞が一致しないからと捏造説を支持するわけにはいかない。現在、うつろ舟漂着地の最有力候補と目されているのは、茨城県神栖市にある海岸、舎利浜である。

　神栖市近辺には養蚕の女神を祀る寺社があることや、うつろ舟の形状が蚕の繭を連想させることから、うつろ舟は養蚕信仰のメタファーであるとする説など、さまざまな仮説が唱えられている。

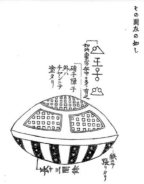

うつろ舟図

宇宙関連施設

茨城県 ✦ 福島県 ✦ 群馬県

筑波宇宙センター
🏠 茨城県つくば市千現2-1-1
🔗 visit-tsukuba.jaxa.jp
🚌 TXつくば駅から関東鉄道バスで物質材料研究機構下車すぐ

展示館「スペースドーム」
写真提供：JAXA

> 1986年8月8日の夜、火の玉状のUFOが沼地に降下する様子が目撃された。場所は山形市西川町の山間部にある鶴部。沼に群生する葦がすり鉢状に直径約6mのほぼ円形に倒れていた。しかも、水位が下がり、約30トン近い沼の水が消失。欧米ではUFOが水を採取する事件が起こるのだとか。やはりUFOの目撃多発地帯は水辺に多い。

日本の最先端技術が集まる

筑波宇宙センター
つくばうちゅうせんたー

筑波宇宙センターは、JAXAがロケットや人工衛星の開発、宇宙飛行士の養成などを行う、日本の宇宙開発の心臓部ともいうべき場所。約53ヘクタールという広い敷地を誇り、入口すぐの**ロケット広場**には純国産ロケットの「H-II」の実機が置かれている。

ロケット広場　写真提供：JAXA

　展示館の**スペースドーム**には、人工衛星の試験モデルをはじめ本物のロケットエンジンが展示され、**日本の宇宙開発史や現在行っている取り組みを知ることができる**。国際宇宙ステーション(ISS)の**「きぼう」日本実験棟**の実物大モデルもあり、細部まで精巧に再現されているとして評判だ。おおむね1時間に1回、説明員による展示館ガイドも実施されており、説明を聞きながら見て回ることができる。ショップのある**プラネットキューブ**では、企画展示も行われている。展示館以外の施設は、ガイドツアーへの参加が必須。現役の施設なので変更されることもあるが、宇宙飛行士養成エリアや、「きぼう」運用管制室などをガイドと一緒に見て回れる。

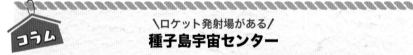

コラム

\ロケット発射場がある/
種子島宇宙センター

　鹿児島県の種子島東南端にある種子島宇宙センターは、日本最大のロケット発射場。単に発射するだけでなく、ロケットと人工衛星の組み立て、人工衛星のロケットへの搭載、打ち上げ後のロケットの追跡まで、一連の作業をすべて担っている施設だ。打ち上げ関連の施設は、事前予約制のツアーが1日2〜3回行われており、発射場やロケットガレージ、司令棟を見学可能。併設されている宇宙科学技術館では、ロケットの部品を実際に手で触れることができるなど、体験を重視した展示になっている。なかでもリフトオフシアターは、大画面で迫力満点の打ち上げの様子を体感できる人気の展示。「きぼう」フォトスポットでは、無重力状態にいるかのような写真を撮ることができる。

種子島宇宙センター 宇宙科学技術館　写真提供：JAXA

種子島宇宙センター
🏠 鹿児島県熊毛郡南種子町大字茎永字麻津
🔗 fanfun.jaxa.jp/visit/tanegashima/index.html
🚢 西之表港から約1時間

歩き方＋ 種子島宇宙センターでは食堂が一般に開放されており、ロケットカレーやOh!moonライス（オムライス）が人気。筑波宇宙センターも食堂を開放している。

大人も子供も楽しめる科学館
つくばエキスポセンター
つくばえきすぽせんたー

つくばエキスポセンターは、1985年に開かれた国際科学技術博覧会の展示施設として建設され、閉幕後に科学館として再オープンした施設。科学をより身近に楽しめる体験プログラムや実物展示があり、大人でも楽しめるワークショップも開かれている。なかでも見どころは、最新の**プラネタリウム**。2020年に改修を終えたばかりで、全天8K相当のマルチプロジェクションシステムが導入された。番組のバリエーションも多く、鮮明でダイナミックに映し出された星空を鑑賞できる。

つくばエキスポセンター
住 茨城県つくば市吾妻2-9
URL www.expocenter.or.jp
TXつくば駅から約5分

H-IIロケット実物大模型とエキスポセンター
写真提供：つくばエキスポセンター

最新の機材で迫力あるプラネタリウムを楽しめる
写真提供：つくばエキスポセンター

宇宙服や探査機の模型が展示されている
写真提供：つくばエキスポセンター

コラム 茨城県の名産といえば納豆。納豆菌は枯草菌という細菌の一種で、非常に苛酷な環境にも耐えられるといわれている。宇宙飛行士の毛利さんは宇宙に納豆を持っていこうとしたが、ねばねばした糸が機材の故障の原因になる可能性があることから持ち込めなかったそうだ。

甲府事件
日本で最も有名なUFO目撃事件のひとつ。降り立った異星人を見た少年の証言とは？

1975年2月23日午後6時すぎ、山梨県甲府市で小学生ふたりがUFOを目撃し、降りてきた異星人と遭遇するという事件——「甲府事件」が起こった。

このとき、遊んでいたふたりの頭上に突然、ふたつのオレンジ色の光体＝UFOが出現。下部から筒状のパーツを出すと、カシャカシャと音を立てながらぶどう畑に着陸した。近づいてみると長さは5m、高さは2mほど。機体は銀色で表面にはローマ字のような文字と判読不能の謎の文字が描かれていた。そして突然UFOのドアが開き、異星人らしい人物が降りてきたのだ。

少年らの証言によれば、それはチョコレート色の皮膚に、目も鼻もない皺だらけの顔だった。ただ、口のあたりには銀色の牙が3本あった。身長は1.3mと子供サイズ、肩には銃のようなものをかけていた。

驚いたふたりが言葉もなく立ち尽くしていると、その人物が近づいてきてひとりの肩をポンポンと叩いた。それが引き金となり、彼らは恐怖のあまり走り出して家へと逃げ帰ったのだ。その後、家族が目撃現場へ向かうと、真っ暗なぶどう畑の中にボーッと輝くオレンジ色の光が見えた。しかし、近づくにつれて光は静かに消えてしまったという。

甲府事件のスケッチ

甲府事件のUFO着陸現場からは、放射能が検出された。現場の土を事件から約40年後に分析したところリン32と判明。この新事実から、UFOは小型原子炉を動力源にしていたと推測できる。

UFOふれあい館

住 福島県福島市飯野町青木
小手神森1-299
URL ufonosato.com
🚌 JR福島駅からJRバス東北
でUFOの里下車すぐ

UFO研究所活動報告会が定期的に行われる

UFOに関するCIAの秘密文書

宇宙人と記念撮影もできる

発光物体の目撃例が多数寄せられる

UFOふれあい館
UFOふれあいかん

　福島市の南東部にある飯野町は、古くからUFOの目撃情報が寄せられるUFO目撃多発地域。UFOふれあい館はそのような目撃情報やUFOに関する研究資料を展示する施設として

UFOの模型が並ぶ

1992年に開館した。**収蔵するUFO関連資料の数はおよそ3000点**と充実しており、2021年に設立された国際未確認飛行物体(UFO)研究所の所在地にもなっている。展示ブースのほかに、UFOグッズを購入できる物産館や展望風呂、パノラマ食堂も併設しており、地元住民の憩いの場としても親しまれている。

千貫森
せんがんもり

　UFOふれあい館の背後にそびえる標高462mの山。不思議な磁場や、巨石群があることからピラミッド型UFO基地説や巨大パラボラアンテナ

千貫森の山容

説が国際未確認飛行物体(UFO)研究所によって有力視されている。頂上まではUFO道が整備されており、この山の周辺にはモアイ石、船形石、タイコ石、くじら石といった方位石も点在している。

コラム

＼『宇宙の歩き方』が販売されるかも？／
より身近になる宇宙旅行

　ユーリー・ガガーリンによる人類初の有人宇宙飛行は1961年のこと。それから60年が過ぎた2021年頃から、民間人でも宇宙旅行ができる環境が整い始めてきた。2021年12月に実業家の前澤友作氏らがISS国際宇宙ステーションに12日間滞在したことは記憶に新しい。もっとも、かかった費用はひとり50億円ともいわれており、庶民にとっては夢の夢ともいえる金額だ。

　しかし、多くの民間企業が参画する昨今の宇宙旅行事業は成長著しく、価格を抑えたプランも発表されてきている。例えばアメリカのヴァージン・ギャラクティック社は、宇宙空間で数分間の無重力体験と宇宙から地球を見ることができる商品をおよそ6500万円で販売。また、アメリカのスペース・パースペクティブ社は高

度30kmまで気球型の宇宙船で上昇、2時間程度滞在するプランを発表している。高度30kmは学術的には宇宙空間の定義から外れており、無重力状態は体験できないが、宇宙飛行士が見た景色に近いものが見られるという。価格はおよそ1700万円と、宇宙旅行のなかではお手頃なのも魅力的だ。

　一方、日本企業も宇宙開発に積極的。宇宙ベンチャーのPDエアロスペース社やスペースウオーカー社は、飛行機のように再利用可能な宇宙船の開発を進め、宇宙旅行の事業化を目指しているし、建設会社の大林組は、地上と宇宙衛星をケーブルで繋ぐ宇宙エレベーター構想を2012年に発表。早ければ2050年までの実用化を検討している。

歩き方➕ 宇宙飛行士の野口聡一氏は、高度な知性を持った生命体が宇宙のどこかに100％存在しているとコメントしている。ただし出会える確率は200％ありえないそう。

世界最大級の望遠鏡で天体観測！

県立ぐんま天文台
けんりつぐんまてんもんだい

県立ぐんま天文台
🏠 群馬県吾妻郡高山村中山6860-86
🌐 www.astron.pref.gunma.jp
🚗 渋川伊香保ICから約25分

県立ぐんま天文台は1999年にオープンした天文台。群馬県の人口が200万人を突破したことと、日本初の女性宇宙飛行士、向井千秋氏が同県出身であることを記念して設立された。この天文

屋外のモニュメントは天文台の位置に合わせて再現されているので、天体観測ができる
写真提供：県立ぐんま天文台

150cm望遠鏡は圧巻の大きさ
写真提供：県立ぐんま天文台

約800万光年の距離にある銀河も見える
写真提供：県立ぐんま天文台

台には150cm望遠鏡と呼ばれる、**直接目で覗くタイプでは世界最大級の望遠鏡**が設置されており、夜間に行われる天体観測会ではスタッフによる解説を聞きながら観測ができる。館内は観測装置の仕組みに関する解説や、太陽望遠鏡などの展示も充実しており、日中の訪問も楽しい。

屋外には**イギリスの古代遺跡ストーンヘンジに似たストーンサークル**や、**18世紀のインドの観測器ジャンタル・マンタルを再現したモニュメント**があり、実際に太陽や星の運行が観測できる。駐車場から丘の上にある天文台までは10分ほど上るので、歩きやすい靴を履いておこう。

現在もUFOが多く集まる千貫森は異星人と交流するための祭祀場だった？

千貫森は日本ピラミッド？

千貫森は**日本ピラミッド**（→P.58）であるともいわれている。確かに円錐形の山容は美しく、まさにエジプトのピラミッドを彷彿とさせる。しかも頂上付近で地面を強く踏むと、地下に空洞が広がっているかのような、乾いた音が響くという。それに加え、周辺は磁場が非常に強く、山道が整備される前は、モアイ石などユニークな形をした方位石を頼りに現在地を知る必要があったことも、ピラミッド説を裏づける根拠となっている。

千貫森の西にある、一貫森（いっかんもり）と呼ばれる小さな山の存在も重要だ。酒井勝

千貫森ピラミッド

軍（→P.116）によれば、ピラミッド建造において、拝殿は欠かせないとされる。そう、**一貫森は、千貫森ピラミッドの拝殿となる山**だと考えられるのだ。

千貫森＝UFO基地説

またこのピラミッド自体、UFOとの関係がうわさされる。強い磁場のポイントがあることから、前述した山頂の空洞は、アンテナや格納庫などを備えた**UFO基地の証拠**だという説もある。つまり、千貫森ピラミッドそのものが、UFOの拠点になっているというのである。

その説をより強固にする考古学的証拠もある。千貫森から南へ約10kmの地点から、縄文集落跡が見つかったのだ。和台遺跡と命名され、遺物も多く出土した。そのなかには、**宇宙人をあしらったような土器**もあったという。

日本ピラミッド説やUFO基地説が唱えられている千貫森。山頂の地下にある空洞は異世界につながる亜空間ゲートであるという説もささやかれている。

鬼押し園
住 群馬県吾妻郡嬬恋村鎌原1053
URL www.princehotels.co.jp/amuse/onioshidashi
交 JR軽井沢駅から西武観光バスで**鬼押し園**下車すぐ

鬼押し園では、ここでしか手に入らない鬼ベアが人気

村田町の鬼伝説
▷姥ヶ懐民話の里 ふるさとおとぎ苑
住 宮城県柴田郡村田町大字小泉字肬石2
交 村田ICから約8分
▷村田町歴史みらい館
住 宮城県柴田郡村田町村田迫85
交 村田ICからすぐ

鬼のミイラ
所蔵：村田町歴史みらい館

古峯神社
住 栃木県鹿沼市草久3027
URL www.furumine-jinjya.jp
交 東武新鹿沼駅からリーバスで**古峯神社**下車すぐ

鬼が造り出したとされる荒々しい絶景

鬼押し園
おにおしだしえん

浅間山は群馬県と長野県の県境に位置する標高2568mの活火山。数ある噴火のなかで最も有名なのが1783年に起きた天明の大噴火で、このとき火口から北側に流れ出た溶岩が高まってできた地

浅間山の麓に広がる奇岩と観音堂

形が**鬼押出し**だ。浅間山の火口には、古くから鬼が住んでいるとの言い伝えが残っており、噴火は鬼が起こすと考えられていた。鬼押出しの溶岩も鬼が火口から押し出したものだとされ、この名が付けられた。現在は鬼押し園として整備されており、ルートに沿って進みながら、大自然が造り出した溶岩による芸術を鑑賞することができる。

茨木童子ゆかりの地

村田町の鬼伝説
むらたちょうのおにでんせつ

仙台市の南に位置する柴田郡村田町。この町には**頼光四天王のひとり渡辺綱**と、**茨木童子**という鬼にまつわる伝承が残されている。京都で渡辺綱に腕を切り落とされた茨木童子は、この地で老婆に化け、言葉巧みに渡辺綱を騙して、切られた腕を取り返したというのだ。姥ヶ懐にある茅葺き屋根の古民家を利用した**姥ヶ懐民話の里**では、この伝承をはじめとするこの地の民話を聞くことができる。そのすぐ近くには、逃げる茨木童子が手をついたときの跡が残っているという**鬼の手掛け石**があるが、別の説明では、この石は姥の手掛け石といい、赤ん坊だった渡辺綱を背負った老婆が手をついたときにできたものだという。また、道の駅村田にある**村田町歴史みらい館**では、鬼の頭と手のミイラが展示されているが、このミイラと茨木童子とのつながりは不明だという。

カラフルな天狗の御朱印を授かれる

古峯神社
ふるみねじんじゃ

栃木県鹿沼市の古峯神社は、ヤマトタケルノミコトを祭神として祀る古社。別名「**天狗の社**」といわれるように、神社の中には、数多くの天狗の面や像、下駄といったものが飾ら

歩き方+ 村田町は江戸時代に紅花交易で栄えた町。現在も豪商の邸宅が保存されており、やましょう記念館などでは内部見学ができる。

れているが、これらはいずれも崇敬者から奉納されたもの。**崇敬者のもとに災難が降りかかると、天狗が立ちどころに災難を取り払ってくれる**ということだ。また、ここで受けられる御朱印は、天狗の図像が入っていることで人気が高く、種類も豊富に揃っている。

社内には奉納された天狗の面や像の数々が掲げられている

ファンタジー好きにはたまらない

うつのみや妖精ミュージアム
うつのみやようせいみゅーじあむ

妖精に関する資料や美術作品が並んでいる
所蔵：うつのみや妖精ミュージアム

日本における妖精研究の第一人者で、フェアリー協会の会長でもある井村君江氏が名誉館長を務めている博物館。井村氏が長年にわたって集めた資料およそ1万点を所蔵展示しているほか、国内外のアーティストが制作した妖精をモチーフとする美術品を展示している。

福島県金山町の沼沢湖畔にも**金山町妖精美術館**があり、こちらでも妖精をモチーフとした美術品の数々を鑑賞することができる。

うつのみや妖精ミュージアム
🏠 栃木県宇都宮市馬場通り4-1-1　うつのみや表参道スクエア内　市民プラザ5階
URL www.fairy-link.net
🚶 JR宇都宮駅から約10分

金山町妖精美術館
🏠 福島県大沼郡金山町大栗山 狐穴2765
🚗 会津坂下ICから約40分

福島県金山町にある妖精美術館

古今東西に伝わるフェアリー。イギリスでは証拠写真が撮影されていた！

推理作家も認める？　妖精の真実

妖精というと、花や植物の精、あるいは人間と神々の間をとりもつ天使的な存在というのが一般的だ。花畑などの美しい景色のなかで、蝶の羽で自在に飛びまわる小さな美しい女性というイメージだろう。

妖精は老若男女、姿はさまざまだが、気まぐれでいたずら好きとされる。一方、人間に親切にされると返礼し、いじめられると仕返しをする面もある。とはいえ、実際のところ妖精の定義は難しく、伝承も世界各地に見ることができる。羽で飛ぶものや、魔力を使えるものもいる。サイズもごく小さなものから人間と同じくらいの大きさまでいろいろだ。それでも強引にまとめれば、ヨーロッパの民話に登場する人間の姿をした超自然的な存在、ということができるだろう。ちなみに日本では、妖怪の一種と考えられている。

ところがフェアリーの姿が写真に撮られたことがあり、これは**コティングリー妖精事件**として知られている。20世紀初頭にイギリスのコティングリー村で、ふたりの少女が妖精の写真を撮影したという事件だ。この写真はやがて名探偵シャーロック・ホームズの生みの親として有名な作家、アーサー・コナン・ドイルの手に渡り、彼が本物と認めたことで世界的に有名となったのである。

妖精と戯れる少女

あの地形は 巨人 の仕業だった!?

日本各地には、山や池などが巨人によって造られたという伝承がたくさん残る。東日本ではダイダラボッチやダイダラボウ、西日本ではオオヒトと呼ばれることが多いが、名前にはバリエーションがある。各地に伝わる巨人が創った土地を見てみよう。

琵琶湖は富士山を造るためにできた穴?

琵琶湖はダイダラボッチが富士山を造るために掘った穴に水が溜まったものだという。こうした縁もあり、静岡県富士宮市と滋賀県近江八幡市は夫婦都市。琵琶湖の水を富士山の頂上に奉納するお水取り、富士の湧き水を琵琶湖に注ぐお水返しという儀式が毎年行われている。

貝塚は巨人が食べた跡

茨城県水戸市の大串貝塚は、かつて巨人が住んでおり、丘の上から手を浜まで伸ばしてハマグリを取って食べていたという。貝塚は巨人が食べた貝がらが溜まってできたとされている。

大串貝塚ふれあい公園内には長さ73m、幅36mのダイダラボウの足跡池がある

阿蘇の外輪山を蹴破る

阿蘇の外輪山の内側はかつて湖だった。タケイワタツノミコトという巨人の神が、外輪山を蹴り破って水を排出し平原に。巨人は蹴った拍子に尻餅をつき「立てぬ」と言ったことからその場所に立野という地名がついたという。

巨人が山を蹴り破らなければ、阿蘇は巨大な湖だったかも

転んで泣いて浜名湖誕生

ダイダラボッチが転んで手をついた際に穴ができ、泣いて穴に水がたまったのが静岡県の浜名湖。ダイダラボッチがおにぎりを食べていた際に混じっていた礫を吐き捨ててできたのが浜名湖で唯一の島である礫島だ。

巨人の切り株が山になる

大分県玖珠（くず）町にある伐株山（きりかぶさん）は、巨大なクスノキを巨人が倒した切り株。玖珠という地名も、巨大なクスノキが由来とか。

伐株山が切り株だったとすると、倒した木の大きさは驚くばかり

網を引っ張ってできた島根半島

その昔、ヤツカミズオミツノノミコトは出雲国（島根県）の国土が狭いので、他

国の土地を網にかけて引っ張ってきて、出雲の国に縫い合わせ島根半島を造ったという。国引き神話と呼ばれている。

道の駅 大社ご縁広場にある国引きのレリーフ

座ってへこんだ筑波山

茨城県にある筑波山が男体山と女体山に分かれているのは、ダイダラボッチが真ん中に座ったから。富士山と筑波山のどちらが重いかてんびんに載せて計ろうとしたときに落として割れたという説も。

巨人神とダイダラボッチ

富士山や筑波山など日本の国土は巨人によって創られた？

『古事記』『日本書紀』にはククノチノカミという巨大な神が登場する。イザナギノミコトとイザナミノミコトの間に生まれた神で、樹木の生命エネルギーを象徴するといわれている。厳密には巨人とはいえないかもしれないが、地上から天高く伸びる生命力を表すということで、一種の巨人神とされる。

また、8世紀に編纂された『常陸国風土記』には、丘の上から海に手を伸ばし、海辺のハマグリを食べる巨人の話が登場する。この巨人の足跡は長さ72m、横幅が36mもあったという。巨人の逸話は同時代の『播磨国風土記』にもあり、こちらの巨人は「それまでいた土地は、天が低くて常に届いて歩いていたが、この地は天が高くてまっすぐ立って歩ける」と語ったと記されている。

当時はまだ、巨人に名前はなかった。だが、江戸時代になると有名なダイダラボッチという名前が登場する。

江戸時代の書物『松屋筆記』には、ダイダラボッチという巨人がいて、富士山を背負おうとして踏ん張ったときの足跡が相模国の大沼になったと記されている。ダイ

ダラボッチの足跡は関東だけでも30ヵ所以上あるとされ、同様の伝説は、日本列島の中部から東北にかけて多く見られるのが特徴だ。

大串貝塚ふれあい公園内にあるダイダラボウ像は手の平の上が展望台

茨城の古墳

装飾古墳や巨大古墳など特色豊か

茨城県

くれふしの里古墳公園
🏠 茨城県水戸市牛伏町201-2
🚗 水戸ICから約10分

木々に囲まれた、はに丸タワー

はに丸タワー内にある「希望の
はにわ」

巨大な埴輪がお出迎え
くれふしの里古墳公園
くれふしのさとこふんこうえん

くれふしの里古墳公園は、**牛伏古墳群**を中心に整備された古墳時代をテーマにした公園。前方後円墳6基、帆立貝形前方後円墳1基、円墳9基の合計16基もの古墳がある。なかでも**牛伏4号墳**は墳丘長約52mある前方後円墳で、園内最大のもの。墳丘には円筒埴輪が規則的に配列されるなど、復元整備がされており、造営当時の姿に思いをはせることができる。

園内の広場には高さ17.3mという日本最大の**埴輪、はに丸タワー**がそびえている。頂上は展望スペースになっており、古墳を上から眺められるほか、遠く筑波山まで望むこともできる。内部には**希望のはにわ**と名づけられたオブジェが設置されており、埴輪の口にそっと手を入れると、古代から、宇宙からのメッセージが届くそうだ。

円筒埴輪が配置された牛伏4号墳

再現された円筒埴輪は間近で見ることができる

コラム

＼日本唯一の埴輪専門店／
はにわの西浦

茨城県桜川市の県道41号線沿いにある日本で唯一の埴輪専門店。2階建ての店内のみならず、外の駐車場に至るまでずらりと埴輪が並んでいる。鉢植えにもなる円筒埴輪やインテリアのアクセントになる形象埴輪はもちろん、遮光器土偶（→P.90）や縄文のビーナス（→P.210）をモチーフにした土偶、モダンなデザインのものなども取り揃えている。価格は小さな置物サイズで400円からで、大人の背丈ほどの大きなサイズはなんと200万。すべての商品が店主である山中さんの手作りとなっており、埴輪の表情も一つひとつ異なっている。

店の外まで埴輪でびっしり

はにわの西浦
🏠 茨城県桜川市真壁町東山田1414
🚗 桜川筑西ICから約20分

歩き方 日本最北端の本格的な前方後円墳は、岩手県奥州市にある角塚古墳。岩手県では唯一の前方後円墳で、築造は5世紀末〜6世紀初とされている。

関東地方を代表する装飾古墳

虎塚古墳
とらづかこふん

　虎塚古墳は東日本で数少ない**装飾古墳**のひとつ。未盗掘の状態で発見され、石室からは成人男性人骨1体のほか刀剣などの副葬品が出土した。『常陸国風土記』などに記されている建借間命が被葬者であるとされているが定かではない。建借間命は大和朝廷から派遣された国造で、茨城県の各地に伝承が残っている。

忠実に再現された石室のレプリカ

　石室の内壁は白土で地塗りされ、その上から土中の鉄が酸化してできた

市内で発掘された出土品約500点を展示する

ベンガラ(酸化第二鉄)という赤の塗料で文様が施されている。デザインは三角や丸などの幾何学文様から武器や武具のようなものまでさまざま。実物は**春と秋の年に2回のみ公開される**。隣接する**ひたちなか市埋蔵文化財調査センター**では、石室レプリカのほか副葬品などを収蔵展示している。

十五郎穴横穴墓群
じゅうごろうあな

　虎塚古墳から徒歩10分ほどのところには、十五郎穴横穴墓群という古墳時代終末期から奈良時代初期にかけて造られた**横穴墓**がある。その数は推定で300基以上あるとされ、埋葬されていた人骨や勾玉などが出土している。

茨城県最大の古墳

舟塚山古墳
ふなつかやまこふん

　石岡市にある5世紀頃に造られた3段の墳丘をもつ前方後円墳。墳丘長186mは茨城県にある古墳で最も大きく、東日本全体でも群馬県太田市にある天神山古墳の210mに次ぐ2番目だ。被葬者は不明ながら、恋瀬川が霞ヶ浦に注ぐ河口近くという重要地点に築かれていることから、茨城国造、筑紫刀禰尊が有力視されている。
つくしのとねのみこと

虎塚古墳
▶ひたちなか市埋蔵文化財調査センター
住 茨城県ひたちなか市中根3499
URL hitachinaka-maibun.jp
🚗 ひたちなかICから約5分

ひたちなか市中根にある、十五郎穴横穴墓群

コラム　栃木県にある大谷資料館は、古墳時代から続いた採石場の跡地にできた観光地。地下に広がる大きな空間は古代に繁栄した地下都市を思わせる。

地下神殿のような雰囲気

舟塚山古墳
住 茨城県石岡市北根本597
🚶 JR高浜駅から約15分

関東を代表する規模の舟塚山古墳

埴輪といえば、三角や円錐の帽子を被っているデザインが多く見られる。実は世界各地の神話に登場する天空神もまた、長頭やトンガリ帽の姿で伝えられる。埴輪は天空神を模しているのだろうか？

すごいぞ!! 古墳王国群馬

群馬県の古墳時代の遺跡は、驚きの充実度である。未盗掘の石室が発見された綿貫観音山古墳や、火山灰に埋もれたために当時のまま発見された榛名山東麓の遺跡群など、現代へ直接手渡された奇跡の遺物を数多く見ることができる。

奇跡の未盗掘石室
綿貫観音山古墳
わたぬきかんのんやまこふん

綿貫観音山古墳は、6世紀後半に造られた全長約97mの前方後円墳。埋葬施設である横穴式石室は全長約12.6m、面積は約30㎡と日本でも最大級の広さを誇っている。驚くべきはこの巨大な石室が、未盗掘のまま発見されたということ。銅鏡、大刀、馬具、銅水瓶といった副葬品は、当時の工芸技術や東アジア諸国との交流関係など、謎が多い古代の東国の姿を明らかにしてくれる貴重な品々だ。これら副葬品は、墳丘に配置されていた埴輪とともに2020年に国宝に指定され、約1km南にある群馬県立歴史博物館に展示・収蔵されている。

群馬県立歴史博物館保管、綿貫観音山古墳出土の人物埴輪

綿貫観音山古墳
🏠 群馬県高崎市綿貫町1752
🚃 JR高崎駅から群馬バスで綿貫団地南下車、徒歩約10分

石室に入るには隣接する管理事務所で頼んでカギをあけてもらう

被葬者は上毛野国（かみつけのくに／古墳時代の群馬地域の呼称）の大首長と考えられている

すべて群馬県出土
国宝埴輪

群馬県立歴史博物館が展示・収蔵する綿貫観音山古墳出土の埴輪は、合掌する男子や、台座に正座する三人童女など、多くの人物埴輪が含まれている。神祭りの様子を再現しているとされ、細かい所まで再現された姿は、当時の習俗や衣装を知るうえでも貴重な存在だ。

国宝指定の埴輪は、綿貫観音山古墳出土品以外では、東京国立博物館（→P.72）に所蔵されている挂甲武人（けいこうぶじん）の1点のみ。挂甲武人は群馬県太田市飯塚町出土なので、すべての国宝埴輪が群馬県から出土していることになる。

群馬県立歴史博物館
🏠 群馬県高崎市綿貫町992-1
URL grekisi.pref.gunma.jp/information
🚃 JR高崎駅から市内循環バスで群馬の森下車、徒歩約5分

国宝

国宝

群馬県立歴史博物館保管、綿貫観音山古墳出土の蓋のある銅水瓶

国宝

群馬県立歴史博物館保管、綿貫観音山古墳出土の装飾付き大刀

東京国立博物館に所蔵されている「埴輪 挂甲武人」は群馬出土
出典：ColBase
（https://colbase.nich.go.jp/）

日本のポンペイ
金井東裏遺跡
（かない　ひがしうら　いせき）

渋川市の金井東裏遺跡は、6世紀初めの榛名山の大噴火によって火砕流で埋もれた遺跡。2012年には人骨が甲（よろい）を着た状態で発掘され、関係者を大いに驚かせた。火山灰は酸性度が高く、土に埋まると骨はすぐに溶けてしまうため、骨が残っているだけでもまれなのに、それが甲を着ているというのはまさに前代未聞だった。

「甲（よろい）を着た古墳人」と名づけられたこの人骨は、推定身長164cmで40代男性のもの。甲は小さな鉄板を紐で繋げて作られた小札甲。当時朝鮮半島から伝わったばかりの最先端のものだ。首飾りをした30代女性の人骨も発見されており、「首飾りの古墳人」と呼ばれている。

群馬県埋蔵文化財調査センターの発掘情報館では、金井東裏遺跡のジオラマや、甲を着た古墳人と首飾りの古墳人の実物大レプリカを展示しており、発掘時の様子がよくわかる。また、収蔵展示室では、県内で発掘された埋蔵物のなかでも特に貴重なものを数多く展示しており、間近に見ることができる。

群馬県埋蔵文化財調査センターに展示している甲を着た古墳人のレプリカ

金井東裏遺跡
🏠 群馬県渋川市金井1837
🚃 JR金島駅から約25分

群馬県埋蔵文化財調査センター 発掘情報館
🏠 群馬県渋川市北橘町下箱田784-2
URL www.gunmaibun.org
🚃 JR前橋駅から関越交通バスで木曽神社入口下車、徒歩約20分

榛名山と
ヴェスヴィオ火山

榛名山は、6世紀初めと6世紀中頃の2度にわたり大噴火して、火砕流が東麓の集落を襲った。集落は火山灰に覆われたが、そのため当時のまま保存されることになった。ちょうどヴェスヴィオ火山の噴火でポンペイ遺跡が保存されたのと同じことだ。ちなみに群馬のご当地パスタはベスビオ。ピリ辛トマト味の魚介パスタで、群馬を訪れたならぜひ試してみたい。

5世紀後半が蘇る
保渡田古墳群と
かみつけの里博物館

保渡田古墳群は、5世紀後半から6世紀初めにかけて造られた二子山古墳、八幡塚古墳、薬師塚古墳という全長100m前後の大型前方後円墳3基からなる古墳群。特に八幡塚古墳は、表面に葺石（ふきいし）が敷き詰められるなど、当時の姿を取り戻した復元古墳。墳丘や内堤には埴輪が配置され、建設当初の古墳がどのような様子だったか分かるようになっている。墳丘に上ることはもちろん、竪穴式の石室内にも入ることができ、舟形石棺を見ることができる。

古墳群の周囲は、上毛野はにわの里公園として整備されている。ガイダンス施設であるかみつけの里博物館は、この地域の古墳時代を詳しく紹介しているので、最初に立ち寄っておきたい。埴輪をはじめとする出土品以外にも、遺跡調査で得た情報をもとに造られた復元模型を数多く展示しており、見ごたえがある。

かみつけの里博物館
🏠 群馬県高崎市井出町1514
URL JR高崎駅から関越交通のバスで井出町西下車、徒歩約13分

埴輪が並び、当時の姿が再現された八幡塚古墳
提供：かみつけの里博物館

かみつけの里博物館に展示されている人物や動物の埴輪

上空から見た八幡塚古墳　提供：かみつけの里博物館

古墳時代の王の館
三ツ寺I遺跡

かみつけの里博物館の南東約800mにある遺跡。日本で初めて発見された古墳時代の王の館跡だが、現在は埋め戻されているので、当時の様子が分かるVRアプリを試してみよう。また、かみつけの里博物館では、復元ジオラマによって当時の姿が再現されており、遺跡に関する詳細な解説をしているので、先に展示を見てから訪問したほうがよいだろう。

VRアプリを使って
遺跡探訪

遺跡のなかには発掘後の埋め戻しが行われ、見学できない所も多い。群馬県では、こうした遺跡でも当時の様子が分かるようスマホのVRアプリを開発している。金井東裏遺跡と三井寺I遺跡は、「榛名山古代遺跡タイムトラベル」、綿貫観音山古墳は「群馬古墳タイムトラベル」に対応しており、跡地にスマホのカメラを向けると、ディスプレイ上に当時の様子が再現されたVR画像を見ることができる。

三ツ寺I遺跡
🏠 群馬県高崎市三ツ寺町
JR高崎駅から関越交通のバスで井出東下車、徒歩すぐ
かみつけの里博物館に展示されている
三井寺I遺跡を再現したジオラマ

後期旧石器時代 岩宿遺跡 （いわじゅくいせき）

戦前の日本では、縄文時代以前の日本には人は住んでいなかったと考えられていたが、その常識を打ち破ったのが岩宿遺跡での発見。民間の考古学者、相澤忠洋氏が、1946年に岩宿の約2万5000年前の関東ローム層のなかから打製石器を見つけたのだ。その後1949年に明治大学と行った発掘調査で、日本にも旧石器時代が存在したことが明らかとなり、これを機に各地で旧石器時代の遺跡が続々と発見されることにつながった。岩宿遺跡で見つかった石器文化は3つ。下層は約3万5000年前、後期旧石器時代初頭の岩宿I石器文化。中層は約2万5000年前の岩宿II石器文化、上層は約2万年前の岩宿III石器文化で、ともに後期旧石器時代後半にあたる。岩宿遺跡では、遺跡の断面を保存、展示した岩宿ドームがあるほか、近くにある岩宿博物館で発掘された石器などを見ることができる。

日本に旧石器時代があったことを証明した記念碑的な遺跡　提供：岩宿博物館

岩宿博物館
住 群馬県みどり市笠懸町阿左美1790-1
URL www.city.midori.gunma.jp/iwajuku
🚶 JR岩宿駅から約20分

岩宿遺跡
住 群馬県みどり市笠懸町阿左美2403
🚶 JR岩宿駅から約20分

耳飾りをした縄文時代の女性

多様なデザインの縄文時代の耳飾り

縄文時代
榛東村耳飾り館 （しんとうむらみみかざりかん）

榛名山の東麓にある榛東村耳飾り館は、世界初の耳飾り専門の博物館。展示室には世界各国の耳飾りや日本の時代ごとの耳飾りが並んでいるが、博物館最大の目玉は「縄文の耳飾り」。近くの茅場遺跡からは600点近い縄文時代の耳飾りが出土しており、その多くがこの博物館で展示されているのだ。ここで見られる縄文時代の耳飾りは、土製で円盤型のもの。耳たぶからぶら下げることはできず、耳たぶに空けた孔を広げて、栓に蓋をするような要領ではめ込む。驚くべきはそのサイズで、直径は大きなものだと10cm近くもある。子供の頃から耳に小さな孔を開け、成長するにしたがって孔をだんだんと大きくしていったと思われる。表面に施された文様は繊細かつ独創的で、縄文人の美意識に触れることができる。

榛東村耳飾り館
住 群馬県北群馬郡榛東村山子田1912
URL www.vill.shinto.gunma.jp/mimikazari/index.html
🚗 渋川伊香保ICから約15分

飛鳥・奈良時代
上野三碑 （こうずけさんび）

左から金井沢碑、多胡碑、山上碑　　山上碑は山ノ上古墳の隣に置かれている

上野三碑とは、7世紀末から8世紀にかけて造られた山上碑、多胡碑、金井沢碑の3つの石碑。古代の石碑は18基しか現存していない貴重なもの。山上碑が最も古く、碑文は漢字のみで書かれているが、日本語の語順で書かれており、日本最古の和文体の石碑。国の特別史跡に指定されているほか、ユネスコ「世界の記憶」にも登録されている。

山上碑（やまのうえひ）
住 群馬県 高崎市山名町字山神谷2104
多胡碑（たごひ）
住 群馬県高崎市吉井町池1095
金井沢碑（かないざわひ）
住 群馬県高崎市山名町金井沢2334
🚃 上信電鉄吉井駅から上野三碑めぐりバスが巡回している

先史時代の日本で作られた石器は世界の最先端！！

日本の石器時代

　かつて日本の考古学の世界では、発掘中に関東ローム層にあたると掘るのをやめてしまうのが普通だった。それ以前、つまり縄文時代より前の日本列島に人類は住んでいなかったというのが常識だったからだ。

　ところが1949年、その常識が完全に覆される。群馬県で、関東ローム層のなかから旧石器が発見されたのである。有名な**岩宿遺跡**（→P.155）の発見だ。日本の旧石器時代の調査・研究はこのときに始まり、日本各地で旧石器遺跡が見つかるようになった。

岩宿遺跡は旧石器時代の扉を開いた記念碑的な遺跡として名高い

　ところで石器時代には、石がおもな道具として使用されていたわけだが、石器といっても大きくふたつに分けられる。ひとつは石を打ち、欠けさせることで鋭利な面を作り出す**打製石器**の旧石器時代。そしてもうひとつが、さらに石を磨くなどして加工した**磨製石器**を使う新石器時代だ。しかしながら日本では新石器時代という言葉はあまりなじみがない。土器が作られる以前を旧石器時代、新石器時代は縄文時代とするのが一般的だからだ。

　ところが日本の旧石器時代には、分類的には存在しないとされる新石器、すなわち磨製石器が見られる。これは世界史的にはあり得ないことなのだ。

　日本の石器文化には世界に類を見ない独自性があったわけで、当時の石器技術の最先端を歩んでいたといってもよいだろう。

縄文の最先端テクノロジー

　石器作りには、さまざまな知識と技術が詰まっている。いわばそれは、先史時代における叡智の結晶である。

　まず最初に必要となるのは、適切な石材選びだ。適度な硬さがありながら、加工するときには均質に割れる必要がある。スパッとナイフのような断面が出る石といえば、日本では黒曜石が有名だ。そうした石の特性を知り、自然のなかから見分ける知識が求められる。また、近くで産出されなければ、遠方から求めなければならないので、そこにコミュニケーション技術や交易路も生まれることになる。

　石材を前にして、実際に石器を作る際にも、より専門的な知識と技術が要求される。ただ叩けばよいというものではなく、適正な場所を適正な角度で、適正な力で叩く。それによって初めて、望む石器の形状が得られるのだ。また、打製石器は獲物を仕留める狩猟道具がおもだったが、磨製石器になると加工法によって皿や装飾品など、用途が格段に広がっていった。

　世界的に磨製石器が使われるようになったのは約1万年前だが、最古の磨製石器は長野県上水内郡信濃町の貫ノ木遺跡、熊本県熊本市東区の石の本遺跡から出土しており、約3万8000年前のものと考えられている。当時の日本は、まさに世界の最先端だったのだ。

黒曜石は切れ味が鋭く、縄文時代には鏃（やじり）や槍の穂先、ナイフなどの石材として用いられていた

歩き方＋　名草厳島神社の付近を流れる名草川は、ゲンジボタルの繁殖地としても知られている。毎年6月のピーク時にはおよそ1000匹ものゲンジボタルが夜空を灯し、幻想的な光景が広がる。

いわきのエアーズロック
宇宙岩
うちゅういわ

映画『キングダム2』のロケ地としても知られている

いわき市の北西に**一本山毛欅**と呼ばれる小高い山があり、頂上付近は市営の牧草地になっている。このどかな風景のなかに突然現れるのが、花崗岩の巨大な一枚岩。**岩を両断するかのような直線の白い筋が入っている**のが特徴だ。地元では古くから「ぶな石」と呼ばれていたが、そのミステリアスさゆえ、いつからか「宇宙岩」と呼ばれるようになった。知る人ぞ知るパワースポットとして人気。

直径1.5kmの足利岩体の一部が風化して形成された
名草の巨石群
なぐさのきょせきぐん

弁財天を祀る**名草厳島神社**の境内とその周辺には、苔むした巨石が点在している。本殿の向かいにあるお供え石は11mを超え、ここでは身を清める胎内くぐりが行われる。またよく知られているのが、**弁慶が錫杖で突いて割ったと伝わる弁慶の割石**。漫画『鬼滅の刃』のワンシーンのモデルになったのではないかと話題になった。岩体は黒雲母花崗閃緑岩と呼ばれるもので、花崗岩特有の**玉ねぎ風化**という珍しい風化現象が見られるため、巨石群全体が国の天然記念物に指定されている。

お供え石には、大人がギリギリ通れるくらいの隙間が空いている

見事に真っ二つに割れている弁慶の割石

宇宙岩
🏠 福島県いわき市三和町差塩館下244
🚗 いわき三和ICから約25分
※現在は宇宙岩を含め、草地に許可なく立ち入ることは禁止されているため、道路から眺めるだけにしよう。

自然にできたものと思われる不可思議な白い線

名草の巨石群
▷名草厳島神社
🏠 栃木県足利市名草上町4990
🚗 足利ICから約20分

名草厳島神社は弘法大師が弁財天を祀ったことが起源と伝わる

宇宙岩の十字に交わる白い筋。これは、夏至や冬至の日没、もしくは日の出の方向を示している……という噂がまことしやかに囁かれている。この岩の神秘的な雰囲気が噂を作り上げたのかもしれない。

山形の生と死をつなぐスポット

山形県

湯殿山総本寺瀧水寺大日坊
住 山形県鶴岡市大網字入道11
URL dainichibou.or.jp
🚗 庄内あさひICから約10分

庄内藩主だった酒井公が奉納した「変化百体観音」

日本のミイラとも呼ばれる

即身仏
そくしんぶつ

赤橙の法衣をまとった即身仏

　即身仏とは想像を絶する厳しい修行のすえ、**自らミイラ化した仏**のこと。即身仏となることで、56億7000万年後の弥勒菩薩が衆生を救済する日まで、魂が永久に生き続けるという。即身仏を志す僧は、何年もかけて草や木の実だけを食べる修行を通して、体から余計な脂肪や水を取り除く。**死期が近づくと、地下に掘った穴の中で座禅を組み、呼吸が止まるまで読経を続ける**という。その後1000日して土から掘り返され、体の形を留めていたものが即身仏となるが、途中で朽ち果ててしまうこともあるそうだ。

　日本には全部で18体の即身仏が見つかっているが、そのうち山形県に8体あり、全国最多を誇っている。

●湯殿山総本寺瀧水寺大日坊

　即身仏となった**真如海上人**が安置されている湯殿山総本寺瀧水寺大日坊。女人禁制だった湯殿山に女性がお参りできるようにと、弘法大師が湯殿山大権現をお招きして建立したことを縁起としている。江戸時代には春日局の庇護を受けたこともあり、徳川将軍家の祈願寺として大いに栄えた。即身仏となった真如海上人の着ている法衣は、6年に一度、丑年と未年に衣替えを行っており、交換された法衣は御守りの中に入れて頒布されている。

コラム
　通常、生物は時が経つにつれて体が衰え、やがて死を迎えるが、ベニクラゲは成長しきってから再びポリプと呼ばれる成長段階に若返ることができる珍しい生物。ポリプに戻ることは、理論上何度でもできることから、不老不死のクラゲと呼ばれている。クラゲ展示種数世界一で知られる山形県の鶴岡市立加茂水族館などで飼育されている。

ゆらゆらと水槽のなかを漂うベニクラゲ

歩き方＋ エジプトのミイラは、死後に脳や内臓などを取り除き、没薬（もつやく）などの薬剤を用いて防腐処理を施すが、即身仏ではそのようなことは行わない。

いざ生まれ変わりの旅へ

出羽三山
でわさんざん

出羽三山とは、標高414mの**羽黒山**（はぐろさん）、1984mの**月山**（がっさん）、1504mの**湯殿山**の3山のこと。**羽黒山は現在、月山は過去、湯殿山は未来**をそれぞれ表しており、出羽三山を巡ることは、死と再生をたどる**生まれかわりの旅**とされている。江戸時代は西の伊勢参りに対して**東の奥参り**ともいわれ、数多くの参拝者が訪れた。

◉羽黒山

三山のうち最も標高が低く、アクセスが容易なのが羽黒山。生まれかわりの旅では、**現世の利益を祈る山**とされている。バスで山頂まで行くこともできるが、麓から1時間30分ほどかかる**2446段の石段**を上っていくのがおすすめだ。麓の随神門を入って10分

三神合祭殿は国内最大級の茅葺屋根建築

ほどの所では、平将門の創建と伝えられる**羽黒山五重塔**を見ることができる。山頂にある**三神合祭殿**（さんじんごうさいでん）は、三山すべての神を祀っており、冬の間は参拝できない月山と湯殿山の神々にも一緒にお参りができるようになっている。

◉月山

生まれ変わりの旅で、**死後の往生を願う山**とされている月山。羽黒山に比べてはるかに標高も高く、夏季しか開山しない。車で行けるのは8合目の**弥陀ヶ原**（みだがはら）まで。高山植物が咲き誇る美しい湿原だ。こ

月山の山頂に鎮座する月山神社本宮。奥に見える山は鳥海山

こから山頂にある月山神社本宮までは、徒歩で2時間30分〜3時間の登山になる。弥陀ヶ原には**月山神社**の式年遷宮による古材で建てられた**御田原神社**（みたはら）が鎮座しており、ここから遥拝することで、**月山神社本宮**にお参りしたのと同じ御利益を得られるとされている。

◉湯殿山

湯殿山は**生まれかわりを祈る山**。**言わず語らずの山**とされ、ここで体験したことは他言無用で、写真や動画の撮影も禁止されている。山の中腹に鎮座する**湯殿山神社本宮**

紅葉に染まる湯殿山と湯殿山神社の大鳥居

は、訪れた人しか知り得ない神秘に包まれた聖地だ。

出羽三山
URL www.dewasanzan.jp
▷三神合祭殿
住 山形県鶴岡市羽黒町手向字手向7
🚌 JR鶴岡駅から庄内交通バスで羽黒山頂下車、徒歩約3分
▷羽黒山五重塔
住 山形県鶴岡市羽黒町手向羽黒山33-14
🚌 JR鶴岡駅から庄内交通バスで羽黒随神門下車、徒歩約10分
▷月山神社本宮
住 山形県東田川郡庄内町立谷沢字本澤31
🚶 月山8合目バス停から約2時間30分〜3時間
▷湯殿山神社本宮
住 山形県鶴岡市田麦俣六十里山7
🚗 月山ICから約20分。仙人沢駐車場で本宮参拝バスに乗り換えるか徒歩約30分

国宝に指定されている五重塔は全国に9基あり、羽黒山五重塔は最北に位置する

裸足になって、お祓いを受けてから参拝する

真如海上人は、江戸時代の三大飢饉のひとつ、天明の大飢饉に苦しむ人々を目の当たりにした。彼らを救うことこそ自分の使命とし、即身仏になることを決意。このとき96歳で、史上最高齢入定だ。

福島の化石

福島県

いわき市石炭・化石館ほるる
🏠 福島県いわき市常磐湯本町向田3-1
🌐 www.sekitankasekikan.or.jp
🚉 JR湯本駅から約10分

いわき市石炭・化石館ほるるでは、フタバスズキリュウ以外にもさまざまな復元骨格標本が展示されている

福島県の猪苗代湖では、1990年代から体長およそ12〜13mのUMAイナッシーが目撃されている。その姿はプレシオサウルスのようだった。いわき市の地層から見つかったフタバスズキリュウも同じ首長竜。偶然の一致とは思えない。

化石の宝庫、いわき市で発見された

🦕 フタバスズキリュウ
ふたばすずきりゅう

フタバスズキリュウは、約8500万年前、中生代（白亜紀後期）に生息していた首長竜。映画『ドラえもん』の第1作目『ドラえもん のび太の恐竜』に登場することもあり、日本で屈指の人気と知名度を誇る古生物だ。化石が発見されたのは1968年のこと。当時高校生だった**鈴木直**さんによって、福島県いわき市大久町にある**双葉層群**という白亜紀後期の地層から発見されたため、フタバスズキリュウと名づけられた。当時は、**日本で恐竜のような中生代の大型爬虫類の全身骨格は見つからないと考えられていたため**、まさに世紀の発見だった。首長竜は学術的には恐竜ではないが、この発見によって日本における最初の恐竜ブーム、化石ブームが起きるきっかけとなったといわれている。長らく正確な種の分類がなされずにいたが、発見から38年が経った2006年にプレシオサウルス上科、エラスモサウルス科の新属新種の首長竜であるとする学術論文が発表され、**フタバサウルス・スズキイ**という学名が付けられている。

●いわき市石炭・化石館ほるる

フタバスズキリュウの全長は推定6〜9m。現在実物の化石を収蔵しているのは東京上野にある国立科学博物館(→P.78)だが、発見地の福島県いわき市にある**いわき市石炭・化石館ほるる**（2024年1月現在臨時休館中。2024年春頃再開予定）でもフタバスズキリュウに関する展示を見ることができる。入口の前には**フタバスズキリュウの生体復元ブロンズ像**が置かれており、館内に入ると今度はフタバスズキリュウの復元骨格標本が目に飛び込んでくる。骨格標本と一緒に展示されているのは、産状化石のレプリカで、産状模型と呼ばれるもの。産状化石とは、地層に埋もれた状態の化石を周囲の岩石ごと切り出したもので、化石を岩石から取り外していないため、その一つひとつを詳細に分析するのは難しいが、化石同士の位置関係や埋没時の姿勢などの重要な情報を知ることができる。**フタバスズキリュウは全身の約70%の骨がまとまって見つかった**という点でも非常に貴重な化石だ。

エントランスに展示されているフタバスズキリュウの復元骨格標本と産状模型

歩き方＋ フタバスズキリュウ発見の地であるいわき市内には、いわき市アンモナイトセンターがある。展示のほか体験発掘を定期的に実施しており、ハンマーやたがねを使って発掘に挑戦することもできる。

南関東と富士山のミステリースポット

日本の心を映す富士山の勇姿。そこには、美しいだけじゃない何かが宿っているのかも。樹海の下に地下都市があるってホントかな？

霊峰富士＆江戸の怪談スポットを巡る1泊2日の旅

山梨
東京

1日目

9:00 **富士スバルラインをドライブして富士山5合目へ**

標高約2300mの富士山の5合目。条件がそろえば眼下に雲が広がる絶景を一望できる。昔この辺りには天狗が住んでいたという伝承が残っており、1周約40分の散策コースは天狗の庭とも呼ばれている。

富士山5合目
住 山梨県南都留郡鳴沢村 富士山5合目
🚗 富士急富士山駅から約50分

30分

11:30 **胎内樹型に入って蘇りを実感！**

胎内樹型とは、富士山の溶岩に包まれた樹木が焼失してできた洞窟のこと。富士スバルライン料金所近くにある船津胎内樹型は胎内神社の御神体で、実際に中に入ることができる。人の胎内を思わせる溶岩洞穴を巡り、生まれ直しを体験したい。

10分

12:30 **参詣者に愛された吉田のうどんを食す**

富士山の水を使った歯ごたえ抜群の麺

起源は江戸時代にまで遡る吉田のうどん。富士講の流行とともに知名度が全国に広がった。

20分

13:30 **富士山の懐＝熔岩洞に潜る！富岳風穴を体験**

青木ヶ原樹海の地下には溶岩洞が点在しており、夏でも大きな氷柱が立つ総延長約200mの富岳風穴は観光客にも人気。富岳風穴から車で約3分の鳴沢氷穴も要チェックポイントだ。

富岳風穴
住 南都留郡富士河口湖町西湖青木ヶ原2068-1
URL www.mtfuji-cave.com
🚌 富士急河口湖駅から富士急バスで富岳風穴下車、徒歩すぐ

20分

15:00 **屈指のフォトスポット大石公園をのんびり散策**

河口湖の北に隣接する公園。裾野広がる富士山と水面を借景に、四季を彩る花々が咲き誇る。河口湖の東畔にはロープウエイが運行、1000mの頂上には河口湖天上山公園があり、絶景を楽しめる。

大石公園
住 山梨県富士河口湖町大石2525-11先
🚌 富士急河口湖駅から富士急バスで自然生活館下車、徒歩すぐ

20分

16:30 **コノハナサクヤヒメノミコトを祀る神社へ参拝** ➡ P.164

富士山麓に多く鎮座する浅間神社。主祭神のコノハナサクヤヒメノミコトは絶世の美女ともいわれており、恋愛成就や安産の御利益をいただける。おみやげショップで富士山グッズも見ておこう！

富士山型のシフォンケーキ

河口浅間神社の「遥拝所」

観光列車 **富士山ビュー特急**

富士山ビュー特急は、大月駅と河口湖駅を結ぶ観光列車。その名のとおり、雄大な富士山をバックに変わりゆく景色を車窓から楽しめる。車内は木を基調としたエレガントな空間となっており、全席指定の特別車両ではウェルカムドリンクが提供される。

富士山ビュー特急　URL www.fujikyu-railway.jp

ポイント

溶岩洞内は湿度が高く、滑りやすいので注意。

江戸時代に噂が絶えなかった怪談スポットと
富士山麓の神跡を巡る1泊2日の旅。
1日目の富士山観光はバスを利用して巡ることもできるが、
自家用車での移動のほうが便利。

2日目

10:00
🚌 5分
🚶 5分

高速バスで
富士吉田市から新宿に到着

富士山駅や河口湖駅と東京を結ぶ高速バスは頻発している。所要約2時間。

10:30

四谷怪談発祥の地で ➡ P.174
お岩さんゆかりの寺社に参拝

外苑東通りから裏道に入った住宅街に向かい合うようにたたずむ四谷於岩稲荷田宮神社と陽運寺は、お岩さんゆかりの地。良妻賢母由来の家庭円満の御利益をいただこう。

🚶 15分

11:30

ちょっとリッチに
江戸前寿司ランチ

江戸前握り寿司についての文献的初出は川柳の句集だったそうで「妖術といふ身で握る鮓の飯」と詠まれている。ちなみにキュウリの細巻き、いわゆるカッパ巻きは新宿区の八幡鮨が発祥だ。

🚌 15分
🚶 5分

13:00

丸の内の一等地に鎮座する
将門塚へ ➡ P.176

平将門の首が京都から飛来したと伝わる将門塚。高層ビルに挟まれたこの一画は静寂な空気に包まれている。

カエルの置物

🚌 5分
🚶 10分

14:00

江戸の総鎮守
神田神社にも参拝 ➡ P.176

神田神社は平将門を祀る江戸の総鎮守。江戸城の鬼門を守護する役割を果たしている。参拝後は銘菓のごまだれ餅や将門麦酒など、おみやげが充実している神田明神文化交流館ものぞいてみよう。

千葉県のブルワリーが醸造している将門麦酒

🚌 15分
🚶 5分

16:00

歴史ある歌舞伎座で
歌舞伎鑑賞

歌舞伎には四谷怪談や勧進帳、陰陽師など伝説を題材にした演目が多い。驚きの仕掛けによる迫力ある演出にも注目だ。

歌舞伎座
🏠東京都中央区銀座 4-12-15
🌐 www.kabuki-za.co.jp
🚶地下鉄東銀座駅から直結

🚶 40分

21:00

ライトアップされた
東京タワーを目指す ➡ P.178

大都会東京を一望できる東京タワーを目指して夜のお散歩。メインデッキ内にあるタワー大神宮にも行ってみよう。

信仰の富士登山

並び立つ山のない独立峰、その美しいシンメトリックな姿。
日本最高峰という肩書がなくても、富士山は日本人にとって特別な山だ。
見る者は畏れ敬い、やがて信仰の山となってゆく。

世界遺産

世界遺産

富士山は2013年にユネスコの世界遺産に登録され
た。文化庁発表の登録名の日本語訳は『富士山-信
仰の対象と芸術の源泉』。世界遺産には文化遺産と
自然遺産があるが、富士山は文化遺産。山そのも
のの自然条件ではなく、富士山と日本人の関わり、
特に精神世界に及ぼす影響や日本の芸術文化に寄
与した存在価値が評価されたということだ。
世界遺産に登録され、観光客の便宜を図るため世
界遺産センターが設立された。静岡県側と山梨県
側にあり、どちらも富士観光の拠点となる町にあ
るので、最初に訪れておこう。

静岡県富士山世界遺産センター。手前の水面
に建物が反射し、富士山の姿が現れる

浅間神社

自動車のない時代の富士登山は、馬や徒歩で麓に
ある浅間神社から頂上を目指すものだった。浅間
神社は富士山を御神体とする神社で、祭神のコノ
ハナサクヤヒメノミコトは、浅間大神と同一視さ
れている。吉田口は北口本宮富士浅間神社、須走
口は富士山東口本宮冨士浅間神社、御殿場口は須
山浅間神社、富士宮口は富士山本宮浅間大社がそ
れぞれ本来の登山口になっている。また、富士山
の8合目より上は、富士山本宮浅間大社の境内とな
っており、奥宮の久須志神社が鎮座している。

富士山駅前に立つ金鳥居

富士講

富士山信仰は、もともと遠くから姿を眺めて拝むものだったが、修験道と結び付くことで、富士山の奥に分け入って修行するようになり、登頂も修行の一環として行われた。

江戸期になると、庶民の間でも富士山に登ることが大人気となった。とはいえ当時の人が富士山に登頂するのは金銭的にも体力的にも大変なこと。そのため講（こう）というグループを組んで、組織的に登頂する仕組みが整えられた。これが富士講と呼ばれるものだ。団体旅行でツアーガイド的な役割を果たしたのが御師（おし）と呼ばれる人たち。特定の寺社に所属し、参詣者の参拝や宿泊を世話する役割を果たした。富士吉田市には御師の家である御師旧外川家住宅が保存されており、内部を見学することができる。富士講では、富士山登拝だけでなく、富士五湖や白糸の滝、忍野八海といった近隣の聖地にも巡礼を行った。

18世紀に建てられた
御師旧外川家住宅

静岡県富士山世界遺産センター　住 静岡県富士宮市宮町5-12　URL mtfuji-whc.jp　JR富士宮駅から約8分
山梨県富士山世界遺産センター　住 山梨県南都留郡富士河口湖町船津6663-1　URL www.fujisan-whc.jp
富士急行河口湖駅から富士急行バスで富士山世界遺産センター下車すぐ

宮下文書と富士王朝

富士山麓に王朝

富士山は古来、神が宿る霊峰として信仰の対象にもなってきたが、その一方で、こんな奇怪な伝説がある。

「太古、富士山北麓の平原に神々が来臨した。富士山を聖山として崇めたその神々は北麓の地を高天原と名づけて住み着き、荘厳な神社・阿祖山太神宮を創建して王朝を確立。富士山を拠点に日本を統治した。だが徐々にこの富士王朝は衰え、その血脈は大和の天皇家に取って代わられてゆき、神宮は荒廃していった。そしてついには富士山の大噴火によって神宮は壊滅し、かつての繁栄の歴史は幻のものとなった」

この伝説によれば、富士王朝が繁栄したのは、初代神武天皇の時代よりも遠い昔のことだという。このような驚天動地の伝説の典拠となっているのは、超古代史文献、古史古伝とも称される『宮下文書』だ。この書物は、古くは阿祖谷と呼ばれていたという山梨県富士吉田市明見地区の旧家である宮下家に秘蔵されていたことからそう呼ばれるもので、悠久の昔に富士山麓に王朝が存在していたことを記すことから、『富士古文献』『富士古文書』などとも呼ばれている。

宮下家は富士王朝の中心となった阿祖山太神宮の神官の末裔と伝えられているのだが、『宮下文書』そのものは同家では禁書とも伝えられたため、古櫃に納められて厳重に保管され、長らく誰も中身を目にすることがなかったという。その封印が解かれて、ようやく『宮下文書』が世人の目に触れるようになったのは、明治時代以降のことだ。

中国から渡来した神々

『宮下文書』は、『古事記』や『日本書紀』のように体系的にまとめられた史書ではない。宮下家に伝来した雑多な古文書の寄せ集めというのが実態に近く、そのなかに富士王朝に関する歴史や伝承に言及する古文書もある、という格好となっているのだ。

したがってその内容を整理するのは容易ではないのだが、ここでそれら断片的な『宮下文書』の記述をもとに富士王朝の流れを改めて概説すると「富士山北麓の大原野に来臨し、そこを高天原と名づけて住み着いたのは、農作比古神と、息子の農立比古尊と農佐比古尊兄弟であった」となる。

この神々がどこから日本の富士山麓にやって来たかは文書には明記されていないが、文脈からすると、どうやら中国大陸から渡来してきたということになるらしい。そして東方の海上に世にも美しい山があると聞いたので、その地を目指して海を渡ったのだ。ちなみに『宮下文書』では、神は必ずしも神話的な存在ではなく、超人とでも呼ぶべき、人間に近似した存在を意味している。

『宮下文書』が収められていた蔵

ウガヤフキアエズ朝

農作比古神没後、農立比古尊と農佐比古尊兄弟は富士高天原の阿祖谷を都と定め日本を統治していった。そして農立比古尊の娘であるイザナギノミコトと農佐比古尊の息子であるイザ

ナミノミコトが結婚し、2神の間に生まれたのが**アマテラスオオミカミ**だった。アマテラスオオミカミは阿祖谷に壮大な神殿を造営して阿祖山太神宮と名づけ、国家の宗廟とし、また国を治める**天つ日嗣**（大御位）の地位に新たに就く際には、この神宮で即位式が行われるよう定めた。

アマテラスオオミカミの没後、国の内外に混乱が発生。そこでアマテラスオオミカミの4代後にあたる**ウガヤフキアエズノミコト**の時代には、外寇を防ぐべく、高千穂（→P.314）に都を遷すことになった。

この時代から天つ日嗣に就いた神は『宮下文書』では神皇と表記されるようになる。そしてこれ以後、歴代の神皇は代々にわたってウガヤフキアエズという諱を襲名し、全部で51代、約2700年間も続いた。その一方で、富士高天原は徐々に衰退していった。

ウガヤフキアエズ朝が終わって、最後のウガヤフキアエズ神皇の皇子である神武天皇が九州から大和に遷都して大和朝廷を樹立すると、富士高天原はよりいっそう衰退。最終的には平安時代初期の富士山大噴火で壊滅の被害を受け、阿祖山太神宮は跡形もなく消滅した。

『宮下文書』の一部

著者は徐福

驚くべき秘史だが、そもそもこの『宮下文書』とは、誰がいつ書き記したものなのかといった疑問が生じる。しかし実はこの問題についても『宮下文書』は書き記しており、同書によれば、著者は中国から渡来した徐福（→P.244）だという。

徐福は紀元前3世紀に栄えた中国王朝、秦の始皇帝に仕えた方士である。『史記』によれば、不老不死の霊薬を求める始皇帝の命を受け、男女3000人を率いて船に乗り、東海へ旅立ったが、その後行方不明になったという。ところが『宮下文書』によると、徐福は第7代孝霊天皇の時代の日本に上陸し、富士高天原の阿祖谷にたどりついたのだという。さらに徐福は、この地に富士王朝の栄光の歴史が伝えられていることを知ると深く感銘を受け、口承や旧家に秘蔵されていたと伝わる、神代文字で記されていた古記録などをもとに文書を作成した。これが『宮下文書』の中核となり、最終的に宮下家に受け継がれたという。

平成に復興された神宮

徐福は実在の人物と考えられており、彼が渡来したという伝説は日本各地にみられる。そして富士山周辺にも徐福に関連する伝承や遺跡を見出すことができる。その意味では、『宮下文書』の大元を徐福が書いたというのは、まったくありえない話ではない。

平成年間に入り、なんと阿祖山太神宮が、富士山北麓の地に再建された。再建したのは『宮下文書』を神典とする宗教法人・不二阿祖山太神宮だ。再建地は、富士吉田市明見地区の鎮守である小室浅間神社の元宮、つまり旧社地だったといわれるところなのだが、小室浅間神社については、阿祖山太神宮の後身とする説があるという。

沈黙する霊峰富士の山中には、いまだ我々が知りえないアナザーワールドが眠り潜んでいるようだ。

不二阿祖山太神宮

静岡 VS 山梨　四季の富士

春

大淵笹場 （おおぶちささば） SHIZUOKA

静岡の名物といえばお茶。大淵笹場は、茶畑越しに富士山が見られる人気の撮影場所だ。毎年5月上旬頃に開催される「おおぶちお茶まつり」では、茶摘みをする茶娘もフレームに入れて撮影できることから、県内外から大勢の写真愛好家たちが集まる。

🏠 静岡県富士市大淵1445付近
🚗 新富士ICから約10分

夏

世界遺産

山中湖 （やまなかこ） YAMANASHI

富士五湖は、いずれも湖越しに富士山が眺められる景勝地。なかでも最も東に位置する山中湖は、夏から秋にかけて朝日によって山肌が赤くなる赤富士が見られ、葛飾北斎の富嶽三十六景『凱風快晴』を彷彿とさせる。

🏠 山梨県南都留郡山中湖村
URL lake-yamanakako.com
🚌 富士急行富士山駅から富士急バスで富士山山中湖下車すぐ

名所ガイド

富士山は静岡県と山梨県の県境にそびえる霊山。
2県は富士山をめぐってライバル関係にあり、
どちらのほうが美しく見えるのかは、
永遠に尽きることのない論争の種だ。
季節ごとに両県が誇る富士の絶景を見ていこう。

夏

田貫湖（たぬきこ）　　SHIZUOKA

朝霧高原にある田貫湖は、1周3.3kmほどのこじんまりとした湖。ここでは4月と8月の20日前後に山頂から朝日が昇るダイヤモンド富士を見ることができる。周囲はキャンプ場になっており、6月下旬から7月上旬にかけてはホタル観賞もできる。

🏠 静岡県富士宮市猪之頭
🚌 JR富士宮駅から富士急静岡バスで休暇村富士下車すぐ

秋

世界遺産

白糸の滝（しらいとのたき）　　SHIZUOKA

富士山の雪解け水が絹糸のように優美に流れ落ちる白糸の滝。富士講で信仰の対象にもされているように、気品を感じさせる美しい滝だ。秋には周囲の木々が錦さながらの色合いを加え、艶やかに様変わり。富士と滝、紅葉のコラボレーションはまさに絶景。

🏠 静岡県富士宮市上井出273-1
🚌 JR富士宮駅から富士急静岡バスで白糸の滝観光案内所前下車すぐ

冬

世界遺産

忍野八海（おしのはっかい）　　YAMANASHI

忍野八海とは、富士山の雪解け水が湧水となって出てくる忍野村にある8つの泉のこと。神秘的なほどの透明度をもち、富士講では富士登拝に先立ってみそぎが行われた。村には茅葺きの建物が建ち並び、富士山を背景にした風景が美しい。冬の雪化粧した姿は必見。

🏠 山梨県南都留郡忍野村忍草
🚌 富士急行富士山駅から富士急バスで忍野八海下車、徒歩5分

🇯🇵 日本全国 郷土富士 MAP

郷土富士とは「富士」の別称を与えられた日本各地の山のこと。
その多くは富士山にその山相が似ていることや
人々が遠くの富士山に思いを馳せる信仰心に由来している。
郷土富士ならではの個性あふれる風景を楽しみたい。

日本最南端駅の
JR西大山駅との
ツーショット

鹿児島県
開聞岳（薩摩富士）
かいもんだけ

鳥取県
大山（伯耆富士）
だいせん　ほうき

アナタが
撮った
写真を
貼ってね！

大分県 由布岳（豊後富士）

世界にもある！ 郷土富士

☑	イラン	ダマーヴァンド山（テヘラン富士）
☑	ブラジル	ヴォトゥポカ山（リベイラ富士）
☑	イタリア	エトナ山（シチリア富士）
☑	アメリカ	マウントレニエ（タコマ富士）
☑	チリ	オソルノ山（チリ富士）
☑	フィリピン	マヨン山（ルソン富士）
☑	メキシコ	ポポカテペトル山（メキシコ富士）

ダマーヴァンド山には蛇
肩王ザッハークが幽閉さ
れた伝説が残る

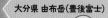

香川県
飯野山（讃岐富士）
いいのやま　さぬき

スキーリゾートで人気のニセコエリアに鎮座する

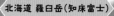

北海道 羅臼岳（知床富士）

北海道
羊蹄山（蝦夷富士）
ようていざん　えぞ

鶴の舞橋と岩木山が水面に映る！

青森県
岩木山（津軽富士）
いわきさん

山形県、秋田県
鳥海山（出羽富士）
ちょうかいさん　でわ

福島県 磐梯山（会津富士）

榛名湖と絶景を織りなす榛名山で3番目に高い峰

群馬県
榛名富士

アナタが撮った写真を貼ってね！

標高8mの丘に登れば富士山と同じ御利益をもらえる！

東京都
富士塚（江古田富士）
ふじづか　えこだ

大ムカデが生息していたことから別名ムカデ山

滋賀県
三上山（近江富士）
みかみやま　おうみ

地底に広がる都市アガルタ。
日本からの入口は富士山の麓にある！？

世界中の聖地は地底都市に繋がっている！

世界に残る地底都市伝説

地下都市、あるいは地底都市伝説は、世界各地にある。よく知られているのが地球の中心にあるとされる**アガルタ**で、その入口とも首都ともいわれているのが**シャンバラ**だ。これは、チベットの**時輪タントラ**に描かれた、いわば仏教の理想郷で、9億6000万の町と96の小王国があるとされている。このシャンバラに通じる道、すなわち地底世界への入口が、北極、南極、ピラミッド、ペルー、そしてチベットのポタラ宮などだ。

また、アメリカのカスケード火山帯南端にある**シャスタ山**も、シャンバラへ通じる聖山とされる。もともとこの山は、神が宿る聖地として崇められてきた。しかも興味深いことにシャスタ山は、UFOや怪光現象目撃事件の多発地帯としても知られている。巨人族と遭遇したという話もあり、地下には彼らが住む**レムリア**が存在するともいう。レムリアというと、かつてインド洋に存在したとされる古代大陸が思い浮かぶが、実際は太平洋上にあったという説もあって、シャスタ山の地下のレムリアは、その大陸の人々が逃れてきた場所とされているのだ。

人穴浅間神社の境内にある「人穴洞窟」

富士山の地下洞窟

このように聖なる山、あるいは聖なる地域の地下には聖なる地底都市への入口がある、という伝承は多い。日本最大の聖山である富士山も同様だ。山梨県富士河口湖町にある無戸室浅間神社には**胎内樹型溶岩洞窟**がある。無戸室というのは、神代において妊婦が出産時にこもった洞窟をいう。この神社では胎内樹型溶岩洞窟を、祭神であるコノハナサクヤヒメノミコトが出産した無戸室として祀っており、安産や子授かりの御利益をいただける。この胎内樹型は約1000年前の富士山大噴火で流出した溶岩流が樹木を囲みながら固まったもので、複数の大木が複雑に折り重なって作られている。そのため総延長は約70mもある。

こうした地下洞窟が富士山の地下に無数に存在し、そのうちのいくつかは遠く離れた世界と繋がっているというのである。例えば青木ヶ原樹海の東の入口に位置する山梨県南都留郡の鳴沢氷穴は、地下21mの竪穴型洞窟だが、その名のとおり洞窟内の年間平均温度は3度と、1年中氷に覆われている。地下の先には**地獄穴**と呼ばれる深い穴があり、一歩足場を失うと二度と帰ることができない危険な穴とされる。そしてこの地獄穴は、70kmも離れた江の島まで続いているというのだ。

もしかすると富士山の地下洞窟も、シャンバラあるいはアガルタへの入口であり、太平洋を挟んだシャスタ山の地底世界レムリアにもつながっているのかもしれない。

人穴洞窟の入口

関東に伝わる 幽霊と妖怪

葛飾北斎『百物語 さらやしき』(部分)

江戸に伝わる怪談話は、歌舞伎や落語の題材となったりして広く知られるメジャーな存在が多い。

番町皿屋敷のお菊さん

番町皿屋敷は、10枚ひと組の家宝の皿を割ってしまったために手討ちにされ、井戸に投げ入れられたお菊さんの幽霊が、夜な夜な皿を数えるという怪談。舞台になった番町は、江戸城北西の内堀と外堀の間にあり、武家屋敷が建ち並んでいたエリア。

お菊塚
神奈川県平塚市の紅谷町公園内にある塚。お菊のモデルになったとされる娘はこの地の出身で、死後ここに葬られたという。

🏠 神奈川県平塚市紅谷町15-22
🚶 JR平塚駅から約5分

伝通院
徳川家康の母、於大の方の菩提寺。お菊の霊は伝通院の了誉上人の読経によって鎮まったという伝説がある。

🏠 東京都文京区小石川3-14-6
URL www.denzuin.or.jp
🚶 地下鉄後楽園駅から約10分

小泉八雲と雪女

小泉八雲(ラフカディオ・ハーン)は、アイルランドにルーツをもつ文筆家。英語教師のかたわら日本文化を紹介する英語の著書を数多く記している。代表作『怪談』に載っている「雪女」は「武蔵の国のある村に……」と始まるように、武蔵国、現在の東京都の伝承。青梅市の多摩川に架かる調布橋近くには「雪おんな縁の地」の碑が立てられている。

帯坂
市ヶ谷駅近くの五番町にある。お菊が髪を振り乱し帯をひきずりながら通ったと伝わる坂。

🏠 東京都千代田区五番町
🚶 JR市ケ谷駅から約3分

四谷怪談の
お岩さん

日本で最もよく知られた幽霊といっても過言ではないのが四谷怪談のお岩さん。夫に毒を盛られたせいで顔が醜く崩れ憤死するが、幽霊となって夫を祟り復讐を遂げる。歌舞伎や映画などで四谷怪談が演じられるときは、お岩さんにお参りしないと不幸に見舞われるといわれている。

歌川国芳
『神谷伊右衛門
於岩のぼうこん』（部分）

四谷於岩稲荷田宮神社

お岩の実家、田宮家の邸内といわれている。妻の鏡とされたお岩にあやかって多くの人の参詣を集めている。『東海道四谷怪談』の上演後はさらに多くの人が訪れるようになった。1879年の火災によって社殿が焼失し、中央区に再建されたが、第2次世界大戦後には元の四谷左門町にも再建された。

住 東京都新宿区左門町17
地下鉄四谷三丁目駅から約5分

新川於岩稲荷田宮神社

火災で四谷於岩稲荷田宮神社が焼失した際に中央区に再建された神社。歌舞伎役者の初代市川左團次から芝居小屋近くに移転してほしいと寄進があり、この場所に遷座することになった。現在の社殿は第2次世界大戦後に再建されたもの。

住 東京都中央区新川
2-25-11
JR八丁堀駅から
約5分

陽運寺

昭和初期に創建された日蓮宗の寺院で、お岩さんをお祀りしていることから於岩稲荷とも呼ばれている。本堂にはお岩さんの木像が安置されており、境内ではお岩さんゆかりの井戸も見ることができる。

住 東京都新宿区左門町18
URL oiwainari.or.jp
地下鉄四谷三丁目駅から約5分

実在したお岩さん

お岩は江戸幕府の御家人、田宮家の娘で伊右衛門は婿養子。夫婦仲は良く、お岩は伊右衛門に献身的に尽くし田宮家を復興させた賢妻だったという。お岩は1636年に亡くなるが、それから200年近く経過した1825年に四世鶴屋南北による歌舞伎の演目『東海道四谷怪談』が大ヒット。実像とはかけ離れた怪談話として広く知られるようになった。

妙行寺

田宮家代々の菩提寺。境内にはお岩さんの墓がある。お岩さんの時代には四谷鮫河橋にあった法華宗の寺だが、1909年に西巣鴨に移転した。忠臣蔵の浅野内匠頭の正室、瑤泉院がたびたび参拝したことから、瑤泉院の供養塔もある。

住 東京都豊島区西巣鴨4-8-28
都電新庚申塚駅から約3分

怨霊となった累

　羽生村の累は、顔は醜いが心優しい娘。早くに両親を亡くし、流れ者の与右衛門を婿に迎えた。ところが、財産目当てだった与右衛門は、累を鬼怒川のほとりで惨殺してしまう。まんまと累の財産を手にした与右衛門だが、その後新しい妻を迎えるたびに妻が死ぬ悲劇に襲われる。6人目の妻がようやく娘のきくを産むが、妻は病死、きくの体には累の霊が取り憑いてしまった。

　きくに取り憑いた累は、与右衛門に殺されたこと、その恨みから6人の後妻を呪い殺したことを告白。妻殺しが明るみになって与右衛門は累に謝罪をするが、きくの体から累は出てこない。話を聞いた浄土宗の高僧、祐天上人が念仏の功徳によって累の霊を往生させた。

　累は往生したが、しばらくして今度は助という怨霊がきくに取り憑く。助は累の異父兄で、顔が醜いことから母に殺されていたことが判明。祐天上人は助の霊も往生させ、ようやく60年にわたる悪縁を断ち切ることができたという。

累ヶ淵

累ヶ淵は、法蔵寺の裏、鬼怒川沿いの地域。きくに取り憑いた兄妹はどちらもここで惨殺されている。兄の助が母に殺されたのは1612年、妹の累が夫に殺されたのは1647年とされている。

住 茨城県常総市羽生町
歩 関東鉄道北水海道駅から約25分

累ヶ淵の累

　『累ヶ淵』の累は、お菊やお岩に比べると現代での知名度は劣るが、かつては江戸三大幽霊のひとりに数えられていた。江戸時代初期の下総国羽生村（現在の茨城県常総市）を舞台にした怪奇談だ。

法蔵寺

羽生町にある浄土宗の寺院。境内には累一族の墓がある。墓は3つ並んでおり、中央にあるのが累の墓で、向かって右側がきくの墓、左側には助の墓。市の指定文化財にも指定されている。

住 茨城県常総市羽生町724
歩 関東鉄道北水海道駅から約25分

祐天寺

累と助を往生させた祐天上人ゆかりの寺で、境内には累の霊を供養する累塚がある。累ヶ淵の伝説は、歌舞伎として人気を博しており、舞台の前には関係者がお参りすることが慣例になっている。

住 東京都目黒区中目黒5-24-53
URL www.yutenji.or.jp
歩 東急祐天寺駅から約7分

歌川国芳『木曽街道六十九次之内 鵜沼』（部分）。舞台を累ヶ淵ではなく鵜沼としている

平将門ゆかりの地

東京都　千葉県

将門塚
住 東京都千代田区大手町
1-2-1
URL masakado-zuka.jp
地下鉄大手町駅からすぐ
▷神田神社
住 東京都千代田区外神田
2-16-2
URL www.kandamyoujin.
or.jp
JR御茶ノ水駅から約5分

将門塚の大改修の際、将門の胴体を葬った延命院境内の胴塚と、将門終焉の地にある國王神社それぞれの土を将門塚まで運び、そこに納めたという話もある。つまり、胴塚と首塚がひとつになったことを意味し、将門の胴体と首を再度つなぎ合わせる再生の儀式が行われたともいえるのだ。

コラム　将門塚の両端には蛙の石像が配置されている。これらは平将門の長男とされる平良門が妖術でカエルを使役したことに由来するもの。最近まで地方配属となった会社員が、東京本社に帰れるように、ゲン担ぎとしてたくさんの蛙の置物が奉納されていたが、2020年の整備工事を機に神田神社へ移されている。

境内にある神田明神文化交流館では、おみやげを販売している

京より飛んできた首を祀る

将門塚
まさかどづか

戦いに敗れ、京都の七条二坊に晒された平将門（→P.225）の首は、3日後に白い光を放ちながら東の方角へと飛び去り、武蔵国豊嶋郡芝崎村（現在の大手町付近）に落ちたという。後日その首は、

勝運を願い、多くの人が参拝に訪れる

村人によって埋葬され、将門塚と呼ばれるようになった。以来、天変地異が続くなど、将門の祟りが村人を苦しませていたが、1307年に他阿によって供養、蓮阿弥陀仏という諡号を贈ることで鎮まったという。現在見られる将門塚の墓石は真ん中に「南無阿弥陀仏」、右に「平将門」と「蓮阿弥陀仏」、左に「徳治二年」と刻まれている。

●繰り返し起きる怪事件

将門塚の区域はかつて関東大震災による復興事業の一環として、大蔵省の仮庁舎建設が予定されていた。しかし、当時の大蔵大臣が急死したことや、工事関係者、省職員が相次いで亡くなったことから将門の祟りによるものだという噂が広がり、建設を取りやめ石碑を新たに建てたという。さらに第2次世界大戦後、GHQ指導下での区画整理の際に石碑は撤去される予定だったが、作業中の事故が多発し、工事が見送られた経緯もあった。以来、取り壊される計画はなくなり、2020年には整備工事が行われている。

●神田神社

明神さまの愛称で親しまれている神社で、神田明神とも呼ばれている。将門塚のある芝崎村に創建されたが、1616年に江戸城の鬼門守護のため現在の場所に遷座した。主

青空に映える朱色の社殿

祭神のオオナムチノミコトとスクナヒコナノミコトと並び、**除災厄除の神様として平将門が祀られている**。現在は将門塚から離れた場所に建っているが、将門塚の管理は神田神社と将門塚保存会によって行われている。

歩き方＋　平将門と並び、日本史上有名な平氏の人物といえば清盛。将門と清盛は同じ桓武平氏だが、清盛は将門を追討した平貞盛の6代後の子孫にあたる。

将門の鎧が眠っている

鎧神社
よろいじんじゃ

新宿区の住宅街にひっそりとたたずむ神社。創建年は不詳だが、社伝によるとヤマトタケルノミコトが東征の際に甲冑六具を納めたことが創建以前から伝わっている。

鎧神社

住 東京都新宿区北新宿
3-16-18
URL yoroi.or.jp
🚶 JR大久保駅から約10分

将門との関連

将門が藤原秀郷によって討ち取られた際に、村人が弔いのため**将門の鎧を埋めた**と広く伝わっている。ただ、別説によると秀郷は将門を討ち取って以降、重い病に苦しめ

勝ち運や商売繁盛の御利益がある

られ将門の祟りだと恐れていた。そこで、将門の鎧をこの神社に埋め、祠を建てたところ病気が完治したといわれている。

コラム 千葉県我孫子市にある日秀将門神社も将門ゆかりの神社。由緒は将門が討ち取られた後に霊となって、幼少期を過ごしたこの地域に舞い降り、手賀沼あたりで朝日に向かって昇天したという言い伝えによるもの。現在も手賀沼周辺では将門を崇敬する住民が多い。

将門の娘が建てた菩提寺

龍光院
りゅうこういん

手賀沼の東に鎮座する真言宗豊山派の寺院。将門の三女、如蔵尼が**討死した将門とその部下の菩提を弔って地蔵尊を崇敬**し、堂宇に祀ったのが始まりとされている。すぐ隣には、同じく如蔵尼創建と伝わる、平将門を祭神とする**将門神社**がある。

龍光院の境内に建つ地蔵堂

龍光院

住 千葉県柏市岩井424
URL ryukouin.tm.land.to
🚌 JR我孫子駅から阪東バスでスポーツ広場前下車、徒歩約10分

龍光院の隣に建つ将門神社。現在の本殿は江戸末期に建立

コラム

\将門の胴塚がある/
平将門終焉の地、坂東市

新皇を名乗った平将門は、軍を率いて940年に朝廷方の藤原秀郷・平貞盛連合軍と激突。当初は有利に戦いを進めていたものの、風向きが変わったことで劣勢になり、遂には額に矢が当たり落命したといわれている。茨城県坂東市は平将門最期の地とされ、ゆかりの場所が残っている。

延命院

戦いに敗れた将門の首は京へ運ばれ晒されたが、残された胴体は延命院の境内に葬られたと

神田山と刻まれている将門の胴塚

いう。相馬御厨の神域であったため、暴かれることもなかった。胴塚は、大きなカヤの木に寄り添うように立っており、すぐ右側には「南無阿弥陀仏」、「大威徳将門明王」と刻まれた碑もある。

國王神社

平将門命を祀る神社で、将門の三女、如蔵尼が建立したと伝わる。将門の33回忌にあたって如蔵尼が彫ったとされる寄木造平将門木像を御神体としている。

将門公之像

市の総合文化ホール、ベルフォーレ前には烏帽子をかぶった平将門の騎馬像が立っている。彫刻家一色邦彦氏の作で、1994年に完成した。

将門の首は、京都に運ばれる途中の静岡県掛川市で埋葬された伝承もある。それが旧東海道沿いの十九首塚。将門と18人の武将を鎮魂するための首塚とされる。

東京の二大電波塔

東京都

東京スカイツリー
住 東京都墨田区押上1-1-2
URL www.tokyo-skytree.jp
🚶 地下鉄押上駅からすぐ

天望デッキには自分自身の1番の願いを書いたリボンを結べるモニュメント「W1SH RIBBON（ウィッシュリボン）」がある
©TOKYO-SKYTREE

世界一高い自立式電波塔

🏯 東京スカイツリー®
とうきょうすかいつりー

地上634mと、自立式電波塔として世界一の高さを誇る東京スカイツリー。約3年半にわたる工事の末、2012年5月に開業した。地上350mの天望デッキと地上450mの天望回廊からは関東平野全域を見渡せ、晴れていれば**富士山**（→P.168）まではっきりと見ることができる。足元には商業施設や水族館などもあり、一日中楽しめる観光エリアとなっている。

●高さを生かした研究

東京スカイツリーの最も主要な役割のひとつは、その高さを活かして、地上デジタル放送の送信を行うこと。それ以外にも電力中央研究所や理化学研究所などが、おもに気象分野の研究を行っている。特に東京スカイツリーには**年間平均で約10回もの落雷がある**ことから、雷観測の重要な役割を果たしている。

東京タワーに代わって電波を届けるランドマーク

東京の発展を見守ってきたランドマーク

🗼 東京タワー
とうきょうたわー

東京タワー
住 東京都港区芝公園4-2-8
URL www.tokyotower.co.jp
🚶 地下鉄赤羽橋駅から約5分

コラム 東京タワーは、日没〜24:00にかけてライトアップが行われる。夏バージョンと冬バージョンがあり、夏バージョンは7月7日〜10月初旬まで。また、毎週月曜は、インフィニティ・ダイヤモンドヴェールとして、月毎のテーマカラーにそって268台のLEDライトが多彩な光を発色する。

インフィニティ・ダイヤモンドヴェールは月曜の実施

総工費約28億円（当時）、のべ22万人ほどを動員し、1958年に1年半という短期間で完成した電波塔。設計の責任者だった内藤多仲はコンピューターがなかった当時、**手計算で図面や構造計算書を制作した**のだという。全長は333mあり、高さ150mのメインデッキと250mのトップデッキ（ツアーのみ）から東京の町並みを一望できる。

●鳶職人の高度な技術

便利な電動工具がなかった当時、鳶職人はほぼ命綱なしで建設を進めていった。なかでも有名なのが鉄骨同士を結合する際、リベットと呼ばれる800℃に熱された鋼の球をキャッチボールの要領で運んでいたこと。夜になると上空に無数の火の玉が飛んでいるように見えたという。

日本の経済成長のシンボル

歩き方＋ 東京タワーを設計した内藤多仲は名古屋テレビ塔（中部電力 MIRAI TOWER）、2代目通天閣、別府タワー、さっぽろテレビ塔、博多ポートタワーも設計しており、合わせて「タワー6兄弟」と呼ばれる。

天海が江戸に仕掛けた呪法は鬼門・裏鬼門封じだけではなかった！

江戸に仕組まれた呪的都市計画

265年の長きにわたって徳川家の天下が続いた江戸時代。泰平がもたらされた要因は、優れた都市計画に加え、呪術的な都市防衛システムにあったともいわれている。そこに関与したのが、家康のブレーンで、宗教政策を担当していた天台宗の大僧正、**天海**である。

北東鬼門に創建された寺社

まずは江戸城の鬼門の備え。天海が住持した上野の寛永寺は、江戸城の北東鬼門に位置し、山号を東叡山という。これは京都御所の北東に位置し、王城鎮護を担った比叡山にならい、**東の叡山**に見立てたことを物語っている。また、その境内の**清水観音堂**は、平安時代のはじめに坂上田村麻呂の蝦夷征伐を守護した秘仏を本尊とする、京都の清水寺に見立てたものである。

さらに、御所・比叡山（→P.259）の鬼門ラインの延長線上に位置する琵琶湖（→P.250）になぞらえて**不忍池**を築き、その湖上に浮かぶ竹生島に擬した弁天堂を造営。さらに、家康を祀る上野東照宮を建立し、江戸の護りとした。また、神田神社（→P.176）を現在の大手町にあった場所から鬼門ラインの現在地の湯島に遷し、浅草寺の境内にも東照宮（のち焼失）を造営した。

徹底した鬼門・裏鬼門封じ

南西の裏鬼門も同様。家康が崇敬し、徳川家の菩提寺になった**増上寺**は、江戸城鬼門の寛永寺に対置する裏鬼門の抑えとされ、家康の寿像が祀られた。また、徳川以前から江戸城内にあった山王宮（現在の日枝神社）は、秀忠の時代に城外の南西に遷された。

作家で建築家の宮元健次氏はいう。「興味深いことに、徳川家の菩提寺となった寛永寺と増上寺、それに神田神社を結ぶ直線と、浅草寺と日枝神社を結ぶ直線が交わる点には、江戸城が

位置していることがわかります。天海はこれほどまでに、徹底して鬼門・裏鬼門封じを仕組んでいたのです」（*1）

ほかにも、江戸には外部からの侵犯を防ぐ神仏防御網が張り巡らされている。そのひとつが、江戸の出入口6ヵ所に造立された丈六の地蔵菩薩坐像だ。こちらも、そのモデルは京都の六地蔵で、ムラの境界を守る塞の神の機能が六地蔵に託されており、うち5体が現存している。また、疫病除けの神として知られる牛頭天王が、北は隅田川そばの素盞雄神社、南は目黒川そばの品川神社に祀られていた。

邪気封じに将門公の力を借りる

ちなみに、江戸の都市計画の肝は、江戸城内から城外にいたる「の」の字型の堀割と日本橋を基点とする五街道の設置にあるといわれる。

その構造は、時代を追うごとに拡大し続けた江戸のインフラとして機能することになるが、ここにも天海の仕掛けが隠されていると宮元氏はいう。

そのねらいは、将門公の力を借りること。その傍証として、氏は坂東武者の象徴、平将門ゆかりの神社が主要街道と「の」の字型の堀の交点に鎮座していることを挙げている。具体的には、「首塚は奥州道へと繋がる大手門、胴を祀る神田神社は上州道の神田橋門、手を祀る鳥越神社は奥州道の浅草橋門、足を祀る津久土八幡神社は中山道の牛込門、鎧を祀る鎧神社（→P.177）は甲州道の四谷門、兜を祀る兜神社は東海道の虎ノ門に」置かれたという。そして、街道と堀が交わるポイントには橋が架けられ、城門と見附が設置されている。その出入口に神威が著しい将門公の地霊を祀り、江戸の町に街道から邪気が入り込むのを防ぐよう狙った。—— そう宮元氏は考察している。

*1 『江戸を大都市にした天海が、街に仕込んだ「秘密の仕掛け」』（PHPオンライン衆知）、参照：『江戸の陰陽師―天海のランドスケープデザイン』（宮元健次 著）

均整のとれた
ピラミッド型の
利島

伊豆諸島、大島の南約20kmにある利島は、周囲約8kmの小さな島。中央には円錐形の宮塚山が鎮座しており、遠くから眺めるとまるでピラミッドが海上に浮かんでいるかのよう。正月三が日には阿豆佐和気命本宮、大山小山神社、下上神社の3社を巡礼する山廻りの習慣がある。

山廻りでハイキング

　島民が正月三が日に行う山廻りのルートは、そのまま観光客が宮塚山を登るハイキングルートとしても人気が高い。

　山廻りの一番神様、阿豆佐和気命本宮は、宮塚山南麓の西側に位置している。島の信仰の中心ともいえる神社で、コトシロヌシノカミの王子で、島を開いたとされる阿豆佐和気命（アズサワケノミコト）をお祀りしている。ここから約13分ほど東に歩くとあるのが二番神様、大山小山神社。祭神は山の神で、「サンジン様」「ミサキ様」とも呼ばれている。

　ふたつの神社を参拝したら、南登山口から始まるハイキングコースに入り、頂上を目指そう。山頂の北側にある見晴台からは港や集落がある利島の北側を見下ろすことができるほか、大島や伊豆半島、富士山まで望むことができる。

　ハイキングコースの終点は東登山口。舗装した道を10分ほど下りていくと三番神様である下上神社に到着する。

阿豆佐和気命本宮

利島

🚢 東京の竹芝から高速船で約2時間30分、大型客船で約9時間40分。下田からフェリーで約1時間30分

イルカウォッチングの名所

利島は人口300人あまりの島。島内に公共の交通機関はなく、島内での移動は徒歩が基本。事前に相談すれば宿で車が借りられることもある。島周辺にはイルカの群れが複数生息しており、船からの観察のほか、イルカと一緒に泳ぐドルフィンスイムも人気が高い。

島には20万本もの椿が植えられており、椿の島としても有名。冬に椿の花がいっせいに咲く様子は圧巻だ。椿から採れた油は、美容品として重宝されている。

小さなボートでイルカに近づく

レイライン上に浮かぶ利島は謎に包まれたピラミッドアイランドだった！

伊豆半島の下田富士、寝姿山から伊豆七島の利島、鵜渡根島にかけて、4つのピラミッド状の山が一直線に並ぶレイライン、**伊豆半島ピラミッドライン**が存在している。このなかでも特に注目されているのが、東京から南へ約140kmの海上に浮かぶ利島だ。島の中央にそびえる宮塚山の姿は、まさに海上にそびえるピラミッドそのもので、神秘的なたたずまいを見せている。実際、この山は古くから神が宿る御神体山とされ、島人の崇敬を集めてきた。

GHQによる調査

一説には第2次世界大戦中、この島の上空を飛行したアメリカ空軍が興味を抱き、終戦後まもなくGHQの特殊部隊10人を島に上陸させたともいう。どうやら彼らは、海上に謎のピラミッドを発見したと思ったらしい。実際、どのような調査が行われたのかは不明だが、おそらくは宮塚山周辺の神社が調査対象だったのではないかと考えられている。

ちなみに宮塚山には複数の神社を巡りながら登山するルートがあり、いずれの神社も山の斜面に沿って玉石の階段が設置され、ほこらの背後にある神、つまり宮塚山を拝しながら進むという構造になっている。

利島全体が本当にピラミッドだとすれば、登山そのものが神の山、神殿への参拝となっているわけだ。

均整のとれた利島の宮塚山

伊豆諸島に浮かぶ海上ピラミッド

芝山古墳群
▷芝山町立芝山古墳・はにわ博物館
🏠 千葉県山武郡芝山町芝山438-1
🔗 www.haniwakan.com
🚗 松尾横芝ICから約10分

道路に沿って埴輪のオブジェが並ぶ芝山はにわ道

貴重な形象埴輪が数多く出土した姫塚古墳

造形美に優れる埴輪の宝庫

芝山古墳群
しばやまこふんぐん

　成田空港にほど近い千葉県芝山町は、古墳が多い千葉県のなかでも、特に古墳が密集する地域。町には**芝山古墳・はにわ博物館**があり、博物館へ続く道は**芝山はにわ道**として、道路沿いに埴輪のオブジェが立っている。毎年11月の第2日曜には**芝山はにわ祭**が開催されるなど、**古墳と埴輪の町**として町をあげて盛り上げている。

●古墳から出土した埴輪

　芝山古墳群を代表する古墳が全長約88mの殿塚古墳と全長約58mの姫塚古墳。どちらも前方後円墳で、6世紀中頃から後半の築造。1956年の発掘によって数多くの埴輪や副葬品が出土しており、特に姫塚古墳からは動物や人など40体を超す形象埴輪が列をなした状態で出土し、当時の学会でも注目を集めた。馬や巫女、武人などが並ぶ様子から、葬送の行列を表したとする説が提唱されるなど、関東地方を代表する埴輪群となっている。芝山古墳・はにわ博物館では姫塚古墳をはじめ、この地域から出土した数多くの埴輪を展示しており、見ごたえがある。

姫塚古墳出土の武人の埴輪
所蔵：芝山仁王尊・観音教寺
展示：芝山町立芝山古墳・はにわ博物館

コラム

＼日本有数の貝塚／
加曽利貝塚
（かそり）

　千葉県千葉市の加曽利貝塚は、日本最大級の貝塚。約5000年前の北貝塚と約4000年前の南貝塚からなっており、北貝塚は直径約140m、南貝塚は長径約190mある。周囲には縄文のムラ跡が残っており、加曽利貝塚縄文遺跡公園として整備されている。

　園内には貝塚の断面が見られる展示のほか、縄文時代の住居の復元や、出土品を展示する博物館などがある。2017年に国の特別史跡に指定されているが、縄文時代の特別史跡は全部で4件しかなく、貝塚として指定されているのはここだけだ。

　特別史跡に指定されたことを契機に、敷地内にある旧来の博物館に代わって、新たな博物館の建設が検討されている。単なる展示物の羅列ではなく、VRなど最新の技術を使い、没入感の高い体験を重視し、主体的に縄文時代の文化や生活が学べる展示になる予定だ。

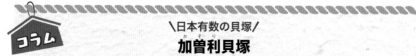

貝塚の断面。ハマグリの殻やイノシシの骨など、当時の生活ごみが捨てられている

歩き方➕ 貝塚とは、古代人が食べた貝や動物の骨などの生活廃棄物が積もった場所のこと。加曽利貝塚など大型貝塚は単なるゴミ捨て場ではなく、祭祀場的な役割があったのではないかともいわれている。

古墳時代に浸透した古代イスラエル文化

ペイオトとは

古墳の墳丘などに立て並べた土製品として知られる埴輪。人や動物など形象埴輪が出土しているが、ここに古代イスラエルと日本のつながりを示す重要な証拠がある。

まずはユダヤ教の聖典『旧約聖書』を見てみよう。『レビ記』第19章27節には「もみあげをそり落としたり、ひげの両端をそってはならない」（新共同訳）という記述がある。この神の指示に従って、もみあげを剃ったり切ったりしなければどうなるのか。当然ながら、両耳の前の毛が伸びる。髪質によっては、カールしてくることもあるだろう。そしてユダヤ教超正統派ではこれを、ペイオトと呼ぶ。現代イスラエルでも復活の機運が見られるというが、もともとはこのような『聖書』に由来する古代イスラエルの風習だった。そして、驚いたことに日本から出土する埴輪に、これとそっくりの髪型が見られるのである。

共通するヘアスタイル

埴輪とは3世紀後半から6世紀後半にかけて作られた素焼きの土製品だ。円筒埴輪と形象埴輪の2種類に大きく分けられ、後者は家や動物、人などがかたどられている。形象埴輪は葬儀の様子を模したものとも考察されており、文字文化がなかった当時の生活を研究するために重要な役割を果たしている。

例えば古墳時代のヘアスタイルは、両耳の前で髪の毛を長く伸ばし、伸びた髪を耳の前で折り重ね、真ん中を紐で縛ったものが教科書にイメージ図として掲載されている。この髪型はみずらと呼ばれ、出土した男子埴輪からもその特徴が見て取れるのだ。しかしながら、イレギュラーな埴輪も一部にはある。髪を長く伸ばしたまま垂らし、カールさせているペイオトそのものを模したような埴輪が出土しているのだ。

嘆きの壁で祈りを捧げる超正統派のユダヤ教徒

牧師で日ユ同祖論に詳しい久保有政氏によれば、紀元前の古代遺跡から発見されたあるイスラエル人男子の像は、日本の神官のような房のついた祈祷衣を着て、両耳の前の毛を長く伸ばしていたという。また、かつてカスピ海と黒海の間にあったハザール王国は、8世紀に国家ごとユダヤ教に改宗しているのだが、そこでも同じようなペイオトの風習があったことが確認されているという事実もある。

古墳時代に来日したイスラエル人

埴輪は赤土を焼いて作られているが、この良質の赤土のことを古代日本語でハニといった。そしてヘブライ語では赤のことをシハニ、さらにヘブライ語で土はツイトウと発音する。言葉的にも、「ハニワ」と極めてよく似ているといっていいだろう。

なぜこのようなことが起こったのか。それは埴輪に見られる「みずら」がもともと古代イスラエルの風習であり、彼らが古墳時代もしくはその前に自らの文化を携えて日本列島に渡ってきたと考えれば辻褄が合うのである。

吉見百穴
住 埼玉県比企郡吉見町大字
北吉見324
東武東松山駅から川越観
光自動車のバスで百穴入口下
車、徒歩約5分

コラム 吉見百穴の横穴墓の一部には、ヒカリゴケというコケが自生している。暗闇のなかわずかな光を反射して、緑色が輝くことからその名が付けられた。「吉見百穴ヒカリゴケ発生地」として国の天然記念物に指定されている。

神秘的に輝くヒカリゴケ

吉見百穴
よしみひゃくあな

斜面に沿って無数の穴が顔をのぞかせる

丘陵の斜面に百を超す穴がボコボコと空いている。そんな異様な光景が見られるのが埼玉県吉見町にある吉見百穴。これらの穴は横穴墓と呼ばれる古墳時代末期の墓で、一つひとつの穴に人々が埋葬されていたのだ。古墳時代といえば、その名のとおり巨大な古墳の印象が強いが、時代が下るにつれ古墳は小型化し、ついには墳丘をもたない埋葬施設である横穴墓が主流となってゆく。横穴墓は、単独で造られることはまれで、ほとんどが複数の穴の集合体で成り立っているが、**これほどたくさんの穴が密集している例は珍しい**。構造としては古墳の横穴式石室によく似ており、入口から羨道を通った先に、玄室が広がっている。岩窟地帯で、岩を掘って作られた洞窟ハウスなどがあるトルコのカッパドキアにちなんで、吉見百穴は**日本のカッパドキア**と呼ばれることもある。

吉見百穴を横穴墓と断定するには早計なのかもしれない？

吉見百穴には人が住んでいた？

吉見百穴は住居だったという説がある。1887年に発掘調査を行った坪井正五郎が、それぞれの穴のサイズが小さく、かつ内部に寝台らしき構造が見られることから、土蜘蛛と呼ばれた人々の住居跡ではないか、と推測した。

もちろん、反論もあがった。玄室内の寝台状の構造も古墳の石室に類似の特徴が見られると反証された結果、住居説は追いやられ、古代の墳墓説が有力になっていった。

イランにあるドワーフ村

だが、吉見百穴が住居ではなかったと結論を下すのは、少々気が早いようだ。なぜならイランに紀元前4000年から同2000年の奇妙な遺跡があるからだ。そこでは住居や道路などすべてが小さく、ドワーフと呼ばれる妖精の都市と推測されているのだ。テヘラン大学の調査によれば、この町で暮らす適正身長は、せいぜい1m前後という。

フローレス原人とライホア

この身長1mという条件に合致する人類がかつて存在していた。それが**フローレス原人**だ。インドネシアのフローレス島で発掘された化石人類で、脳の大きさは現生人類の3分の1程度だが、高度な知能を備えていたと考えられている。約5万年前にフローレス原人は絶滅したとされるが、興味深いことにこの地域ではライホアと呼ばれる小柄な野人の目撃情報が寄せられている。人類学者のグレゴリー・フォースは、フローレス原人は絶滅しておらず、ライホアこそその生き残りという説を唱えている。

歩き方＋ 千葉県長柄町にある長柄横穴群は、国の史跡にも指定されている横穴墓群。第13号墓内には、古代人が壁面に描いた刻画も確認されている。

金象嵌の鉄剣が発掘された

埼玉古墳群
さきたまこふんぐん

埼玉古墳群は、埼玉県行田市に密集する9基の大型古墳。現在は**さきたま古墳公園**として整備され、2020年には国の**特別史跡**に指定された。

●出土した鉄剣

稲荷山古墳は埼玉古墳群を代表する古墳のひとつ。大きさは違えど**仁徳天皇陵古墳**(→P.263)と形が似ていることから、古墳づくりが広い範囲で体系化されていたと考えられている。1968年の発掘調査の結果、埴輪や勾玉などに加え、**金象嵌で文字が刻まれた鉄剣が出土**した。解読の結果、鉄剣には裏表115字が刻まれており、雄略天皇を示すとされる**獲加多支鹵大王**の文字のほか、471年を示す辛亥年、この古墳の被葬者が雄略天皇に仕えていた家臣のヲワケの臣であることが判明した。鉄剣は国宝に指定されており、近くの**埼玉県立さきたま史跡の博物館**(2024年3月まで工事のため休館中)で展示保存されている。

全長120mの稲荷山古墳

コラム 埼玉県と行田市では、さきたま古墳群をユネスコの世界遺産に登録するための取り組みを行っている。

稲荷山古墳出土金錯銘鉄剣
写真提供：さきたま史跡の博物館
国(文化庁保管)

コラム

\幾千年の時を経て現代に開花する/
古代蓮を見にいこう

仏教では極楽浄土に咲く花とされてきた蓮の花。泥の中からまっすぐに茎を伸ばし、清らかな花を咲かせる姿は、穢れた世にあって清浄な悟りを開くという、仏教の教えに通じるとされている。そうした仏教のシンボルである蓮の花をさらにミステリアスにさせているのが、古代蓮の存在。1000年を超える長い眠りから覚めた蓮は、私たちのロマンをかき立ててくれる。

大賀蓮と千葉公園

1951年に千葉市検見川にある遺跡で推定約2000年前とされる古代の蓮の実が発見された。植物学者である大賀一郎博士は、発見された古代蓮の発芽、開花に成功。蓮は大賀蓮と名づけられ、千葉市の象徴として、市の花に指定されている。現在、大賀蓮は国内外の各地で分根、栽培されているが、なかでも大賀蓮が群生し、名所として知られているのが千葉公園。蓮池の近くには、蓮華亭という大賀蓮の展示資料館もある。毎年6月中旬には、大賀ハスまつりが開催され、さまざまなイベントが行われる。

行田蓮と古代蓮の里

埼玉県行田市でも古代蓮が発見されており、

行田蓮と名づけられている。行田蓮が発見されたのは、1973年のこと。焼却場施設を造るために掘り返された土地に水が溜まり、池となったが、その中から地中深くに眠っていた古代蓮の実が目覚め、花を咲かせたのだ。調査の結果、古代蓮は1400〜3000年前のものと推定されている。

古代蓮の里は、行田蓮を含む42種、12万株の蓮を見ることができる公園。さきたま古墳公園からおよそ3kmのところにある。園内にひときわ高くそびえる塔は、古代蓮会館で、行田蓮に関する展示を行っている。塔の上階は展望台になっており、7月中旬から10月中旬にかけては、ギネス世界記録にも認定された世界最大の田んぼアートを眺めることができる。

見頃は6月中旬から8月上旬にかけて

さきたま古墳群の古墳配置は、北斗七星の形を模しているとの説がある。すなわち、北斗七星信仰の土壌が太古から整っていたことを示す。ゆえに、妙見信仰が瞬く間に広まったと考えられるのだ。

チバニアン
▶チバニアンビジターセンター
住 千葉県市原市田淵1157
🚶小湊鉄道月崎駅から約30分

黄金の鋲（ゴールデンスパイク）の上がチバニアン、下がカラブリアンの層

チバニアンビジターセンターから地磁気逆転地層までは約5分

日本の地名が地質年代区分の由来となった

チバニアン
ちばにあん

　2020年、千葉時代を意味する「チバニアン」が世界共通で使用される地質年代の区分名として決定された。チバニアンとなったのは、約77万4000年前から12万9000年前にかけてで、**新生代第四紀更新世中期**にあたる。名づけられる根拠となったのは、千葉県市原市、養老川沿いの崖に露出した**千葉セクション**と呼ばれる地層。養老川流域田淵の地磁気逆転地層として国の天然記念物に指定されている。

　地球は大きな磁石のようで、N極が北極、S極が南極を示すが、実は過去360万年の間に11度も逆転を繰り返している。そして**最後に地磁気が逆転するのが約77万年前**、チバニアンが始まる時代なのである。千葉セクションでは、地磁気が逆転している層は赤、地磁気が不安定な層は黄色、現在と同じ地磁気の層は緑の鋲で示され、カラブリアンとチバニアンの境界には黄金の鋲、ゴールデンスパイクが設置されている。

コラム

＼地域を守ってくれる神様／

道祖神
どうそしん

　日本には古くから村の境界に道祖神を置き、悪霊や疫病の侵入を防ぐという習慣がある。道祖神は石碑や石像、自然石など、さまざまなバリエーションがある。

山梨県の丸石神信仰

　山梨県では丸石を道祖神としているものが多く、丸石神と呼ばれている。特に県の中心部、甲府盆地に多く分布しており、石はひとつだけ置かれている場合や、複数が集まっているものなどさまざま。県全体で約700もの丸石神があると考えられているが、正確な数はわかっていない。最大級のものは、山梨で七日市場公会堂前にあり直径約110cm。

七日市場の丸石神

長野県の道祖神

　長野県は国内でも道祖神が多いとされる県。長野市郊外、県道12号線（アルプス展望道路）沿いにたたずむ芦ノ尻道祖神は、県内で最も知名度のある道祖神のひとつ。毎年1月7日に行われる神面装飾道祖神祭りでは、1mほどの石碑から古い面を取り外し、家々から集められた正月用の注連縄（しめなわ）を使って石碑を新たに飾り付け、1年の無病息災を祈願する。注連縄で目、鼻、口、ひげを再現した石碑の神面は、迫力もさることながら、どこか愛嬌を感じる顔立ちで、北アルプスの方角を見つめている。

　1998年に行われた長野オリンピックの開会式にも計4体の道祖神が登場し、全世界で話題となった。

迫力満点の道祖神

歩き方＋　約2300万年前から2000万年前は、アキタニアンという地質年代区分になっている。ただし、この区分名は日本の秋田ではなく、フランス南西部のアキテーヌ地方に由来している。

中部日本のミステリースポット

ニッポンの真ん中へん。
火焔型土器あり、両面宿儺あり。
ナウマンゾウもいたりして？
新種の恐竜、発掘体験したいなぁ！

恐竜、ＵＦＯ、お城など
時空を超えて巡る旅

1日目

9:00 福井駅恐竜広場で
恐竜モニュメントを見学
➡ P.217

福井駅西口にある恐竜広場では、精巧に作られた3体の実物大の恐竜モニュメントが設置されている。定期的に特別演出が行われており、恐竜が動くさまを見ることができる。

2分

9:35 ラッピング車両に乗って
勝山へ

福井駅からは土・日・祝を中心に、恐竜列車と恐竜バスが運行されている。どちらも人気が高いので早めに予約しておこう。

恐竜列車（えちぜん鉄道）
URL www.echizen-tetudo.co.jp
恐竜バス（京福バス）
URL bus.keifuku.co.jp

提供：福井県

1時間

10分

10:50 福井県立恐竜博物館と
かつやま恐竜の森を満喫
➡ P.216

恐竜王国福井の中心的な見どころで、じっくり見ていったら丸1日あっても足りないほど。

1時間

提供：福井県立恐竜博物館

16:00 福井の城下町を散策し、
福の井や柴田神社を見学
➡ P.47

福井駅に戻ったら、福井の城下町を散策。福井城の天守台には、福井の名の由来となった福の井があるので、ぜひ見ておきたい。また、福井の戦国時代の名称は北之庄。柴田勝家の居城として知られた北之庄城の天守跡地には、柴田神社が鎮座している。

福井という名は
「福の井」という井戸が
が元になった

10分

18:00 福井駅恐竜広場で
ライトアップ鑑賞 ➡ P.217

恐竜広場は、日没後にライトアップされ、昼間とは違った幻想的な雰囲気に包まれる。

15分

18:45 恐竜三昧の1日の終わりは
恐竜ルームで ➡ P.219

福井と勝山には恐竜をコンセプトにしたホテルがいくつかある。恐竜王国福井の夜は、恐竜ルームで過ごしたい。

福井駅から徒歩15分の
リバージュアケボノ

福井県には恐竜博物館をはじめ、恐竜列車や恐竜ホテルなどがあり、恐竜王国といわれている。石川県の能登半島は知る人ぞ知るUFO目撃情報の多発スポット。本物の宇宙船を展示する博物館もある。

ポイント
車であれば、羽咋市周辺の千里浜なぎさドライブウェイも訪れたい。

2日目

7:44 福井駅から金沢駅へ

20分

福井駅から金沢駅へは2024年3月16日から北陸新幹線が延伸。新幹線に乗れば所要時間は20分程度。

8:07 加賀100万石の城下町 金沢を歩く

金沢城は外様大名最大の100万石を誇った前田家の居城。日本三名園にも数えられる兼六園（けんろくえん）は、金沢城の外庭として建てられたものだ。

金沢城公園
🏠石川県金沢市丸の内1-1
🚍JR金沢駅から北鉄金沢バスなどで兼六園下・金沢城下車、徒歩すぐ

50分

15分

12:40 UFOの町として知られる 羽咋で腹ごしらえ

UFOで町おこしをしている羽咋では、UFOグルメがいろいろ楽しめる。ゴーゴーカレー羽咋スポーツプラザ店では、ここにしかないオリジナルメニュー、UFOカレーが味わえる。

ゴーゴーカレー羽咋スポーツプラザ店
🏠石川県羽咋市鶴多町亀田50-1
🚶JR羽咋駅から約15分

7分

13:20 コスモアイル羽咋で 本物の宇宙船を見学 ➡P.190

羽咋市は人口約2万人ながら、日本でも有数の宇宙科学博物館があることで知られている。アメリカやソ連が開発した本物の宇宙船に大興奮間違いなし。

実物と同素材で作られたアポロ司令船

15分

12分

25分

16:10 伝説の森公園モーゼパークで預言者とUFOの繋がりに思いを馳せる ➡P.202

旅の最後は伝説の森公園 モーゼパークを訪れる。『竹内文書』によると、ユダヤ教の預言者モーセの墓が築かれた場所だ。モーセは天の浮舟に乗ってやってきたとされる。果たして天の浮舟とUFOは関連性があるのか。さまざまな疑問が去来する。

能登半島に伝わる羽衣伝説

UFO目撃多発スポットとして知られている能登半島には、羽衣伝説も残されている。

同様の伝説は日本各地に伝わっており、地域によって多少の違いはあるが、羽衣をまとった天女が空から舞い降り、羽衣をぬいで水浴びをしている隙に、若者が羽衣を取ってしまい、返す代わりに若者と結婚するというもの。話の最後は、若者が留守のときに天女が羽衣を発見し、天に戻るというものが多い。

能登半島の能登町内浦の羽衣伝説は、羽衣を取った若者と天女が結婚するという前半部分は同じだが、ある日、若者が嵐のために海で遭難し、天女は若者を救うために羽衣をまとって海に飛び込み、自分の命と引き換えに若者の命を救うというもの。若者が羽衣と一緒に流れ着いた浜は、羽根と呼ばれるようになったそうだ。天から現れ、海へと消えていった天女とは、いったい何者だったのだろうか。

石川県のUFO飛来ポイント

石川県

コスモアイル羽咋
🏠 石川県羽咋市鶴多町免田25
URL www.hakui.ne.jp/ufo
🚶 JR羽咋駅から約8分

アダムスキー型のUFOを思わせる外観。右のロケットもNASAから提供された実物だ

アポロ17号が月から持ち帰った土のサンプル

ロズウェルのUFO博物館

宇宙科学展示室では、米ソの宇宙開発で実際に使用された機材がずらりと並ぶ

UFOの町にある本物の宇宙船が集まる博物館

🎯 コスモアイル羽咋
こすもあいるはくい

　石川県羽咋市にあるコスモアイル羽咋は、アメリカと旧ソヴィエト連邦の宇宙開発競争の変遷をたどることができる宇宙科学博物館。この博物館の特徴は、**アメリカのアポロ計画やソ連のボストーク計**

旧ソ連の無人月面探査機ルナ24号のバックアップ機

画などで使用された宇宙機材の実物が見られること。これほど多くの海外製宇宙機材が揃う博物館は、国内にここだけ。展示方法についてはアメリカのスミソニアン博物館から協力を得ている。そのほか、**ロズウェル事件**を検証したテレビ番組で使用された異星人の模型や『月刊ムー』三上編集長から提供された謎の金属片など、UFOに関する展示もある。プラネタリウムのドーム型スクリーンでは、宇宙に関するさまざまな番組を見ることもできる。

ロズウェル事件で回収されたとされる異星人を再現した模型

●羽咋に伝わるUFO伝説

　羽咋市は、**そうはちぼん**というシンバルによく似た謎の物体が光りながら空を飛んでいたという目撃情報が数多く寄せられている。市内にある正覚院に伝わる江戸時代の史料『気多古縁起』にも、神力自在に空を飛ぶ物体に関する記述が残っている。

歩き方➕　UFOによる町おこしで知られている羽咋市。市内にはUFOラーメン、UFOお好み焼き、UFOカレーなどを提供する飲食店が増えており、地域活性化にひと役買っている。

ムー編集部直伝！ UFOを呼ぶコツ！

UFOコンタクティ

　世の中にはUFOを呼べる稀有な才能をもつ人物が存在する。彼らは**UFOコンタクティ**と呼ばれ、日本では秋山眞人氏や武良信行氏、前田末和氏（→P.333）が著名だ。世界を見渡せば、アダムスキー型UFOの由来となったジョージ・アダムスキー氏や、その美声でUFOを呼ぶメキシコ人のロベルト・ゴドイ氏など枚挙にいとまがない。彼ら最前線のUFOコンタクティには遠く及ばないが、我々一般人でもUFOを呼び寄せる（かもしれない）方法はいくつか存在する。今回は広く浸透している方法を伝授しよう。

UFO研究の第一人者アダムスキー氏

日本でメジャーな2つの方法

　ゆんゆん法は日本を中心に広く伝わるUFOを呼び寄せる方法。大空に両手を掲げて「ゆんゆんゆんふぁんふぁんふぁんゆんゆんゆんふぁんふぁんふぁんきゅんきゅんきゅんきゅんきゅん」とUFOのエンジンを想起させる擬音語を口ずさみながら念を送る方法。音叉を鳴らしながら呼ぶこともある。

　もうひとつのベントラ法は、かつて日本に存在した宇宙友好協会が編み出した方法。複数人で手を繋ぎ、「ベントラ、ベントラ、スペースピープル、ジスイズ○○シティ」と唱え続ける。アメリカ人のUFO研究家でUFOコンタクティのジョージ・ヴァン・タッセル氏によ

れば、ベントラという言葉は宇宙語で宇宙船を意味するという。

みんなで「ベントラー」の大合唱

UFOという名称はもう古い！？

　UFOというと、いかにも地球外生命体の乗り物というイメージが強いが、厳密にはそうではない。空軍用語である「Unidentified Flying Object」の訳で、直訳すれば**未確認飛行物体**。つまり、正体が確認できないありとあらゆる飛行物体を指している。従って飛行物体だけではなくサーチライトや雲、蜃気楼なども含まれることになる。つまり「アメリカ政府がUFOの存在を認めた！」というニュースが流れたとしても、それは異星人の存在を認めたわけでも、地球外からやってきた知的生命体の乗り物が見つかったというわけでもないのだ。

　ちなみに日本ではUFOと空飛ぶ円盤という言葉がよく混同されているが、空飛ぶ円盤（flying saucer）は1947年にアメリカで、実業家のケネス・アーノルド氏が飛行中にUFOを目撃し、その姿を空飛ぶ円盤と表現したのが始まりだ。そのため、こちらはあまり一般的に使われることはない。

　2021年6月25日にアメリカが公開した報告書では、UFOではなくUAPと表記されている。これは「Unidentified Aerial Phenomena ＝ 未確認空中現象」の意味で、これからはUFOではなく、UAPと呼ばれることが増えていくのかもしれない。

江戸の ゴールドラッシュ!

佐渡島

佐渡島は日本海で最大の島。
トキの生息する地、佐渡金山などで知られるが、
国生み神話も残る由緒ある島だ。

道遊の割戸は江戸時代の露天掘り跡。真っぷたつになった山は掘り進み続けたことで人工的にできあがったもの

ユネスコ
世界遺産登録なるか?
佐渡金山

江戸金山絵巻（宗太夫坑）コースで見学できる採掘作業を再現する展示

佐渡金山は、江戸時代から平成までなんと400年間にわたって採掘が行われた金山。江戸時代には幕府の直轄領として、小判の製造などが行われていた。明治以降も日本最大の金銀山として産業の近代化に貢献した。現在は、坑道を利用したアトラクションや、採掘の様子を人形を使って展示するなど、観光客に人気の施設。2024年の登録を目指しユネスコ世界遺産の申請をしている。

佐渡金山で採掘された鉱石を分別するために建設された巨大施設。現在は緑の蔦に覆われている

 1 佐渡金山
住 新潟県佐渡市下相川1305
両津港から新潟交通佐渡のバスで佐渡金山前下車すぐ

2 北沢浮遊選鉱場（きたざわふゆうせんこうば）
住 新潟県佐渡市相川北沢町3-2
両津港から新潟交通佐渡のバスで相川下車、徒歩約10分

3 岩首昇竜棚田（いわくびしょうりゅうたなだ）
住 新潟県佐渡市岩首
両津港から新潟交通佐渡のバスで岩首下車すぐ

金山開発による人口増に対応するため棚田が造られた。岩首昇竜棚田は、竜が昇るように見えることから名づけられた

ここにもあった 国生みスポット

夫婦岩
めおといわ

佐渡島は国生み神話に登場する大八島のひとつ。七浦海岸にそびえる夫婦岩は、イザナギノミコトとイザナミノミコトが自分たちの身身として作ったものとされている。周囲に点在する猫岩や帆かけ岩も国生み神話にゆかりがある。

4 夫婦岩
住 新潟県新潟県佐渡市高瀬
両津港から新潟交通佐渡のバスで夫婦岩前下車

大野亀

大佐渡石名天然杉

両津港

1 佐渡金山

2 北沢浮遊選鉱場

4 夫婦岩

トキの森公園

3 岩首昇竜棚田

北

0   10km

名物たらい舟

矢島・経島   小木港

佐渡島
新潟港から両津港まで高速船で約1時間、フェリーで約2時間30分。直江津港から小木港までカーフェリーで約2時間40分

妻 23.1m

夫 22.6m

飛騨王朝とピラミッド

富山県 ◎ 岐阜県 ◎ 長野県

五箇山 天柱石
住 富山県南砺市上松尾
相倉合掌造り集落から約15分

冬場は一帯が雪に覆われるので夏から秋にかけてがおすすめ

皆神山
住 長野県長野市松代豊栄
長野ICから約15分

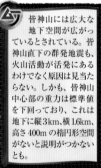
皆神山には広大な地下空間が広がっているとされている。皆神山直下の群発地震も、火山活動が活発にあるわけでなく原因は見当たらない。しかも、皆神山中心部の重力は標準値を下回っており、これは地下に縦3km、横1.6km、高さ400mの楕円形空間がないと説明がつかないとも。

天に向かってそそり立つ巨石
五箇山 天柱石
ごかやま　てんちゅういし

　合掌造り集落で知られている富山県南砺市五箇山。うっそうとした山中に突如として現れる巨石は、知る人ぞ知る地元のパワースポットだ。地元の人からは**天柱石**と呼ばれており、**高さは50mを超え、少なくとも江戸時代には信仰の対象だったことが判明している**。城端から国道304号線を南に進んで、ふたつ目のトンネルを越えた400m先に天柱石を示す標識があるので、それを目印に進もう。

巨石の近くまで行くことができる

ユネスコ世界文化遺産に登録されている五箇山の合掌造り集落

一時期地震が絶えなかった山
皆神山
みなかみやま

　およそ35万年前のチバニアン期（→P.186）に活動した安山岩質の溶岩ドーム火山。長野市松代の東南に位置し、標高は659m。1965年から約5年にわたって**皆神山の直下で珍しい群発地震が発生した**ことや、ミステリアスな名称も相まって世界最大最古のピラミッドであるという説が一部で浮上している。

麓には平地が広がる

● 皆神神社
　皆神山の山頂には出早雄命を主祭神として祀る**皆神神社**が鎮座している。皆神神社は熊野出速雄神社を本社とし、摂社である侍従神社や富士浅間神社などを合わせた総称で、奈良時代の創建と伝わっている。山の中腹にある岩戸神社は**皆神山ピラミッドの入口**ともいわれている。

中世以降は修験道が盛んになった

歩き方＋ 立山連峰を構成する鍬崎山（くわさきやま）には戦国武将、佐々成政（さっさ なりまさ）が密かに貯めた埋蔵金が眠っているとされ、その在処を暗示するとされる里歌が麓の集落に伝わっている。

古くから霊山として崇められる

位山
くらいやま

飛騨一宮水無神社の御神体で、飛騨高地の中央に位置する標高1529mの山。山中に多くの巨岩やストーンサークルが点在しており、**古来信仰の場**であったことがうかがえる。また位山は神通川と飛騨川の分水嶺となっており、水をつかさどることから水主や水成が転じて、水無神社の由来となったとされている。

山岳信仰の痕跡が残るピラミッド？？

尖山
とがりやま

尖山は、富山県中新川郡立山町にある独立峰。山頂から和鏡や土器などが出土しており、古くは**山岳信仰の場**であった。**どの方角から見ても円錐形の形に見える**ことからピラミッドのような人工物説が噂され、UFOの離発着基地という話もある。標高559mとビギナーでも気軽に登れる山としても人気が高い。

円錐形が美しい尖山

位山
住 岐阜県高山市一之宮町
JR飛騨一宮駅から約30分

位山にも天岩戸伝説が残る

尖山
住 富山県中新川郡立山町横江
富山地鉄横江駅から頂上まで約1時間15分

コラム　尖山の登山口がある横江駅の北約200mには、伝説のコンビニとして知られる立川サンダーバードがある。イノシシやシカ、ウサギといった変わり種の具のおにぎりをはじめ、ユニークな具材のサンドイッチ、世界のタバコといった、こだわりぬいた品揃えが魅力だ。

一般登山道最高難易度の霊山にあった1000年以上前の錫杖と鉄剣の謎！

剱岳山頂に残された信仰の跡

富山県の上市町と立山町にまたがる北アルプスにある**剱岳**。山全体が不動明王の化身とされ、古くから修験の場として知られている。そのため非宗教的な、いわゆる近代登山の対象としては歴史が浅く、記録上の初登頂は1907年になってからだった。

日本の国土を正確に測量するための三角点の設置は、明治期に国家事業として進められたが、その最後がこの剱岳だったのだ。それには前述の信仰的な要素のほかに、登山そのものが困難だったという事情もある。

1907年の初登頂は、陸軍参謀本部の測量隊による。このときでさえ重い三角点標石や櫓を組むための丸太などを山頂まで運ぶことができず、簡易な三角点で済ませたという。

そしてその際、山頂では錆びついた**鉄剣**と銅製の**錫杖頭**が発見された。鑑定の結果、奈良時代後半から平安時代初期にかけてのものであることが判明。また、古い焚き火跡も見つかっており、剱岳が古くから崇められてきたことが改めて確認されたのだ。

ちなみにこれらの遺物は、現在は立山博物館に保存され、日本の山岳修験の歴史を研究するうえで、貴重な資料となっている。

修験の山として知られた剱岳

尖山は、近くにある二上山と五箇山の天柱石とセットで配置され、3つの山頂を結ぶと正三角形が現れる。また、二上山と天柱石の中間点と尖山を結ぶラインを東に延ばすと皆神山につながる。

日輪神社
住 岐阜県高山市丹生川町大谷562
バス 高山濃飛バスセンターから濃飛バスで**大谷神社前**下車徒歩約3分

矢穴に供えられた小銭

日輪神社は、その名から太陽の神社とわかるように、アマテラスオオミカミを祀る。日輪神社を中心にして16方位に線を引くと、周囲にある神社やピラミッドとされる山が均等に乗るとされる。なお、「日輪」の神社名は珍しく全国で唯一とも。

岩屋岩蔭遺跡（金山巨石群）
住 岐阜県下呂市金山町岩瀬
URL hidakanayama.com
車 JR飛騨金山駅から約20分
▶**金山巨石群リサーチセンター ＆ GALLERY**
住 岐阜県下呂市金山町金山2142-4
URL kanayamamegaliths.com
徒 JR飛騨金山駅から約15分

7月に催行された観測会の様子
写真提供：金山巨石群リサーチセンター

なぜか石材にならなかった巨石

🎯 日輪神社
にちりんじんじゃ

岐阜県高山市にある小さな神社。国道158号線沿いを高山市街から車で東に進むこと約20分、進行方向右側に小高い山と鳥居が現れる。創建は不詳だが、室町時代の史料に記録が残っている。

裏山にそびえる太陽の石。未舗装の急斜面を進むので履き慣れた靴で

●太陽の石

社殿の裏手から続く細い山道を進むと、通称**太陽の石**と呼ばれている、人の手によって開けられたような穴が連なっている巨石がある。**太陽神を祀る信仰の場**という説もある

普段は無人の神社

が、そのくぼみは石材として持ち運ぶ際に、小割りする過程でできた矢穴。矢穴は掘られたものの、割られて持ち運ばれることもなかったため、**何らかのパワーを秘めている**という言い伝えも残っている。

縄文時代の天体観測所!?

🎯 岩屋岩蔭遺跡（金山巨石群）
いわやいわかげいせき（かなやまきょせきぐん）

岐阜県下呂市を流れる馬瀬川沿いにある巨石群。2001年の発掘調査によって縄文時代の土器や石器、江戸時代に流通した寛永通宝が出土した。

毎月20日前後に巨石群で**太陽観測**ができる仕組みがある

上下反転した北斗七星が描かれた巨石（右手前）もある

ことから、一説には**縄文時代から時を刻みつづける太陽カレンダー**の機能をもち、天体の観測を行っていたとされている。巨石群エリア内には太陽カレンダーを再現した展示もある。

●無料観測会

金山巨石群リサーチセンターが主催する観測会では調査員による解説のもと、季節ごとに太陽スポット光が巨石に差し込む様子など、神秘的な光を見学できる。町中心部にある**金山巨石群リサーチセンター ＆ GALLERY**には資料が展示されており、事前に知識をつけておくとより理解が深まる。

春分の頃に見られる太陽スポット光
写真提供：金山巨石群リサーチセンター

歩き方＋ 金山町は飛騨街道の宿場町として栄えた地。筋骨と呼ばれる狭い路地が入り組んでおり、周囲の木造家屋も相まって、ひと昔前にタイムスリップしたような景観を楽しむことができる。

コラム
＼未来の遺物となるか？／
日本にあるピラミッド型建造物

青森県観光物産館アスパム

まごうことなき三角形の建造物

　青森の頭文字であるAをかたどった建造物で、1986年に開館した。県内で最も高いビルであり、青森市のランドマークになっている。1階に物産店が立ち並んでいるほか、2階の青い森ホールでは青森の四季を360度マルチスクリーンで上映している。

モエレ沼公園

ガラス張りのピラミッド？

　北海道札幌市にある総合公園。日系アメリカ人のデザイナーであるイサム・ノグチが設計を手がけ、なかでも中央にそびえるガラスのピラミッドHIDAMARIは公園の象徴として親しまれている。ノグチがルーヴル美術館のガラスのピラミッドを手がけたI・M・ペイと旧知の仲ということもあり、彼の作品へのオマージュともいわれている。

明治百年記念展望塔

夕景に映える展望塔

　千葉県富津市の岬にある展望台。名称のとおり明治100年を記念して1971年に完成した。高さの異なる飛び込み台を繋げたようなその形は、富津岬の最先端にある五葉松をイメージしたもの。好天時には広がる東京湾の先に富士山を望むことができる。

光ミュージアム

マヤ文明をモチーフにしており、中央にはピラミッドがそびえている

　岐阜県高山市にある博物館。外装はメキシコにあるウシュマル遺跡の総督の館をモチーフにしたレリーフが施されており、中庭にあるピラミッドは同じくメキシコにあるエル・タヒン遺跡の壁龕のピラミッドがモチーフ。ピラミッドは、ドーム状の天井としての役割を果たしており、その下にはピラミッドホールという広大な多目的ホールが広がっている。館内は考古学系の展示も豊富で、日本のみならず古代エジプトやメソアメリカの遺物なども収蔵している。

東京国際展示場

コミックマーケットの開催地としてもおなじみ

　東京都にある日本最大のコンベンション施設で、東京ビッグサイトとして親しまれている。東展示棟、西展示棟、南展示棟、会議棟という4つの棟からなっており、ひときわ印象的なのが逆ピラミッドを4つ並べたようなデザインの会議棟。1996年に開場されて以来、年間300件もの催事が開かれ、年間の来場者数はのべ約1400万人になるという。

岩屋岩陰遺跡の巨石は、その配置から人工的なものとわかるが、どこから運ばれてきたのか不明だ。時代的にはストーンヘンジやギザの三大ピラミッドの成立時期と同時期だと考えられている。

飛騨千光寺
🏠 岐阜県高山市丹生川町下保1553
URL senkouji.com
🚗 飛騨清見ICから約35分

開門は17時までなので、夜の帳が下りる前に参拝しよう

4体の両面宿儺の像を収蔵している

🎯 飛騨千光寺
ひだせんこうじ

宿儺堂にある両面宿儺像。4〜11月の土〜月と祝日のみの特別公開

両面宿儺は、頭の前後にふたつの顔をもち、手足も4本ずつある異形の人物。奈良時代に編纂された『日本書紀』には、宿儺は略奪を繰り返す悪者として記されており、朝廷から派遣された**難波根子建振熊**に退治されたと記されている。しかし『日本書紀』は、制圧した朝廷側の視点から書かれた史書であるため、朝廷に従わなかった豪族が怪物とおとしめられて記されたとも考えられる。現に飛騨地方とその周辺では、龍を退治し寺を開くなど、**善行を行う勇者**として両面宿儺の言い伝えが残っており、信仰の対象にもなっているのだ。

●両面宿儺開山の寺

飛騨千光寺は仁徳天皇の時代に、両面宿儺が古代信仰の場として山を開き、平安時代に入って、弘法大師十大弟子に数えられる高僧**真如法親王**が仏教寺院を建立したとされる古刹。建立以降、**飛騨高野山**として数多くの末寺をかかえるほど興隆を極めたが、戦国時代には甲斐武田氏の飛騨攻めで焼失してしまった。現在見られる建物はその後再建されたものとなっており、本堂からの眺めは飛騨八景のひとつにも数えられている。

飛騨千光寺には**計4体の両面宿儺の像**が伝わっており、そのなかには江戸前期に活躍した仏師**円空**作の両面宿儺の像も含まれている。これらの両面宿儺像は、境内にある宿儺堂や円空寺宝館などに収蔵されている。

歩き方➕ ローマ神話に登場するヤヌスは、両面宿儺同様に頭の前後に顔をもつ双面神。物事の始まりと終わりをつかさどっている。英語の1月であるジャニュアリーJanuaryは、ヤヌスの月を意味している。

年に一度しか開帳されない秘宝

日龍峯寺
にちりゅうぶじ

日龍峯寺は、高澤山中腹に建つ古寺。かつてここには龍が住み、近隣の村人を襲っていたというが、この地を訪れた**両面宿儺が龍を退治し、寺を建立した**と伝わっている。

岐阜県下最古の寺ともいわれている

寺に安置されている両面宿儺像が拝めるのは、原則として年に1回、11月の第3日曜に開帳されるときだけだ。本堂の正面は、舞台造で清水寺に似ていることから**美濃清水**とも呼ばれている。そのほか境内には**北条政子が建立したとされる多宝塔**があり、重要文化財に指定されている。

両面宿儺の討伐祈願をした

下原八幡神社
しもはらはちまんじんじゃ

岩屋岩蔭遺跡（→P.196）から南へ15km、飛騨川沿いにある旧郷社。社伝によると両面宿儺を討伐しに飛騨を訪れた**難波根子建振熊**が戦勝祈願に応神天皇を祀ったことが

ときおり境内を列車が通過する

起源となっている。その祭祀に使われたとされる巨石が本殿の左側に現在も残っており、**根子岩**と呼ばれている。

この神社は鳥居から社殿へ延びる**参道を横切るようにJR高山本線が通っている**珍しい神社で、鉄道ファンの間でも話題となっている。

両面宿儺が生まれ育った鍾乳洞

両面宿儺洞
りょうめんすくなどう

飛騨大鍾乳洞の近くにある洞窟。**両面宿儺が生まれ育った洞窟**とされており、隣にある遥拝所には**円空**の両面宿儺像を模した宿儺像が祀られている。

宿儺洞は立ち入り禁止となっているが、遥拝所が設置されている

●飛騨大鍾乳洞

飛騨大鍾乳洞は国内屈指の大きさを誇る、全長約800mの鍾乳洞。洞窟内の温度は常に12℃で保たれている。**ヘリクタイト**と呼ばれる、真下に向かうだけでなく、さまざまな方向に曲がって成長する希少な鍾乳石を見ることができる。

日龍峯寺
住 岐阜県関市下之保4585
URL www.takasawakannon.com
🚗 富加関ICから約10分

年に一度しか見られない両面宿儺像

下原八幡神社
住 岐阜県下呂市金山町中津原940
🚶 JR飛騨金山駅から約25分

コラム　宿儺かぼちゃは高山市丹生川町の特産品。この辺りでは両面宿儺が農耕技術を広めた指導者として親しまれていたことから名前がつけられた。へちまのような見た目だが、果肉は鮮やかな黄色をしており、糖度が高い。

飛騨高山を代表するおみやげにもなっている

飛騨大鍾乳洞
住 岐阜県高山市丹生川町日面1147
URL www.syonyudo.com
🚌 高山濃飛バスセンターから濃飛バスで鍾乳洞口下車、バス停から無料シャトルバスで約3分

2006年に和歌山市の岩橋千塚古墳群で、両面宿儺を思わせる、前後両面に顔をもつ埴輪の頭部が出土している。しかし、両面宿儺と関連があるかどうかはわかっていない。

**日本発祥の地は飛騨にあり！
秘密裏にされていた口伝は
滅ぼされた超古代王朝解明への足掛かりか！？**

失われた飛騨王朝と両面宿儺

飛騨王朝史を語る「飛騨の口碑」

　岐阜県北部の飛騨地方には、「日本人のルーツは飛騨にあり、太古の昔には飛騨王朝が存在した」という言い伝えがあるらしい。

　この奇天烈な話の出どころは、飛騨のある旧家に伝わっていたという、「**飛騨の口碑**」と俗称される口伝だ。飛騨の口碑に関しては貴重な古文書が存在するという話もあるのだが、残念ながらその存在は確認されていない。しかし、この口碑をかつて筆録したという人物がいて、この人物の著書によって内容が今に伝わっている。その人物とは飛騨に在住したユニークな歴史家、**山本健造**である。

　山本は昭和戦前期、飛騨の丹生川村（現在の高山市丹生川町）の分教場で代用教員を務めていたが、このとき同村のとある旧家の当主であった老翁と知り合いになった。この旧家こそが飛騨の口碑を伝承していた家だったのだが、その老翁は、ある事情から自分の息子にこれを伝えることができずにいた。そこで山本に白羽の矢を立てて後継者とし、彼に「飛騨の口碑」、すなわち知られざる飛騨超古代王朝の壮大な歴史を口伝しはじめたのだ。

昭和50年代に初公開

　山本が飛騨秘伝の継承者に見込まれたことには、それなりの理由があった。彼には少年時代から透視や念力といった不思議な能力がみられ、その能力を用いて病気治しを行うことがあり、地元で評判になっていたからだ。

　山本は飛騨の口碑の内容に半信半疑だったが、老翁の言葉を丹念に筆録し、それをまとめて『鞍ヶ根風土記』と名づけた（鞍ヶ根とは「飛騨の口碑」で聖地視される乗鞍岳のこと）。

　しかしその原稿が本として出版されることはなく、長く篋底に眠ることになった。『古事記』『日本書紀』の神話、天皇史とあまりにも異なる内容なので、戦前期においては、公開すれば不敬罪に問われる恐れがあったからだ。

　彼がその内容を一般に公開するようになったのは、昭和50年代になってからだ。70歳を過ぎたある日、あの老翁が「時期が来たら飛騨の口碑を世間に出してくれ」といっていたことを思い出したためだという。

　以後、山本は実地調査も交えて『鞍ヶ根風土記』の原稿をまとめ直し、自身が発行する機関誌や書籍（『日本起源の謎を解く』『日本のルーツ飛騨』など）にその内容を記して、「飛騨の口碑」が語る飛騨超古代史を公表していった。

「飛騨の口碑」の内容

　「飛騨の口碑」の内容を概説しよう。太古、日本列島がまだ世に現れていないとき、飛騨の地も海の底にあった。やがて海の中からポッカリと陸地が顔を出した。それが飛騨の**淡山**（乗鞍岳の古名）で、淡山にできた**丹生池**から

かつて乗鞍岳はアワ山と呼ばれていた

生き物が湧き出ていった。生命が進化すると種々の植物や動物が出現し、陸地もしだいに広がってゆき、やがて人間も現れた。

当時の飛騨は気候が温暖だったので、人間たちは淡山の周囲に住み、淡山を拝み、丹生池のまわりで日抱きの御魂鎮めという古神道的な行法を修して、穏やかに暮らしていたという。

今からおよそ2500年前になると、淡山の麓に大淡上方様という優れた神通力をそなえた賢者が現れ、飛騨地方一帯を平和に統治した。大淡上方様から数えて15代目にあたる淡上方様の時代になると、気候が寒冷化し、都は淡山の麓から雪の少ない宮村（現在の高山市一之宮町付近）に遷され、新都の近くにそびえる位山（→P.195）は祭祀場になった。その後、宮村を拠点に飛騨王朝は発展し、統治者は皇統命と尊称されるようになった。

淡上方様から20代ほど下った皇統命のイザナギノミコトは后としてイザナミノミコトを出雲から迎え、ふたりの間に長女ヒルメムチが生まれた（ヒルメムチは『日本書紀』によればアマテラスオオミカミの本名）。ヒルメムチが皇統命となると飛騨王朝は出雲を支配下に置いたが、九州が異国に侵略される恐れがあり、また飛騨地方がさらに寒冷化したこともあって、統治しやすい別の地方への遷都を決定。ヒルメムチの孫であるニニギノミコトを総大将とする一団がまず西行して九州を平定し、そこから今度は東方向へ戻り、最終的には後の神武天皇でニニギノミコトの孫にあたるサノノミコトが大和に入って新都を築き、天皇に即位した。

超古代王朝の名残

およそ信じがたい内容だが、乗鞍岳が古代にはアワ山と呼ばれていたのは事実であり、山上の丹生池のほとりでは、江戸時代までしばしば雨乞いの儀式が行われていた。その雨乞いは、実は飛騨王朝秘伝の「日抱きの御魂鎮め」の名残だったのかもしれない。

乗鞍岳山麓の旧丹生川村地区には、江戸時代まで日抱宮と呼ばれる神社が18社もあったが、これらは飛騨王朝の残滓だったのか。

飛騨王朝の都だったという宮村の地には、その衣鉢を継ぐようにして飛騨国一の宮の飛騨一宮水無神社が鎮座し、その神体山で、「飛騨の口碑」では祭祀場とされている位山は、ピラミッド説や古代太陽祭祀遺跡説もある、注目のパワースポットだ。

両面宿儺は飛騨王朝の末裔

飛騨の伝説として古くから有名なものに両面宿儺伝説があるが、これもまた飛騨王朝と関連づけることができる。両面宿儺とは『日本書紀』にも言及される、5世紀ごろの飛騨にいたとされる謎の怪物で、ひとつの胴体にふたつの顔をもっていたという。この両面宿儺が飛騨の人民を抑圧していたが、朝廷から派遣された軍によって退治された、と史書には記されている。ところが地元飛騨の伝承では、両面宿儺は悪党ではなく、逆に悪神・悪鬼を退治したヒーローとしているものが多い。

すると、「両面宿儺とは飛騨王朝の末裔で、飛騨の英雄だったが、飛騨王朝の復活を恐れた大和朝廷によって抹殺され、史書では奇怪な容貌をした悪人に仕立てられた——」という推論も可能となろう。

山国飛騨にはどうやら奥深いミステリーが潜み眠っている。

飛騨大鍾乳洞に併設された両面宿儺に関する展示

ユダヤ教の預言者が眠るとされる

モーセの墓

| 石川県 |

三ツ子塚古墳
▷伝説の森公園 モーゼパーク
住 石川県羽咋郡宝達志水町
河原130-2
✈ JR宝達駅から約25分

コラム　地元の観光協会の
調査によると、モーセは身長2m、体重100
kgの大巨漢。ちょうどバスケの神様マイケル・ジョーダンの現役時と同じくらい。

ベンチやモーセについての説明板が置かれたミステリーヤード

モーセは日本に三度来たという話がある。最初はシナイ山にひとりで登ったとき、そこから天浮舟で能登へ行き天皇に謁見、再びシナイ山へ戻った。二度目はイスラエルの民をカナンに導いた後。三度目はイタリアへ向かい、ローマを建国した後だ。二度目の来日の際には天皇から、妻となる第1皇女の大宝姫を与えられており、ふたりは宝達山に暮らしたという。

三ツ子塚古墳2号墳がモーセの墓とされている

奇奇怪怪な古墳

◎ 三ツ子塚古墳
みつごづかこふん

　キリストの墓（→P.117）と同じく『竹内文書』に書かれている謎の墓。

　モーセ（モーゼ）は、ユダヤ教の聖典『旧約聖書』に登場するユダヤ教の預言者。エジプトで奴隷的扱いを受けてき

ポケットガーデン

たイスラエルの民を率いてエジプトを脱出させ、神と契約を結び十戒の石板を授かった。イスラエルの民は40年放浪した末に約束の地カナンへ入るが、モーセ自身は入ることなく、直前のモアブの地で120歳で亡くなったとされている。

●モーセが埋葬された古墳

　『竹内文書』によると、モーセはイスラエルの民をカナンの地に導いた後、**シナイ山から天浮舟（あのうきふね）に乗って来日し、583歳まで生きた**のだそうだ。モーセが葬られたとされるのは宝達山（ほうだつさん）の山麓。墓の周囲はふるさと創生一億円事業の一環として、1993年に公園として整備され、**伝説の森公園 モーゼパーク**として開放されている。入ってすぐの所には、ギリシア・ローマ風の柱が3本立つ**ポケットガーデン**。ここからふれあいの小径、ロマンの小径を進むと、**ミステリーヤード**に通じ、そのすぐ近くにモーセの墓がある。モーセの墓は、三ツ子塚古墳の第2古墳だとされており、墓標には消えかかった文字で**モーゼ大聖主之霊位**と書かれている。

歩き方＋　『竹内文書』によると、モーセは583歳まで生きたとされるが、『旧約聖書』で最も長生きしたのは、メトシェラで969歳。次いでイエレドの962歳で、ノアは950歳、アダムは930歳まで生きた。

\地球の歩き方的/
ユダヤ教の預言者モーセ

ユダヤ教の聖典『旧約聖書』のなかでモーセについて書かれているのは、『創世記』に続く『出エジプト記』『レビ記』『民数記』『申命記』の4書。これら4書と『創世記』はモーセ自身が書いたとされていることから、モーセ五書と呼ばれている。

モーセが十戒を授かったシナイ山

『創世記』は神による天地創造に始まり、アダムとイブ、カインとアベル、ノアの箱舟、バベルの塔と続き、中盤にさしかかると、アブラハム、イサク、ヤコブ（別名イスラエル）というイスラエルの民の始祖を中心に据えた話が展開される。彼らはカナン（現在のパレスチナ）に住んでいたが、ヤコブの代に飢饉が起きたため、12人の息子たちとエジプトに移住するところで、『創世記』は終わっている。

モーセの生い立ち

『出エジプト記』は、それから300年以上が経過した頃からスタートする。この頃にはヤコブの12人の息子たちの子孫は数を増やし、12支族からなるイスラエルの民になっていた。イスラエルの民のあまりの多さに警戒を強めたエジプト人は、イスラエルの民を強制労働に従事させ、ついには新たに生まれたイスラエルの民の男子は、ナイル河に投げ込んで殺害せよという命令が出されるまでになった。モーセが生まれたのは、この命令が出ていたときのことだ。モーセの母は生まれたばかりのモーセを籠の中に入れてナイル河畔に置き去るが、エジプトの王女一行がこの籠を発見。王女は赤ん坊がイスラエルの民だと知りつつも哀れんで、自分の子として育てた。

神の召命と十の災い

成長したモーセは、あるときイスラエルの民を助けるために、エジプト人を殺害してしまい、エジプトから離れたミディアンという土地に逃亡する。ここで結婚し、羊飼いとして長い間暮らしたが、ある日神の声が聞こえ、イスラエルの民をエジプトから脱出させ、約束の地カナンに導くよう命じられる。エジプトに戻ったモーセは、イスラエルの民をエジプトから出してくれるようファラオに会って説得するが、ファラオは認めない。そのため十の災いがエジプト全土を襲い、最後の災いでは、ファラオの息子をはじめとするエジプトの初子が皆死ぬ。ここにおよんで、ついにファラオは出国を認める。このときモーセは80歳になっていた。

葦の海の奇跡

ようやくエジプトを去る許可をもらったイスラエルの民だが、ファラオはすぐに心変わりをし、エジプト軍を派遣して連れ戻そうとする。イスラエルの民にエジプト軍が迫るなか、モーセが葦の海（紅海？）を前に杖を掲げると、海はふたつに割れ、イスラエルの民は海の底を歩いて渡って逃げることに成功。一方、追っ手のエジプト軍は、イスラエルの民が逃げおおせると、海が再び元に戻ってしまったため、溺れ死んでしまった。その後もモーセは不平不満を述べるイスラエルの民を説得し、ときに奇跡を起こして民の餓えや渇きを癒やしながら荒野を移動し、シナイ山の麓に到着する。

十戒を授かる

モーセは民を麓に残してシナイ山を登り、神との契約の証しとなる十戒が刻まれた石板を賜る。しかし、山を下りると人々が金で作った子牛の像を崇拝し、犠牲を捧げているのを目撃。激怒したモーセは石板を叩き割り、子牛の像を破壊するとともに、偶像崇拝を主導した3000人を処刑した。その後、モーセは前の石板と同じ形に切り出した何も書かれていない石板とともに再びシナイ山に登り、神に改めて十戒を刻んでもらった。十戒の石板は神の命令のとおりに作られた箱の中に納められ、その箱は契約の箱、聖櫃、アークなどと呼ばれるようになった。

40年荒野を彷徨う

神との契約が結ばれ、約束の地カナンへ向かうイスラエルの民は、もう少しで到着というときに、12支族からひとりずつ代表者を出し、カナンの地を偵察させることにした。偵察から帰ってきた代表者は、12人中10人までが、「カナンに住む人々は強すぎるので、戦ったら殺される、エジプトに帰ろう」と言い出す。これまでさんざん奇跡を見ているのに神の力を信じないことに神は怒り、イスラエルの民を滅ぼすことを決意する。神の怒りはモーセの取りなしによって治まったものの、このとき20歳以上の人々はカナンの地に入ることなく、荒野で死ぬ運命となり、イスラエルの民はその後40年にわたり、荒野を彷徨うことになった。モーセ自身も、山の頂から約束の地を見渡すことはできたが、約束の地に足を踏み入れることはできず、120歳で亡くなっている。

ムー＋　モーセ＝異星人説がある。絵画や彫像の頭には、モーセの頭に2本の角らしきものが描かれることが多い。これはヤハウェ（やはり異星人？）と交信するためのアンテナだというのだ。

日本とイスラエル。
およそ9000kmも離れている2国にある
偶然の一致とは考え難い共通点とは？

日ユ同祖論とは何なのか？

日ユ同祖論とは、ごく簡単にいえば、**日本人とユダヤ人は同じ祖先**、ルーツ（古代イスラエル人）をもっているのではないか、という主張だ。その際の証拠として宗教や生活習慣、言語、風習などの類似点が挙げられる。

日本人とユダヤ人は思想や文化、生活などにおいてよく似ている、というのだ。もちろん、ただ似ているだけでふたつの民族を結びつけるのは無理がある。実はそこには、数千年に及ぶ深い歴史の謎が潜んでいるのである。

そもそもユダヤ人には、古代に行方不明になった同族の行方を今も追い続けている、という背景があるので、まずはその歴史から説明しよう。

『旧約聖書』『創世記』によれば、イスラエルの父祖ヤコブには、12人の息子がいた。ルベン、シメオン、レビ、ユダ、イッサカル、ゼブルン、ヨセフ、ベニヤミン、ダン、ナフタリ、ガド、アシェルだ。この12人の息子の子孫たちが、やがて<u>古代イスラエル12支族</u>へとつながっていく。ただし、現在ではレビ族は祭祀専門支族として数えず、かわりにヨセフ族を彼のふたりの息子から派生したマナセ族とエフライム族に分け、12支族とするのが一般的だ。

ともあれ、彼らはやがて北のイスラエ

父祖ヤコブ。天使と格闘して勝利し、イスラエルという名を授かった。イスラは戦う、エルは神で、「神は戦う」、「神と戦う」を意味する

古代イスラエルはソロモン王の死後に分裂した

ル王国と南のユダ王国に分裂。イスラエル王国はルベン族、シメオン族、イッサカル族、ゼブルン族、エフライム族、マナセ族、ダン族、ナフタリ族、ガド族、アシェル族の10支族から、ユダ王国はユダ族とベニヤミン族からなっていた。

ちなみにユダ族が居住していた地方は「ユダ」もしくは「ユダヤ」と呼ばれた。ここから現在の「ユダヤ人」あるいは「ユダヤ教」という名前が生まれているのだ。

消えた10支族

紀元前8世紀になると、大事件が起こる。アッシリア帝国の勢力が拡大し、イスラエル王国が滅ぼされてしまったのだ。国を失った10支族の民は、メソポタミアに捕囚された。

またその後、ユダ王国も新バビロニア王国に滅ぼされ、バビロンに捕囚される。こちらは間もなく故郷に戻されて、エルサレムに神殿を築くことを許されるのだが、イスラエル王国の10支族は歴史から消え去り、行方をくらましてしまったのである。これを**失われたイスラエル10支族**という。

イスラエルには現在も**アミシャーブ**という組織がある。第2次世界大戦後のイスラエル建国までに国を失い、世界中に離散したユダヤ人が帰還するのを支援するための組織で、1975年に創設されている。と同時に彼らは、失わ

れたイスラエル10支族の足跡について
も情報を収集している。

その彼らが注目したのが、日本だっ
たのである。

失われた古代イスラエル10支族はど
こへ消えてしまったのか。もちろん、物
理的に消滅したわけではない。おそらく
はどこかへ移動したのだろう。当時の
状況から見て、彼らが逃亡するなら東
方しかなかったはずだ。するとそこには
ヒマラヤ、中国を越えてはるか日本へと
続くシルクロードがのびていた。失われ
た古代イスラエル10支族は、このシルク
ロードをたどり東へと旅立ったのだ。

実際、アミシャーブのトップであるラ
ビ・エリヤフ・アビハイルは、シルクロー
ド周辺で調査を行い、10支族の末
裔たちのイスラエル帰還を実現させて
いるのだ。

日ユ同祖論のはじまり

そんななか最初に日本に目をつけた
のは、スコットランドの商人、ノーマン・
マックレオド氏だった。時代はまだ明
治維新直後。当時、日本を訪れた彼は、
見るもの聞くもの、すべてに興味を抱
いた。日本各地の祭り、衣服や食物、

『日本古代史の縮図』

さまざまな伝統行事を調査した結果、
そこにユダヤ文化との共通性を見出し
たのだ。そして1875年、『日本古代史
の縮図』という本にまとめて出版する。
このとき世界で初めて、日本とユダヤ
人の共通点が指摘されたのだ。

マックレオド氏は同書のなかで、次
のように指摘している。まず、東洋の
なかで日本人だけがきわめて異質な文
化や行動様式をもっている。これは歴
史的な説明では証明できない大いなる
謎だ。だが2500年の昔、東方世界に
追放された失われた古代イスラエル10
支族が日本にたどり着き、定住したの
だとすれば、すべてが理解できる、と。

マックレオド氏は商人であり、学者
ではなかった。だから歴史的な専門知
識があったわけではない。その彼が東
洋を訪れ、中国から朝鮮半島をまわっ
て日本にやってきたとき、西洋にまだよ
く知られていない東洋について、できる
だけ詳しい情報を伝えたいという野
心を抱いた。そのため各地を精力的に
旅行し、詳細に現地の様子を観察、
記録していったのだ。こうして彼が残
した記録は、文化、言語、経済、エチ
ケット、衣服など、民族のほぼすべて
を網羅する貴重なものとなった。

また取材の途中に、朝鮮半島でもユ
ダヤとの共通点をいくつか発見したと
いう。ただ、それはあまり大きなもので
はなく、ほぼ消えかけていた。ところが
日本列島に渡ると、そこで驚くほど多く
の共通点が見つかった。そのため彼は、
東へ向かった失われたイスラエル10支
族の一部は朝鮮半島に残ったが、大
半は日本列島に渡り、そこに定住した
のではないかと考えたのだ。

こうしてマックレオド氏は、日ユ同祖
論の最初の指摘者となった。彼はメイ
ンの移動ルートを、中東からシルクロ
ードを経由して中国、朝鮮半島、そし
て日本列島に到ったものとしている。
そしてこれは今日でも、日ユ同祖論の
世界ではほぼ定説となっている。

日ユ同祖論の研究者たち

　日ユ同祖論とはこのように、失われたイスラエル10支族が東へ移動し、最終的に日本列島へたどり着いていたのではないかと主張するものだ。

　もちろん日本人のすべてが彼らの末裔だというわけではない。当時の日本列島にはすでに縄文人も弥生人もいた。血統も文化も、交配が繰り返されたはずだ。だがそれでもなお、失われていない文化や痕跡がある。それをたどるのが日ユ同祖なのである。

　先のアミシャーブ以外でも、ユダヤ人のヨセフ・アイデルバーグ氏は実際に日本に住み、神職の見習いをしながら日本と古代イスラエルのつながりを研究した。東京・広尾のユダヤ教会で10年にわたってラビをつとめたマーヴィン・トケイヤー氏も、日本とユダヤに関わる書籍を出版している。さらに駐日イスラエル大使だったエリ・コーヘン氏の場合、日本滞在中に各地で調査を行い、マスコミにも積極的なコメントを発している。このようにイスラエル側では、公的にも民間でも、日ユ同祖論の研究には極めて積極的なのだ。

　では、日本ではどうだったのか。マックレオド氏が日本とユダヤの共通点を紹介した明治時代以降になると、日本でも『聖書』が多くの人に読まれるようになった。学者にも敬虔なクリスチャンが登場し、『聖書』の記述と日本文化の類似に気づきはじめた。

　その代表が、小谷部全一郎博士だ。アメリカに留学して牧師になった彼は、1929年に『**日本及日本国民之起源**』を出版する。これは、日本の伝統的宗教である神道がユダヤ起源であることを詳細に検証した本だった。

　また、川守田英二博士は1956年に『**日本ヘブル詩歌の研究**』を出版。日本各地に伝わる民謡の多くは、ヘブル（ヘブライ）語で解釈できるとする衝撃的な内容だった。

　渡来系氏族である秦氏の研究では、東京文理科大学の佐伯好郎博士がいる。秦氏はユダヤ人だったのではないかと考えた佐伯博士は、秦氏景教（ネストリウス派キリスト教）徒説を提唱。後の研究者に多大な影響を与えた。さらに元九州帝国大学の藤沢親雄教授も、正統派の神道を信仰しながら、日猶関係研究会の創設に協力している。

　このようにして日ユ同祖論の研究は、次第に裾野を広げていったのだ。

天皇の祖先は古代イスラエル？

　日ユ同祖論では、日本の皇室との関係が重要なテーマとなる。日本列島に渡ってきた古代イスラエル人が日本を支配し、現在の皇室の祖先になったのではないか、というのだ。

　例えば初代神武天皇の正式名は、**カムヤマトイワレビコスメラミコト**という。わかりやすく分割すると、「カム・ヤマト・イワレ・ビコ・スメラ・ミコト」だ。そしてユダヤ人研究家ヨセフ・アイデルバーグ氏によれば、これはヘブル・アラム語で解釈できるとされる。

マーヴィン・トケイヤー氏

具体的には「カム・ヤマトゥ・イヴリ・ベコ・シュメロン・マクト」と発音し、「**サマリヤの王、ヤハウェのヘブル民族の高尚な創設者**」と訳せるのだ。

サマリヤは北イスラエル王国なので、サマリヤの王はエフライム族の王ということになる。ということは、皇室はエフライム族の王統の後継者ということになるわけだ。ちなみに前述の小谷部博士は、天皇を意味する帝について、もともとは「ミガド」であり、ガド族にルーツがあることを示すものだと主張している。

神道とユダヤ教

天皇の祖先がエフライム族なのかガド族なのか、一概に判断はできないが、天皇とのつながりでいえば、ユダヤ教と神道との類似も忘れてはならない。

モーセは神に示された形に従って礼拝所である幕屋を作った。これはユダヤにおける礼拝所の基本スタイルとなっている。そして日本の神社の基本的な構造は、モーセの幕屋とそっくりなのだ。構造だけでなく、祭祀の際の使われ方までも酷似しているのである。

神社で神様に仕える神職の浄衣の両袖の端には房がつけられているが、古いユダヤの僧侶にも、同じように房をつける習慣がある。神社の頂点である伊勢神宮の参道に並ぶ灯籠には、ユダヤで古代から民族の紋章として使われてきた六芒星が刻まれていた。

神道では清浄を旨とし、参拝前には水で心身を清める習慣がある。鳥居の近くに手水舎という身を清めるための水場が置かれているのはそのためだ。古代イスラエルでも、礼拝所の近くには清らかな水があることが理想とされた。祭司は神の前に出る際には衣服を洗い、体に水を浴びることを求められていたのだ。ちなみにこれはキリスト教にも受け継がれており、信者になるときに水中に体を沈める洗礼の儀式がそれにあたる。

また祓の語源についても、ヘブライ語で分別や聖別を意味する「ミソグ」からきたものではないか、という指摘もある。

さて、これらはあくまでも天皇が祭司をつとめる神道とユダヤ教の類似点のいくつかを紹介したものに過ぎない。

神道だけではなく、正月や祭りといった生活行事や社会的なルール、風俗、さらには渡来系氏族である秦氏とユダヤ、神社の関係など、まさに枚挙にいとまがないのである。日ユ同祖論とは、こうした日本とユダヤの共通項を一つひとつ調査・比較し、歴史の真実を探っていこうとする試みともいえるのだ。

ユダヤ教徒が祈りのときに額の上につける小箱は、日本の山伏がかぶる兜巾に酷似している

あまりにも多すぎる神道とユダヤ教の共通点。日本人とユダヤ人はひとつの民族だったかもしれない……

笹山遺跡出土
縄文雪炎

　2023年現在、縄文土器で国宝に指定されているのは笹山遺跡出土深鉢形土器群の1件のみ。1件とはいえ、火焔型土器14点、王冠型土器3点を含む計57点が一括して指定されており、十日町市博物館の国宝展示室にその一部が展示されている。特に優れた造形美で高く評価されているのが「縄文雪炎」とも呼ばれている国宝指定番号1の火焔型土器。常に展示されるわけではなく、国宝指定番号6の火焔型土器と、およそ1ヵ月ごとに入れ替わる形で展示されている。

火焔型土器のなかでも
最も有名な縄文雪炎
所蔵：十日町市博物館

信濃川と火焔型土器

　燃え上がる炎をかたどったような火焔型土器は、5000年ほど前の縄文時代中期に現在の新潟県を中心に作られたもの。高度な装飾性と原始的な力強さが同居しており、日本の原始芸術を代表する美術品としても評価が高い。信濃川流域の縄文遺跡から数多く出土しており、遺跡周辺に点在する博物館では国宝や重文指定を含む多くの火焔型土器を見ることができる。

馬高遺跡出土
火焔土器

　火焔型土器は数多くあれど、「火焔土器」と呼ばれるのは1936年に発掘された馬高遺跡出土の1点のみ。火焔土器とは、火焔型土器と同じ形状の土器という意味で名づけられた用語である。火焔土器は、発掘された馬高遺跡に併設する長岡市馬高縄文館に収蔵されており、1990年には国の重要文化財に指定された。

最初に発掘された
火焔土器
所蔵：新潟県長岡市教育委員会

十日町市博物館
住 新潟県十日町市西本町1-448-9
URL www.tokamachi-museum.jp
JR十日町駅から約10分

笹山遺跡
遺跡広場として整備されており、竪穴住居が復元されているほか、縄文雪炎の出土状況を復元したモニュメントもある。
住 新潟県十日町市中条3081
JR魚沼中条駅から約15分

長岡市馬高縄文館
住 新潟県長岡市関原町1-3060-1
URL www.museum.city.nagaoka.niigata.jp/umataka/
JR長岡駅から越後交通のバスで関原下車、徒歩約5分

新潟県立歴史博物館
縄文時代の展示が充実している博物館。「縄文文化を探る」という展示では、約90の火焔型土器と、同時期の日本各地の土器を見ることができる。
住 新潟県長岡市関原町1-2247-2
URL nbz.or.jp
JR長岡駅から越後交通バスで県立歴史博物館下車、徒歩すぐ

津南町歴史民俗資料館
住 新潟県中魚沼郡津南町中深見乙827
URL www.town.tsunan.niigata.jp
JR津南駅から約10分

農と縄文の体験実習館 なじょもん
津南町にある体験実習館。火焔型土器の展示があるほか、縄文時代の勾玉作りや土器作りなど、体験メニューも多彩だ。
住 新潟県中魚沼郡津南町大字下船渡乙835
URL www.najomon.com
JR津南駅から約10分

王冠型土器

火焔型土器に似ている土器に、王冠型土器がある。火焔型土器とは把手の形状が異なり、のこぎり状の突起が付いていないなど、口縁部にも違いが見られる。火焔型土器と同時期、同時代に造られており、一緒に発掘されることが多いことから、両者を含めて「火炎土器様式」と呼ばれることもある。

堂平遺跡出土の火焔型土器
所蔵：津南町教育委員会

堂平遺跡出土
火焔型土器

　新潟県津南町は、堂平遺跡、沖ノ原遺跡、道尻手遺跡と、火焔型土器が多数出土する縄文時代中期の遺跡が残る町。出土品の多くは、津南町歴史民俗資料館に収蔵されており、なかでも堂平遺跡出土の火焔型土器と王冠型土器の2点は、国の重要文化財に指定されている。

堂平遺跡出土の王冠型土器
所蔵：津南町教育委員会

縄文人は温暖な地を求めて南米大陸に移住していた！

縄文土器とバルディビア土器

　世界最古の土器といわれる日本の縄文土器。古くは1万6500年前のものが、青森県で出土している。ところがこの縄文土器と共通する特徴をもった土器の破片が、太平洋を隔てた南米でも発見されている。舞台はエクアドル中部海岸にある**バルディビア遺跡**。時代的には4000〜5000年前のものだ。ここから出土した土器が、日本の縄文土器とよく似た文様をしていたのである。

　分析の結果、この土器はエクアドルの土で作られたということがわかっている。海を渡って運ばれてきたのではなく、現地で焼かれたということだ。

　ちなみに南太平洋のバヌアツ共和国で見つかった土器の破片も、日本の縄文土器に似た特徴を指摘されているが、こちらではバヌアツの土には含まれない成分が確認されている。つまり、どこかから運ばれてきたということになるわけだ。

　そこで考えられるのは、**縄文人の一部が日本列島から南米大陸に移住していた**という可能性である。

　ではなぜ、彼らは海を渡ったのだろうか。当時の地球はまだ寒冷期の終わりで、寒さによる食糧の枯渇があったのかもしれない。そのために、温暖な地を求めたのであろう。

バヌアツにあるコテージリゾート

中部地方の遺跡と博物館

福井県　長野県　石川県　静岡県

福井県立若狭歴史博物館
🏠福井県小浜市遠敷2-104
URLwakahaku.pref.fukui.lg.jp
🚶JR東小浜駅から約5分

「若狭の祭りと芸能」の展示室

茅野市尖石縄文考古館
🏠長野県茅野市豊平4734-132
🚌JR茅野駅からメルヘン街道バスで尖石縄文考古館前下車すぐ

> **コラム** 茅野市尖石縄文考古館で人気のおみやげは土偶ようかん。3Dスキャナーでかたどった型で製造されている。どちらの国宝土偶も発掘時に右足が欠けた状態で発見されているので、右足から食べるのがスタッフおすすめの食べ方だそう。

あずきの色味も相まって本物の土偶と瓜ふたつ!?

高級漆器の起源は縄文時代?

◎ 福井県立若狭歴史博物館
ふくいけんりつわかされきしはくぶつかん

重要文化財に指定されている鳥浜貝塚の漆塗り櫛

　福井県小浜市にある県立博物館で、若狭地方の歴史と民俗をテーマにしている。若狭地方というと若狭塗箸に代表される漆器が有名だが、**世界最古のウルシの木は**、鳥浜貝塚から出土した今から1万2600年前のもの。博物館では、同地から出土した6100年前の**塗り櫛**を収蔵しているなど、展示を通して若狭地方と漆が縄文時代からゆかりがあったことを教えてくれる。ほかにも若狭地方の仏像や、祭りに使われる御輿や舞面などの展示が充実している。

国宝土偶とご対面

◎ 茅野市尖石縄文考古館
ちのしとがりいしじょうもんこうこかん

　尖石石器時代遺跡は、日本に4件しかない縄文時代の**特別史跡**で、遺跡の国宝とも呼べる場所。**縄文時代集落の研究のさきがけ**となった遺跡で、200を超える竪穴住居跡が発掘されている。

● 2体の国宝土偶

　茅野市尖石縄文考古館は遺跡に併設する博物館で、現在5体しか指定されていない**国宝土偶**のうちの実にふたつが、この博物館に収蔵されている。1体は**縄文のビーナス**と呼ばれる妊婦をかたどった土偶。高さ27cmあり、線で表現された目と口は愛らしく、粘土には雲母が混ぜられているため体が輝いている。もう1体は**仮面の女神**と呼ばれており、**逆三角形をした仮面がとりわけ印象的**だ。2体の国宝土偶は、とても人気が高く、他館の縄文展などのために貸し出されることも多いので、注意が必要だ。

縄文のビーナス（左）と仮面の女神（右）
写真提供：茅野市尖石縄文考古館

歩き方➕　現在に伝わる若狭塗の技法が確立されたのは江戸時代初期。小浜市は塗箸のシェア日本一を誇り、2009年には当時の米大統領だったオバマ氏に進呈している。

謎に包まれたウッドサークル

🎯 真脇遺跡
まわきいせき

満点の星と古代遺跡が織りなす不思議な空間

　石川県の能登半島沿岸にある真脇遺跡は、縄文時代前期から晩期に至るおよそ**4000年もの間、途切れることなく人々が住み続けていた**全国でも珍しい遺跡。特に縄文時代晩期の地層から**環状木柱列**(ウッドサークル)の痕跡が発見されたことで知られている。調査の結果、**人為的に縦に割られたクリの木柱が円状に配列され、同じ場所で何度も立て替えられている**ことが判明した。構造の詳細や目的は明らかになっていないが、土製仮面も遺跡で発見されていることから、祭祀のための区画であると推察されている。現在は復元されており、およそ7mもの木柱がサークル状に配列されている。

戦後日本の考古学研究の先駆け

🎯 特別史跡 登呂遺跡
とくべつしせき とろいせき

　静岡市駿河区にある登呂遺跡は、第2次世界大戦後、**日本考古学の新たな幕開けを象徴する遺跡**。戦後まもなく始まった調査は、戦前の『古事記』や『日本書紀』の記述が歴史的な事実とされていた歴史観から解放され、各分野の専門家に加えて多くの市民も参加する、開放的で科学的な調査が実施された。この調査とその後の研究により、弥生時代の水田稲作文化が証明され、1952年には弥生時代の遺跡として初めて特別史跡に指定されている。現在遺跡は整備が進み、**住居や高床倉庫といった建造物や、当時の水田などが復元されている**。併設する博物館では、出土品の収蔵展示はもちろん、疑似田植えや貫頭衣(かんとうい)の試着など、弥生時代を体感できる展示もある。

復元された住居群

真脇遺跡
▷真脇遺跡縄文館
🏠石川県鳳珠郡能登町真脇
48-100
🔗www.mawakiiseki.jp
🚗能登空港から約40分

隣接する縄文館では出土品を収蔵展示している

環状木柱列は真脇遺跡からだけでなく、同じく石川県のチカモリ遺跡、富山県の井口遺跡など、両県を中心に約20遺跡で発見。共通の文化をもつ縄文人の集団が暮らしていたと推測される。

特別史跡 登呂遺跡
▷静岡市立登呂博物館
🏠静岡県静岡市駿河区登呂
5-10-5
🔗www.shizuoka-toromuseum.jp
🚌JR静岡駅から静鉄バスで登呂遺跡下車すぐ

コラム　愛知県にある朝日遺跡は、東海地方を代表する広大な弥生時代の遺跡。吉野ヶ里遺跡と同様に、周囲を土塁と壕に囲まれた環濠集落遺跡で、壕の外側には逆茂木や乱杭といった多重防衛施設の跡が発見されている。こうした堅固な防衛施設から、弥生時代が稲を育ててみんな仲良く暮らしていた時代ではなく、敵からの攻撃を想定した戦いの多い時代であったことがうかがえる。

縄文のビーナスの眉弓は、カモメの羽ばたく姿に似る。また、トチの実は殻が2色に分かれるも、そのラインはカモメの羽ばたき形状だ。そのため縄文のビーナスはトチの実の精霊を表すとの説もある。

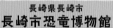

🇯🇵 日本全国 恐竜 & 化石 MAP

提供：大阪市立自然史博物館

日本で見つかった恐竜の化石は
学名が付けられた、
いわば新種といえるものだけでも11種ある。
そのほとんどが2000年以降の発掘で、
近年は化石出土ラッシュともいえる。
まずは、そのうちの半分が出土した勝山市へGO！

長崎県長崎市
長崎市恐竜博物館

兵庫県丹波市
丹波市立丹波竜化石工房

アナタが
撮った
写真を
貼ってね！

ずらりと骨格標本が並
ぶ光景は大迫力！

熊本県御船町
御船町恐竜博物館

ステゴサウルスと
アロサウルスの全
身復元骨格が！

大阪府大阪市
大阪市立自然史博物館

提供　大阪市立自然史博物館

カムイサウルス・ジャポニクスの出土地

北海道むかわ町
穂別博物館 P.95

福島県いわき市
石炭・化石館 ほるる P.160

圧倒的スケール！
海外の恐竜博物館

- カナダ **ロイヤル・ティレル古生物学博物館**
- 中国 **自貢恐竜博物館**
- アメリカ **フィールド自然博物館**
- オーストラリア **オーストラリア博物館**
- ドイツ **自然史博物館**

Tレックスが来場者を迎えるフィールド自然博物館

東京都台東区
国立科学博物館 P.78

画像提供：国立科学博物館

2023年7月にリニューアルオープンした日本最大級の恐竜博物館

提供：福井県立恐竜博物館

福井県勝山市
福井県立恐竜博物館 P.216

アナタが撮った写真を貼ってね！

213

中部地方の地層と化石

フォッサマグナミュージアム
住 新潟県糸魚川市大字一ノ宮1313
URL fmm.geo-itoigawa.com
JR糸魚川駅から糸井川バスで**フォッサマグナミュージアム**下車すぐ

コラム 　小滝川ヒスイ峡は、日本随一のヒスイの産地。巨大なヒスイの原石がゴロゴロしているが、国の天然記念物に指定されているため、無断で取ることは禁止されている。その代わり姫川を通って河口近くの海岸に打ち上げられたヒスイなら採取しても問題ない。その海岸はヒスイ海岸と呼ばれており、観光客も多く訪れている。

小滝川ヒスイ峡

日本を東西に分ける巨大な溝
◎ フォッサマグナミュージアム
ふぉっさまぐなみゅーじあむ

　フォッサとは「溝」、マグナとは「巨大」を意味するラテン語。フォッサマグナとは**巨大な溝**という意味をもつ、日本列島の成り立ちを語るうえで欠かすことのできない地質エリアのことだ。フォッサマグナは、西は糸魚川と静岡をつなぐ糸魚川－静岡構造線、東は柏崎と千葉をつなぐ柏崎－千葉構造線の間にあたる広大なエリアで、地質的にはここを境として、日本は東と西に分けられる。

　もともと**日本列島は**、ユーラシア大陸にくっついていたが、今から2000万年ほど前から大陸から分裂して離れていき、その後さらに東西に引っ張られることでふたつに分裂した。分裂した箇所がフォッサマグナで、その後長い年月をかけて土が堆積したり、マグマが噴出することで現在はつながっているが、2000万年前以降の地層でできている。

●地質や鉱物をわかりやすく紹介

　新潟県糸魚川市にあるフォッサマグナミュージアムは、1994年に開館の、石や地質に特化した博物館。2015年にはリニューアルして、最新技術を用いた展示をとおしてフォッサマグナをはじめとする地質、鉱物などについて知ることができる。とりわけ200インチの大スクリーンを用いたフォッサマグナの成立を紹介する映像は必見だ。ヒスイなど、鉱石のコレクションも見ごたえがある。

フォッサマグナミュージアムの常設展示

●フォッサマグナパーク

　周辺は、**糸魚川ユネスコ世界ジオパーク**に登録されており、フォッサマグナミュージアムはジオパークの情報発信センターを兼ねている。糸魚川周辺の地質観光をするなら、最初にここを訪れて情報収集するのがおすすめだ。ミュージアムの南約6kmにあるのはフォッサマグナパーク。ここでは**糸魚川－静岡構造線が露出**しており、断層面をしっかりと確認することができる。断層破砕帯をはさんで西は4億年前の古生代の地層、東はフォッサマグナで新生代の1600万年前の地層だ。

はっきりと断層が地表に現れていることがわかる

歩き方＋ ◆ 山梨県の御嶽昇仙峡（みたけしょうせんきょう）は、国の特別名勝に指定されている景勝地。この一帯で水晶の原石が採れることから、甲府市は日本を代表するジュエリー産業の集積地ともなっている。

黒耀石を使った石器製作ができる

🎯 黒耀石体験ミュージアム
こくようせきたいけんみゅーじあむ

諏訪湖の北東にある和田峠や星糞峠は、**良質な黒曜石を産出する**ことで知られた地域。黒曜石とは、天然のガラスともいえる石で、割れた先は刃物のように鋭く、黒く美しく輝いていることから、最高級の石器の材料とされた。各地の**縄文人**たちはこぞって黒曜石を求めてこの地に来ており、遠方にあるさまざまな遺跡で、この地の黒曜石が発掘されている。**黒耀石体験ミュージアム**は、星糞峠黒曜石原産地遺跡のすぐ近くにある博物館で、縄文人の生活や文化に触れられる展示を行っている。展示物の見学のみならず、石器作りをはじめ黒曜石を使ったオブジェやアクセサリー作り、鏃に黒曜石を使った矢を放つ体験メニューなど、五感を使って縄文時代を楽しむことができる。

本格的なワークショップも随時開催される

黒耀石体験ミュージアム
🏠 長野県小県郡長和町大門3670-3
URL www.hoshikuso.jp
🚗 岡谷ICから約30分

黒曜石を使ったおみやげも人気

中央構造線上に建てられた博物館

🎯 大鹿村中央構造線博物館
おおしかむらちゅうおうこうぞうせんはくぶつかん

長野県大鹿村にある、中央構造線を専門に扱う日本で唯一の博物館。周囲は**南アルプス（中央構造線エリア）ジオパーク**になっており、中央構造線を断面方向から観察できる露頭が点在している。大鹿村の**安康露頭**（2024年2月現在見学不可）、**北川露頭**は国の天然記念物になっているので、博物館の見学と一緒にぜひ見ておきたい。館内には、**200を超す岩石の標本**が置かれているが、内帯は赤いカーペットの上、外帯は青いカーペットの上に置くよう工夫され、比較ができるようになっている。大鹿村地域の1万分の1の立体地形地質模型は、地質ごとにきれいに色分けされていて、ボタンを押すと断面も見られる可動式の優れものだ。

大鹿村中央構造線博物館
🏠 長野県下伊那郡大鹿村大河原988
URL mtl-muse.com
🚌 JR伊那大島駅から伊那バスで大河原下車、徒歩約5分

村内で採取された岩石を展示している

旧石器時代の暮らしを学べる

🎯 野尻湖ナウマンゾウ博物館
のじりこなうまんぞうはくぶつかん

ナウマンゾウは、氷河時代に生息していた小型のゾウ。アジアゾウの祖先ともいわれている。日本各地で化石が発掘されているが、最も多くの化石が見つかる場所のひとつが野尻湖だった。野尻湖では、ナウマンゾウやオオツノジカの化石とともに旧石器時代の石器や骨器が見つかっており、人類の狩猟の対象だったことがうかがえる。野尻湖西岸にある野尻湖ナウマンゾウ博物館では、**実物大のナウマンゾウの復元模型**や、臼歯などの化石が展示されている。

野尻湖ナウマンゾウ博物館
🏠 長野県上水内郡信濃町野尻287-5
URL nojiriko-museum.com
🚗 信濃町ICから約5分

迫力あるナウマンゾウの実物大復元模型

『古事記』には出雲の大国主神が、越後（糸魚川）の奴奈川姫と結ばれる神話がある。ここから糸魚川は、ヒスイの宝玉生産により力をもつ巫女的な女王が治める国があり、出雲と合流した説がある。

恐竜王国福井

福井県

かつやま恐竜の森
住 福井県勝山市村岡町寺尾
51-11
URL kyoryunomori.net
▷**かつやまディノパーク**
URL www.dinopark.jp
🚌えちぜん鉄道**勝山駅**から
直通バスで約12分

コラム
自動車を使って
勝山に来る人に
ぜひ立ち寄ってほしいの
は道の駅 恐竜渓谷かつや
ま。ここにしかない恐竜
にまつわるグッズや、食
事メニューなどが用意さ
れている。

古生物学者になりきって化石を
発掘

福井県立恐竜博物館
住 福井県勝山市村岡町寺尾
51-11 かつやま恐竜の森内
🚌えちぜん鉄道**勝山駅**から
直通バスで約12分
URL www.dinosaur.pref.
fukui.jp

恐竜がなぜ、巨大
化できたのかにつ
いて、地球の重力が今よ
り小さかったため、重力
の負担なく成長が促され
た、という説がある。な
ぜ重力が小さかったのか
は、自転速度が今より速
かった、地球が今より小
さかった、などが考えら
れている。

恐竜に関する見どころが集まる
◎ かつやま恐竜の森
かつやまきょうりゅうのもり

　福井県勝山市にある恐竜王国の中核施設ともいえる公園。実物大の恐竜の生体模型が見られる**かつやまディノパーク**や発掘体験ができる**どきどき恐竜発掘ランド**、巨大な恐竜のモニュメントがある**ティラノサウルス広場**など、充実した見どころが集まっている。**福井県立恐竜博物館**があるのもここで、野外恐竜博物館への専用バスも出発する。

●かつやまディノパーク

森のなかで遭遇する恐竜に大興奮

　森の中の遊歩道を歩くと、そこには動く実物サイズの恐竜が！　恐竜は、ティラノサウルスや映画『ジュラシックパーク』シリーズでおなじみのヴェロキラプトル、全長20mもあるマメンチサウルスなど54頭。施設内にはほかにも、恐竜をモチーフにした乗り物がある子供用遊戯施設の**ガオガオひろば**、専用カートで巨大な昆虫が住む森を巡る**巨大昆虫冒険ツアー**、恐竜が潜む**鏡の恐竜迷路**がある。

●どきどき恐竜発掘ランド

　発掘現場から運ばれてきた石をハンマーなどの道具を使って割って、約1億2000万年前(白亜紀前期)の化石を探す体験ができる。研究用でないと判断された化石はひとり1個もって帰ることができる。ウェブサイトもしくは電話での予約が必要で、当日は公園管理事務所で受け付けを済ませよう。

リニューアルしてさらに充実した
◎ 福井県立恐竜博物館
ふくいけんりつきょうりゅうはくぶつかん

恐竜博物館の外観。巨大な恐竜モニュメントが出迎えてくれる
提供：福井県立恐竜博物館

　2000年に開館した福井県立恐竜博物館は、**世界三大恐竜博物館**にも数えられる施設。巨大な銀色のドーム内にある常設展示室は、恐竜の世界、地球の科学、生命の歴史という3つのゾーンからなっている。国内最多の50体の恐竜の全身骨格を見ることができ、

 歩き方＋●日本海側で最初の恐竜の化石が発見されたのは1982年のこと。富山県白山市桑島にある「化石壁」と呼ばれている場所で、1億3000万年前の地層から肉食恐竜の歯の化石が見つかった。

そのなかには福井県で発見されたフクイサウルス、フクイベナートル、フクイラプトルも含まれる。50体の全身骨格のうち10体は実物化石を使った貴重なものだ。博物館は2023年の夏にリニューアルオープンし、実物大の恐竜が動き

ティラノロボットや全身骨格標本などが展示される常設展示、「恐竜の世界」
提供：福井県立恐竜博物館

3面ダイノシアターは特別展示室を利用しており、特別展開催中は上映は行われない
提供：福井県立恐竜博物館

きまわる3面ダイノシアターなど新たな施設が加わったほか、アメリカから10年間レンタルした皮膚が残った恐竜の**ミイラ化石**も展示する。また、事前申し込みが必要な**化石研究体験**では、本格的な化石研究を楽しめる。

●**野外恐竜博物館**

恐竜博物館から専用バスで20分ほどの所にある恐竜化石の発掘現場。観察広場、展示場、化石発掘体験広場の3つのゾーンからなっている。観察広場では化石発掘の現場の観察、展示場では発見された化石の解説を聞き、化石発掘体験広場では**化石を探す作業**を体験できる。見学はすべてツアー形式で、事前に福井県立恐竜博物館のウェブサイトから申し込む。

野外恐竜博物館では化石の発掘体験ができる
提供：福井県立恐竜博物館

巨大オブジェがお出迎え

◎ 福井駅恐竜広場
ふくいえききょうりゅうひろば

福井駅恐竜広場
🏠 福井県福井市中央1-1
🚶 JR 福井駅から徒歩約2分

福井の玄関口ともいえるJR福井駅。2024年3月には北陸新幹線の金沢駅〜敦賀駅間が開通し、今後ますます利用者が増えることが予想されている。改札を通って訪問者を最初に出迎えてくれるのが、恐竜広場に立つフクイサウルス、

恐竜広場に立つフクイティタン

フクイラプトル、フクイティタンの3頭の恐竜モニュメント。フクイという名前が付いていることからわかるように、**これら3頭はいずれも福井県で発掘された新種の恐竜**。最も大きいフクイティタンは高さ6m、全長10mという巨大なもの。恐竜モニュメントは、定期的に動き、鳴き声も聞くことができる。また、モニュメント前には**恐竜の足跡化石の複製**が設置されている。

向かい合うフクイサウルスとフクイラプトル。夜はライトアップもされる

駅舎も、恐竜のイラストがラッピングされており、白亜紀にこの地に住んでいた恐竜や古生物が描かれている。**駅舎壁面には恐竜が飛び出るように見えるトリックアート**が描かれ、恐竜王国に来たことを実感させられる。現在福井駅の東口にはモニュメントはないが、トリケラトプスのモニュメントを設置する予定になっている。

福井駅駅舎。トリケラトプスが飛び出しているように見える

パンゲア大陸の沿岸部だった日本列島は独自進化を遂げた恐竜たちの楽園だった！

恐竜が闊歩していた太古の日本

かつて日本では、恐竜の化石は出てこないと思われていた。ちなみに1934年に当時日本領だったサハリンで鳥脚類の恐竜の化石が発見され、__ニッポノサウルス__と名づけられてはいるが、現在はロシア領なのでそれは日本産には入らない。

ところが1978年に岩手県で竜脚形類の化石が発見されると、状況は一変する。以後、恐竜化石の発見が相次ぐようになったのだ。これは、本気で発掘が行われるようになったことも大きな要因とされている。特に2000年代以降になると、まだ学名のない多くの恐竜化石が次々と発見されはじめた。それらは新種で、日本独自の恐竜ばかりだった。大型恐竜にしても同様で、2011年には鹿児島県薩摩川内市で角竜ケラトプス類、2015年には長崎県でティラノサウルス科の歯の化石が発見されている。日本列島にも、かつては多種多様な恐竜が生息していたのだ。

独自の進化を遂げた恐竜

現在では、恐竜の化石は世界中すべての大陸で見つかるとされる。

その理由もはっきりしている。かつて恐竜が生息していた時代の初期は、すべての大陸がひとつに繋がっていたからだ。この巨大大陸を__パンゲア__という。パンゲアはペルム紀（約2億9000万年前）から三畳紀（約2億1000万年前）にかけて存在した超大陸で、失われたムー大陸やアトランティス大陸もこの超大陸の一部だったという説もある。そして、この超大陸パンゲア期に恐竜が出現したとされている。その後、超大陸パンゲアは徐々に分裂し、白亜紀末（約6500万年前）にはほぼ現在と同じ大陸の形になった。

つまり、恐竜は超大陸パンゲアの分裂とともにそれぞれの大陸で独自の進化を遂げ、最終的にさまざまな姿になったと考えられるわけだ。だから世界のどの大陸にも、恐竜の子孫たちはいた。南極大陸でも恐竜の化石は発見されているわけだし、日本列島に恐竜がいても何ら不思議はない。

そしてこの進化の独自性が、日本で新種の恐竜が発見される理由のひとつと考えられる。さらにいうと、日本列島がかつての大陸の端、海岸線に近い場所で形成されたことも大きい。恐竜の化石は世界中で発見されているが、そのほとんどはかなりの内陸部。つまり、内陸で暮らす恐竜だ。一方、日本列島で発見されるのは海岸部で暮らす恐竜たちだから、必然的に種類も異なってくる。

そしてもうひとつ、日本列島を含む東アジア沿岸部が、古い形態の恐竜種が残っていた特別な地域だったことも大きい。例えば日本で7200万年前の地層から発見されたヤマトサウルスの化石だが、これは約9500万年前の原始的な恐竜種とされている。こうした種が生き残ったということも、新種発見の大きな要因といえるだろう。

6大陸すべてがつながっていた超大陸パンゲア

ここはティラノサウルスルーム。ほかにいろいろな部屋があるよ

階段上って探検だ！

ティピーテントで調査隊気分！

勝山ニューホテル
URL www.rio-hotels.co.jp/katsuyama
🚃 えちぜん鉄道勝山駅から約10分

恐竜ルームへようこそ！
恐竜王国福井に行くならぜひ泊まりたいホテルをご紹介！

フィギュアや絵本などの恐竜グッズがいっぱい

恐竜の卵の中身は開けてからのお楽しみ！

ここは恐竜ラボ（研究室）。壁紙は地層、デスクには恐竜の書籍。研究者になりきる部屋着も着てみて！

リバージュアケボノ
URL www.riverge.com
🚶 JR福井駅から約10分

ホテルハーヴェスト
スキージャム勝山
URL www.resorthotels109.com/skijam/
🚃 えちぜん鉄道勝山駅から約20分

中部地方のUMA

福井県

空印寺
🏠 福井県小浜市小浜男山2
🚶 JR小浜駅から約10分

八百比丘尼入定洞の入口

八百比丘尼伝説ゆかりの地

◎ 空印寺
くういんじ

　人魚の肉を食べ不老不死の能力を得たといわれる八百比丘尼。周りの人が年を取り死んでいくのに、自分だけ時間の流れから取り残されることを儚んで出家し、尼僧の姿で全国を回ったという。日本各地にゆかりの伝説が残っているが、とりわけ若狭国こと現在の福井県の小浜市には、八百比丘尼伝説が色濃く残っており、空印寺の境内には、八百比丘尼が亡くなったとされる洞窟、八百比丘尼入定洞がある。洞窟の中は立ち入り禁止だが、入口に八百比丘尼の像が立っており、健康や長命に御利益があるとして、古くから多くの人々が参拝にきていたそうだ。

●人魚の浜

　空印寺から徒歩5分ほどにある人魚の浜では、2体の人魚の銅像を配したマーメイドテラスがあり、絶好の夕日スポットとして知られている。

未だ生体の捕獲に至っていないツチノコ 捜索する際は猛毒に注意！？

ツチノコ探しのコツ

　北海道と奄美、沖縄を除くほぼ日本全土に生息するというツチノコ。まさに日本を代表するUMAだ。複数の自治体で懸賞金がかけられるなど、ツチノコ探しも盛んだが、挑戦するなら注意が必要となる。ツチノコには毒があるといわれているからだ。

　例えば1970年代に初めて、ツチノコの存在を広く世に知らしめたエッセイストで釣り人の山本素石氏は、京都の加茂川沿いで渓流釣りをしていた際に、奇妙な生物と遭遇。後に土地の古老からその生物の名前がツチノコであること、そしてツチノコに「あたると死ぬ」と教えられたという。この場合の「あたる」とは、おそらく「毒にあたる」の意味だろう。当然、ツチノコ毒の血清はない。

　それでもツチノコを捜索するのであれば、人里離れた沢沿いの藪や草むら、あるいは積みあげられた干し草のなかなどを注意して見ることをおすすめする。ちなみにここに挙げた写真は、2001年2月に兵庫県の千種町（現在の宍粟市）で捕獲されたツチノコのミイラだ。このツチノコは、崩れた土砂の間の穴から頭を出していたところを捕獲されたというから、もしかするとツチノコは、土中に巣穴を作って隠れているのかもしれない。

ツチノコのミイラ

歩き方➕ 岐阜県東白川村や、岡山県赤磐市、新潟県糸魚川市などはツチノコの目撃情報が多く、ツチノコの生け捕りに高額の賞金がかけられている。東白川村と糸魚川市では捜索イベントも毎年開かれる。

関西のミステリースポット

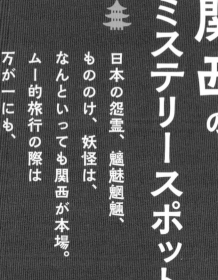

日本の怨霊、魑魅魍魎、
もののけ、妖怪は、
なんといっても関西が本場。
ムー的旅行の際は
万が一にも、
憑かれないようご用心！

関西の不思議スポットを駆け足で巡る1泊2日の旅

滋賀 京都 大阪

1日目

8:00 京阪神の水瓶とうたわれる琵琶湖を散策 ➡P.250

日本一の面積と貯水量を誇る琵琶湖。一説には100以上の遺跡が湖底に眠っているともいわれている。古代ロマンに浸りながら湖畔を歩けば、もしかしたら古代の遺物が見つかるかも？

10分
25分

10:30 古都を脅かした鵺の痕跡を探す ➡P.247

その不気味さから平安貴族や天皇を恐怖に陥れたという鵺（ぬえ）。源頼政が討伐する際に祈願した神明神社や、鵺池などゆかりの地を探索しよう。また京都には鵺の森とも呼ばれていた場所もあるそうで、東山に鎮座する大将軍神社もしくは二条城の東にある東三条院址の周辺であると推測される。

10分

12:00 精進料理ランチ

古刹が多い京都は、京野菜や湯葉などを使った精進料理が有名。境内にあるレストランや宿坊で味わうことができるほか、市内のカフェでもランチで提供していることが多い。

1時間

14:00 鞍馬山の麓に鎮座する寺社に参拝 ➡P.232 ➡P.257

鞍馬山は山岳修験の場として栄えた霊山。京都市街から見て北東の鬼門にあたるこの場所に、貴船神社や鞍馬寺を配置して魔を封じたと伝わっている。かつて源義経が、この山に暮らす大天狗と生活をともにしていたそうだ。

1時間

パワースポット
鞍馬寺の六芒星

16:00 崇徳院をお祀りする安井金比羅宮 ➡P.227 と白峯神宮 ➡P.227 へ

日本三大怨霊に数えられる崇徳院。京都市内に鎮座する安井金比羅宮と白峯神宮は、崇徳院をお祀りする代表的な神社だ。

蹴鞠の碑で
スポーツ上達祈願

1時間
30分

20:00 ビリケンさんの足を触りに大阪の新世界へ ➡P.272

大阪市の新世界にはビリケンさんがあちこちに！夕食で名物の串カツを食べた後は、ビリケン神社にも行ってみよう。

ビリケン神社
🏠 大阪府大阪市浪速区恵美須東3-6-1
🚶 JR新今宮駅から約5分

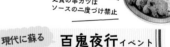

必食の串カツは
ソースの二度づけ禁止

現代に蘇る 百鬼夜行 イベント

洛中ではその昔、夜が深まると妖怪やもののけが徒党を組んで都大路を練り歩く百鬼夜行に出くわす者が多かったという。そんな百鬼夜行にゆかりのある京都では、妖怪に扮した多くの参加者が商店街をゾロゾロと歩く仮装行列イベントが毎年行われている。嵯峨美術大学の学生や卒業生で構成された作家集団が主催となっているので特殊メイクも本格的。開催日など詳細は、下記ウェブサイトからチェックしておこう。

妖怪藝術団体 百妖箱
🌐 kyotohyakki.com

古くから政治の中心を担っていた関西地方には、遺跡や寺社が集中している。1日目は琵琶湖散策と京都市内の寺社を巡って、大阪で宿泊。2日目は世界遺産にも登録されている古墳を訪れよう。

2日目

9:30 堺市役所の展望ロビーで百舌鳥古墳群を一望 ➡️P.262

古墳から約1kmのところにある地上80mの展望スポット。仁徳天皇陵の前方後円墳の形状を確認するのは難しいが、古墳群や六甲山、あべのハルカスなどを一望できる。入場無料で年中無休なのもうれしい。

堺市役所●
履中天皇陵
大仙公園
仁徳天皇陵
いすけ古墳
御廟山古墳

30分

10:30 百舌鳥古墳群ビジターセンターで古墳について学ぶ ➡️P.263

2021年にオープンした百舌鳥（もず）古墳群のガイダンス施設。シアターで仁徳天皇陵の迫力ある8K俯瞰映像を楽しみ、展示コーナーで百舌鳥古墳群について理解を深めよう。

5分

11:00 巨大な仁徳天皇陵に圧倒される ➡️P.263

古墳の謎を解説します！

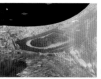

5世紀中頃に築造されたとされる全長486m、高さ約40mの日本で一番大きな古墳。大きすぎて地上からでは全容が掴めないが、周囲を散歩して南端の拝所でお参りしよう。

10分

11:30 大仙公園を散歩して堺市博物館で学ぶ ➡️P.263

百舌鳥古墳群の中心にある、仁徳天皇陵と同じくらいの広さの公園。図書館や日本庭園などがあるほか、堺市博物館では古代から近代までの堺の歴史を展示している。仁徳天皇陵の模型や出土資料などで百舌鳥古墳群についても学ぶことができる。

10分

12:30 お食事処 花茶碗の名物古墳カレーを味わう

どこか懐かしい甘口のカレーよ

古墳型の皿に盛り付けられた古墳カレーが名物で、なかでもブロッコリーをのせた「古墳の森カレー」の見た目は仁徳天皇陵そのもの！世界遺産登録前から古墳カレーを提供している元祖だ。

花茶碗
住 大阪府堺市堺区百舌鳥夕雲町2-265
☎ 11:00〜19:00 休 不定休
🚶 JR百舌鳥駅から約5分

20分

14:00 履中天皇陵古墳展望所で後円部のカーブを望む ➡️P.262

日本で3番目に大きな履中天皇陵。履中天皇は仁徳天皇の第1皇子にあたる。北側にある展望所からは後円部を見渡すことができる。

1時間

15分

16:30 国内2番目の大きさの応神天皇陵へ ➡️P.262

最後に古市の応神天皇陵を見学。これで日本三大古墳を制覇だ！

応神天皇を祀る誉田八幡宮も参拝

菅原道真公

菅原道真公（菅公）は、学問や詩に優れた平安時代前期の貴族。国家の発展に寄与する能臣だったが、政敵の謀略により、無実の罪によって大宰府に左遷され、2年後に京に戻ることなく亡くなった。道真公の死後、政敵が相次いで亡くなったことから、これらは道真公の祟りだとの噂が広がり始める。さらに天皇の御殿である清涼殿に落雷が発生し、道真公が雷神となって雷を起こしたという伝説も広まった。こうしたことから平安京の天門に位置する北野天満宮に祭神として祀られるようになり、現在は学問の神様としてあがめ奉られている。

菅原道真ゆかりの見どころ
北野天満宮 ➡ P.226
大阪天満宮 ➡ P.227

月岡芳年
『雪月三十四曲』『贈正一位菅原道真公』

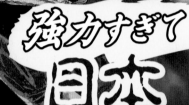

強力すぎて
日本

歴史を動かす怨霊＝御霊

非業の死を遂げた菅原道真公と平将門公、
天皇家への呪詛を誓った崇徳院……

怨霊信仰

怨霊とは、祟りや災いをもたらす死霊、あるいは生霊のことをいう。その最初は奈良時代前期の**長屋王**に遡る。当時、次期天皇をうかがう地位にあった長屋王に聖武天皇への謀反の嫌疑がかけられ、自殺に追い込まれて一家ごと滅亡。その後、事件の黒幕とされる藤原四兄弟が疫病で次々と亡くなったために、長屋王の祟りではないかと噂された。

その後も、政争や内紛によって失脚し、非業の死を遂げた皇族、貴族らが相次ぎ、その怨念はやがて、関係者のみならず、社会全体に災いをなすと考えられるようになる。そのため、死後、彼らに諡号や官位が追贈され、ついには神（御霊）として手厚く祀られた。これが御霊信仰の構造である。

日本三大怨霊

日本三大怨霊といえば、菅原道真公と平将門公と崇徳院。とりわけこの3者の祟りは著しく、この世への影響力が絶大だと考えられたのだ。事実、明治天皇は即位し東京に遷都するにあたり、崇徳院の御霊の祀り直しが行われた。日本国の大魔縁となり、死後も天皇家への呪詛を誓ったとされる崇徳院の祭祀なしに、明治の御一新もなしえないと考えられたのだ。

一方、ねんごろに祀れば、災平穏をもたらすというのが御霊信仰のもうひとつの特徴である。その神威の強さゆえ、守護の力も絶大だと考えられたのだ。こうして、**お岩さん**（→P.174）や崇徳院は縁切りの神と信じられ、道真公は学問の神となり、将門公は勝運の神として今も信仰されているのである。

平将門公
<small>たいらのまさかどこう</small>

平将門は、平安時代中期の関東の豪族。新皇を
自称し朝廷と敵対したが、追討軍によって討ち
取られ、京都でさらし首にされた。さらされた
首が空を飛び関東に向かったという伝説があ
り、途中で落ちた首が埋葬されたという首塚が
いくつか残っている。14世紀初頭に疫病が流
行ったときには、将門の祟りとされ、神田神社
に祀られるようになった。

平将門ゆかりの見どころ
将門塚 ➡ P.176
鎧神社 ➡ P.177 龍光院 ➡ P.177

豊原国周『平将門島広山討死の場』
石井六之助
国立国会図書館デジタルコレクション蔵

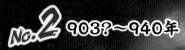

神になった

三大怨霊

日本では疫病や天災は、恨みを残して世を去った人物が怨霊
となって引き起こしたものと信じられてきた。なかでもとり
わけ強力な怨霊とされたのが、菅原道真、平将門、崇徳院の
平安時代の3人で、日本三大怨霊といわれている。人々は怨
霊を手厚く祀ることで祟りを鎮めてもらい、反対に災いから
守ってくれる頼もしい神様として信仰するようになった。

崇徳院
<small>すとくいん</small>

崇徳院は第75代天皇（のちの上皇）。摂関家や
武家を巻き込み、保元の乱で弟の後白河天皇と
争うが敗北。讃岐へ流され同地で没した。死後
に対立した後白河側の人間が次々と亡くなり、
政情不安や天変地異も重なったことから、崇徳
院の怨念によるものとして大いに畏れられた。

崇徳院ゆかりの見どころ
安井金比羅宮 ➡ P.227
白峯神宮 ➡ P.227

歌川国芳『百人一首之内 崇徳院』

225

京都を震撼させた御霊を祀る

道真公と崇徳院ゆかりの神社

京都府 大阪府

北野天満宮
住 京都府京都市上京区馬喰町
URL kitanotenmangu.or.jp
JR京都駅から京都市バスで北野天満宮前下車すぐ

全国各地から学業成就を願って参拝者が訪れる

全国の天満宮・天神社の総本社

⛩ 北野天満宮
きたのてんまんぐう

御祭神、菅原道真公(菅公)を祀る全国約1万2000社の天満宮・天神社の総本社。947年の神託によって、天神信仰発祥の社として平安京の天門にあたる北野の地に創建された。八棟造と称される現在の御本殿は、豊臣秀頼公によって1607年に造営されたもの。神社建築の主流である権現造の原型となった桃山建築の代表的遺構で、国宝に指定されている。

●天神さんの七不思議

欄間にあしらわれた立ち牛

北野天満宮には古くから伝わる**七つの不思議**があり、信仰の対象として大切にされてきた。そのひとつ、境内唯一の**立ち牛**は特に有名。天神さまのお使いとして、境内には伏した神牛の像や彫刻が数多くみられるが、**拝殿の欄間に1体だけなぜか立った姿の神牛が刻まれているのだ**。また、室町時代に描かれた**社頭古絵図**の左上には烏天狗が描かれており、天狗山の伝説として七つの不思議のひとつに数えられている。

コラム

\道真公長逝の地に建つ神社/
太宰府天満宮

福岡県太宰府市にある太宰府天満宮は、全国天満宮・天神社の総本宮。919年に道真公の御魂を鎮めるために醍醐天皇の命によって道真公の墓所の上に建てられた。一説には「遺骸を牛車にのせて人にひかせず、牛の赴くところにとどめよ」という道真公の遺言により、廟を建立した地が現在の太宰府天満宮の所在地であるとされている。

境内にある御神牛像の頭をなでると知恵を授かるといわれている

飛梅伝説

五間社流造の本殿に向かって右側に植えられている白梅は、境内にある約200品種6000本の梅のなかで一番最初に咲き始めることで知られている。この白梅は道真公が無実の罪によって左遷された際に、京都から一夜にして飛来してきたという。

梅の見頃は例年2月中旬頃から

参拝後は梅ヶ枝餅に舌鼓

太宰府駅から太宰府天満宮までは参道となっており、梅ヶ枝餅店やみやげ店がずらりと並ぶ。梅ヶ枝餅とは、あんこを餅で包んだ焼き餅のこと。参拝帰りに焼きたてを食べよう。

太宰府天満宮
住 福岡県太宰府市宰府4-7-1
URL www.dazaifutenmangu.or.jp
西鉄太宰府駅から約5分

(2点写真提供:太宰府天満宮)

歩き方 東京都文京区にある湯島天神も菅原道真公を祀っていることで知られる神社。もともとはアメノタヂカラオノミコトを祀る神社だったが、1355年に郷民の請願によって道真公が勧請された。

天神祭で知られる

大阪天満宮
おおさかてんまんぐう

道真公が大宰府へ向かう途中、この地にあった大将軍社で旅の安全を祈願。時が経ち道真公が亡くなって50年後のある夜、急に7本の松が境内に生え、毎晩その梢を光らせたという。そのことを聞いた村上天皇の勅命によって、道真公を祀る大阪天満宮が創建されたと伝わっている。6月下旬から7月下旬にかけて行われる**天神祭**は日本三大祭にも数えられるほど大規模な祭り。最終日の7月25日の夜は、大川に多くの船が行き交う船渡御（ふなとぎょ）が行われ、奉納花火があがる。

天満の天神さんと呼ばれている

大阪天満宮
住 大阪府大阪市北区天神橋2-1-8
URL osakatemmangu.or.jp
地下鉄南森町駅から約3分

天神祭の神輿

悪縁を断ち良縁を結ぶ

安井金比羅宮
やすいこんぴらぐう

保元の乱により配流された崇徳院の崩御（ちょうひ）を知った寵妃である阿波内侍が、下賜された崇徳院自筆の尊影を自邸に祀ったと伝わる地。崇徳院崩御から数年経った1177年には、**大円法師**が参籠した際に**崇徳院の霊が現れた**そう。この年は安元の大火などが立て続けに発生した年であり、崇徳院による祟りと噂された。知らせを聞いた後白河院は、崇徳院の御霊を鎮めるべく仏閣を創建。江戸時代には讃岐の金刀比羅宮より迎えたオオモノヌシノカミも配祀し、明治時代の神仏分離により神社となり現在に至っている。

●縁切り縁結び碑

境内にある**縁切り縁結び碑**は、常に行列ができているパワースポット。願い事を書いた形代（かたしろ）を持って願い事を念じながら碑の表から裏へ、反転して裏から表へ穴をくぐって最後に形代を碑に貼ることで祈願する。

安井金比羅宮
住 京都府京都市東山区下弁天町70
URL www.yasui-konpiragu.or.jp
JR京都駅から京都市バスで東山安井下車すぐ

巨石には所狭しと願い事が書かれた形代が貼られている

スポーツの神様も祀る

白峯神宮
しらみねじんぐう

白峯神宮の創建は、明治天皇が1868年に自らの即位礼を執り行う際に、先代天皇の遺志を継いで崇徳院の御霊を京都へ遷座させたことに始まる。現在は摂社の地主社に**蹴鞠**の守護神、精大明神（せいだいみょうじん）が祀られていることから、**サッカーをはじめスポーツ全般に御利益がある神社**としても有名だ。毎年4月の例祭と7月の七夕祭では蹴鞠保存会による蹴鞠が奉納される。

白峯神宮
住 京都府京都市上京区今出川通堀川東入飛鳥井町261
URL shiraminejingu.or.jp
地下鉄今出川駅から約8分

賽銭箱の前にある大きな鞠鈴を抱え持ち、鳴らして参拝する

菅原道真が都を追われ、筑後川で溺手に襲われたとき、間一髪のところを河童が助けた。その際、斬り落とされた河童の片手は、現在、福岡県久留米市の北野天満宮に安置され25年に一度公開される。

丹後半島の浦嶋子伝説

京都府

浦嶋神社
住 京都府与謝郡伊根町本庄浜191
URL urano-kamuyashiro.amebaownd.com
JR 天橋立駅から丹後海陸交通のバスで**浦嶋神社前**下車、徒歩約5分

日本を代表する昔話である浦島太郎。日本各地にゆかりの地が存在するが、昔話の起源を遡ると『日本書紀』、『万葉集』、『丹後国風土記』（逸文）といずれも奈良時代に編纂された書物にたどりつく。これら書物のなかで、**浦島太郎はいずれも浦嶋子という名前で登場**。舞台とされる丹後半島では、ゆかりの場所を訪ねることができる。

浦嶋子を祭神として祀る神社

浦嶋神社
うらしまじんじゃ

浦嶋神社の拝殿

コラム 丹後半島にある浦嶋子伝説ゆかりの地は、伊根町だけではない。半島の北西部にある京丹後市網野町には、浦嶋子を祀る嶋児神社、乙姫を祀る西浦福嶋神社が鎮座している。

港を背後にして建つ嶋児神社

浦嶋伝説が残る本庄浜

『日本書紀』で浦嶋子について触れられているのは、478年の記述。浦嶋子が小船に乗って釣りをしていると、大きな亀が釣れた。**亀は美しい女性に姿を変え、浦嶋子は彼女を妻とした**。そしてふたりで海を越え蓬莱山に至ったとある。『日本書紀』での記述はここで唐突に終わっているが、それを補足するようにより詳しく伝えているのが『丹後国風土記』（逸文）。浦嶋子と妻の亀姫（乙姫）は楽しく暮らすが、3年経ったある日、浦嶋子に故郷を懐かしむ情が起き、しばらくの間戻りたいと妻に告げる。妻は玉櫛笥（玉手箱）を浦嶋子に授け、「私と再び会いたいなら、決してこの箱を開けてはいけません」と告げて送り出す。**浦嶋子が故郷に戻ると、そこでは300年以上の時間が過ぎていた**。約束を忘れて箱を開けると、箱の中からかぐわしい香りを放つものが飛び去ったという。

物語の舞台とされる京都府伊根町に鎮座する**浦嶋神社**は、浦嶋子本人を祭神としてお祀りしている神社。社内では、**亀甲紋玉櫛笥（玉手箱）**や、**浦島伝説を描いた絵巻物**などを宝物として保管している。神社から東へ向かった先にある**本庄浜**は浦嶋子が龍宮城へ向かって旅立った浜だといわれており、浜に向かう途中には、龍宮城に通じるとされる竜穴という洞窟も見ることができる。

歩き方＋ 『万葉集』の浦嶋子は、舞台が大阪の住吉になっており、亀も登場しないなど、『日本書紀』や『丹後国風土記』との違いが大きい。玉手箱を開けて老人になるのは『万葉集』のみ。

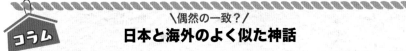

コラム

\偶然の一致？/
日本と海外のよく似た神話

　世界各地に伝わる昔話や神話のなかには、日本のものと似ているものが少なくない。もちろん偶然の一致もあるし、一方の話がなんらかの手段でもう一方へと伝わってきたケースもあるだろう。しかし、偶然というにはあまりに似すぎていたり、伝わってきたにしては経路が不明な物語も数多く存在する。

死者の国への旅

　ギリシア神話には、日本神話とよく似たエピソードが散見される。ヘラクレスが退治したヒュドラは、9つの頭を持った巨大なヘビのような怪物で、スサノオノミコトが退治したというヤマタノオロチにそっくりだし、穀物の神デメテルが洞窟に隠れたため、地上の作物が実らなくなる話は、アマテラスオオミカミが天の岩戸に隠れて世界が闇に閉ざされる神話を彷彿とさせる。

オルフェウスの冥府下り

　なかでも特に似ているのが、「オルフェウスの冥府下り」と「イザナギノミコトの黄泉の国訪問」だ。不慮の事故により最愛の妻エウリュディケを亡くした吟遊詩人のオルフェウスは、彼女を地上に取り戻しに冥界へと下り、冥界の神ハデスをなんとか説得して彼女を連れ帰ることを許される。冥界から地上に戻る途中、決して背後を振り向いてはならないという忠告を受けたオルフェウスだったが、地上への入口が見える所まで戻ってきたときに、安心して思わず振り向いてしまい、妻のエウリュディケは冥府に戻されてしまうという物語だ。日本神話のイザナギノミコトも、死んでしまったイザナミノミコトを連れ戻すために、黄泉の国を旅するが、決してのぞいてはならないという御殿の中をのぞいたため、イザナミノミコトを連れ戻すのに失敗しており、基本的に同じ物語の構造をしている。

大岡裁きとソロモンの審判

　大岡越前こと大岡忠相（ただすけ）は18世紀江戸時代の人物。講談や落語、テレビドラマなどの主人公として、その名裁きにまつわる話が庶民を楽しませてきた。なかでも有名なのが、ふたりの女性が同じ子供の母親を主張する話。大岡越前はふたりの女性に両側から子供の手を引っ張らせるが、あまりの痛さに子供が叫び声を上げた途端、片方の女性はとっさに手を離してしまう。手を離さなかったほうの女性が、子供を連れ帰ろうとすると、大岡越前はそれを制し、子供の悲鳴に反応して手を離したほうの女性こそ本当の親だとして、子供を引き取らせた。

　これによく似た話が『旧約聖書』の『列王記』にある「ソロモンの審判」と呼ばれる物語。ソロモンは古代イスラエル王国の王で、正しい裁きを行う神の知恵をもっていたとされる人物。

ソロモンの審判

ある日、ふたりの女性がソロモン王の前に来て訴える。ふたりは同じ家に住んでおり、どちらも赤ん坊がいるが、赤ん坊のひとりが死んでしまった。どちらの女性も死んだのはもうひとりの女性の子で、生きているほうが自分の子と主張する。そこでソロモン王は、剣を持ってこさせ、生きている赤ん坊を真っ二つに切断して平等に半分ずつ持ち帰らせることを提案する。片方の女性はその提案に納得するが、もう片方の女性は、ふたつに裂いて殺してしまうのなら、赤ん坊を諦めるのでもうひとりの女性に渡すように懇願する。それを聞いたソロモン王は、赤ん坊を殺さないよう懇願した女性のほうこそ、本当の母親であることを宣言し、彼女に子供を返したという。

浦島太郎とオシーン

　浦島太郎といえば、亀を助けたお礼に海底にある竜宮城に連れていってもらい、乙姫の歓待を受けるという昔話。3日後に戻ったはずが、地上では300年もの年月が経っており、知る人は皆亡くなっていた。落胆した浦島太郎は、乙姫から開けてはいけないといわれた玉手箱を開けてしまい、老人になってしまったという。

ティル・ナ・ノーグにわたるオシーンとニーヴ

この話に驚くほど似ているのが、アイルランドのケルト神話にあるオシーンの物語。オシーンは、海神の娘であるニーヴと恋に落ち、白い馬に乗って西方にある常若の国ティル・ナ・ノーグにわたり、そこで一緒に暮らす。3年が経ち、一度故郷に戻ろうとするが、そのときに妻から決して白い馬から地上に降りてはいけないと注意を受ける。果たして故郷に戻ると、そこでは300年の年月が過ぎ去っており、すでにオシーンが知っている場所ではなくなっていた。そしてオシーンがふとしたはずみで、馬から下りて地に足を付けてしまうと、瞬く間に老人になってしまったという。

ムダ　短期間に数百年の時が流れた浦嶋子の物語は、よく、相対性理論も引き合いに出される。すなわち、浦嶋子は高速で飛ぶ宇宙船に乗ってタイムトラベルした可能性があるのだ。

安倍晴明と裏天皇

**安倍晴明が発展させた陰陽道。
その裏の顔は
日本の中心で暗躍する秘密組織だった！**

陰陽道とは

古代中国には、自然の摂理はすべて陰陽の二極と、木火土金水の5つのエレメントの関係性によって成り立っているとする考えがあった。陰陽五行説と呼ばれるものだが、これが日本に伝わり、土着の信仰や仏教などとも混交して独自に発展し生み出されたのが陰陽道だ。

陰陽道を習得し、暦の読み解きや占いによって吉凶を判断したのが陰陽師で、映画や小説のように式神を駆使したり妖怪を退治したりするのがおもな仕事だったわけではない。

平安時代には朝廷に設置された公式な官庁としての陰陽寮があり、陰陽師たちは陰陽頭のもと公務員として働いていたのである。なかでも平安中期に活躍した賀茂忠行とその息子保憲、そして弟子の安倍晴明の3者は、卓越した知識とセンスをもった大陰陽師として名をはせ、その後の陰陽道は、賀茂保憲と安倍晴明の子孫の2家がトップとして統括していくこととなる。

しかし現在、陰陽師と聞いて圧倒的多数が思い浮かべるのは、やはり安倍晴明だろう。むしろ晴明一択とでもいうべきか、それ以外の陰陽師を知らない人のほうが多いかもしれない。安倍晴明は藤原道長の頃に朝廷に仕えた陰陽師で、その超人的な逸話は『宇治拾遺物語』や『今昔物語集』など多くの書をとおして伝えられてきた。

最も有名なものは、まだ仕官する前の幼少期、夜中に賀茂忠行のお供をしていたところ、師よりも先にものものけたちの存在に気づき、迫る危険を知らせ

安倍晴明

た、という話だ。幼い頃から常人とは異なる感覚を備えていた晴明は、やがて陰陽師となると、呪いを打たれた人を見かけて救ってあげたり、藤原道長にかけられようとしていた呪いを事前に察知したりと、別格の働きを積み重ねていく。

晴明は、自宅近くの一条戻橋の下に式神を住まわせ、自在に使役していたともいわれる。ほかにも、瓜のなかに潜められた毒蛇を透視した、箱のなかのミカンを術でネズミに変化させたなど、語り伝えられる超人的エピソードは枚挙にいとまがない。

晴明の母親は霊狐だったという「葛の葉」の物語も、その常人離れした能力を説明するために生まれたものだろう。現代人がもつ陰陽師＝ゴーストバスターというイメージにも、晴明が与えた影響は計り知れないものがある。

裏の陰陽道

以上、ここまでが表向きに知られている陰陽道の説明である。しかし、考えてみてほしい。陰陽師とは、陰陽五行説を起源とする、すべてを陰陽の二元説で読み解こうとする知識体系だ。するとどうなるか。陰陽道は、陰陽道それ自身をも表と裏のふたつに分けたのである。ここではムー・スーパーミステリー・ブックスシリーズより、『失われたイエスの12使徒「八咫烏」の謎』の飛鳥昭雄氏の説に基づき、ほとんど語られることのない裏の陰陽道について見てみよう。

まず、裏の陰陽道には迦波羅という名前がある。漢字の表記には特に深い意味はなく、問題なのは音だ。これで「カバラ」と読むのである。勘の鋭い向きはピンとくるだろう、これはユダヤの神秘主義カバラのことである。陰陽道とは、西洋魔術とルーツを同じくするものだったのだ。

迦波羅を駆使する者、つまり裏の陰陽

師のことを漢波羅という。表の陰陽師とは異なり、彼らが歴史の表舞台に現れることは決してないという。単なる公務員ではない、まさに現代人が想像する安倍晴明のごとき陰陽師に近い存在といえるのかもしれない。

独自組織「八咫烏」

古来朝廷からも独立して活動していたという漢波羅だが、彼らも独自に組織を結成していた。その名は八咫烏。ヤタガラスといえば神話のなかでは神武天皇の東征を先導した霊鳥であり、神としての名前は賀茂建角身命という。そしてこの神を祖とする一族が、賀茂氏である。

つまり裏も表も、この国の陰陽道は賀茂氏によって統括されていたのだ！しかし、まだここで驚いてはいけない。同書には、秘密組織「八咫烏」のさらなる秘密が克明に記されている。

八咫烏は存在を隠された組織。この世には実在しないことになっているため、構成メンバーは名前もなく戸籍もない。そ

神武天皇を導いた八咫烏

の人数は70人、もとい八咫烏は鳥類なので70羽と数える。この上にさらに12羽で構成される上部組織「十二烏」があり、ここに属する「大烏」たちのなかでも上位3名のみに許されるのが金鵄の称号だ。

金鵄とは、神武東征神話のなかで、天皇の弓先にとまり敵勢をひるませたと伝えられる黄金のトビのこと。八咫烏とならぶ神話中の霊鳥である。

そして、この金鵄が3人集まって結成したのが裏天皇。彼ら裏天皇の使命は、日本国の象徴たる表の天皇がとりおこなうことのできない神道の儀式を執行すること。それらは決して公開されることはなく、八咫烏メンバーのなかには数百年もの間、活動している者もいるというのだ。

これが事実となれば、古代から現代まであらゆる時代の日本史が修正を余儀なくされるところだが、現在のところ公的機関から八咫烏の存在が認められたという発表はない。八咫烏は、決して表には現れない裏の陰陽道組織。そんな発表が行われる日は、この先も永遠に来ないのかもしれない。

歴史上、陰陽道の宗家となった家柄には、賀茂と、安倍晴明を祖とする土御門がある。特に土御門家は明治時代まで陰陽師の管轄を家業として保ってきた家だが、土御門という名字は「土のミカド」、すなわち「アマのミカド」である天皇に対する「ツチのミカド」を意味するもので、安倍晴明こそが裏天皇のごとき存在であった、とする説も存在する。

ふたつの賀茂家

陰陽道の世界に大きな影響を持ってきた賀茂の一族。ここにひとつ注意が必要なのだが、ややこしいことに賀茂家には複数の系統があり、陰陽寮に力をもった賀茂忠行らの賀茂家と、ヤタガラスの末裔である賀茂家とはまったく別の氏族になる。

後者、つまり裏の陰陽道を統括するとされる賀茂家は、賀茂県主とも呼ばれ、山城（現在の京都府）を拠点に上賀茂・下鴨両神社の神職として繁栄を誇った一族である。一方、表の陰陽道の賀茂家は、祖先を遡るとオオモノヌシノカミにいきつく大和を出自とする氏族で、この一族は日本の宗教史において欠かすことのできないビッグネームを輩出している。修験道の開祖、役行者は正式な名前を賀茂役君小角といい、賀茂系氏族の出なのである。

ふたつの賀茂氏は、一方は神道、もう一方は陰陽道、修験道と、いずれも日本の宗教世界において巨大な功績を残しているわけだが、そのため、後世になるとふたつの賀茂氏は徐々に混同され、同一視されるようになっていく。裏表の陰陽道のトップがいずれも賀茂氏であったことも、偶然のことではないのかもしれない。

京都の聖域

京都府

志明院

住 京都府京都市北区雲ケ畑
出谷町261
URL twitter.com/shimyouin
※降雪期は不定休のため、詳
細はSNSで要確認
🚗 JR京都駅から約50分

鞍馬寺は、京都の
有名パワースポッ
ト。特に本殿金堂の前に
ある、三角形の石が並
んで六芒星を形作る金
剛床という石床は最強と
いう。ここに手を広げて
立つことで、宇宙のエネ
ルギーを受信できるのだ
とか。

鞍馬寺

住 京都府京都市左京区鞍馬
本町1074
URL www.kuramadera.or.jp
🚶 叡山電鉄鞍馬駅から本殿金
堂まで約25分

鞍馬駅にある天狗のオブジェ

山に囲まれた鴨川の源流

志明院
しみょういん

　京都市北部の深い山中にある霊場。650年に**役小角**が開山
し829年に空海が再興した。**宮崎駿監督が映画『もののけ姫』**
の着想をこの寺から得たことで知られ、**都から追われたもの
のけの最後の砦**ともインターネット上でいわれているが、境
内は凛とした空気で充満しており、むしろ清々しさを感じる。
山門から先は聖域となっており、カメラの持ち込みや撮影、
飲食は厳禁。聖域内には鴨川の水源となっている水が湧き出
ている**神降窟**をはじめ、役小角や空海が修行した**護摩の岩屋**
など見どころも多い。

　志明院までは北大路駅から
乗合バスも出ているが1日に2
本と少ない。訪れるには車の
利用が便利だが、冬季は通行
止めや路面凍結が発生するの
で注意が必要だ。

志明院の山門。冬は雪が周囲を覆っている

大天狗が棲まう霊山にたたずむ古刹

鞍馬寺
くらまでら

　鞍馬寺は鞍馬弘教の総本山で、標高570mの霊山鞍馬山の
中腹にある。本尊は太陽の精霊である**毘沙門天王**、月輪の精
霊である**千手観世音菩薩**、大地の霊王である**護法魔王尊**の三
身一体の大活動体である**尊天**。本殿金堂にある本尊は60年
に一度のみ開帳されるが、お前立ちという代わりの像が秘仏
厨子の前に安置されている。

●鞍馬天狗

　鞍馬天狗は鞍馬山の奥に住
むと伝えられる大天狗。かつ
て修行のため預けられていた
**牛若丸が、鞍馬天狗から剣術
の手ほどきを受けた**とされて

鮮やかに染まる紅葉と仁王門

いる。本殿金堂にあるお前立ちの護法魔王尊の姿は、鼻が高
く背中に羽を生やし、山伏装束をまとっており、広く知られ
ている天狗のイメージそのものであることから同一だと考え
られている。本殿金堂から山道を30分歩いた先にある奥の
院魔王殿は650万年前、護法魔王尊が金星から降り立った場
所とされている。

歩き方 ➕ 牛若丸（源義経）は平治の乱で父が敗死し、7歳で鞍馬寺に預けられた。牛若丸が大天狗と出会った
僧正ガ谷不動堂や、喉の渇きを潤した「息つぎの水」など、ゆかりの地が現在も多く残っている。

天狗の棲む山

鞍馬天狗とは何者なのか？

京都市左京区にある鞍馬山は、若き日の源義経（牛若丸）が修行を行った霊山として知られている。このとき義経に剣術を教えたとされるのが、鞍馬山の僧正ガ谷に棲む大天狗、**鞍馬天狗**だった。

天狗は中国では、吉凶を告げる流星を指す言葉だった。日本に入ってきたときも同様で、それがやがて山の神、自然の不可思議を象徴するシンボルとなっていく。そして、著名な霊山に棲むとされた天狗は、神としても崇められるようになった。鞍馬天狗もそうした神だ。だが、鞍馬山の場合は一味違う。山自体が日本でも、いや、世界でも特別な場所なのだ。

金星から来た魔王尊

この霊山は一体どのように特別なのか？　鞍馬山に開かれた鞍馬寺のウェブサイトを見てみよう。

「鞍馬山には、神代以前からの古神道や陰陽道、修験道等の山岳宗教の要素も含まれています。宗派に捉われない懐の深さは鞍馬寺の宗教伝統となっています。昭和22年、初代管長信樂香雲は、このような多様な信仰の歴史を統一して鞍馬弘教と名付け、昭和24年、鞍馬寺は鞍馬弘教の総本山となりました」

鞍馬寺はもともと、毘沙門天という仏教の守護神を祀っていたが、鞍馬弘教では毘沙門天、千手観世音、護法魔王尊の三尊がひとつになった尊天を祀ることになった。

最後の護法魔王尊については聞きなれない名前だが、なんとその正体はヒンドゥー教の神話に登場する神であり、過去に金星から地球にやってきた霊的指導者**サナート・クマラ**なのである。

鞍馬寺によれば、護法魔王尊（サナート・クマラ）は650万年前に金星から鞍馬山に降り立ったと説明される。魔王殿は、まさにその護法魔王尊が降臨した磐境だ。ということで、鞍馬天狗の正体とは、このサナート・クマラだったのである。もちろん鞍馬という名前も、クマラから転訛したものだという。

もうひとつ、鞍馬寺には、不思議な祭事も残されている。**五月満月祭**だ。5月の満月の日に聖水と灯を供えて祈る儀式で、鞍馬山に昔から伝えられてきた。一般的にこの日は、ブッダの生誕を祝う祭りで、日本では花祭りとして知られている。しかし、日本の花祭りは通常4月8日だ。では、日本の花祭りとはどう違うのか。鞍馬寺の五月満月祭は、ヒマラヤ山中や東南アジアで広く行われている祭りとほとんど同じものなのである。だから、仏教伝来の頃の、かなり古い形態をそのまま残しているといえる。

なぜそうなったのかはわからないというのだが、これも鞍馬の不思議のひとつといえるだろう。

鞍馬寺で毎年5月に行われる五月満月祭

650万年前には金星から魔王尊がやって来て鞍馬山に降り立ったが、1952年にはカリフォルニアでコンタクティのアダムスキーが、金星人オーソンとの邂逅を遂げている。

巨大で豪華!!
山・鉾・屋台行事

山（やま）、鉾（ほこ）、屋台（やたい）、キリコ、だんじりなど、呼び名はさまざまだが、巨大で装飾された車を曳いて町を練り歩く祭りは全国で1500以上ある。ユネスコの世界無形文化遺産に登録されているものだけでも33あるが、そのなかでも車が国の重要有形民俗文化財にも指定されているのが、ここで紹介する5つの祭りだ。

祇園祭（ぎおんまつり）

京都で行われる祇園祭は、平安時代に起源をもつ疫病退散を祈願する祭り。そのクライマックスともいえるのが山鉾巡行で、動く美術館ともいわれるほど豪華に飾り付けられた山と鉾が都大路を進んでゆく。

鉾の屋根の上には真木、山の屋根の上には真松が立っており、これらは依代（よりしろ）として疫神を引き寄せる力をもっているとされる。山鉾が京都の町を巡回するのは、洛中のいたるところに潜んでいる疫神を依代に集めるためだ。

京都祇園祭の山鉾行事
前祭7/17、後祭7/24、各祭の前3日間は宵山と呼ばれ、各会所で山鉾が展示される。
祇園祭ぎゃらりぃ（原寸大の鉾を通年展示）
住 京都市東山区祇園町南側551
URL gionmatsuri-g.com
京阪電鉄祇園四条駅から約6分

山鉾巡行における山鉾の順番は毎年、籤で決められるが、前祭の先頭は長刀鉾（なぎなたほこ）と決まっている。稚児が乗るのも長刀鉾のみ。写真：JAPAN IMAGES

日立風流物
(ひたちふうりゅうもの)

山車は5層になっており、高さは約15m。それぞれ左右に開き人形劇が上演される。通常年は4基のうち1基の山車が公開され、7年に一度行われる神峰神社大祭礼では4基すべてが揃う。

日立風流物
- 開 4月上旬開催の日立さくらまつりで披露
- 日立市郷土博物館(日立風流物についての展示あり)
- 住 茨城県日立市宮田町5-2-22
- URL www.city.hitachi.lg.jp/museum/
- JR日立駅から茨城交通のバスで神峰公園口下車すぐ

高山祭

祇園祭、秩父夜祭と並び、日本三大曳山に数えられる。春と秋の年2回行われるが、春は日枝神社、秋は櫻山八幡宮の例祭で本来は別々の祭り。屋台が高山の町を練り歩くのは秋のみ。からくり人形奉納なども行われる。

高山祭の屋台行事
- 開 春4/14・15、秋10/9・10
- 高山祭屋台会館(屋台の常設展示)
- 住 岐阜県高山市桜町178
- URL www.hidahachimangu.jp
- JR高山駅から約20分

高岡御車山祭
(みくるまやままつり)

城下町を巡行する御車山は7基あり、彫金、漆工、染織など、高岡の優れた伝統工芸技術による装飾が施されている。平成の御車山は、代々受け継がれてきた伝統と技術を用い、5年かけて2018年に完成した。

高岡御車山祭の御車山行事
- 開 5/1(宵祭4/30)
- 高岡御車山会館(平成の御車山を展示)
- 住 富山県高岡市守山町47-1
- URL mikurumayama-kaikan.jp
- 万葉線片原町駅から約5分

秩父夜祭

秩父夜祭で巡行する山車は、笠鉾2基と屋台4基の計6基。屋台は4つの町会が保有しており、毎年当番制でひとつの町会が屋台歌舞伎の披露を行う。

秩父夜祭の屋台行事と神楽
- 開 宵宮12/2、大祭12/3
- 秩父まつり会館(原寸大の笠鉾と屋台を展示)
- 住 埼玉県秩父市番場町2-8
- URL www.chichibu-matsuri.jp
- 秩父鉄道秩父駅から約3分

「わっしょい」はヘブライ語由来？
契約の箱と神輿の共通点は
日ユ同祖論を裏づける証左となるか？

契約の箱

　モーセに率いられて出エジプトを果たしたイスラエルの民は、40年の荒野放浪の後に約束の地カナンに入った。この放浪時代に、彼らは**契約の箱（聖櫃、アーク）**と呼ばれる聖なる箱を作り、**十戒の石板**、**アロンの杖**、**マナの壺**と呼ばれる、いわゆるユダヤの三種の神器を収めた。

　それはイスラエルの民が、常に神とともに歩むことを意味していた。彼らは神を運び、神と旅をしていたのだ。カナンの地に入ってからは契約の箱もいくつかの場所を転々としたが、ダビデ王の時代にはエルサレムの神殿に安置されるようになる。

　「ダビデは、イスラエルの長老と千人隊の長たちと共に行き、喜び祝って主の契約の箱をオベド・エドムの家から運び上げようとした。

　主の契約の箱を担ぐレビ人を神が助けてくださったので、彼らは雄牛七頭と雄羊七匹を生贄としてささげた。

　ダビデは亜麻布の上着をまとっていた。箱を担ぐすべてのレビ人も、詠唱者も、運搬長ケナンヤも同様であった。ダビデは麻のエフォドも着けていた。

　イスラエルの人々はこぞって喜びの叫びをあげ、角笛とラッパを吹き、シンバルを鳴らし、琴と堅琴を奏でて、主の契約の箱を運び上げた。

　主の契約の箱がダビデの町に着いたとき、サウルの娘ミカルは窓からこれを見下ろしていたが、喜び踊るダビデを見て、心のうちにさげすんだ。

　人々は神の箱を運び入れ、ダビデの張った天幕の中に安置し、神の御前に焼き尽くす献げ物と和解の献げ物をささげた」（『旧約聖書』「歴代誌上」第15章25節〜第16章1節／新共同訳）

　これは、『聖書』に記されたそのときの様子だ。たくさんの人々の歓声と楽器演奏に迎えられ、契約の箱が行進する姿が称えられる——われわれ日本人は、その姿に覚えがあるはずだ。

　そう、祭りで担がれる神輿である。

契約の箱と神輿

　神社の祭りで勇壮に担がれる神輿。それは日本人なら誰しもが目にしたことがあるだろう。では、神輿とはいったい何なのだろうか？　簡単にいえば、神を運ぶときに使われる輿、乗り物だ。当然、神にふさわしい豪華な木材を使い、美しい装飾が施されている。なかには全体を金で覆ったものもある。そ

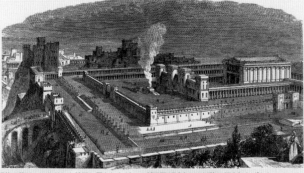

契約の箱は、エルサレム神殿に置かれたが、ユダ王国が滅亡して以降は行方知れずとなっている

神の指示どおりに作られた契約の箱

の豪壮さを象徴するかのように、上部に鳳凰という神の鳥の像がつけられているものも多い。

この神輿にそっくりなものが、古代イスラエルにもあった。それが前述の、契約の箱なのだ。神との契約の証しである十戒の石板が収められたこの箱は、聖櫃とも呼ばれる。ダビデ王が契約の箱をエルサレムに運び入れたときの、箱の大きさが『聖書』には書かれている。それは長さ113cm、幅と深さはそれぞれ68cm。まさに小さめの神輿そのものだ。また内側も外側も純金で覆われ、上部には翼をもった天使ケルビムの像が置かれていた。いかがだろうか。サイズも構造も、日本の神輿とまったく同じだ。

契約の箱は、移動の際には2本の棒の上に載せられ、レビ族の祭司たちによって担がれていた。再現模型では、この担ぎ棒が箱の上部につけられているものもあるが、『旧約聖書』の『出エジプト記』第25章12節には、かつぎ棒は箱の基部に取りつけられていたと記されている。したがって、日本の神輿スタイルが正しいと思われる。この箱が、神楽の音が鳴り響くなか、エルサレムの町を練り歩いたのだから、まさに日本の祭りにおける神輿の姿と瓜ふたつではないか。

わっしょいの語源

神輿を担ぐときの掛け声もまた興味深い。担ぎ手は通常、「わっしょい、わっしょい」あるいは「えっさ、えっさ」と声をかける。この「わっしょい」について神学者の川守田英二博士は、ヘブル（ヘブライ）語の「ヴァー・イェシ

ュ・イャー（主の救いがくる）」が長い間に訛ったものではないかと指摘している。さらに、かつて駐日イスラエル大使を務めていたエリ・コーヘン氏によれば、「えっさ」は、ヘブライ語で持ち運べという意味になるのだという。

「ミコシ」という言葉については、日本語の「御輿」は「輿（人が担ぐ乗り物あるいは車）」に「御」がつけられたものとされる。だがヘブル・アラム語では「聖所」が「ミコダシュ」と呼ばれている。それが後に日本で訛って「ミコシ」になったのではないか、という説もある。

また、京都府の八坂神社では、祇園祭のときに神輿を担いだ男たちが勇壮に川を渡る。これはまさに、『旧約聖書』『ヨシュア記』第3章14〜17節で記されたイスラエルの民がエジプトを脱出し、契約の箱を担いでヨルダン川を渡ったときの姿そのものである。

このように、契約の箱と神輿の共通点は多い。そこから日本の神輿は古代イスラエル由来のものではないか、という説が出てきたわけだ。

ちなみに古代イスラエルの契約の箱は、バビロン捕囚の際に神殿から消えてしまった。それゆえ失われた聖櫃とも呼ばれている。そしてこの契約の箱が、実は日本に来ていたという話もある。徳島県の剣山（→P.302）に、古代イスラエルのソロモン王の秘宝が隠されているという伝説がそれだ。この剣山で行われる剣山本宮山頂大祭では、神輿が急峻な山道を練り歩くことで知られているが、これは剣山に契約の箱が運び込まれたときの様子を再現したものではないか、ともいわれているのだ。

ソロモン王の秘宝が眠っているとされる剣山

大和三山

古くは**都**が置かれた大和盆地に**ピラミッド**？

奈良県

天香具山
住 奈良県橿原市南浦町
🚶 JR香久山駅から約20分

コラム 中大兄皇子は『万葉集』にて大和三山について「香具山は 畝火ををしと 耳梨と 相あらそひき 神代より 斯くにあるらし 古昔も 然にあれこそ うつせみも 妻をあらそふらしき」という歌を詠んでいる。意訳すると「はるか昔の神代から現在に至るまでずっと、香具山は畝傍山を妻にしようと耳成山と争っているらしい」という意。

耳成山
住 奈良県橿原市木原町
🚶 近鉄耳成駅から約12分

古池と耳成山

畝傍山
住 奈良県橿原市
🚶 近鉄橿原神宮西口駅から約5分

天の名を冠した聖山
🏔 天香具山
あまのかぐやま

一説によれば天上界から降臨してできたとされ、大和三山のなかで、最も神聖視されている標高152mの山。藤原京の東に位置することから、太陽信仰との関係も指摘されている。『日本書紀』においては、最初に現れた神とされるクニノトコタチノミコトを祭神とする國常立神社が山頂近くに鎮座している。また**天岩戸伝説**がこの地にも残っており、麓には天岩戸神社がある。

藤原京跡から望む天香具山

耳成か耳梨か耳無か
🏔 耳成山
みみなしやま

標高139mの耳成山は、無駄な凹凸がない（耳がない）美しい円錐型であることから名づけられた。ちなみに『万葉集』には耳梨との表記も見られる。一般的に耳成山は火山岩が侵食された自然山であるとされているが、古代に造営された上円下方墳であるという**人工山説**も一部で唱えられている。4月には麓の桜が満開となり、多くの花見客でにぎわう。

初代天皇が麓に眠る聖山
🏔 畝傍山
うねびやま

標高198mと三山のなかで最も高い畝傍山。名前の由来は活火山だったとも、その山容が火がうねっているように見えたためともされている。頂上からは天香具山や耳成山のほか、遠く北方には若草山も望める。

●日本建国の地

畝傍山の南麓に鎮座する**橿原神宮**。主祭神は『日本書紀』や『古事記』で初代天皇と記されている神武天皇だ。この地は**東征を行った神武天皇が即位した**とされ、**日本のはじまりの地**ともいわれている。畝傍山の北麓には神武天皇陵であるミサンザイ古墳がたたずんでいる。

藤原京跡のハスと畝傍山

歩き方 上円下方墳とは、日本で6基しか確認されていない古墳の類系。最大のものは埼玉県にある山王塚古墳で、下円部1辺69m。耳成山が上円下方墳であれば、記録をはるかに上回る規模となる。

意図的に配置されたピラミッドは飛鳥の都を守護していた！

大和盆地のピラミッド

　飛鳥の地に都が置かれてから藤原京に遷都するまで、日本史のメイン舞台となった奈良盆地。そのシンボルが**大和三山──天香具山、耳成山、畝傍山**だ。この三山について、ピラミッドではないかという説がある。

　確かに、平らな盆地のなかで美しい稜線を見せるこれらの山は、まさにピラミッドといってよいような姿をしている。注目すべきはそれぞれの位置関係だ。というのも大和三山だけでなく、三輪山、巻向山と忌部山までを含むと、そこに巨大な大地のネットワークが出現するのである。つまり、これらの山は意図的に配置された可能性があるというわけだ。

　まず大和三山は、畝傍山を頂点とするきれいな二等辺三角形を形成している。そこで、耳成山と天香具山を結ぶラインの中心から畝傍山へラインを引いて延長する。すると東北に向かうラインは三輪山から巻向山へ、西南に向かうラインは忌部山にぶつかる。できあがった三角形は誤差もなく、ほぼ完全な対称形を作っている。

　それだけではない。山全体がご神体とされる禁足地、三輪山の山頂にはいくつもの巨石による祭祀遺跡があるのだが、その頂上に奥津磐座という聖地がある。ここにある磐座の配置が、前述した三輪山、巻向山、大和三山の位置関係とぴたり一致しているというのだ。もしかすると奥津磐座は、大和盆地の「設計図」なのかもしれない。

均整のとれた姿が美しい耳成山

ミミナシ、クチナシ、メナシ

　大和三山の耳成山は、きれいな円錐形をしており、まるで耳の無い頭のようだということから「耳無山→耳成山」という名前になったという。おもしろいのは、耳だけでなく、山中には昔から**クチナシの花**が茂り、山麓の川は、かつて**目無川**と呼ばれていた。まさに「**ミミナシ、クチナシ、メナシ**」──見ざる言わざる聞かざるなのだ。

　ちなみに『古今和歌集』には「よみ人しらず」として、「耳無の　山のくちなし　得てしがな　おもひの色の　下染にせむ」という歌も残されている。

　また、作家の山上智氏によれば、大和三山の耳成山を頭に見立て、大和地方にある中臣氏、藤原氏の氏神を祀る春日神社をラインで結んでいくと、剣を手にした巨大人物像が浮かび上がってくるという。氏はこれを「大地に刻まれた呪いの巨人」と呼び、飛鳥時代から奈良時代にかけて活躍した右大臣・左大臣の石上朝臣麻呂と、藤原氏の呪術合戦の痕跡なのではないかと推測している。

巻向山
三輪山
耳成山
畝傍山　天香久山
忌部山
北
飛鳥寺
石舞台古墳
10km

意図的に配置された大和盆地の山々

超古代文明が栄えていた縄文時代、奈良盆地は巨大な湖だったという。つまり意図的に配置された大和三山などの山々は湖に浮かんだ島だったのだ。それぞれの盤座で何が行われたのだろうか？

239

聖徳太子の名を冠した町
ふたつの太子町

兵庫県 🏯 大阪府

『聖徳太子二王子像』（模本）
東京国立博物館蔵
出典：ColBase（https://colbase.nich.go.jp/）

斑鳩寺
🏠 兵庫県揖保郡太子町鵤709
🔗 www.ikarugadera.jp
🚗 龍野ICから約10分

叡福寺
🏠 大阪府南河内郡太子町太子2146
🔗 eifukuji-taishi.jp
🚌 近鉄上之太子駅から金剛バスで**聖徳太子御廟前**下車すぐ

聖徳太子ゆかりの地
🏯 太子町
たいしちょう

●兵庫県太子町

兵庫県太子町は、1951年に斑鳩町と周辺の自治体が合併してできた町。標高165mの**檀特山**の山頂には**聖徳太子が乗馬した際にできたと伝わる蹄跡**が残っている。またこの町にある**斑鳩寺**は、聖徳太子が推古天皇よりこの地の水田100町歩を賜り、法隆寺の別院として建立した寺。播磨国の太子信仰の中心として長らく栄えたが、戦国時代の1541年に尼子氏が攻め込んだ際の混乱で大伽藍は焼失した。三重塔は、焼失後間もなくして再建されたもので、国の重要文化財に指定されている。

夕暮れ時の兵庫県太子町

●大阪府太子町

大阪府太子町は、1956年に合併してできた町。**推古天皇や孝徳天皇などの天皇陵**が点在しており、一帯は**王陵の谷**とも呼ばれている。そのなかには、聖徳太子の古墳とされる**磯長墓**も含まれている。隣接する**叡福寺**が聖徳太子の没後に墓を守るために建てられたと伝わることからも、聖徳太子の古墳である信憑性はかなり高い。

コラム

\世界最古の木造建築/
法隆寺

法隆寺は、奈良県斑鳩町に建つ聖徳太子ゆかりの寺院。推古天皇の摂政として活躍した聖徳太子は、この地に斑鳩宮を築いて生活の場としており、法隆寺はその西側に607年に建立されたもの。現存する世界最古の木造建造物として知られる法隆寺だが、670年に一度火災で焼失しており、現在見られるのは、その後再建されたもの。法隆寺地域の仏教建造物として世界遺産にも登録されている。

西院伽藍と東院伽藍

法隆寺は西院と東院に分かれているが、最古の建造物が並ぶのが西院。金堂は二層の建物だが、二重になった瓦屋根のさらに下に板葺きの裳階（もこし）が付いているのが特徴的。内部には釈迦三尊像や薬師如来像をはじめとする国宝指定の仏像が多数安置されている。金堂に並ぶように配置されるのは五重塔。金堂同様に飛鳥時代を代表する建築物だ。大宝蔵院には、百済観音や玉虫厨子など、法隆寺が誇る美術品の数々が展示されている。

東院はかつて聖徳太子の宮殿、斑鳩宮があった場所。太子の死後は息子である山背大兄王の一族が住んでいたが、蘇我入鹿に襲撃され一族は全滅し、その後荒れ果てていた。奈良時代の739年になって伽藍が建立され、太子信仰の聖地となった。中心となるのは本堂である夢殿（ゆめどの）で、八角形をした天平期を代表する建物。本尊の救世観音は、聖徳太子の等身と伝わっており、春季と秋季に特別開帳される。

歩き方➕ 玉虫の羽が装飾に使用されていることからその名が付けられた玉虫厨子。現在は多くの羽が消失してしまったが、当時は4500匹もの玉虫が使用され、まさに玉虫色に輝いていたという。

聖徳太子ゆかりの寺に伝わる遺物

法隆寺のレプティリアン

飛鳥時代を代表する建造物といえば、奈良県生駒郡斑鳩町の**法隆寺**。創建は7世紀、聖徳太子の在世時とされ、古代寺院の様子を伝える寺だ。

この法隆寺に、不思議なものが残されている。場所は有名な五重塔の初重内陣。ここに**塔本四面具**というものがある。東には文殊菩薩と維摩居士の問答、北には釈迦の涅槃、西には分舎利、南には弥勒の浄土と、東西南北の四面にそれぞれ仏教に関するシーンが粘土像で配置されている、というものだ。

なかでも注目したいポイントは北面。中央に横たわって涅槃に入る釈迦の姿があり、周囲には悲しむ弟子たちがいる。ここに奇妙な姿の弟子が3人、混ざっているのである。その姿はあきらかに異形だ。いずれも耳がなく、目がつりあがり、とがったくちばしのような口がある。馬頭形、鳥頭形、鼠頭形と呼ばれ、馬、鳥、鼠ということで獣頭人身の十二支の神像とされているのだが、鳥はともかく、どう見ても馬や鼠とは思えない姿なのだ。

実はこれとよく似た顔がある。イラクのウバイド遺跡で発見された**爬虫類人の像**だ。見比べてみると、顔がそっくりなのである。爬虫類人というのは、簡単にいうとトカゲ形の異星人だ。レ

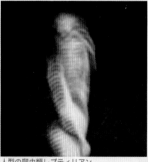

人型の爬虫類レプティリアン

プティリアンともいって、邪悪な意図を持ち、人間の世界に紛れ込んでいるともいわれている。

もしかすると法隆寺の奇妙な像とイラクの像は、同じレプティリアンの姿を記録したものなのかもしれない。

聖徳太子の地球儀

兵庫県揖保郡太子町の斑鳩寺も、聖徳太子ゆかりの寺だ。太子町には古くから法隆寺の荘園である**鵤荘**があり、その中核の存在として建てられたのが斑鳩寺だとされる。以来、法隆寺の別院とされ、この地方における太子信仰の中心となっている。

その斑鳩寺にも奇妙な遺物がある。由来はよくわからないが、江戸時代に作られた『**常什物帳**』という寺の目録に**地中石**と書かれていることから、江戸時代にはすでに寺にあったと考えられている。

外見は球形で、大きさはほぼソフトボール大。材質は石か陶器のようだが、あるテレビ局の分析によると、石灰や海藻糊を材料に、漆喰のような技法で固められたものだという。

注目すべき点は表面で、誰にもわかる凹凸がはっきりと見られる。これがなんと、南北アメリカ大陸やユーラシア大陸、さらには太平洋や大西洋を表しているというのだ。まさに**聖徳太子の地球儀**なのである。興味深いのは、南極の位置にも陸地があることだ。いうまでもなく、南極大陸が発見されたのは19世紀になってからだ。しかもよく見ると、太平洋にも陸地がある。となればこれは、ムー大陸ではないのか。

もちろん聖徳太子の地球儀だからといって、聖徳太子と関係があるのかはわからないうえに、聖徳太子の時代から伝わるものかどうかも不明である。だが、相当にミステリアスな遺物であることは間違いないのだ。

「聖徳太子二王子像」（→P.240）だが、実は聖徳太子が巨人であることを描いているとの都市伝説もある。すなわち、両脇のふたりの王子が一般的な大人であるというのだ。果たして真実は？

241

熊野霊場

和歌山県

熊野三山
▷**熊野本宮大社**
住 和歌山県田辺市本宮町本宮
URL www.hongutaisha.jp
🚌 新宮駅から龍神バスなど
で**本宮大社前**下車すぐ
▷**熊野速玉大社**
住 和歌山県新宮市神倉1
URL kumanohayatama.jp
🚶 JR新宮駅から約15分
▷**熊野那智大社**
住 和歌山県東牟婁郡那智勝
浦町那智山1
URL kumanonachitaisha.or.jp
🚌 JR紀伊勝浦駅から熊野御
坊南海バスで那智山下車すぐ

コラム 奈良県の南部、標高1076mの玉置山の山頂近くに鎮座する玉置神社は、熊野三山の奥の宮とされる場所。世界遺産「紀伊山地の霊場と参詣道」の構成資産にもなっている。こちらも神武天皇ゆかりの地で、第10代崇神天皇の時代の創建と伝わる。白い玉石を御神体とする古代信仰が行われた「玉石社」を起源とする。

発心門王子は熊野本宮大社まで続くコースの出発地点

苔むした石段が続く熊野古道

世界遺産に登録されている修験道
🌲 熊野参詣
くまのさんけい
世界遺産

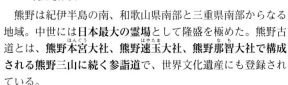

　熊野は紀伊半島の南、和歌山県南部と三重県南部からなる地域。中世には**日本最大の霊場**として隆盛を極めた。熊野古道とは、**熊野本宮大社**、**熊野速玉大社**、**熊野那智大社**で構成される**熊野三山**に続く参詣道で、世界文化遺産にも登録されている。

●熊野の歴史

　『**古事記**』によれば熊野の歴史は古く、**神日本磐余彦命**（のちの神武天皇）東征の折、神の使いである**八咫烏**が一行を熊

伏拝王子（ふしおがみおうじ）の石祠

野の険しい山々から大和国まで導いたと伝わっている。平安時代には、宇多法皇の熊野御幸をはじめ皇室や貴族からの信仰もあつい一方で、修験道の修行の地としても知られていた。江戸時代になると、一般庶民に至るまで熊野参詣が広く浸透している。

●九十九王子

　九十九王子とは、修験者や参詣者のために大阪から熊野までの道に設けられた多数ある神社の総称。実際に99社あるということではなく、数が多いという意味でおもに12世紀から13世紀にかけて創建されたが、多くは荒廃してしまった。現在は近現代に建てられた神社を含めて90社ほどあり、そのなかでも**藤代王子**、**切目王子**、**稲葉根王子**、**滝尻王子**、**発心門王子**の5社は格式が高く、五体王子と呼ばれている。

歩き方⊕ 霊場とともに世界遺産に登録された熊野古道は、かつての熊野詣での参道。熊野三山を結ぶ中辺路、高野山と本宮大社を結ぶ小辺路など、数件が併せて登録された。

熊野に伝わる南朝天皇の系譜。
今も末裔の存在が噂される裏天皇とは？

裏天皇と九十九王子

南朝系天皇とは？

鎌倉時代末期から、およそ50年にわたって天皇がふたり在位しているという時代があった。北朝天皇と南朝天皇——いわゆる**南北朝時代**だ。

武家の手から政権を奪い返した後醍醐天皇は、褒賞に不満を募らせた武士の代表である足利尊氏によって京の都を追われ、熊野山中の吉野に朝廷を建てた。これが南朝だ。一方、尊氏は光明天皇を擁立し、北朝を建てる。南朝は後醍醐天皇から後村上天皇、長慶天皇、後亀山天皇と4代続き、その後、北朝と合体する。皇位は北朝系の後小松天皇に受け継がれ、現在に至るまで続くことになる。

では、南朝系の天皇と子孫は、その後はどうなったのだろうか。歴史的には室町時代までは、存続していたことは判明している。ところが戦国時代になるとその足取りは途絶え、消息不明になってしまう。これが南朝系天皇、もしくは裏天皇と呼ばれるものだ。

第2次世界大戦後に登場し、即位を要求した**熊沢天皇**は裏天皇の代表だが、いわゆる偽天皇も含めて自分こそが南朝の末裔だと主張する人物は複数いる。真偽はともかく、そのなかには本当の皇室の秘儀、祭祀は南朝系である自分たちが受け継いでおり、い

南朝を開いた後醍醐天皇

まもそれを連綿と行っていると主張する者もいる。日本の国体を霊的に守っているのは、南朝系の裏天皇だというのである。

南朝ゆかりの史跡が残る吉野

九十九王子の謎

南朝が置かれた熊野には、こうした裏天皇の存在を暗示するようなことが数多く残されている。

例えば大阪から熊野へと至る古道沿いに、**九十九王子**と総称される多くの神社がある。その名のとおり多数の社があり（実際には99社よりも少ない）、皇族や公家が熊野詣を行うときに、道中の無事と守護を祈願して設けられたものとされる。

実はこの九十九王子という文字が、一種の暗号になっている。99は「100-1」だが、漢字に置き換えて「百」から「一」を引けば「白」という漢字だ。「白」の下に「王子」をつけて読めば「皇子」——こんなところにも、秘密が隠されているというのである。

そもそも紀伊半島すなわち熊野は、皇室にとって、霊的にも極めて関係が深い土地である。神武天皇が高千穂（→P.314）から東征してきた際に、大和地方に入ることができたのは、紀伊半島の神々が協力してくれたからだった。熊野の山中で迷ったときに先導してくれたのが、**八咫烏**だということはよく知られている。一部で八咫烏という秘密結社の存在が噂されているが、これもこうした霊威を背景にしているものなのだ。

不老不死の霊薬を求めて

徐福伝説の有力な伝承地

和歌山県

徐福公園
住 和歌山県新宮市徐福1-4-24
URL www.jofuku.or.jp
🚶 JR新宮駅からすぐ

高さおよそ2mの徐福像

徐福の墓がある

⛩ 徐福公園

じょふくこうえん

不老不死の霊薬を求めて中国から海を渡った徐福が定住したと伝わる和歌山県新宮市。市内にある徐福公園は中国風の立派な楼門をそなえた公園で、**この地で生涯を終えたという徐福の墓が整備されてい**

中国様式を取り入れた楼門

る。この墓は紀州藩主の徳川頼宣が建立したもので、園内ではチャイナドレスのレンタルも可能。

ほかにも園内には顕彰碑、重臣たち7人を祀った七塚の碑、徐福像などがあり、墓の脇には、**徐福の求めた不老不死の霊薬にも比定されている天台烏薬**の木が植えられている。天台烏薬とはクスノキ科の常緑低木で、近年の研究によれば活性酸素除去作用、つまり**老化防止の効能**があるといわれる。

不老不死を求めて船出した徐福が遠く離れた日本で発見した仙薬とは?

日本各地に伝わる徐福伝説

東方の海中を目指した徐福

徐福は、古代中国の秦の始皇帝に仕えた方士だったという。方士とは、祈祷や呪術、占術などのほか、不老長寿のための医薬の知識や方術に長けた人のこと。紀元前90年頃に成立した中国の歴史書『史記』によれば、徐福は始皇帝に「東方の海中に3つの神山があり、(不老不死の仙薬を知る)仙人がいる。これを探し求めたい」と具申した。また別の文書によれば、蓬萊山の大神に献じるためとして、始皇帝に善男善女3000人および五穀の種とさまざまな技術者を提供させ、東海に船出したという。

徐福は先史日本の王か?

徐福は今から2200年余り前、多くの従者とともに来日したという。ただし、

『史記』には、徐福が王となって留まったとされる場所は平原広沢とあるのみで、それがどこかは書かれていない。にもかかわらず、そこは日本であろうという推測は古くから語られ、中国と日本の双方で定着している。

当時の日本は弥生時代にあたり、徐福は稲作をはじめとする先進文化をもたらした人物として伝承されている。

鹿児島県いちき串木野市にある徐福像

244 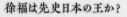 佐賀市金立町も徐福伝説が伝わる地。町内にある徐福長寿館 (→P.82) には、徐福関係の資料展示や薬用植物園も併設されている。

いわば、古代文明の転換期に出現したキーマンである。その実在性についてはなお議論はあるものの、日本各地に残る伝承は極めて能弁である。なにしろ驚くべきは、徐福渡来の伝承地が北は青森県の権現崎、東は八丈島、南は屋久島（→P.310）まで、全国20ヵ所以上に上っていることだ。そのうちのいくつかを挙げてみよう。

秦の始皇帝時代の遺品発見

南北朝時代、中国に渡った禅僧の絶海中津は、明の洪武帝に謁見した。その際、中津は熊野の古祠について帝に尋ねられ、「熊野の山裾には徐福の祠があり、山一面の薬草は、雨後もしっかりと茂っている」と応じている。この問答は、日本の禅僧と明の皇帝との間で、徐福が仙薬を求めて熊野に上陸したとする伝承が共有されていたことを物語っているのだ。

徐福上陸地の伝承は、**徐福公園**のある和歌山県新宮市だけではない。三重県熊野市にある**波田須町**は、もとは秦栖村といい、秦の人が住みついたとの伝承が残る。そして波田須駅の近くには徐福ノ宮があり、御神宝のすり鉢がその近くで発掘された。このすり鉢は中国由来のものとされ、昭和になって道路工事中に発掘された大型半両銭は、国内でも希少な秦の始皇帝時代にまつわる出土品だという。

徐福の墓と着岸の趾

福岡県八女市の童男山古墳は徐福の墓と伝承され、毎年1月20日に**童男山ふすべ**という行事が行われている。渡航の際に暴風雨により難破し、ここに流れ着いた徐福は、村人たちに枯れ木や落ち葉を燻して介抱され、息を引き取ったのだという。この故事にならい、石室前で徐福を温めた焚き火を行い、御魂を慰めてきたというのだ。

また、京都府伊根町新井の海岸には、洞穴の手前に秦の始皇帝の侍臣、徐福着岸の趾の碑が立っている。そこから山の斜面を登った先に新井崎神社があり、徐福はここで不老不死の妙薬を探し当てたとされ、医薬や天文、占い、漁業、農耕の知識をこの地に伝えた産土神として祀られている。今も付近には菖蒲やヨモギなどの薬草が自生しているという。

約束の地、不死山＝富士山

徐福は富士山麓（→P.164）にも足跡を残していたらしい。『義楚六帖』という中国の古文書に記された説話には、「東北千余里に山あり。富士と名づく。また蓬莱と名づく。……徐福ここに止まりて蓬莱と謂ふ。今に至りて子孫皆秦氏と曰ふ」とある。これによれば、富士山は仙人が住まう仙境で、三神山のひとつ蓬莱と同一視されている。もとより、富士の名の由来は不死にあるといい、不老不死の仙薬伝承ともリンクしている。

山梨県富士吉田市に伝わる話では、蓬莱国の人々は不死山の幽谷に育つ草の実（コケモモ）を食べ、みな若々しいという話を聞いた徐福が当地にやってきた。しかしその実を食べた者も死ぬことを知り、始皇帝の命に応えられないと悟って帰国を断念し、この地に土着して織物などを広めたそう。彼の死後、墓所から鶴が舞い立つようになり、人々はそれを徐福の化身として仰ぎ見たという。同市の福源寺には、その伝説を伝える鶴塚が残っている。

さらに、河口浅間神社の参道にある波多志神社は「秦の徐福を祀ると言い伝えられ、今に至り子孫は秦氏と称す」（甲斐国志）という。その秦氏は、のち羽田姓を名乗ったといい、今に続いている。また、山中湖村の長池地区はもとは長生村と呼ばれ、徐福らの住んだ長寿村と伝わっている。そして、こちらも秦氏が住まい、のち羽田姓に改めたと伝わっている。中国の説話とまさに呼応しているのが興味深い。

徐福が富士山麓を訪れた際、日本最古とされる不二阿祖山太神宮に伝わる神代文字で書かれた記録を発見し、漢字で編纂した。これが富士にあったとされる古代王朝の歴史を示す『宮下文書』だ。

関西の追儺式

兵庫県 ≠ 京都府

節分のルーツともいえる追儺式(→P.102)。日本全国で見ることができるが、古くから都が置かれていた関西地方では、現在も盛大に行う寺社が多い。

1800年以上の歴史をもつ

≠ 長田神社
ながたじんじゃ

社伝によれば、神功皇后の御代から続く神社で、市内にある湊川神社と生田神社とともに神戸三社に数えられる。『延喜式神名帳』では名神大社に列格された。神戸と呼ばれる農民の家々が神社を支えていたことから、現在の神戸という地名の起源となっている。

松明の燃え残りは除災招福の御利益がある

● 追儺式神事

県の重要無形民俗文化財に指定されている長田神社の追儺式神事は、毎年2月3日の節分に催行する。元来、鬼は退治されるべき存在として広く定着しているが、この神社では、神様の代わりにすべての厄災を祓ってくれる存在。神事では松明や太刀を持った7匹の鬼が、境内で舞い踊る。参拝者は鬼が持つ松明の灰を被り、炎で厄災を焼き尽くし、太刀ですべての凶事を切り捨て、1年の家内安全や無病息災を願う。

紫式部邸跡で行われる追儺式鬼法楽

≠ 廬山寺
ろざんじ

比叡山延暦寺(→P.259)中興の祖である良源によって平安時代に創建された廬山寺。古くは紫式部が居住し、『源氏物語』を執筆していたことから、境内には源氏庭という庭園が整備されている。

太鼓と法螺貝の音が鳴り響く境内を練り歩く鬼たち

● 追儺式鬼法楽
おにほうらく

廬山寺では節分に追儺式鬼法楽が催行される。鬼おどりとも呼ばれ、3つの煩悩を表す赤鬼と青鬼、黒鬼が踊りながら大師堂に入り、護摩供の邪魔を試みるというもの。鬼は大師堂に入りこそするが、護摩供の法力や撒かれた蓬莱豆によって弱体化し、最後は寺から退散する。当日は良源が鬼退治をした際に使った独鈷など、ゆかりの秘宝が公開される。

長田神社
住 兵庫県神戸市長田区長田町3-1-1
URL nagatajinja.jp
地下鉄長田駅から約5分

事代主神(コトシロヌシノカミ)を祀る古社

廬山寺
住 京都府京都市上京区北之辺町397
URL www7a.biglobe.ne.jp/~rozanji
京阪出町柳駅から約15分

6月から9月にかけて紫のききょうが見頃を迎える

歩き方＋ 奈良県五條市にある念仏寺陀々堂では例年1月14日に「陀々堂の鬼走り」が行われる。500年もの歴史があり、国の重要無形民俗文化財に指定されている。

関西のもののけ・妖怪

京都府 ≢ 兵庫県

日本に伝わるキマイラ

≢ 鵺
ぬえ

キマイラといえばライオンの頭と山羊の胴体、蛇の尻尾をもち、口からは火炎を吐くギリシア神話に登場する怪物だが、日本にも鵺と呼ばれるよく似た怪物がいたそうだ。鵺は**サルの顔、タヌキの胴体、トラの手足をもち、尾はヘビ**。「ヒョーヒョー」という、鳥類のトラツグミの声に似た甲高い不気味な声で鳴き、人々を恐怖に陥れたという。怪物としての鵺は平安時代に出現したとされ、『平家物語』などで言及されている。

トラツグミは、スズメ目ツグミ科に分類される体長30cmほどの鳥

●鵺池

『平家物語』によれば、近衛天皇は京都の空に出現した得体の知れない怪物にひどく恐怖していた。そこで勅命を受けた弓の名手**源頼政**は、みごと怪物を射落とし家来の猪早太がとどめをさしたのだが、その怪物が鵺だったという。**討伐後に頼政が鏃についた血を洗った場所**が、現在の二条公園内にある池と伝わっており鵺池と呼ばれている。鵺池のすぐそばには、鵺大明神が祀られている小さな祠もある。

コの字形の鵺池。中央には石碑が立っている

●神明神社

京都市下京区にある神社。社伝によれば頼政が鵺退治の祈願を行った神社で、討伐に使用した鏃が社宝として収蔵され、毎年9月の祭礼で実物が公開される。

綾小路通りにひっそりとたたずむ神明神社

●長明寺
ちょうめいじ

長明寺は651年に法道仙人が開基したと伝わる真言宗の寺院。兵庫県のほぼ中央にある西脇市に鎮座している。寺の周辺がかつて頼政の所領だったことから**頼政の墓碑**が建てられた。境内には源頼政の墓碑のほか、**頼政が鵺に向かって弓を放つ様子を再現した像**がある。

▷鵺池
🏠京都府京都市上京区主税町910- 40
🚶JR二条駅から約15分
▷神明神社
🏠京都府京都市下京区神明町246
🚶阪急烏丸駅からすぐ
▷長明寺
🏠兵庫県西脇市高松町600
🚶JR西脇市駅から約20分

芳年『新形三十六怪撰 内裏に猪早太鵺を刺図』

コラム 大阪市浪速区にある瑞龍寺は龍・人魚・河童のミイラを所蔵していることでも知られる寺院。一般公開はされていないが、博物館の企画展などで公開されることもある。

ムー＋ 紫式部は〝虚構〟である『源氏物語』を書き、「人々の心を揺さぶった」という仏教上の罪によって、死後、地獄に墜ちたという話がある。

247

鵺とスフィンクス

鵺の正体

日本に伝わる謎の妖怪、鵺（ぬえ）。古くは『古事記』にもその名が登場する。

『平家物語』には、不思議な声で鳴く得体の知れないものとあるように、姿も見えず、無気味な声で鳴く謎の妖怪とされ、それゆえに、つかみどころがなく正体がはっきりしないことの比喩にもなっている。

では、その正体はいったい何なのか。まずはその姿から、アプローチを開始してみよう。鵺は顔がサル、足がトラ、尻尾がヘビ、胴体がタヌキだとされている。なんともおどろおどろしいが、実はこれは干支の寅（えと）、巳、申、亥（戌）をあてはめたものらしい。

つまり、北東の寅（トラ）、南東の巳（ヘビ）、南西の申（サル）、北西の戌（亥）（イ）というように、方位を意味しているわけだ。これを北東と南西、北西と南東でそれぞれ線を引いてみると、きれいな十字となる。

歌川国芳の浮世絵に描かれた鵺

十字といえば、西洋占星術の12星座にも、怪物が描く十字がある。西洋占星術には**不動宮**という考えがあるのだが、文字どおり天の12宮のうち、動かない星座を意味している。これに属しているのは牡牛座、獅子座、蠍座（昔は鷲座）、水瓶座の4つ。牛、ライオン、鷲（の尾）、みずがめ座は水瓶を持った人間だ。これも12宮で牡牛座と蠍座、獅子座と水瓶座を結ぶと、天空の十字となる。そしてこの十字は、スフィンクスと呼ばれているのである。

スフィンクスとメルカバー

古代ギリシアのスフィンクス

スフィンクスも鵺と同じように、複数の動物が合体した怪物だ。頭巾をつけた顔（ファラオ）にライオンの体というのはエジプトでの姿だが、メソポタミア神話やギリシア神話では、ライオンの体に人間の女性の顔、さらに鷲（わし）の翼が生えているとされた。高い知性があり、人間に謎解きを挑む。

ギリシアのオイディプス王の神話によると、スフィンクスは旅人に謎を出し、解けない者は殺して食べていたという。これがあの有名な「朝は4本足、昼は2本足、夜は3本足とは何か？」という謎解きで、オイディプスが「人間だ」と答えると、スフィンクスは谷底へ身を投げて死んだという。

それだけではない。『旧約聖書』『エゼキエル書』には、**メルカバー**と呼ばれる神の戦車あるいは**聖なる神の玉座**が登場するのだが、これもまた4つの生き物で形成され、それぞれ4枚の翼と東西南北に人間、獅子、雄牛、鷲の顔をもつとされる。まさにスフィンクスや鵺と同じ怪物だとしか思えないのだ。

もしかすると鵺は、古代エジプトやキリスト教の影響を受けた怪物なのかもしれない。もちろん状況証拠にすぎないわけだが、遠い過去につながっていたとしてもおかしくはないだろう。

酒呑童子伝説が残る鬼の町

🏯 福知山市
ふくちやまし

●大江山

　京都府福知山市の北部、与謝野町、宮津市にまたがる標高832mの大江山は**酒呑童子**が住んでいたと伝わる連峰。1年を通してハイキングを楽しむ登山客で賑わうが、特に

大江山の8合目にある鬼嶽稲荷神社は雲海を見る絶好のポイント

雲海を望むことができる11〜12月がおすすめ。前日夜との寒暖差が大きい早朝のみ発生する遭遇率の低い自然現象だが、その神秘的な絶景を目の当たりにすれば鬼の存在を感じずにはいられない。大江山にはほかにも鬼の足跡や頼光の腰掛岩など、酒呑童子伝説に関連する見どころが点在している。

●日本の鬼の交流博物館

　大江山の麓にある日本の鬼の交流博物館は、世界でも珍しい鬼をテーマした博物館。博物館の前には**大江平成の大鬼**と名づけられた高さ5m、重さ10トンもある日本一の大鬼瓦が出迎えてくれる。酒呑

日本各地から集まった鬼面

童子や日本各地の鬼にまつわる言い伝えや伝統芸能のみならず、世界の鬼に関する資料が展示されている。

柳田國男生誕の地

🏯 福崎町
ふくさきちょう

　兵庫県姫路市の隣にある福崎町(旧田原村)は、**柳田國男(→P.132)が生まれ育った**町。柳田國男の生家が保存展示されており、記念館が隣接している。

柳田國男は自著でこの家を「日本一小さな家」と表現している

●妖怪で町おこし

　柳田國男が妖怪に関して造詣が深かったことから、福崎町は**妖怪の住む町**として地域の活性化を図っている。柳田國男の生家から徒歩3分のところにある辻川山公園には、池の中から飛び出てくる河童の河次郎や、地上3mの位置に作られた妖怪小屋から飛び立つ逆さ天狗が潜んでいるほか、町のあちこちに妖怪のオブジェがある**妖怪ベンチ**が設置されている。また、河童が人間の尻から抜くという尻子玉をうずら卵で表現した**かっぱカレー**はクスッと笑えるおみやげだ。

日本の鬼の交流博物館
🏠 京都府福知山市大江町仏性寺909
🚗 福知山ICから約40分

大江山平成の大鬼

コラム　「鬼タク」は大江山で観光利用もできる自家用車送迎サービス。利用予約時に特別仕様車を希望すると、鬼の絵が描かれたラッピングカーを予約することができる。ウルトラマンのデザインを手掛けた成田亨氏がラッピングデザインした車で、1台のみ運行している。

柳田國男・松岡家記念館
🏠 兵庫県神崎郡福崎町西田原1038-12
🌐 www.town.fukusaki.hyogo.jp/html/kinenkan/
🚗 福崎ICから約5分

空を舞う逆さ天狗のからくり

話題沸騰のかっぱカレー

生理学的に尻子玉に該当する臓器などの部分はない。一般的に「魂のようなもの」と考えがちだが、実は文献にも尻子玉の記述はないのだ。河童は人間が知らないものを知っており、それを抜く？

日本最大の面積を誇る古代湖
琵琶湖

日本最大の面積を誇る琵琶湖。古くは淡海（おうみ）といわれ、琵琶湖と呼ばれるようになったのは中世になってからのことで、形が琵琶に似ているから名づけられたと考えられている。400万年前に生まれた、世界でも有数の古代湖だ。

魅力① 湖に浮かぶ 個性あふれる島

日本一の面積を誇るわりに、琵琶湖に島の数は少なく、沖島（おきしま）、竹生島（ちくぶしま）、多景島（たけいしま）、沖の白石（おきのしらいし）、の4つのみ。このうち、沖の白石以外の島は上陸可能で、それぞれ陸地側から定期航路が運航されている。琵琶湖汽船では、4島すべてを巡るクルーズ船を日時限定で運航している。

琵琶湖汽船
URL www.biwakokisen.co.jp

竹生島

島内に建つ宝厳寺（ほうごんじ）は、聖武天皇が夢の中で受けたアマテラスオオミカミのお告げにより建立されており、弁才天の聖地とされている。また、『平家物語』には平清盛の甥で琵琶の名手の平経正（たいらのつねまさ）が竹生島で琵琶を弾いたところ、白竜が現れたという記述があり、竹生島神社では祭神として龍神が祀られている。

今津港から約25分、長浜港から約35分

お告げを受けた聖武天皇の勅令によって、行基は堂塔を開基した

沖の白石

多景島の西約5kmにある4つの岩からなる島。このあたりは水深が80mあるため、見えているのは100m近い細長い岩の先端。無人島のため定期航路はないが、クルーズ船で訪れることができる。

深さ80mの湖底からそそり立つ沖の白石

魅力 ② 湖を臨む名だたる城

琵琶湖は日本海側と京とを結ぶ重要な交通ルート。戦国時代には名だたる武将がこの地に城を建てていることからも、その重要性がよくわかる。織田信長の安土城、豊臣秀吉の長浜城、明智光秀の坂本城など、いずれも琵琶湖岸もしくは琵琶湖を見下ろすように建っている。

彦根城

譜代筆頭である彦根藩井伊家の城。近くには、石田三成の居城である佐和山城が建っていたが、関ヶ原の戦い後に廃城とされ、新たに彦根城が建てられた。建設当初は、豊臣氏も健在であったため、徳川方が、西国大名に睨みを利かせるための重要な城であった。近世の城で、天守が現在まで残っているのは、12しかなく、そのなかでも国宝に指定されているのは5つのみ。彦根城は貴重な国宝5天守のひとつで、世界遺産への登録作業が進められている。

住 滋賀県彦根市金亀町1-1　URL hikonecastle.com
🚶 JR彦根駅から約15分

琵琶湖を見下ろす彦根城

長浜城

豊臣秀吉が織田家臣の頃に城主を務めた城。豊臣氏滅亡後に廃城となり、建物の多くが彦根城に移築された。現在は復興天守が建ち、長浜城歴史博物館として利用されている。

住 滋賀県長浜市公園町10-10
URL www.city.nagahama.lg.jp
🚶 JR長浜駅から約7分

豊臣秀吉の出世城ともいわれる長浜城

安土城跡

織田信長が1576年から約3年の歳月をかけて築いた城。総石垣造りで、地上6階建ての天主（天守）を頂く近代城郭の先駆けとなった名城だったが、本能寺の変の混乱で焼失した。石垣は現在も残っており、国の特別史跡に指定されている。

住 滋賀県近江八幡市安土町下豊浦
🚶 JR安土駅から約25分

安土城跡から眺める琵琶湖の景観

坂本城跡

1571年に明智光秀が築いた城で、安土城に次ぐ規模であったと伝わる。山崎の戦いで明智光秀が敗戦した後、明智一族は城に火を放ち、自害したという。現在は坂本城址公園として整備されている。

住 滋賀県大津市下阪本3
🚌 JR大津駅から江若バスで石川町下車、徒歩約3分

坂本城跡に立つ明智光秀の像

魅力 ③ 大鳥居越しの日の出

白鬚神社は琵琶湖沿いにあり、湖中に立つ大鳥居越しに日の出を眺めることができる。

白鬚神社

全国に約300あるという白鬚神社の総本宮。祭神はサルタヒコノミコトだが、ここで祀られているサルタヒコノミコトは白髪で白い鬚を蓄えた老人の姿をしている。白鬚神社という社名は、その姿を由来としたものだ。

住 滋賀県高島市鵜川215　URL shirahigejinja.com
🚗 JR近江高島駅から約5分

豊臣秀頼の寄進で建てられた本殿は国の重要文化財

荘厳な日の出

多くの水をたたえる琵琶湖の周辺には古代の集落や王朝が存在した？

琵琶湖が消える日？

滋賀県にある日本最大の淡水湖、琵琶湖。面積は約670㎢、水深は最大で約104m。この巨大な湖はやがて、福井県をつきぬけて日本海へ「移動」するのだという。そう、琵琶湖は動いているのだ。

約400万年前、現在の三重県伊賀市に小さな湖が誕生した。大山田湖という。周囲からはゾウやワニの足跡が確認されており、当時は亜熱帯気候だったことがわかっている。これが琵琶湖の元になった湖だ。約300万年前になると気温が低下し、大地のプレートに大きな変化が起こる。湖の真下あたりでユーラシアプレートの下にもぐりこむフィリピン海プレートの運動方向が、北から北西へと変化したのだ。

その結果、湖の位置で南側が隆起し、北側が沈みこむという地殻変動が始まった。その連続で、**湖はゆっくりと北へ移動を始めた**のである。もちろん、その動きは目に見えるようなものではないが、このまま進めば、理論上は100万～300万年後には、琵琶湖は日本海へ到達する。

ちなみに琵琶湖では、100を超える**湖底遺跡**が確認されている。多くは地震で沈んだものと考えられているが、なかには水位上昇で沈んだ縄文時代の遺跡もある。これも、琵琶湖の移動によるものなのだろうか。

近江王朝の謎

琵琶湖の周辺には、地学や考古学のほかに、天皇の系譜にまつわる大きな謎もある。

1954年、古代史学者の水野祐が『増訂日本古代王朝史論序説』を発表。同書のなかで水野は、崇神天皇から推古天皇に至る間に、それぞれ血統の異なる古・中・新の3つの王朝による交替が起こっていたのではないかと主張したのだ。これは戦前の、天皇の万世一系を否定する新たな学説として注目を集めた。

現在では多くの批判もあるが、ここで注目したいのは、最後の新王朝だ。この王朝は、第26代継体天皇を祖としている。なぜなら同天皇は、即位するまで『日本書紀』では越前国を、『古事記』では近江国を治めていたとされる人物なのだ。つまり、滋賀県には大和朝廷とは別に、**近江王朝すなわち継体王朝**があったのではないか、ということになる。

ちなみに郷土史家で土木技師の菊地山哉は、滋賀県と琵琶湖を実地調査し、淡路島とされるイザナギの幽宮や、天の安河原は滋賀県が舞台だったと指摘。高天原も滋賀県にあったとして、これこそが大和朝廷によって抹消された**天の朝**であると主張している。これもまた、琵琶湖にまつわる大きな謎といえるだろう。

湖底からは、縄文時代から江戸時代までの遺物が発掘されている

歩き方＋ 六甲山天覧台は、六甲山上駅からすぐの展望スポット。昭和天皇が訪れたことからその名称が付けられた。眼下には神戸の町並みが広がり、大阪湾越しには大阪平野から紀伊半島西岸まで一望できる。

六甲の巨石群

太古からの巨石が密集する山

兵庫県

六甲山は観光地としての側面がある一方で、地学的には、太古から地殻変動が繰り返し発生した**活断層帯**としても知られ、**地表には巨石や奇岩があちこちに点在している。**

天穂日の磐座
あめのほひのいわくら

神が降臨した伝説が残る

六甲山カンツリーハウスの敷地内にある、**アマテラスオオミカミ**の第2子である**天穂日命**を祀った**磐座**。周辺には**人工的に配置されたようなストーンサークルが形成されている**ため、古代から祭祀の場だったことがうかがえる。この地に降臨したとされる天穂日命は、**オオクニヌシノミコト**を説得して国譲りをさせるために、六甲から出雲国へ向かったが、オオクニヌシノミコトに従ってしまい、高天原に3年間帰ることはなかったそうだ。

天穂日命は、縁結びや五穀豊穣の神様として信仰を集めている

六甲比命大善神社
ろっこうひめだいぜんじんじゃ

六甲のエネルギーが集まる

六甲山の尾根に鎮座する神社。**法道仙人**によって開基したと伝わる、神戸市北区にある多聞寺の奥の院にあたる。一説によれば、境内に点在する巨石は、縄文時代に人為的に積み上げられたものだという。隣り合う巨石の隙間には祠が安置されている。

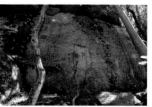
荘厳なたたずまいの御神体石

法道仙人は6〜7世紀頃に天竺（現在のインド周辺）から来日したとされる伝説上の仙人で、**超人的な方術や陰陽道の術を会得していた**という。播磨地方を中心に逸話が残っており、現在も法道仙人が開基したとされる寺院が多くある。

●雲ヶ岩

六甲比命大善神社の境内にある、まるで刀で斬ったように割れている巨石。六甲山で修行していた**法道仙人**が、**紫の雲に乗った毘沙門天と出会った**と伝わっていることから、昔は**紫雲賀岩**と呼ばれていた。

六甲の巨石群
🏠 兵庫県神戸市灘区六甲山町一ケ谷（六甲山上駅）
URL www.rokkosan.com
🚌🚶 阪急六甲駅から神戸市バスで**六甲ケーブル下**下車、六甲ケーブルで**六甲山上駅**まで約10分

▷**天穂日命の磐座**
🚌 六甲ケーブル六甲山上駅から六甲山上バスで記念碑台下車、徒歩約5分

▷**六甲比命大善神社**
🚌 六甲ケーブル六甲山上駅から六甲山上バスで**アスレチックパーク前**下車、徒歩約5分

六甲山上駅と神戸市街

垂直に割れている雲ヶ岩

巨石の上にある拝殿。拝殿と巨石の間を通ると祠がある

🇯🇵 日本全国 割れ石 MAP

割れ石とは、まるで刃物でスパッと切ったように割れた岩。
自然に割れたとするには不自然な切り口にもかかわらず、
人が割ったような形跡もない。
全国各地にこのような岩があり、一部は人気漫画の主人公が
切り裂いた岩に似ているとして観光名所になっている。

イザナギノミコトがイザナミノミコトを亡くした悲涙から生まれた神石

島根県安来市
天馬山の大割石
てんばやま

奈良県奈良市
天乃石立神社の一刀石
あまのいわたて　いっとうせき

宮崎県都城市
東霧島神社の神石
つまきりしま

岩の間を進んだ先には絶景が広がる

沖縄県粟国村
東ヤマトゥガー
あがり

アナタが撮った写真を貼ってね！

三重県御浜町
桃太郎岩

岩手県花巻市
丹内山神社の胎内石

長野県須坂市
龍の割石

まだある！
割れ石リスト

茨城県日立市
竪破山の太刀割石

巨岩の隙間を3
回通れば幸運
が訪れる！

金太郎が夜露をしの
いだと伝わる巨石

神奈川県箱根町
金時宿り石

アタタが
撮った
写真を
貼ってね！

山梨県山中湖村
石割神社

255

関西の巨石にまつわる伝説

磐船神社
住大阪府交野市私市9-19-1
URL www.iwafune-jinja.net
近鉄生駒駅から奈良交通のバスで北田原下車、徒歩約10分

岩窟拝観で石のエネルギーを感じよう

空飛ぶ石船
磐船神社
いわふねじんじゃ

大阪府交野市は古くから巨石信仰が盛んな地域。なかでも市南部、生駒山系の北麓に鎮座する磐船神社には古くから巨石が点在し、修験場として信仰を集めていた。磐船神社は高さ12mの御神体岩・天

船首のように見える御神体岩

の磐船を祀る神社で、創建は不詳だが、高天原から**ニギハヤヒノミコト**がアマテラスオオミカミの命を受け、天の**磐船**に乗って、この地に降り立ったという。加藤清正は大坂城を築城するにあたり、この天の磐船を石材にしようと試みたが、その大きさのあまり断念したという逸話が残っている。

神社で祀られている巨石は
神々が降臨した際に乗った船だった！？

天磐船伝説

古今東西、人類は巨石に神秘性を見出し、日本では神社の御神体として祀られているものも少なくない。こうした巨石は、多少のことで人間が動かせるものではないが、太古の時代には空を飛んでいた、しかも神々の乗り物だったという伝説がある。

大阪に祀られる天磐船

記紀神話には、天皇家の祖神よりも先に地上世界に降臨し大和地域を治めていた**ニギハヤヒノミコト**という天津神が登場するが、ニギハヤヒノミコトは**天磐船**という空飛ぶ船に乗って天上界からやってきたと記されている。

その天磐船だと伝えられているのが、大阪府交野市に鎮座する磐船神社の御神体岩である。神話ではニギハヤヒノミコトは天磐船を駆って河内

国河上哮峰に降り立ったと伝わるが、社伝によれば哮峰とは、同社が鎮座する峰のことで、高さ、幅とも12mにもなる御神体の巨石こそが磐船であるという。磐船というだけあって、その形状は確かに船のへさきを思わせる独特な形状になっている。

天磐船のほかにも、神話には天鳥船や天磐樟船など神々が乗用するための空飛ぶ船の記述がある。ニニギノミコトは、高天原から九州の高千穂峰（→P.314）に降り立ったとされるが、天界から地上を目指すならば高度のある山が目標地点に選ばれるのも納得できるところ。日本各地の山中には、天磐船の同型機とでもいった、かつて空を飛んだ巨石たちが、いまだ人知れずひっそりと眠っているのだろうか。

歩き方＋ 日本三奇は「石乃宝殿」と「天の逆鉾」（→P.314）と宮城県の塩釜神社に伝わる「四口の神釜」。4つの神釜は常に海水で満たされており、異変が起こる直前に釜の水の色が変わるとされている。

京都の奥座敷に鎮座する古社

🔱 貴船神社
きふねじんじゃ

全国に450社ある貴船神社の総本宮。深い森の中に鎮座するこの神社は、**大地の氣**が**生み出される根源**であることから古くは**氣生根**と表記された。かつて**タマヨリヒメノミコト**が大阪湾から川を上って、水源のあったこの地にたどり着き、祠を建てたのがこの神社の起源とされる。その際にタマヨリヒメノミコトが乗った船は**黄船**と記されていたという。貴船神社には3つの社殿があり、本宮、奥宮、結社の順に参拝する**三社詣**が、古くから民間信仰として根付いている。

● 貴船神社で祀られている石

貴船神社には船の形をした巨石や石積みが残っており、奥宮にある**船形石**は特に有名。**タマヨリヒメノミコトが乗っていた黄船を小石で覆った**ものされている。さらに結社の

船のように積み上げられた船形石

社殿横には船の形をした**天乃磐船**と呼ばれる巨石が祀られている。天乃磐船は**貴船の山奥から発見された重さ6トンの自然石**で、1996年に結社で祀られているイワナガヒメノミコトの御料船として奉納された。イワナガヒメノミコトは縁結びの神様として信仰され、古くは和泉式部が夫との不仲を悩み、復縁を祈ったところ、よりを戻すことができたという。

日本三奇に数えられる

🔱 生石神社
おうしこじんじゃ

高砂市の宝殿山山腹に鎮座する生石神社。社殿の背後にそびえる**御神体の巨石は横6.5m、高さ5.6m、奥行7.5mの直方体**。下部は池になっており、浮かんで見えることから**日本三奇**のひとつに数えられる。由緒によれば、オオナムチノミコトとスクナヒコナノミコトが出雲国から降り立った際に、2神が宮殿の建造を試みた名残りとされており、**石乃宝殿**と呼ばれている。宝

御神体石は上からも見ることができる

殿山は流紋岩剛溶結凝灰岩が多く産出する採石場で、古くは権力者の石棺や姫路城の石垣に使われているほか、皇居や国会議事堂など現代の建造物にも使用されている。

関西 のミステリースポット

巨石

貴船神社
🏠 京都府京都市左京区鞍馬貴船町180
URL kifunejinja.jp
🚶 叡山電鉄貴船口駅から約30分

タマヨリヒメノミコトが祠を建てたと伝わる貴船神社奥社

自然石とは思えない形状をしている天乃磐船

生石神社
🏠 兵庫県高砂市阿弥陀町生石171
URL www.ishinohouden.jp
🚶 JR宝殿駅から約30分

500トンの巨石が浮いているように見える

⛰️➕ 石乃宝殿は言うまでもなくパワースポットだが、とくに宝殿の裏側、三角の突起の左側がもっともパワーを発しているという噂がある。

257

古代ペルシアで興ったゾロアスター教。芥川賞作家が唱える日本伝来説とは？

飛鳥時代に伝来したゾロアスター教

飛鳥時代の石造遺物

奈良県の飛鳥地方は、飛鳥時代に都が置かれた地として知られるが、いまだ用途が判然としない石造遺物が点在していることでも知られている。猿石・亀形石造物・酒船石・須弥山石などがそれで、いずれも飛鳥時代、特に女帝の斉明天皇の時代である655～661年を中心に制作されたものと考えられている。

このうちのひとつである酒船石は小高い丘の上にあるもので、長さが約5.3m、最大幅約2.3mで、高さは約1mの巨岩。上面に円形のくぼみがいくつか配され、それらが細い溝によって結ばれているのが特徴だ。

地元にはこれを神社祭祀に用いる神酒を造るための器機とする伝承があり、それが名称の由来にもなっているのだが、具体的にどう使うものなのか、よくわかっていな

人為的に溝が掘られている酒船石。溝の深さは3cmほど

い。またこの他に、占星台説、灯油製造機説、砂金または辰砂をとるための道具とする説なども唱えられ、諸説が乱立する格好になっていた。

松本清張のゾロアスター教遺跡説

こうしたなかで、この謎めいた巨石をゾロアスター教徒が祭儀で用いるハオマ酒の醸造施設とみる大胆な仮説を提示したのが、古代史にも造詣の深い、作家の松本清張だ。

ゾロアスター教とは紀元前1000年頃に古代ペルシアで活躍したゾロアスターが開宗した宗教で、正義と知恵を重んじる「アフラ・マズダーの善なる教え」を説き、3世紀にはサーサーン朝ペルシアの国教となって最盛期を迎えた。

清張はこのゾロアスター教が飛鳥時代の日本に伝来していたと考え、このことをモチーフとして1975年に『火の路』という長編小説を刊行した。

同作では、酒船石をハオマ酒製造機とする以外にもユニークな説が開陳されている。飛鳥からやや西に外れた山中には益田の岩船と呼ばれる花崗岩の巨岩があるのだが、これはゾロアスター教宗教施設としての拝火壇であるという考察や、斉明天皇が飛鳥東方の山上に築いたと伝えられる謎の宮殿・両槻宮は、ゾロアスター教神殿だったという説も挙げられている。

これらの清張の見立ては、一見すると荒唐無稽な小説家の空想のように映るかもしれない。しかし『日本書紀』には、斉明天皇の時代にゾロアスター教徒のペルシア人とも考えられる異国人が来日していたことを示唆する記事がある。この時期、覩貨邏国の男女数人が九州に漂着し、飛鳥に召されたと『日本書紀』には記されているのだが、この覩貨邏国については、ペルシア人の植民地があった中央アジアのトカーレスターンのことだとする、有力な学説があるのだ。

この学説にもとづけば、サーサーン朝の崩壊にともなってペルシアから東へと亡命を続け、トカーレスターンや中国を経て来日したゾロアスター教徒がいたとしても不思議ではない。飛鳥の謎の石造遺物がゾロアスター教の遺跡である可能性は、十分にありうるのだ。

拝火壇ではないかと噂される益田岩船

歩き方＋ 弘法大師のそばで眠れば身分を問わず誰でも救済してくれると人々は信じていたため、高野山の奥之院の参道には、皇族や戦国大名から名も無き一般庶民の石碑まで、分け隔てなく並んでいる。

平安仏教の聖地
関西の二大聖山

滋賀県 ♦ 和歌山県

多くの祖師高僧を輩出した天台宗の総本山

♦ 比叡山延暦寺
ひえいざんえんりゃくじ

世界遺産

延暦寺とはひとつの堂宇の名称ではなく、比叡山にある150ほどの堂塔の総称。天台宗の開祖、**最澄**によって806年に開山されて以来、**法然**や**親鸞**、**日蓮**など日本仏教史に名を残す名僧を多数輩出した。

四季講堂（元三大師堂）

現在に至るまでおよそ1200年もの間、**京都の鬼門（北東）を守護**する聖地としての役割を果たしている。壮絶な荒行として知られる千日回峰行が行われている地としても知られている。

●最強と名高い厄除け・魔除けの護符

比叡山延暦寺の中興の祖、第18代座主の**良源**（元三大師/角大師）は特に強い霊力をもっており、**夜叉の姿に化して疫病神を追い払った**という言い伝えも残っている。良源の滅後、住房跡地に四季講堂が建てられ、良源像を祀ることから現在は元三大師堂とも呼ばれている。そこでいただける角大師の護符は**降魔の護符**として災厄から身を守ってくれるとされ、日本全国で多くの玄関に貼られている。

弘法大師が開いた真言密教の修行道場

♦ 高野山金剛峯寺
こうやさんこんごうぶじ

世界遺産

高野山とは独立した山の名称ではなく、1000m級の山々で囲まれた山上盆地を表す地名のこと。**住居地や道路を含む高野山全域が寺の境内地**となっており、域内には壇上伽藍を中心に117ヵ寺もの寺院

石塔がずらりと並ぶ奥之院の参道

が密集し、宿坊や、みやげ物店も多く連ねている。

●高野山の二大聖地

高野山の二大聖地は総本堂である金堂がある**壇上伽藍**と、弘法大師が今も瞑想を続けていると伝わる御廟が控える**奥之院**。奥之院への入口である一の橋から御廟までは、杉が茂るおよそ2kmの参道となっており、**墓石や慰霊碑など20万基を超える苔むした石塔が立ち並んでいる。**

延暦寺横川地区
住 滋賀県大津市坂本本町4220
URL www.hieizan.or.jp
比叡山ケーブル・ロープウェイ比叡山頂駅から比叡山シャトルバスで横川停留所下車

コラム
百の籤（くじ）からひとつを選び、お告げを聞くという、お寺や神社で一般的なおみくじを発案したのは、良源だといわれている。四季講堂でおみくじが行えるが、普通の籤とはちょっと違っており、事前に電話予約が必要。あらかじめ相談内容を伝えておき、僧侶にひいてもらう形式になっており、自分で自由に籤をひくことはできない。

高野山金剛峯寺
URL www.koyasan.or.jp
▷壇上伽藍
住 和歌山県伊都郡高野町高野山152
▷奥之院
住 和歌山県伊都郡高野町高野山550
町の中心部へは南海高野山ケーブル高野山駅から南海りんかんバスで千手院橋下車

ごま豆腐は高野山の定番グルメ

関西のミステリースポット

巨石／二大聖山

比叡山で古くから恐れられていた三大魔所は元三大師廟、慈忍和尚廟、天梯権現。これらは魔怪に変じた御霊によって修行僧の魔を見抜き、ときに懲らしめる場所でもあった。

🇯🇵 日本全国
必見古墳 MAP

丘のように盛土をした墓は古くからあるが
ここでは3〜7世紀頃の古墳時代に築造されたものから
大きいだけではなく、彩色が美しく残るものなどなど
一生に一度は見ておきたい、必見の古墳を紹介する。
埴輪をはじめとする副葬品にも注目しよう！

世界遺産

大阪府堺市
百舌鳥古墳群 P.262

被葬者には欽明天皇
もしくは、蘇我稲目
の名が挙がっている

奈良県橿原市
丸山古墳

福岡県桂川町 P.312
王塚装飾古墳館

近くにあるトンカラ
リンとの関係も噂さ
れている！

熊本県和水町
江田船山古墳

夏は一面にヒマ
ワリが咲き誇る

宮崎県西都市
西都原古墳群 P.313

古墳に興奮ポイント！

☐ 日本各地にはコンビニの3倍もの古墳がある！

☐ 被葬者が判明している古墳はとても少ない

☐ 本物の石室に入って思いを馳せる！？

埴輪が並べられ、当時の様子が再現されている

群馬県高崎市 P.154
保渡田八幡塚古墳
（ほどたはちまんづか）

東日本を代表する装飾古墳、虎塚古墳のレプリカ

アナタが撮った写真を貼ってね！

茨城県ひたちなか市 P.151
埋蔵文化財調査センター

世界にもある！
墳墓・霊廟

☐ エジプト ギザのピラミッド

☐ 中国 秦の始皇帝陵

☐ トルコ アタテュルク廟

☐ サウジアラビア 預言者モスク

☐ インド タージマハル

☐ イギリス ウェストミンスター寺院

☐ イタリア サンタンジェロ城

埼玉古墳群のなかで最大の二子山古墳

埼玉県行田市
埼玉古墳群（さきたま） P.185

アナタが撮った写真を貼ってね！

カフラー王のピラミッドとスフィンクス

全国**16万基**の頂点に立つ

古墳の大きさベスト**3**を

← 全長**365m** →

NO.3

履中天皇陵古墳
りちゅうてんのうりょうこふん

宮内庁によって第17代履中天皇の陵墓だと治定されているが、出土物から第16代の仁徳天皇陵よりも古い古墳とする説もある。ミサンザイ古墳、百舌鳥陵山（もずみささぎやま）古墳とも呼ばれる。仁徳天皇陵古墳と大仙公園を挟んだ南に位置しており、古墳の北側には、後円部を濠越しに眺められるビューポイントがある。拝所は南側に設けられている。

履中天皇陵古墳(ミサンザイ古墳)
住 大阪府堺市西区石津ヶ丘
🚶 JR上野芝駅から約7分

世界遺産

世界遺産「百舌鳥・古市古墳群」
もず ふるいち

全国で約16万基ある古墳のうち、大きさトップ3の古墳はすべて百舌鳥・古市古墳群に含まれている。4世紀後半から5世紀後半に築造された王の墓で、巨大なものは政治的に重要な航路を擁した大阪湾周辺に集中している。2019年に世界遺産に登録された。

応神天皇陵古墳
おうじんてんのうりょうこふん

第15代応神天皇の陵墓とされているが、学術的は裏づけがあるわけではない。写真の手前にある小さな二つ塚古墳を壊さないように造営されており、堀の形がゆがんでいる。応神天皇は八幡神と同一とされており、南側には誉田八幡宮（こんだはちまんぐう）が鎮座している。遥拝所は北側にある。

応神天皇陵古墳(誉田御陵山古墳)
住 大阪府羽曳野市誉田6
🚶 近鉄古市駅から約17分

約1500年の歴史がある誉田八幡宮

NO.2

← 全長**425m** →

二つ塚古墳

歩き方＋ かつて仁徳天皇陵古墳と履中天皇陵古墳のそばには、海が広がっていた。海から見た際、その権力の大きさを誇示するために、このふたつの古墳をあえて並列して造営したともいわれている。

大発表！

NO.1

全長486m

仁徳天皇陵古墳
（にんとくてんのうりょうこふん）

平面積で世界最大級とされる巨大古墳。墳丘長約486mあり、エジプトのギザにあるクフ王のピラミッドが全長約230m、秦の始皇帝陵が全長約350mということからも、途方もない大きさだということがわかる。宮内庁によると第16代仁徳天皇の陵墓だとされているが、考古学的に証明されてはおらず、さまざまな説がある。

仁徳天皇陵古墳（大仙陵古墳）
🏠大阪府堺市堺区大仙町1079-1
🚶JR百舌鳥駅から約5分

百舌鳥・古市古墳群について学べる施設

堺市博物館

仁徳天皇陵古墳と履中天皇陵古墳に挟まれた大仙公園内にある博物館。百舌鳥古墳群についての展示コーナーがあり、仁徳天皇陵古墳の復元模型や、石棺の復元模型などを展示している。百舌鳥古墳群シアターでは巨大スクリーンで、古墳について詳しい説明を聞くことができる。
堺市博物館
🏠大阪府堺市堺区百舌鳥夕雲町2
大仙公園内
🌐www.city.sakai.lg.jp
🚶JR百舌鳥駅から約5分

百舌鳥古墳群
ビジターセンター

2021年にオープンした百舌鳥古墳群のガイダンス施設。展示コーナー、シアター、観光案内所、物販コーナーの4つからなっており、古墳巡りの最初に訪れ、理解を深めてから回るとよいだろう。レンタサイクルや荷物預かりといったサービスも行っている。
百舌鳥古墳群ビジターセンター
🏠大阪府堺市堺区百舌鳥夕雲町2-160
🌐www.city.sakai.lg.jp
🚶JR百舌鳥駅から約5分

大阪府立 近つ飛鳥博物館
（ちか あすか）

近つ飛鳥風土記の丘に隣接する博物館で、古市古墳群の南東約4kmに位置している。古墳時代から飛鳥時代に焦点を当てた博物館で、出土資料を展示しているほか、日本における古代国家の形成や、その当時の中国や朝鮮とのつながりなどについてもわかりやすく解説をしている。
大阪府立 近つ飛鳥博物館
🏠大阪府南河内郡河南町大字東山299
🌐chikatsu-asuka.jp
🚌近鉄富田林駅から金剛バスで近つ飛鳥博物館前下車、徒歩約8分

歩き方＋ 4番目に巨大な古墳は、岡山県にある造山古墳で全長約350m。造られた時期は、仁徳天皇陵古墳、履中天皇陵古墳よりも古く、応神天皇陵古墳とほぼ同時期であると考えられている。

畿内の古墳

奈良県 🛕 大阪府

箸墓古墳

🏠 奈良県桜井市箸中
🚶 JR巻向駅から約10分

コラム　箸墓古墳のすぐ近くにある纒向石塚（まきむくいしづか）古墳から、方位をそろえて建てられた建造物群の跡や土木関連の出土品が確認されたため、大和政権の王宮があったのではないかともいわれている。

今城塚古墳

🏠 大阪府高槻市郡家新町
🚌 JR摂津富田駅から高槻市営バスで**今城塚古墳**前下車、徒歩すぐ

多数の埴輪が並ぶ埴輪祭祀場。家形埴輪は日本最大級を誇る

併設する今城塚古代歴史館

高松塚古墳

🏠 奈良県高市郡明日香村平田444
🔗 www.asuka-park.jp
🚶 近鉄飛鳥駅から約10分

邪馬台国解明の手がかりとなるか

🛕 箸墓古墳
はしはかこふん

奈良県桜井市にある全長約280m、高さ30mの前方後円墳。3世紀中頃から後半に造られたと考えられている。被葬者は第7代孝霊天皇の皇女で、吉備津彦命との同母姉にあたる**倭迹迹日百襲姫命**と宮

日本最古級の前方後円墳

内庁によって定められている。しかし、**邪馬台国を統治したとされる卑弥呼の墓ではないか**と考えている研究者も多い。卑弥呼は『魏志倭人伝』など古代中国の史料に記されている倭国の女王だが、『日本書紀』など日本の歴史書では一切言及されていない謎多き人物。『魏志倭人伝』と一部合致しない点もあるが、この古墳の被葬者が卑弥呼であれば、邪馬台国が畿内にあったことを裏づける証拠となるだろう。

自由に歩き回れる天皇陵

🛕 今城塚古墳
いましろづかこふん

歴代天皇の古墳は、宮内庁によって管理されているため本来調査や一般人の立ち入りは不可。しかし、ここ今城塚古墳は、**継体天皇陵**との説が有力なものの、宮内庁は別の古墳を継体天皇陵としている

全長約181mの前方後円墳。二重の壕も含めると約350mある

ため、**日本で唯一、自由に歩き回れる天皇陵**といわれている。古墳の周辺は整備されており、特に古墳の北側は190体もの埴輪が並ぶ埴輪祭祀場が復元されていて壮観だ。併設する今城塚古代歴史館では出土品やジオラマ模型の展示を行っているほか、埴輪作りや勾玉作りなどの体験学習も行っており、さまざまな角度から古墳時代について学ぶことができる。

20世紀の大発見

🛕 高松塚古墳
たかまつづかこふん

奈良県明日香村にある直径23m、高さ約5mほどの終末期古墳。1962年頃に地元住民が偶然発見した。古墳の中から

歩き方➕　**今城塚古墳の被葬者とされる継体天皇は謎多き天皇。先代の武烈天皇が跡継ぎのないまま崩御したため即位したが、武烈天皇との血のつながりは薄く、王位を簒奪したとの説まである。**

中国陝西省の西安で出土した**海獣葡萄鏡**と同型の**銅鏡**が発見されたことなどから、藤原京期の古墳と考えられている。被葬者については天武天皇の皇子、**高市皇子**が有力視されているものの、断定はできていない。

●石室に描かれた壁画

その後の調査では**石室に描かれた極彩色の壁画**が見つかり、日本考古学史上最大の発見のひとつとして一躍有名になった。発見された石室は、カプセルホテルの一部屋より少し大きいくらい。東壁、西壁、北壁と天井に絵が施されているが、特に西面に描かれた**女子群像**が有名。現在、壁画は**年に数回実物の展示**が行われている。古墳に隣接している**高松塚壁画館**では、壁画の模写や描かれた当時のイメージ絵が常設展示されている。

国宝に指定されている女子群像
写真提供：明日香村教育委員会

四神と満点の星が描かれた壁画

🌲 キトラ古墳
きとらこふん

高松塚古墳から南へ1.5kmのところにある壁画古墳。7世紀末〜8世紀初頭にかけて造られたと推定されている。高松塚古墳と同様、被葬者について明らかになっていないが、出土品から**高松塚古墳の被葬者より身分が低かった**と考えられている。

壁に描かれた白虎（左）と玄武（奥）
写真提供：明日香村教育委員会

●四神像と天文図

キトラ古墳の石室は東西南北に壁があり、その4壁に**四神**の**青龍、白虎、朱雀、玄武**が描かれている。四神の下にはそれぞれ3体ずつ十二支をモチーフにした**獣頭人身**が描かれているとされるが、損傷がひどく、**子、寅**などの6体が確認できるのみ。また天井には、太陽や月、北斗七星などが描かれた天文図が残っており、**世界最古の科学的天文図**として2020年に日本天文遺産に認定されている。隣接する**キトラ古墳壁画体験館・四神の館**では、壁画の公開が期間限定で行われるほか、出土した発掘品も展示されている。

●聖なるライン

南から**キトラ古墳、文武天皇陵、高松塚古墳、中尾山古墳、天武天皇・持統天皇陵、菖蒲池古墳**はほぼ一直線上に並んでおり、藤原京の中軸線である朱雀大路に通じている。これらの古墳が意図的に並べられたかどうかについては異論もあるが、**聖なるライン**と呼ばれ古代史ファンを魅了している。

キトラ古墳

🏠 奈良県高市郡明日香村阿部山67

URL www.asuka-park.jp

🚶 近鉄壺阪山駅から約15分

復元整備が行われたキトラ古墳の墳丘

コラム

法隆寺の西方約350mに位置する藤ノ木古墳。7世紀初頭以降は、古墳の隣に法隆寺の末寺が建てられ、時代が変わっても古墳が厳重に守られていたため、現代に至るまで盗掘被害を免れた貴重な古墳である。1985年から発掘調査が行われ、石室の中から朱色の石棺や大量の副葬品などが発掘された。副葬品は奈良県立橿原考古学研究所附属博物館にて所蔵展示されている。石棺には成人男性2名が合葬されており、同研究所によると、穴穂部皇子と宅部皇子である説が有力だ。

「FBI超能力捜査官」ジョー・マクモニーグルによる遠隔透視によれば、卑弥呼の居城は奈良県桜井市の鳥見山、つまり纒向（まきむく）遺跡こそが邪馬台国だと断定している。

漢字以前に固有文字があった？
古代文字の秘密

兵庫県

保久良神社
住 兵庫県神戸市東灘区本山町北畑680
✈ 阪急岡本駅から約15分

金鳥山から望む大阪湾

古代祭祀に使われた磐座が点在する
🏯 金鳥山
きんちょうざん

　神戸市東灘区にある六甲山系（→P.253）の山。標高338mの低山ながらも、山頂からは大阪湾を一望できる。現在、金鳥山の中腹には**保久良神社**が鎮座しており、石器時代や弥生時代の石器や土器、勾玉などが出土している。神社周辺には磐座も点在していることから**古来、祭礼が行われていたと考**えられている。なお金鳥山の山頂はゼロ磁場とも一部でいわれているが、方位磁石は正常に動く。

●灘のひとつ火

　ヤマトタケルノミコトが熊襲征伐からの帰途、夜の大阪湾沖で航路を見失った際に、**灯火が見えたおかげで無事にたど**り着いたという伝承が保久良神社に残っている。以来、大阪湾の海の安全を見守っており、「沖の船人たよりに思う。灘のひとつ火ありがたや」という里謡が古くから歌われている。

高度な技術をもっていた古代文明。
文字の解読から判明した驚きの事実とは？

六甲山で興った超古代文明カタカムナ

超古代文明の発見

　兵庫県の**六甲山**といえば夜景が美しいスポットとして、また一部ではさまざまな怪談が伝えられる心霊スポットとしても密かな人気を呼んでいる場所だが、1万年以上も前、ここに高度な科学技術を誇った超古代文明が存在していたのではないかとの説がある。

　カタカムナと呼ばれるその超古代文明は、さびることのない金属を発明し、やすやすと巨石を加工してピラミッドを建造するほどの力をもっていた。しかし、あるときを境に忽然と姿を消してしまった……という。

　カタカムナ文明の痕跡を発見したのは、**楢崎皐月**という人物。1949年、彼はまったくの偶然からカタカムナの遺産に触れ、以後その研究と存在の証明に全人生を捧げたといえるような生涯を

送ることになる。

　戦前から電気技師として働いていた楢崎は、独自の着想から地中を流れる電気と植物の育成に関連があるのではないかとの仮説を立て、六甲山系の金鳥山でその調査を行っていた。ところがその山中で、調査機材が狩猟の邪魔になるからどけろとクレームをつけてくる男と出会う。平十字というこの猟師は、楢崎がいうことを聞くと機嫌を直して、とある奇妙な巻物を見せてくる。そこには、文字とも記号ともつかない奇妙な模様がつらつらと記されていた。文字といえば、タテ、ヨコの違いはあれどたいていは一直線に書かれるものだが、その模様は違っていた。丸と直線の組み合わせによって構成され、中心にある記号からはじまり、ぐるぐると渦を巻くように書き連ねられてい

266

歩き方＋ 六甲おろしとは、六甲山から吹き降りる冷たい風。保久良神社のある東灘区は日本随一の酒どころとして知られ、六甲おろしによる冬の厳しい寒さがうまい酒を醸す役割を果たしている。

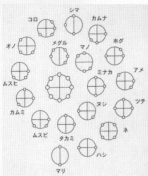

コロ シマ カムナ
オノ メグル マノ ホグ
ミナカ アメ
ムスヒ ヌシ ツチ
カムミ
ムスビ タカミ ネ
ハシ
マリ

謎多きカタカムナ文字

たのである。

　普通であればこんなものを見ても文字とは思えなさそうだが、楢崎はこれを伝説の古代文字**八鏡化美津文字**なのではないかと直感する。この直感は間違っていなかった。平が伝え持っていた巻物は、カタカムナ神社の御神体であり、古代文明の叡智を伝える唯一といってもいい遺産だったのだ。

カタカムナ文字の解読

　楢崎は、その資料を『カタカムナ文献』と呼び、解読に取り掛かった。現存する文字とも異なる文字との格闘はたいへんな難事業だったが、楢崎は研究のすえに解読に成功し、超古代文明カタカムナの存在にたどりついたのである。楢崎によれば、カタカムナは世界各地の古代文明よりもはるかに古くから高度な技術を有していた人々で、その名はアジア族とも、アシア族とも伝えられていた。繁栄を誇った彼らだったが、天孫族、すなわち現在の天皇家の祖となる一族との戦いに敗れて、存在が抹消されてしまったのだという。

　しかし、その伝承は先住の民たちによって密かに守り伝えられてきた。楢崎にカタカムナ文字をみせた平も、その伝承者たちの末裔だったということになるだろう。

　実は、カタカムナ文明の痕跡は人知れず残されてもいた。それが六甲山の周辺に点在する、巨大な岩石をつかった磐座だという。岩石の加工はカタカムナ文明の得意分野のひとつであり、聖域として現在も信仰される巨大な岩は、彼らの遺跡ではないかというのだ。

　また楢崎は、カタカムナ文字の解読から**イヤシロチ、ケカレチ**という独自の概念を導き出している。イヤシロチとは気が充満した場所で、人間がイヤシロチに住めばポジティブな効果があり、作物や植物も良く育つ。逆にケカレチは気の枯れた状態の場所で、マイナスの影響をもたらすのだという。

　カタカムナという不思議な響きの言葉にも意味がある。ごく簡単に翻訳すればカタとは象であり、カムは目に見えない神のごときもののことで、カタカムナは目に見えないこの世界の物理現象を直感するもの、というようなこと。

　丸と直線を規則的に組み合わせたような、極めて抽象的な文字にもカタカムナの叡智がみてとれる。楢崎が写し取った巻物には、この文字でできた渦巻きが80点記されていた。この渦巻き一つひとつが「ウタ」というまとまりであり、その筆頭にあたるウタには「アシヤトウアンがカタカムナのウタヒを写した」という意味のことが書かれていたという。ところで、カタカムナ人はアシヤ族とも呼ばれ、その長の名前はトウアンであったともいう。アシヤ族のトウアン、アシヤトウアン……六甲山のすぐ近く、芦屋の地には伝説的な陰陽師の名が伝えられている。安倍晴明と対立したといわれる大陰陽師**蘆屋道満**だ。この酷似したふたつの名前は、果たして偶然の産物なのか。

　さて、ここまで紹介してきたカタカムナだが、文献の現物を目にしたのは楢崎ひとりであり、その存在の真偽はただ彼のみにかかっているともいえる。高度な科学力で星の運行や素粒子の存在まで把握し、現代文明とは異なるアプローチで真理に迫ったという超古代文明は、六甲山近辺に存在していたのだろうか。

日本にもあった超古代文字。国立公文書館も収蔵する『ホツマツタエ』は解読に繋がるロゼッタストーンなのだ！

謎の神代文字文献

大陸から漢字が流入する以前に日本で生まれ、用いられていたとされる文字を**神代文字**と呼ぶ。

太古の日本で本当に神代文字が用いられていたのかという問題はあるのだが、神代文字と称される文字が現実に存在することは事実で、神社の護符の類いに記されたものも含めれば50種類以上はあり、全編が神代文字で書かれた文献も現存する。

そうした神代文字文献のなかで最も注目されてきたのは、『ホツマツタエ（秀真伝）』だろう。『ホツマツタエ』は原本そのものの存在は確認されていないが、その写本が複数存在する。そのなかで現存最古のものは、江戸時代中期の1775年に和仁估容聰なる人物によって書かれた『秀真政伝紀』で、1992年に琵琶湖の西岸にあたる滋賀県高島市の日吉神社の蔵の中から見つかった。同書はホツマ文字またはオシテと呼ばれる独特の神代文字で書かれた『ホツマツタエ』原文全編を収録していて、かつその原文に対してカタカナの読みと漢訳が付されている。

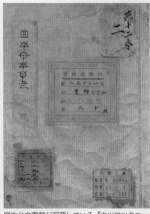

国立公文書館が収蔵している『ホツマツタエ』

『ホツマツタエ』とは

まず『ホツマツタエ』の内容を概説しておこう。同書は第12代景行天皇のために、大物主神の末裔で、三輪氏の祖とされる大田田根子が編んで献じたものとされ、序文と40の紋（章）から構成されている。

1～28紋は『日本書紀』の神代巻にあたり、神話的な内容をもつ。ただし必ずしも時系列的に話は進まず、呪術や習俗の起源譚的な記述もみられる。29紋以降は人皇時代で、初代神武天皇から第12代景行天皇までの歴史が記されている。記紀の内容と重なる部分もあるが、大きく異なる所伝や独自の所伝も多くみられ、そこが『ホツマツタエ』の読みどころとなっている。

ホツマツタエと題された理由については本文に説明がないが、『日本書紀』に、国見を行った神武天皇が大和国をたたえて**秀真国**と呼んだと知られていることがヒントになる。ホツマには最も秀でたものというニュアンスがあると考えられるため、原初の日本に対する美称を伝えるというような意味になるのだろう。『ホツマツタエ』の漢訳版にあたる『秀真政伝紀』に収録された容聰による自序によれば、容聰は大物主神の78世孫で、『ホツマツタエ』を家宝として伝えていたが、先祖の志を嗣ぐために苦心惨憺して翻訳したのだという。

高島市の旧家に伝わる文書によると、容聰は江戸時代の僧侶で、近江国高島郡に住していた。容聰の死後、『秀真政伝紀』は親族が相続したが、幕末に日吉神社の関係者の手に渡ったという。

その後の経緯は不詳だが、おそらく『秀真政伝紀』は日吉神社に奉納されたものの、やがてそのことが忘れられてしまったために、長らく神社の蔵に

人知れず眠ることになったのではないかと推測されている。

48文字あるオシテ

『ホツマツタエ』の特色をいくつか挙げてみると、次のようになる。

①全編が神代文字の一種、ホツマ文字で書かれている。ホツマ文字とは研究者がつけた通称で、『ホツマツタエ』本文では**オシテ**と呼ばれている。オシテは漢字や仮名文字とは字形が異なるが、48文字で構成される表音文字で、仮名文字に対応する音節が表現されている。

②テキストはすべて韻文体で、和歌の形式をとっている。例えば第1紋の書き出しを仮名に改めると、
「ソレワカハ　ワカヒメノカミ
　ステラレテ　ヒロタトソダツ
　カナサキノ　ツマノチオエテ
　アワウワヤ　テツチシホノメ」
と五七調になっていて、文節の最後は
「ウタハスム　イナムシハラフ
　ワカノマジナキ」
と、五七七で終わっている。『万葉集』などにみられる長歌の形式である。

③東国あるいは東北地方が聖地視されている。例えば、神々が住まう天上世界である**高天原**について、天界と現界のふたつがあるとされ、現界の高天原が**日高見国**と同義とされている。日高見国とは、古代日本における東北地方の呼称だ。そして『ホツマツタエ』

では日高見国は神々の故地、日本の大本となった聖地として重視されている。このような東国重視の姿勢は、あくまで西日本を中心とする『古事記』『日本書紀』の神話観、歴史観と好対照となっている。

④アマテラスオオミカミにあたる神がアマテル大神と呼ばれ、しかも女神ではなく男神とされている。

琵琶湖西岸に伝来

前述したように『ホツマツタエ』には複数の写本が存在するが、興味深いのは、それらがいずれも琵琶湖西岸に所在する神社や旧家に所蔵されていたこと、もしくはそこから流出したとみられることだ。前出『秀真政伝紀』の容聰による自序によれば、第16代仁徳天皇の弟・速総別皇子が近江の水尾御所へ赴き、『ホツマツタエ』を学んだという。近江の水尾御所については、高島市に鎮座する水尾神社をその跡地とする説がある。そして『日本書紀』によれば、最初に『ホツマツタエ』が献じられた景行天皇は、晩年に宮都を大和から近江に遷したことになっている。これらのことから、琵琶湖西岸には『ホツマツタエ』の原本が伝来していた可能性が高いということになり、写本がこの地で見つかるのもその関係ではないか、ということになる。

安曇川町の安閑神社のそばに**力石**と呼ばれる巨石があり、「昔、力持ちの娘がこの石で田んぼの水路をふさぎ、水争いを止めた」と伝えられているが、表面にはヒエログリフを想起する文字のようなものが陰刻されていて、一説には神代文字ではないかともいわれている。

琵琶湖西岸は神代文字のふるさとなのかもしれない。

オシテの横にカタカナでルビが振られている

二柱神、立天浮橋而指下其沼矛以畫者、鹽許々袁々呂々邇畫鳴而引上時、自其矛末垂落之鹽累積、成嶋、是淡能碁呂嶋。【古事記】

イザナギノミコトとイザナミノミコトの二柱の神は、天の浮橋に立ち、天の沼矛を下ろしてかき混ぜ、潮をコロコロと鳴らして引き上げる時、矛の先から潮が垂れ落ち、重ね積もって島になった。これがオノコロ島である。

絵島

国生みを行ったオノコロ島がどこにあるかは、古来議論の的だった。江戸時代を代表する国学者、本居宣長は、淡路島北の絵島こそ、オノコロ島であったという説を唱えている。すぐ近くには蛭子（ヒルコ）を祀った岩屋恵比寿神社がある。

絵島
住 兵庫県淡路市岩屋884-4　🚗 淡路ICから約5分

ニッポン
始まりの地 淡路島

自凝島神社のイザナギノミコトとイザナミノミコトの像

自凝島神社（おのころじまじんじゃ）

自凝島神社
住 兵庫県南あわじ市榎列下幡多412
URL www.freedom.ne.jp/onokoro
🚗 西淡三原ICから約10分

淡路島の西部にある自凝島神社もオノコロ島ではないかと伝わる神社。国生みの神にあやかって、安産、縁結びに御利益があるとされている。徒歩5分ほどのイザナギノミコトとイザナミノミコトが降り立った天の浮き橋も必見だ。

如此言竟而御合生子、淡道之穗之狹別嶋。次生伊豫之二名嶋【古事記】

このように言い終え、結婚して生まれた島が、淡路の穂之狹別嶋（ほのさわけのしま）。次に伊予の二名島を生んだ。

伊弉諾神宮
(いざなぎ)

イザナギノミコトが隠棲したとされる幽宮で、イザナギノミコトとイザナミノミコトの2柱が祀られている神社。境内には陽の道しるべというモニュメントがあり、伊弉諾神宮の同緯度に伊勢神宮、冬至の日没の方向に高千穂神社（→P.314）、夏至の日没の方向に出雲大社が鎮座しているなど、太陽の運行と縁の深い神社との位置関係がわかるようになっている。

伊弉諾神宮
🏯 兵庫県淡路市多賀740　URL kuniuminoshima.jp
🚗 津名一宮ICから約5分

伊弉諾尊神功既畢靈運當
邊、是以搆幽宮於淡路之
洲寂然長隠者矣『日本書紀』

イザナギノミコトは、神としての仕事を終えることにした。そこで淡路に幽宮を建てて、静かに長くお隠れになった。

←絵島

8世紀に成立した『古事記』によると、天の浮き橋からオノコロ島に降りたイザナギノミコトとイザナミノミコトが結婚し、最初に生んだ島が淡路島とされている。日本の始まりを告げる見どころを紹介しよう。

伊弉諾神宮
自凝島神社

神々が創り出した最初の島には 古代イスラエルの遺跡があった！？

淡路島と古代ユダヤ人

日本神話によれば、日本列島で最初に生まれた国土をオノコロ島という。その場所は、淡路島だとも淡路島の南の沼島（ぬしま）だともいわれている。いずれにせよ淡路島は、いわば日本発祥の地なのだ。

この淡路島に古代イスラエルの遺跡があるといったらどうだろう。1934年、工事中の洲本市小路谷の旅館四州園（すもとし しょうじゃ）（現ホテルニューアワジ別邸）内で、古代の遺跡としか思えない石組みが出土した。するとその夜、旅館の主が急死。通夜の日には台風が直撃し、旅館は大損害を受ける。そのため、岬神の祟りに違いないと関係者は畏れ、遺跡は埋め戻されてしまった。

ところが1952年に転機が訪れる。この遺跡は古代イスラエルのものではないかという説が発表され、発掘調査が行われることになったのだ。調査は日本の学者だけでなく、イスラエルのローゼン大司教や日本イスラエル協会会長らが立ち会う大規模なものとなり、当時の神戸新聞でも大きく報道された。

残念ながら真偽は不明なままだが、淡路島には油谷、古茂江（ゆだに）（こもえ）などヘブライ語を連想させる地名も多く見られる。もしかすると国生み神話は、古代イスラエル人が最初に日本列島に定住した場所が淡路島だと暗示しているのかもしれない。

淡路島のユダヤ人遺跡

ビリケンはアメリカ生まれ!?

通天閣の3代目ビリケン

BILLIKEN
THINGS·AS·THEY

釣り上がった目にニヤリと笑う口。裸で足を突き出し奇妙な格好で座る姿。通天閣や新世界でおなじみのビリケンは、日本では幸福をもたらす神様として人々に愛されている存在だ。しかしこの福の神、実はアメリカ生まれ。ミズーリ州カンザスシティの美術教師でイラストレーターのフローレンス・プレッツという女性が創り出したキャラクターなのだ。

世界中で大ブームに

1909年2月16日のオハイオ州日刊紙『アクロン・ビーコン・ジャーナル』によると、「1905年、プレッツは勤務していた学校の美術部のフロイ・キャンベルが所有していた神々のコレクションを見て、その不気味な見た目からビリケンのインスピレーションを得た」という。1908年5月にシカゴでビリケンのフィギュアが発売されると、「The god of things as they ought to be（物事のあるべき姿を司る神）」、あるいは幸福のマスコットとしてすぐに人気を博した。はがきや広告、おもちゃ、皿、銀行などさまざまな場所で登場。カナダ、メキシコ、南米、ヨーロッパなどにも広まった。ブームが去ってからも、ビリケンは100年以上もアメリカのセントルイス大学のマスコットであり続けている。1940年に公開されたヴィヴィアン・リーとロバート・テイラー主演の映画『哀愁』でも幸運のお守りとして劇中に登場する。

海を越えて日本へ

ビリケンが日本に伝わったのは1909年頃。1911年には大阪の神田屋田村商店（現在の田村駒）が商標登録し、販売促進用品や商品キャラクターとして使用された。さらに1912年、大阪・新世界にルナパークがオープンし、当時すでに縁起物として流行していたビリケン像が置かれ名物となる。しかし1923年にルナパークが閉園すると、像は行方不明になってしまう。新世界にビリケン像が再び登場するのは1979年。通天閣に「通天閣ふれあい広場」ができることとなり、かつての名物を復活させることになったのだ。そして2012年には通天閣100周年のリニューアルに合わせて3代目のビリケンが置かれ、現在に至る。

日本中で流行しただけに、いまなおビリケン像を祀っているところは大阪以外にもある。なかでも古い歴史をもつ像がふたつあり、ひとつは神戸にある松尾稲荷神社に祀られているもの。大正期の初め、神戸に寄港したアメリカ人水兵によってもたらされたビリケンを見た元町の洋食屋の主人が、本物をまねて作らせたものだという。もうひとつは千葉県流山市の利根運河沿いの土手。利根運河の社長が1913年に新たな観光名所として設置したものだ。現在のものは2代目で、初代は流山市立博物館が収蔵している。今なお愛され続けているビリケン。案外身近なところにもあるかもしれない。

フローレンス・プレッツ（プリッツ）によるビリケンのスケッチと、ジャーナリストのマルグリート・マーティンによるプレッツの肖像画。St. Louis Post-Dispatch紙、1909年11月7日の記事より

中国と四国地方のミステリースポット

人里離れた山のなか、
隠れているのは
ヒバゴンなのか河童なのか。
第六感に導かれるまま、
静かな森へ探検に出よう！

お気軽プチ遍路＆
桃太郎ゆかりの地へ

1日目

8:00 徳島市内

徳島市内で自動車をレンタルして一番札所の霊山寺までは約30分。

↓ 30分

8:45 ちょっとだけお遍路 ➡ P.276
第一番～第二番札所を歩く

弘法大師が修行をした88の霊場を巡るお遍路の旅。すべての寺を踏破するには時間と体力が必要なので、区切り打ちで参拝する人も多い。2～3ヵ寺巡るだけのプチ遍路は、雰囲気を味わいたいという人にもおすすめ。第一番札所の霊山寺、第二番札所の極楽寺へ行ってみよう。

↓ 50分

**11:00 高松で名物の骨付鳥を食べて
パワーチャージ**

骨付鳥は知られざる香川県名物。ハーブやスパイス、ニンニクなどで味付けした鶏のもも肉を焼いたもので、皮はパリッと中はジューシーでたいへん美味。食べ応えを楽しむ「おや」と柔らかくてジューシーな「わか」の2種類がある。

↓ 20分

**12:20 讃岐桃太郎伝説の舞台
女木島へ** ➡ P.281

女木島には鬼の住処だったといわれる鬼ヶ島大洞窟があり、讃岐桃太郎伝説の舞台とされている。女木島に関する資料や日本各地に残る鬼伝説を展示した資料館もある。

鬼ヶ島へ
ようこそ！！

↓ 20分

↓ 30分

**16:20 第八十二番札所根香寺（ねごろじ）で
牛鬼退治の伝説に触れる**
➡ P.281

根香寺は、空海が定めた霊場のひとつ。円珍という僧侶が香木で観音像を彫ったことから、根香寺と呼ばれるようになり、香川という県名の由来ともいわれている。牛鬼退治の伝説で知られており、境内にある牛鬼像は圧巻だ！

↓ 45分

**18:00 香川といえばやっぱり
讃岐うどん**

香川に来て讃岐うどんを食べないわけにはいかない。一説には空海が唐からうどんの製法を持ち帰って、日本に広めたという。

ぶっかけ
うどん！！

↓ 15分

19:00 宿坊もしくはホテルに宿泊

せっかく霊場を巡ったのだから、宿坊に泊まってみるのも貴重な体験だ。香川県内では、第七十五番札所の善通寺と第八十一番札所の白峯寺に宿坊がある。

お遍路豆知識 第六番札所の **安楽寺**

通し打ちの歩き遍路で第一番札所を出発すると、第六番札所の安楽寺前後で1日目の夜を迎えることが多い。そのため安楽寺には最大規模の宿坊があり、多くのお遍路さんが宿泊している。創建は815年。温泉山という安楽寺の山号は、空海が湧き出る霊泉を発見したことに由来している。以来、万病に効果がある湯として、歩き疲れたお遍路さんや旅人を癒し続けている。

🏠 徳島県板野郡上板町引野寺ノ西北8
URL shikoku6.or.jp ● 土成ICから約5分

おとぎ話の代名詞ともいえる桃太郎。
岡山県には物語のモデルとなった伝承が残され、
それを裏づけるスポットがいくつもある。
お遍路の旅と合わせて中国・四国を巡ってみよう。

ポイント
1日目は根香寺に寄らないなら徒歩と公共交通機関だけで回れる。

2日目

9:00 坂出（香川県）から瀬戸大橋を渡って岡山へ

🚗 1時間

10:00 岡山駅で桃太郎像と記念撮影

桃太郎伝説発祥の地である岡山は、そこかしこに桃太郎の姿が。なかでも岡山駅後楽園口の桃太郎像は有名で、ここから東に延びる桃太郎大通りにも銅像が点在している。

名物のきび団子を携えていざ出発！

🚗 20分

11:00 桃太郎のモデル、吉備津彦を祀るふたつの神社へ

吉備津彦神社は、桃太郎のモデルといわれている、第7代孝霊天皇の御子、大吉備津彦命（オオキビツヒコノミコト）を祀っている神社。推古天皇の治世に御祭神の屋敷跡に建てられた社が起源と伝わっている。吉備津彦神社から徒歩約30分の吉備津神社は、吉凶を占う鳴釜神事（なるかましんじ）が行われる。

吉備津彦神社
住 岡山県岡山市北区一宮1043
URL www.kibitsuhiko.or.jp
🚶 JR備前一宮駅から徒歩約3分

吉備津神社
住 岡山県岡山市北区吉備津931
URL kibitujinja.com
🚶 JR吉備津駅から徒歩約10分

桃みくじで運だめし！

🚗 30分

14:00 温羅（うら）が根城にした鬼城山で鬼の痕跡を探す → P.280

鬼城山は総社市にある、謎の多い古代の山城。吉備津彦命に退治された温羅の居城だったという伝説がある。温羅が住んでいたとされる鬼の差し上げ石や、さらってきた婦女子を茹でたといわれる鬼の釜など、痕跡が多く残されている。

鬼の差し上げ岩の内部に潜入！

🚗 30分

18:00 デミカツ丼を食べて勝ち運フルチャージ

デミカツ丼は、醤油ベースの卵とじの代わりにデミグラスソースがかかったご当地グルメ。桃太郎ゆかりの地を巡って授かった勝ち運に加えて、カツを食べれば縁起がいいこと間違いなし！

桃太郎小話　岡山の大鬼 温羅

桃太郎のモデルとなった話として最もよく知られているのが、岡山に伝わる温羅伝説。温羅の背丈は約4.2m、髪は燃えるように赤く、眼は獣のような鋭さだったという。鬼城山を拠点に悪行を働く温羅に対し、大和朝廷は五十狭芹彦命（イサセリヒコノミコト、のちの大吉備津彦命）を派遣。現在の吉備津神社に本陣を構え、激しい戦いの末に温羅を討ち取った。しかし地中深くに埋められた首は13年間も唸り続け、温羅の妻に神事を行わせてようやく鎮まったという。

四国八十八ヵ所
霊場巡り

お遍路こと四国八十八ヵ所霊場巡りは、日本を代表する巡礼の道。弘法大師空海ゆかりの88ヵ所の寺院を巡るものだ。多くの巡礼路は最終目的地があって、そこに向かう道が整備されているものだが、お遍路の場合は八十八ヵ所札所の一つひとつに優劣はなく、それぞれの寺院を巡っていく回遊型。どこから回っても、どちらから回っても構わないし、歩いて回るだけでなく、タクシーや自転車で回ってもよいなど、その人に応じたスタイルや日程で巡ることができる。

参拝方法

合掌、一礼してから山門をくぐり、手水舎で手を洗い、口をすすいで身を清める。鐘がつけるところでは1回だけついてから本堂へ向かう。本堂では、ロウソク1本に火を灯し、線香3本を焚き、納札と写経を所定の箱に収める。お賽銭を入れて読経を行ったら本堂での参拝は終了。続いて大師堂で本堂と同じ形式の参拝をする。最後に合掌、一礼してから山門を出る。

納札は多くの色がある。これまでにお遍路を何周したかで納める色が変わり、1〜4周目は白の納札を使う。錦の納札は100周以上した人が対象

弘法大師

第十一番札所藤井寺の修行大師像

弘法大師空海は、讃岐国多度郡（現在の香川県善通寺市）出身の僧で、唐で密教を学び、日本に伝えた真言宗の開祖。816年に高野山を開山し、823年には、嵯峨天皇から東寺を下賜され、密教の根本道場とした。お遍路は、弘法大師ゆかりの寺院を88ヵ所巡ることで、もともとは僧が行う修行だったが、後に庶民にも広がった。お遍路を行う際にかぶる笠などには、「同行二人」と書かれているが、二人とは自分と弘法大師のこと。弘法大師が一緒に旅をしてくれていることを意味している。

歩き遍路

徒歩でお遍路を巡ることを歩き遍路という。昔は徒歩以外にお遍路を回る方法がなかったが、交通網が発達した現在では、歩き遍路以外の手段も充実している。自家用車でお遍路を回ることは自家用車遍路、レンタカーならレンタカー遍路、タクシーならタクシー遍路といった具合だ。1日4〜10の札所を巡る日帰りバスツアーが西日本を中心に運行されており、バス遍路という。また、列車やバスなどの公共交通機関を利用しながら、途中路線がない所のみ徒歩で回ることも可能だ。

香川県

徳島県

愛媛県

高知県

通し打ち／区切り打ち

1回の旅でお遍路すべてを回りきることを通し打ちという。お遍路は約1400kmあるので、自家用車で回っても10日ほど、徒歩なら40〜50日もかかる。お金と時間、体力に余裕がなくてはならない回り方だ。何度かにわけてお遍路を回ることは区切り打ちという。区切り打ちの一種で、ひとつの県の札所をすべて回ることは、一国参りといわれている。

納経

満願成就の記念にもなる納経帳

寺社で参拝の記念としてもらえる御朱印だが、お遍路で頂く御朱印のことは納経といわれる。納経帳に直接書いてもらうほか、納経軸という掛け軸に書いてもらったり、白衣に押印してもらうこともできる。納経軸は、納経帳とは異なり、床の間に飾って鑑賞することができるし、押印された白衣は、参拝者が亡くなったとき、死出の衣装としてお棺に入れられることが多い。いずれも納経所で頂くことができる。

第八十八番札所

88ヵ所のすべてをお参りすることを結願（けちがん）という。第一番札所から順打ちをすると、第八十八番札所の大窪寺が結願の地となるため大窪寺の石段脇には「八十八番結願所」の石碑がある。一緒に巡礼の旅を続けてきた金剛杖を奉納する寶杖堂（ほうじょうどう）もある。納経所ではすべてを回った証明である結願証を発行してもらえる。

結願所として知られる大窪寺

第一番札所

第一番札所の霊山寺には総合案内所があり、お遍路に必要な道具をひととおり揃えることができる。88ヵ所すべて回った後で、お礼参りとして訪れると、満願書を発行してもらえる。

多くの人がお遍路をスタートさせるのが一番札所の霊山寺

生涯の多くが謎に包まれている空海。
その正体は不老不死の霊薬を生成する
アルケミストだった！？

空海の前半生はほぼ不明

弘法大師空海（774〜835年）は、真言宗の開祖として、あるいは高野山（→P.259）を密教の聖地として開創し、四国遍路のルーツをつくった僧として、日本人なら誰もが知る偉人だろう。ところが、空海の生涯については実に謎が多い。その最たるものは、「生誕から31歳（数え）で留学僧として遣唐使船に乗って中国へ出発するまでは、詳しい履歴が不明」ということだ。つまり、空海の前半生は大きな闇に包まれている。

そもそも生誕からして怪しく、通説では774年に地方豪族の佐伯直田公を父として讃岐（現在の香川県）に生まれたことになっているのだが、生年を773年とする史料もある。また生誕地については、四国ではなく母方の実家があった河内（現在の大阪府）ではなかったか、とする説もあるのだ。

結局、空海の前半生において、信頼できる史料にもとづいて確実に知りうる事蹟は、次の3つしかない。
①15歳のとき、母方のおじのもとで勉学をはじめた。
②18歳のとき、官吏になるために都（平城京もしくは長岡京）の大学に入った。
③大学入学後まもなく中退して仏門に入り、24歳時にユニークな仏教論書『三教指帰』を著した。

水銀鉱脈を求めた空海

ここで注意したいのは、③で空海が大学中退後、仏門に入ったといっても、正式に出家して僧侶となったわけではないということだ。この時代、僧侶となるには国家の許可が必要だったが、空海は公的な手続きを経ずに、勝手に僧侶を称したらしいのだ。このような国家非公認の僧侶を私度僧という。

空海がようやく正式な僧侶となった

東京国立博物館収蔵『弘法大師像』
出典：ColBase（https://colbase.nich.go.jp/）

のは、遣唐使船に乗り込む直前のこととみられている。

では、私度僧時代、つまり18歳で入学後まもなく大学を中退してから31歳で入唐に出立するまでの約10年、空海はどこで何をしていたのか。

繰り返しになるが、このことに関しては確実なことはまったくといっていいほどわかっていない。だが、こんな奇説を唱える向きがある。

「私度僧時代の空海は、水銀の鉱脈を捜して日本各地を踏破していた。そうして見出したのが、後に真言宗の聖地となる高野山だった」

水銀は赤色（丹色）の顔料として古くから利用されてきたが、辰砂を原鉱とし、辰砂は朱砂、丹砂などとも呼ばれる。日本列島は辰砂を比較的豊富に産出する土地柄で、各地に点在する丹生という地名は辰砂の採取地とみられている。すなわち丹生は丹砂（辰砂）を生むところというわけだ。

そして、高野山もまた辰砂の産地だったらしい。高野山の中腹に、水銀の女神ともいえる丹生都比売を祀る

辰砂の結晶。「賢者の石」とも呼ばれていた

丹生都比売神社が鎮座していることが、何よりの証拠である。つまりは、私度僧時代の空海が水銀の鉱脈を探して各地を行脚していた可能性は確かにある、ということになろう。

不老不死の秘薬を求めた空海

だが、そもそもなぜ空海は水銀を求めたのか。この問いに対して簡単に答えるのは難しいが、簡略に記すならば、次のようになる。

「密教では、修行を究めて肉体をもったまま仏の永遠の境地に至ること、すなわち即身成仏が極意とされた。一方、中国では、水銀から不老不死の秘薬金丹をつくることができると信じられていて、これを煉丹術と呼んだ。いわば東洋版錬金術だ。

不老不死とは、ある意味では即身成仏の言い換えである。そこで空海は、即身成仏修行の一環として、不老不死の秘薬をつくって服用しようと考え、そのために原料の水銀を探し求めた」

この水銀史観に立つならば、空海が中国に留学したのは東洋版錬金術を学ぶためだったということになるし、高野山とは空海がつくった煉丹術の殿堂だった、ということにもなるのだ。

煉丹術を伝授した如意尼

この見立てを傍証しようとするのが、空海と如意尼のとあるエピソードである。鎌倉時代に編纂された仏教史書『元亨釈書』には、次のような空海伝説が書かれている。

「824年夏、京都が日照りに見舞われたとき、時の淳和天皇は空海とそのライバル僧、守敏に命じて雨乞いの祈禱をさせて、ふたりの法力を競わせた。

このとき、空海のもとをひとりの女性が訪れた。彼女は丹後（現在の京都府北部）の出身で、淳和天皇の妃のひとりだったが、後に出家して如意尼と称することになる女性だった。そして彼女は空海にひとつの箱を手渡した。箱を得た空海が雨乞いの呪法を行うと、旱天はにわかにかき曇り、雨が沛然と降りはじめた」

如意尼が空海に渡した箱の中には何が入っていたのか。このことについて『元亨釈書』は沈黙しているが、その箱には、空海が探し求めていた、水銀を原料とする不老不死の秘薬が納められていたのではなかったか。というのも、如意尼の出身地である丹後は「丹」という字が示唆するように、丹砂が豊富に採れる土地で、煉丹術が盛んに行われていたと考えられるからだ。

ちなみに丹後国一の宮の籠神社の伝承では、如意尼は宮司家である海部氏の娘で、この地に湧き出る泉「天の真名井の水」で心身を清められて育ったので、真井御前とも呼ばれたということになっている。また丹後半島には、煉丹術に長けていたとみられる古代中国の方士・徐福（→P.244）が上陸したという伝承もある。

すなわち、雨乞いをする空海が丹後の如意尼から不老不死の秘薬を手渡されたという伝説は、空海が丹後に伝わる煉丹術の秘伝を伝授されたことを寓意しているのではないだろうか。

伝承によれば、宮中を出て出家した如意尼は摂津国甲山（現在の兵庫県西宮市甲山町）に神呪寺を創建し、彼女もまた空海にならって即身成仏の修行にはげんだ。そして835年（陰暦）3月20日に33歳で遷化したという。空海が高野山にて62歳で入定を遂げたのはこの翌日である。もし空海が煉丹術をマスターしていたのであれば、高野山の奥之院にある御廟の中で、まだ生き続けているはずである。

中国・四国の鬼伝説

岡山県　香川県　鳥取県　愛媛県

鬼城山
🏠 岡山県総社市黒尾
🚗 岡山総社ICから約20分

桃太郎はいなかったが、愛犬を
連れた登山客でにぎわっていた

コラム　岡山市にある吉備
津神社は、吉備津
彦命を主祭神とする備中国一
宮。桃太郎は祭神の功績
を童話化したもので、特に
勝運の御利益は折り紙つき
だ。全国で唯一の比翼入母
屋造の社殿は国宝に指定さ
れている。

温羅が住処にしていたとされる
鬼の差し上げ岩

現在の岡山県周辺
は古代から、鉄の
一大産出地であり、高度
な製鉄技術をもってい
た。それを可能にさせた
のは、朝鮮半島から渡っ
てきたハイテク集団・渡
来人がもたらした知識
だった。彼らこそその地
を治めた温羅の正体で
あり、桃太郎伝説は彼ら
と大和朝廷の鉄を巡る戦
いの記録なのである。

復元された鬼城山の城壁と西門

大和政権時に建てられた城

鬼城山
きのじょうざん

　岡山県総社市の北東部にある標高400mほどの山に築かれ
た古代山城。別名**鬼ノ城**とも呼ばれ、発掘調査の結果により
7世紀後半に築かれたと考えられている。
　吉備津神社の社伝によるとその昔、温羅と呼ばれる鬼がこ
こを住処に暴れ回り、人々を苦しめていた。そこで**大和朝廷
は吉備津彦命を派遣、激闘の末に温羅を退治した**という。実
際には白村江の戦いで敗れた後、国の防衛のために築かれた
という説が有力だ。現在は復元された西門や城壁を巡るトレッ
キングコースが整備され、県内外から多くの登山客でにぎ
わう。山頂付近にある鬼城山ビジターセンター前までは車で
行くことができるが、車道の幅員が狭いので注意。

●鬼が住んでいた痕跡！？
　鬼城山ビジターセンターか
らおよそ3kmのところにある
岩屋寺周辺は巨石が点在し、
温羅にまつわる名称が付けら
れている。なかでも圧巻なの
が**鬼の差し上げ岩**だ。縦15m、

駐車場までの山道の途中にある鬼の釜

横5m、厚さ5mの巨石で、伝説では**温羅がこの岩を持ち上
げて岩窟を作り、そこで生活をしていた**とされている。岩窟
の中には不動明王の祠がある。ほかにも**さらってきた婦女子
を茹でたという鬼の釜**や、**鬼の昼寝石**など見どころは多い。

　歩き方+　高松市鬼無町は桃太郎伝説ゆかりの地のひとつ。町に鎮座する熊野権現桃太郎神社の境内には桃太
郎やおじいさん、おばあさん、犬猿雉の墓がある。

讃岐桃太郎伝説を裏づける島

女木島
めぎじま

高松市の北約4kmに浮かぶ女木島。高松市鬼無町出身のアマチュア歴史家だった**橋本仙太郎**は、**鬼無町は桃太郎が生まれ育った町で、この島こそが鬼ヶ島である**という讃岐桃太郎伝説を提唱した。

洞窟内にあるオブジェ

●鬼ヶ島大洞窟

鬼ヶ島大洞窟は、女木島の中心に位置する鷲ヶ峰の頂上付近にある洞窟で、1914年に橋本仙太郎によって発見された。氏の調査によれば、かつては**鬼の住処**だったとのこと。現在は観光地化が進み、全長400mほどの内部には桃太郎や鬼のオブジェが置かれている。

鬼ヶ島大洞窟
住 香川県高松市女木町235
女木島港から**連絡バス**で約10分

高松市から女木島を望む

日本最古の鬼伝説が残る地

鬼住山
きずみやま

鳥取県伯耆町にある標高326mの山。かつて**暴力的な鬼の兄弟が住んでおり、人々を困らせていた**という。そこで吉備津彦命の父にあたる**第7代孝霊天皇が成敗した**という言い伝えが地元の**樂樂福神社**に伝わっている。

●鬼のまち伯耆

日本最古の鬼伝説が残る伯耆町は、鬼で地域活性化をはかる町。長い滑り台のある公園**おにっ子ランド**の入口には大迫力の鬼のオブジェが立っているほか、溝口ICからすぐのところには鬼の顔がデザインされたトイレがある。地元銘菓の**鬼もなか**は、胡桃入りの餡が詰まった素朴な味が人気。

鬼住山
住 鳥取県西伯郡伯耆町長山
溝口ICから車で約30分の登山口から、山頂展望台まで約30分

鳥取県日南町にある樂樂福神社

牛鬼退治の言い伝えで知られる

根香寺
ねごろじ

根香寺は、香川県高松市にある**四国八十八ヵ所霊場**（→P.276）の第八十二番札所。400年ほど前、この辺りに**人や家畜を食い殺す牛鬼が住んでいた**という。恐れた村人たちは弓の名手だった**山田藏人**に退治を依頼。藏人はみごと牛鬼を討ち取り、その角を根香寺に奉納したと伝わっている。牛鬼の角は秘蔵となっており、拝観することはできないが、牛鬼が描かれた授与品を頒布している。

根香寺
住 香川県高松市中山町1506
高松檀紙ICから約25分

境内にある牛鬼像

根香寺の本堂

桃太郎のお供が犬、猿、キジなのには理由がある。桃太郎は、都から見て鬼がいる西の方角にあたる「戌(犬)」「申(猿)」「酉(鳥)」をお供にして戦ったのだ。

宇和島市
▷道の駅 みなとオアシスうわじま

住 愛媛県宇和島市弁天町
1-318-16
URL www.kisaiyahiroba.com
🚗 宇和島朝日ICからすぐ

宇和島で有名な闘牛は1年に4回
開催される

鬼北町
▷道の駅 森の三角ぼうし

住 愛媛県北宇和郡鬼北町永
野市138-6
URL www.sankaku-boushi.com
🚗 宇和島朝日ICから約20分
▷道の駅 日吉夢産地
住 愛媛県北宇和郡鬼北町下
鍵山54
URL www.hiyoshiyumesanchi.com
🚗 宇和島朝日ICから約40分

コラム 鬼の付く村として
有名だった長野県
の鬼無里村（きなさむら）は、
2005年に長野市に編入さ
れたため、鬼無里は地区名
となった。
平維茂（たいらのこれもち）
が妖術使いの鬼女、紅葉（も
みじ）を討ち取り、以降は
鬼がいなくなったという伝
説が村名の由来。由緒ある
町村名が平成の合併で消え
たひとつの例だ。

四万十川水系の広見川が流れる
鬼北町。鮎や鰻が名産だ

巨大な牛鬼が町中を練り歩く祭りで知られる

宇和島市
うわじまし

歓声が響くなか、町を練り歩く牛鬼

　愛媛県の宇和島市周辺は、**牛鬼にまつわる伝承が多い地域**。牛鬼退治の言い伝えも多く残るが、一部では神格化され、祭礼が行われている。なかでも有名なのが毎年7月22〜24日に行われる**うわじま牛鬼まつり**だ。この夏祭りでは鬼のような顔に長い首、赤い布などで覆われた牛の胴体を持つ全長5mの牛鬼が市内を巡行する。加藤清正が朝鮮出兵の際に敵を威圧するために使った兵器が始まりという伝承が残っている。最終日には闘牛大会の七月場所が行われていたが、現在は行われていない。**道の駅 みなとオアシスうわじま**では、祭りで使用された牛鬼を展示している。

日本で唯一「鬼」の文字がつく自治体

鬼北町
きほくちょう

　愛媛県の鬼北町は宇和島市の東隣にある町。町名の由来は鬼ヶ城山という標高1151mの高峰の北東に町が位置することから。**全国の自治体のなかで唯一「鬼」の文字が付く町**として、鬼の町づくりを推進している。道の駅 森の三角ぼうしにある**鬼王丸**と、森の三角ぼうしから20kmほど離れた道の駅 日吉夢産地にある**柚鬼媛**は、町のシンボルにもなっている巨大モニュメント。各道の駅では鬼グッズも販売している。

　宇和島駅から鬼北町を通って高知県の窪川駅まで走るJR予土線では、**鬼が描かれたラッピング車両が運行中**。車内ではARアプリを使った観光ガイドや記念撮影を楽しめる。

みなぎる力強さが魅力の鬼王丸（左）©竹谷隆之/鬼北町
艶やかで優しい表情の柚鬼媛（右）©海洋堂/鬼北町

282 　**歩き方＋** 鬼北町では家族愛を大声で叫ぶ「愛ある鬼嫁コンテスト」が、道の駅 日吉夢産地で毎年開催されている。参加資格は「鬼嫁」だけでなく老若男女誰でもOK。

霊場集まる四国にはUFOが多く出没する！？
四国のUFO目撃スポット

高知県

自動車メーカーのCMでも話題となった

👽 UFOライン
ゆーふぉーらいん

標高1300〜1700mの尾根沿いを縫うように走る全長約27kmのドライブコース。正式名称は、町道瓶ヶ森線といい、高知県いの町と愛媛県西条市を結ぶ。もともとは雄大な峰々が続く道、雄峰ラインという別称だったが、しばしばUFOの目撃情報が寄せられており、UFOラインという愛称が定着した。9月の紅葉がベストシーズンとなっており、毎年混雑が予想される。なお1.5車線ほどの道幅が続くので安全運転を心がけよう。いの町方面から西条市の方向には西日本最高峰1982mの石鎚山を見渡すことができる。石鎚山は日本七霊山にも数えられ、古くから山岳信仰の場として崇敬を受けているパワースポット。石鎚山を御神体とする石鎚神社が有名で、麓から山頂にかけて社殿が4つ鎮座している。山頂までの道のりは鎖場があるほど険しいが、晴れていれば瀬戸内海まで一望できる絶景が広がっている。

UFOライン
🏠高知県吾川郡いの町寺川
🚗伊予小松ICから約1時間30分

UFOと遭遇しそうな神秘的な雰囲気

四国ハナハヶ所霊場のエネルギーがUFOを呼び寄せた！！

介良事件

地元中学生が発見したUFO

1972年8月下旬〜9月下旬に、高知県高知市の介良地区で小型UFOが複数回、地元中学生9人によって捕獲されるという事件が発生。**介良事件**と呼ばれている。

このときは同地区内にある田んぼに、たてつづけに小型UFOが出現したのだが、それはまるで大き目の灰皿を逆さにしたような姿だったという。

証言によれば、UFOは夜間にある田んぼのなかにだけ現れ、不規則な周期で明滅していた。そのことに気づいた中学生たちが、捕まえて家に持ち帰ったのだ（比較的簡単に捕獲できたという）。ところが奇妙なことにUFOはいつの間にか消えてしまい、再び田んぼに現れるということを繰り返した。

当時はまだ、UFOの存在もあまり知られておらず、彼らは正体について深く考えることもなかった。好奇心から火であぶったり、ペンチでつばの部分を曲げようとしたり、ハンマーで叩いたりもしたという。そのため、写真を撮影することもなく、証拠が何ひとつ残されないまま、UFOは現れなくなったのだ。

ただ、このような事件は前代未聞であり、世界的に見てもきわめて珍しい出来事だったことは間違いない。

証言をもとに作られたUFOの実寸模型。目撃地で現場検証が行われた

独自の進化を遂げた大八島国のひとつ

隠岐 の景勝地でパワーチャージ

島根県の北方約50kmに位置する隠岐諸島。
およそ1万年前に離島となり形成された
ダイナミックな景観は、訪れた人を魅了してやまない。

約2kmの遊歩道沿いに広がる絶景

断崖絶壁が織りなす絶景

パワスポ **1** **摩天崖**

西ノ島北西部に位置する隠岐国賀海岸。その一部は
海抜257mの絶壁となっており、摩天崖と呼ばれる。
崖上を沿うようにウオーキングコースが整備され、
ときおり、草をはむ隠岐牛や隠岐馬も見られる。

🏠 島根県隠岐郡西ノ島町　🚢 別府港から約20分

パワスポ **2** 聖なる勝ち水 **壇鏡の滝**

緑が深いジオパーク内にある
落差約40mの滝。この滝の
水は古くから勝ち水として重
宝され、名水百選にも選ばれ
ている。牛突きと呼ばれる闘
牛や古典相撲など、伝統ある
行事の際には汲みに訪れる人
が多く集まるそうだ。

🏠 島根県隠岐郡隠岐の島町那久
🚢 西郷港から約50分

伊勢命神社
ローソク島
水若酢神社
かぶら杉
島後
隠岐の島町
岩倉の乳房杉
壇鏡の滝
佐山牛突き場
隠岐ジオ
玉若酢神社の八百杉　ゲートウェイ
西郷港
隠岐空港

島前

西ノ島町
宇受加命神社
摩天崖　別府港　菱浦港
由良比女神社　浦郷港
海士町
北

0　　　10km
境港へ
（境港市）

来居港
知夫村
七類港、境港へ
七類港へ
（松江市）

天然のシャワーで
パワー充填！

パワスポ 3 今日は火が灯るか？

ローソク島

島後の北西およそ20mの海上にそびえる奇岩。名前の通り、ろうそくのような形をしている。展望台からは岩に灯る様子は見れないので、夕暮れにあわせて出発する遊覧船への乗船をおすすめしたい。点在する奇岩を遊覧し、最後には暖かな光を差す太陽が岩上に灯る神秘を見ることができる。要予約。

住 島根県隠岐郡隠岐の島町代
URL oki-dougo.info（隠岐の島町観光協会）
🚗 西郷港から約40分

大きなろうそくが海上に灯る

パワスポ 4 6本の幹が天を穿つ

かぶら杉

杉の大木が多く原生する隠岐島。中村地区にあるかぶら杉は玉若酢神社の八百杉と岩倉の乳房杉とともに隠岐三大杉に数えられる巨木で、樹齢は600年を超えるという。かぶら杉の近くには島根の名水に指定されている「にば谷」がある。

住 島根県隠岐郡隠岐の島町
🚗 西郷港から約20分

迫力のパワー！
1トンを超える雄牛
による牛突き

高さおよそ40mの巨木

圧倒的な
神社の数 神によって生み出された聖なる島

『古事記』によると隠岐はイザナギノミコトとイザナミノミコトによって、淡路島（→P.270）と四国に次ぐ3番目に生み出された島。

現在、隠岐諸島に鎮座する神社の総数は約150社を数え、そのうち16社が『延喜式神名帳』に記されている。なかでも由良比女（ユラヒメ）神社、宇受賀命（ウツカミコト）神社、水若酢（ミズワカス）神社、伊勢命（イセミコト）神社の4社は大社に格付けされた隠岐を代表する神社だ。神職さんが常駐していない神社が多いので、授与品をいただく場合はあらかじめ連絡しておいたほうが無難だ。

由良比女神社前に広がる浜にはイカが大量に押し寄せた伝説が残る

285

マントル物質が地表に現れている隠岐。
その莫大なエネルギーに集まるように
古社が点在している理由とは？

隠岐と失われたアークの謎

名前をもたなかった島

　日本海に浮かぶ隠岐諸島は、現在は島根県に属しているが、明治維新以前は**隠岐国**としてひとつの自治行政区を形成し、政治的にも宗教的にも、強い独立性を誇っていた。地理的には、古くから**島前**と**島後**のふたつの地方に大きく分けられてきた。島前は知夫里島、中ノ島、西ノ島の3島から成り立つ。もうひとつの島後は、島前の東に浮かぶ円形状の島だ。

　ここで注意したいのは、島後に相当する島は今でこそ島後島と呼ばれてはいるが、古くは、島名そのものが存在しなかった、ということだ。島前も島後もあくまで地方名であって、島名ではない。島前、島後の名称は、山陰道の道前、道後に由来するとか、隠岐諸島の前方、後方の意であるともいわれているが、ともかく、島後にはかつて島名が存在しなかった。

　それはなぜか。単に名前を付け忘れられたということだったのか。——いや、あえて、意図的に付けられなかったらしい。呪術の世界では、「名前」は非常に重要な意味をもつ。相手を呪うには、まず相手の名前を知ることが必要だからだ。逆にいえば、相手の名前を知らなければ、呪いようがない。古代の貴人の本名が**諱（忌み名）**と呼ばれ、その人を本名で呼ぶことがタブーとされたのは、このことと大いに関係がある。本人の前で諱を口にすることがタブー視されたのは、本名を呼ぶことが、その人物の言動を束縛する一種の呪術であると信じられたからだ。この伝でいけば、島後に長らく島名がつけられなかった理由も察しがつくだろう。隠岐の島後は、決して呪いが掛けられることがあってはならない、絶対的な聖地、厳重に封印された霊地だったのだ。

なぜか古社が多い

　隠岐は面積はそれほどないにもかかわらず、歴史の古い神社がやたらと多い。10世紀前半に編纂された**『延喜式神名帳』**という神社リストに掲載されている神社は**式内社**と呼ばれ、由緒ある神社として尊重されるのだが、その式内社が隠岐には15社もある。しかもそのうちの4社は格の高い大社である。このことは他地域と比較するとよくわかる。隠岐の倍以上の面積をもつ佐渡国（→P.192）の式内社は9社、山陽の長門国（現在の山口県西部）の式内社は3社だ。出雲大社で有名な出雲国はさすがに式内社が187社もあるが、このうち大社はわずかに2社のみである。

　これらのことから、隠岐の古社の密度の高さ、聖地としての濃さがわかるだろう。この隠岐の古社のうち、特に注目されるのは島後に鎮座する伊勢命神社、水若酢神社、玉若酢命神社の3社で、ほぼ一直線上に並んでいる。地元では、このうちの伊勢命神社は内宮、水若酢神社は外宮と呼ばれている。これは伊勢神宮のアマテラスオオミカミを祀る内宮と、トヨウケノオオカミを祀る外宮を意識したものだろう。

　では、玉若酢命神社は何に相当するのだろうか。

西の島前と東の島後からなる隠岐諸島

元伊勢・籠神社と隠岐

京都府北部の丹後半島の付け根あたりに**籠神社**という古社が鎮座している。この神社はアマテラスオオミカミとトヨウケノオオカミ、彦火 明命などを祭神とするが、伊勢神宮とのつながりが非常に深いことでも知られる。伝承によると、伊勢神宮は当初、内宮だけだったが、第21代雄略天皇の夢に内宮に祀られているアマテラスオオミカミが現れ、「自分は独り身で寂しいので、朝夕に奉る御饌（食事）の神として丹波からトヨウケノオオカミを迎えよ」と告げた。そこで、丹波の籠神社（より正確には籠神社奥宮の真名井神社）から伊勢の山田原にトヨウケノオオカミが勧請された。これが伊勢の外宮のはじまりだという。

また、内宮のルーツにも籠神社が登場する。伝承によると、アマテラスオオミカミは初代神武天皇以来、宮中に祀られていたが、第10代崇神天皇はその神威を恐れ、皇女・豊鍬入姫命にアマテラスオオミカミの御霊代である神鏡を託した。豊鍬入姫命は神鏡を奉じながら、大神の御杖代となって大和から丹波、紀伊、吉備など、全国を巡幸。その後、第11代垂仁天皇の皇女・倭姫命が御杖代の役を受け継ぎ、諸所をめぐって伊勢に入り、最終的に五十鈴川のほとりに落ち着いて大神を祀った。これが内宮のはじまりとされている。

いま記したように、この神鏡巡幸の折に豊鍬入姫命は丹波に立ち寄っているが、実はこのとき、豊鍬入姫命は籠神社の奥宮真名井神社に4年間も滞在したと伝えられている。このような伝承から、籠神社は**元伊勢**と呼ばれている。面白いことに、籠神社と伊勢の外宮・内宮はほぼ一直線上に並んで鎮座している。つまり、籠神社＝元伊勢は、伊勢の内宮・外宮とともに**伊勢三宮**を形成しているといえよう。だとすると、隠岐の玉若酢命神社は、元伊勢である籠神社に相当するのではないか。

隠岐は伊勢の最終奥宮だった

隠岐と籠神社のリンクは、次のような興味深い事実からも裏づけることができる。籠神社の境内から歩いて5分ほどの距離にある奥宮真名井神社は、籠神社発祥の地ともされるところだが、この社は古くは**吉佐宮**とも呼ばれた。吉佐は吉葛の意で、吉葛は、古説では狐、つまり瓢箪のことをさすとする。そのためか、吉佐宮は狐宮とも書かれたのである。つまり、籠神社の奥宮真名井神社は瓢箪をシンボルとする。

さて、ここで丹後半島のはるか沖合に浮かぶ隠岐を上空から俯瞰して見てみよう。すると島後と島前からなる姿は、まさに瓢箪である。隠岐は瓢箪島なのだ。ここに元伊勢籠神社と隠岐の照応が浮かび上がる。

隠岐と籠神社のつながりをもうひとつ挙げておこう。丹後半島沖に、冠島と沓島というふたつの小島が浮かんでいて、大きいほうの冠島には天火明命を祀る老人嶋神社が鎮座している。このあたりは浦島太郎伝説とも関わりが深いところなのだが、籠神社とも歴史的に関わりが深く、一説に、冠島と沓島は籠神社の海の奥宮であるという。そして、冠島と沓島は合わせて「沖の島」とも呼ばれているのだ。

つまり、籠神社のもうひとつの奥宮としての沖の島は、島前・島後からなる隠岐と見事に照応している。要するに隠岐は元伊勢籠神社の最終奥宮であり、伊勢三宮の最終奥宮なのだ。そして伊勢命神社、水若酢神社、玉若酢命神社の3社は、隠岐三宮＝奥伊勢三宮を形成しているのだ。

禁断の聖地、隠岐

隠岐が特別な聖地であることは、地質学的な面からも指摘することができる。隠岐は2015年、海域も含めてユネスコ**世界ジオパーク**に認定された。隠岐が地球科学的にみて非常に珍しい地質を有しているからだ。

マントルゼノリスが見られる島後島の久保呂海岸

例えば島後の東海岸には、本来なら分厚い地殻の下にあるマントルが地表に露出したことで形成された、貴重で珍しい岩石**マントルゼノリス**が分布している。つまり、地球内部に充填されていた鉱物が、隠岐に噴出しているのだ。その原因はよくわかっていないのだが、ともかくここで明らかなのは、隠岐が地球内部と特殊なエネルギー流によって直結している、という事実である。隠岐はホットスポットなのだ。おそらく、プラズマをともなうマントルプルーム（マントルの大規模な上昇流）が隠岐に噴出したのだろう。

ところで、『古事記』『日本書紀』の神話によれば、イザナギノミコトとイザナミノミコトによって最初に生じた島は、オノコロ島であったという。日本列島のヘソともいえるオノコロ島の比定地を巡っては、淡路島（→P.270）や、淡路島の南沖に浮かぶ沼島などが候補に挙げられてきた。だが、地球内部と直結している隠岐こそがオノコロ島の正体であり、日本列島のヘソではなかったのか。隠岐は国土の起点であり、宇宙の中心軸としての天御柱（あめのみはしら）だったともいえよう。

隠岐は「隠された岐」と読み替えることができるが、岐には「来るな」（くるな）とい

う古義があるという。つまり、隠岐には**隠された、来てはならない場所**という意味がある。それは、隠岐が地質学的にも、霊的にも極めて特殊で神聖な地と考えることもできるし、そこに島後が島名をもたなかったことの深意を読み取ることもできよう。

出雲大社は隠岐の拝殿

隠岐の南西には、出雲地方が広がっているが、実はこの神話の郷にも、隠岐の深い聖性が刻印されている。出雲といえば出雲大社だが、現在の出雲大社の神殿は江戸時代の1744年に再建されたもので、高さは8丈（約24m）である。ところが、出雲大社の古伝承によれば、太古、本殿の高さは32丈（約96m）もあったが、その後16丈（約48m）となり、次に8丈になったのだという。32丈といえば現代の30階建てのビルに相当する。しかもその神殿は、塔や天守閣のようなものではなく、高々とそびえる柱群の上に殿舎が載っていて、地上との間は長い階（きざはし）によってつながれている、というイメージである。

近年まで、古代人のテクノロジーではそのような高層建築物を造営することは不可能で、あくまで伝説にすぎないと考える研究者が多かった。しかし2000年に、現神殿近くの地下から、鎌倉時代のものと推測される3本束ねの巨大柱が出土したことで、風向きが変わった。このような巨大柱を用いれば、32丈はともかく、16丈の高さの神殿を造営することは十分可能だからだ。そのため、鎌倉時代の出雲大社の神殿はかなりの高さをもち、それ以前の古代においてもおそらく同様であっただろう、と現在では考えられるようになっている。

では、なぜ出雲大社の神殿はとてつもない高さを有していたのだろうか。出雲の古代人は何のために高層神殿を造営したのだろうか。

これについては諸説が唱えられているが、ここで隠岐との関係に注目すれば、

こんな仮説を立てることができる。出雲大社の高層神殿とは、伊勢の最終奥宮である隠岐を遥拝するための拝殿だったのではないか。大社の神殿が16丈、あるいは32丈もの高さに設計されたのは、遠く海の彼方に浮かぶ隠岐を遥拝するためだったのではないか。出雲大社に祀られているオオクニヌシノミコトは、隠岐に鎮まる伊勢奥宮の神々を拝してきたのではないだろうかと。

エルサレム神殿としての隠岐

　ここで話を隠岐三宮に戻そう。この3社の社殿は、ある法則にのっとって建てられているらしい。神社の本殿と拝殿を背にして参道の先を見ると、鳥居の向こうに、三角形の山容をもつきれいな山が見える。つまり、本殿・拝殿・三角山が一直線上に並んでいる。ただし、この三角山はいわゆる御神体山ではない。拝殿をはさんで本殿の反対側にそびえているからだ。

　このような配置が3社に共通してみられるのは、なぜだろうか。謎を解く手掛かりは海の彼方にあった。というのも、これとまったく同じ配置をみせる宗教的施設が海外にあるからだ。それはイスラエルのエルサレム神殿である。モリヤの丘に建つエルサレム神殿は、至聖所と聖所、そしてオリーブ山が一直線上に並んでいたのだ。

　つまり、隠岐三宮＝奥伊勢三宮は、エルサレム神殿と絶妙な暗合をみせている。このことは**日ユ同祖論**に基づけば、太古の昔、隠岐に古代イスラエル人の末裔がたどり着いたことを示唆しているのではないだろうか。

　古代イスラエルとのつながりは、隠岐とのつながりの深い出雲大社にも見出すことができる。大社本殿の天井には

7つに枝分かれした燭台メノラー

雲の絵が7つ描かれていることが知られている。出雲の枕詞が「八雲立つ」になっているくらいだから、雲が8つあってもよさそうなものを、なぜ7つなのか。

　実は、この7つの雲は、ユダヤ教のシンボルのひとつである、7つの枝をもつ**燭台メノラー**を寓意しているのではなかろうか。メノラーから立ち上る7つの雲を表現しているのではないだろうか。

　紀元前1000年頃にソロモン王がエルサレムに築いた壮麗な神殿には、モーセの十戒が刻まれた石板を納めた**契約の箱**が安置されていた。しかし、ソロモン王の死後、古代イスラエル王国は弱体化。紀元前6世紀には新バビロニアの侵攻を受けてイスラエル人は四散し、エルサレムの神殿も破壊されてしまった。このとき、契約の箱はイスラエル人によって密かに持ち出されて、東方に運ばれた、とする伝説がある。

　至上の聖地である隠岐のどこかに、失われた契約の箱が眠っているのかもしれない。

隠岐は伊勢神宮や出雲大社と
切っても切れない深い関わりがあった！
そして囁かれる日ユ同祖論に基づく
隠岐三宮の役割とは？

水木しげるロード

目玉おやじ

鬼太郎

水木しげる夫妻

こなき爺

傘化け

ゲゲゲの
妖怪楽園

水木しげる
記念館

妖怪食品
研究所

妖怪神社 　妖怪ショップ ゲゲゲ

水木しげるロード

妖怪饅頭総本店
水木しげるロード

妖怪広場

境港市観光案内所
境港駅
妖怪巨大壁画

北

JR境線

駅前公園

0　　　　　100m

べとべとさん　　　ねこ娘　　　猫又

ねずみ男

道の両側に、鬼太郎など177体の妖怪ブロンズ像が立ち並ぶ境港のメインストリート。水木しげる記念館や妖怪神社など、観光スポットもこの通り沿いに位置している。日没後は妖怪影絵が地面に投影され雰囲気がガラリと変わる。

妖怪ショップ ゲゲゲ

妖怪神社の近くにあるおみやげショップ。店内には手作りのフィギュアがずらりと並ぶ。

妖怪ショップゲゲゲ
住 鳥取県境港市大正町67
JR境港駅から約5分

レトロな外観

妖怪神社

黒御影石の御神体を祀る、妖怪が集う神社。不思議な妖力がもたらす開運の御利益は効果絶大！　お守りや御朱印入れにも、お馴染みのキャラクターがデザインされている。

妖怪神社
住 鳥取県境港市大正町62-1
JR境港駅から約5分

薄暗くなる夜の参拝もおすすめ

妖怪出現エリア

水木しげるロードでは鬼太郎や、ねずみ男といったおなじみのキャラクターが出現するかも。妖怪たちは神出鬼没なので、じっくりと待とう。

記念撮影に快く応じてくれる

©水木プロ

水木しげる記念館は、2024年4月にリニューアルオープンする。新しい水木しげる記念館では、定期的に原画展が開催される予定だ。

妖怪食品研究所

目玉おやじをモチーフにした生和菓子の「妖菓目玉おやじ」が有名。目玉おやじの中身は上質なこしあんを使っている。

妖怪食品研究所
住 鳥取県境港市本町4
URL www.kenkyujo.jp
🚶 JR境港駅から約10分

リアル目玉おやじの撮影に挑戦！

鬼太郎たち妖怪をかたどったひと口饅頭

妖怪饅頭総本店

ゲゲゲなおみやげの定番商品。こしあん、カスタード、チョコレート、黒バニラなどから選べる。

妖怪饅頭総本店
住 鳥取県境港市本町9
URL telacoyawave.com
🚶 JR境港駅から約10分

ゲゲゲの妖怪楽園

おみやげショップや射的場がある休憩処。ココアパウダーでキャラクターが描かれた妖怪ラテが人気だ。

ゲゲゲの妖怪楽園
住 鳥取県境港市栄町138
URL www.yokairakuen.jp
🚶 JR境港駅から約10分

キャラクターがあしらわれたラテとクッキー

おでん缶にはコンニャクの一反木綿が

妖怪漫画の巨匠が育った境港
水木ワールドを歩く

鳥取県の境港市は『ゲゲゲの鬼太郎』や『河童の三平』の作者、水木しげるが幼少期を過ごした地。JR境港駅と水木しげる記念館を結ぶ、約800mの水木しげるロードを中心に妖怪たちが次々と現れる！

鬼太郎列車

米子駅と境港駅を結ぶJR境線は、鬼太郎やねずみ男などが描かれた6種類ものラッピング列車を運行している。JR境線の停車駅は、米子駅は「ねずみ男駅」、上道駅は「一反木綿駅」など、各駅に妖怪名の愛称が付けられている。境港駅は「鬼太郎駅」だ。

鬼太郎列車 URL www.westjr.co.jp

境港駅に停車中のラッピング列車

米子駅からバスで20分の皆生（かいけ）温泉は県内有数の温泉保養地。宿泊施設の、かいけ彩朝楽には『ゲゲゲの鬼太郎』がコンセプトになっているスペシャルルームが複数ある。

中国・四国のUMAと妖怪

道の駅 大歩危
住 徳島県三好市山城町上名
1553-1
🚶 JR大歩危駅から約20分

JR大歩危駅にある児啼爺（こなきじじい）像

道の駅 大歩危の絶景ポイントから望む大歩危峡

妖怪街道にたたずむ大天狗像

数々の妖怪伝説が残る渓谷

大歩危・小歩危
おおぼけ・こぼけ

　吉野川の激流によって形成された徳島県三好市にある渓谷。そそり立つ壁を意味する嶂の名称がついた大嶂・小嶂と呼ばれていた時期もあり、俗説では大股で歩くと危険、小股で歩いても危険という理由から地名がつけられたとされている。一帯が急峻な地域のため、あちこちにある危険な場所へ近づかないよう、**親から子供へ妖怪話が代々語り継がれてきた**と推察されている。

●道の駅 大歩危

　国道32号線沿いにある道の駅。売店のほか施設内には妖怪屋敷と石の博物館があり、世界妖怪協会会長だった**水木しげる**によって「怪遺産」に認定されている。地元に古く

周辺が児啼爺の故郷であることから博物館が設けられた

から伝わる妖怪伝説をオブジェやイラストとともに紹介しており、ユニークな妖怪グッズも豊富に取り揃えている。

●妖怪街道

　道の駅大歩危からすぐ近く、吉野川水系の藤川谷川沿い2kmにも、**周辺に出没した妖怪たちのモニュメント**と、その解説板が設置されている。妖怪街道と呼ばれており、夕暮れ時から夜にかけては一層の怖さを感じる。

妖怪の解説板

コラム
祖谷（いや）のかずら橋も三好市を代表する観光スポット。全長45m、水面からの高さは14mの吊り橋で、つる性の植物を編み重ねて作られている。足を踏み出す毎にゆらゆらと揺れギシギシと軋み音が聞こえ、踏み板の間には隙間があるので十分なスリルを味わえる。

国の重要有形民俗文化財にも指定されている

歩き方 大歩危・小歩危エリアは、ラフティングやキャニオニングなどのウオーターアクティビティも盛ん。渓谷美を楽しめる遊覧船も運航している。

悲しい伝承が残る河童のふるさと

どんどん淵峡

どんどんぶちきょう

広島県東広島市の北部、三原市との市境付近の椋梨川沿いにある**河童の目撃現場**。その昔、出雲地方を制圧するための要衝だった滝城が敵の大軍に取り囲まれ、城主は城に火を放ち自害。その際に**城から落ちた太鼓が滝に打たれて援軍の進撃を思わせるように「どんどん」と力強く鳴り響い**たそう。以来、この地はどんどん淵と呼ばれるようになり、いつからか河童の出現まで噂されるようになった。周辺には河童のオブジェがそこここにあり、川辺に**安宿河童神社**が鎮座している。

哀愁漂う河童のオブジェが目印

対岸にある大岩には河童神社と書かれた木札が吊るされていた

どんどん淵峡
住 広島県東広島市豊栄町安宿
西条ICから約35分

取材時には河童が焚き火をしたと思われる痕跡が！？

大反響を呼んだ猿人系UMA

比婆山

ひばやま

比婆山は、広島県と島根県にまたがる標高1264mの山。1970年に目撃情報が頻発したUMA**ヒバゴン**が住んでいるという。目撃情報によればヒバゴンは**毛に覆われた二足歩行の猿人**でゴリラに似ていたとされ、テレビ番組などを通じて、全国のお茶の間を騒がせていた。残念ながら1975年を境に目撃情報は途絶えているが、比婆山周辺はキャンプ場やスキー場などが点在し、自然を体感できるレジャー施設が豊富。登山ルートも設けられているので**ヒバゴンを発見できるかもしれない。**

庄原市内ではヒバゴンのオブジェや看板をよく見かける。なかでも有名なのが**比婆観光センター**の駐車場にある**ヒバゴン像**だ。目撃情報をもとに再現した像で、その風貌は恐怖さえ感じる。おみやげには地元の和菓子メーカー**大國堂**から販売されている**ヒバゴンのたまご**がおすすめ。殻をイメージしたココア生地で白あんと黄あんを包み、卵を再現している。

比婆山付近は霧がよくかかるという

比婆観光センターにあるヒバゴン像。観光センターとあるが案内所ではなく食事処

比婆山
▷ひろしま県民の森
住 広島県庄原市西城町油木156-14
庄原ICから約40分

猿人なのに卵を産む、ユーモアたっぷりのヒバゴンのたまご

コラム 『古事記』には亡くなったイザナミノミコトは出雲国と伯耆国の境界にある比婆の山に葬られたと記述されている。この比婆の山が現在のどこにあたるかは、いくつかの候補があるが、比婆山は有力な候補地のひとつ。山頂部にある比婆山御陵がイザナミノミコトの陵墓だといわれている。

獣人ヒバゴンの目撃が1975年に途絶えた後も、広島県では、1980〜81年に福山市山野町で獣人ヤマゴンが数度出現。さらに1982年には久井町（現在の三原市）で獣人クイゴンが目撃されている。

金田一耕助
事件現場へ赴く

ミステリー作品には個性と魅力にあふれる私立探偵が登場するが、日本で最も有名な私立探偵といえば金田一耕助だろう。作者の横溝正史が岡山県に疎開していたときに考案されたキャラクターで、シリーズ1作目『本陣殺人事件』をはじめとして、数多くの作品が岡山県を舞台にしている。

悪霊島

『悪霊島』は金田一シリーズのなかで最後に発表された作品。刑部（おさかべ）島という瀬戸内海に浮かぶ架空の島を舞台にしている。作中では金田一が鷲羽山山頂の展望台から島を眺めている。島々を繋ぐ壮大な瀬戸大橋はまだ架かっていなかった。また、倉敷も『悪霊島』のなかで金田一耕助が訪れた町。小説の時代設定は1967年で、「倉敷市伝統美観保存条例」を制定する1年前だ。町並みの保全に行政が積極的に取り組む直前のことだ。

鷲羽山からの眺望。『悪霊島』に出てくる「島一つ土産に欲しい鷲羽山」の句碑も見られる

倉敷川沿いに歴史ある建物が並んでいる

鷲羽山展望台（わしゅうざんてんぼうだい）
住 岡山県倉敷市下津井田之浦
交通 JR児島駅から下電バスで鷲羽山第二展望台下車、徒歩約5分

獄門島

獄門島は架空の地名。作中で「真鍋島から小さな船に乗り換えて、岡山県の一番南の島」と描写されていることから、六島が獄門島のモデルになったといわれている。1977年の映画では入港シーンのロケ地としても六島が登場している。真鍋島は地理的には異なるものの、作中の描写では、六島よりもイメージが近い。横溝は真鍋島をモチーフとして獄門島を描いたといわれている。

獄門島のモデルとされている六島

六島（むしま）
交通 笠岡の住吉港から約1時間
真鍋島（まなべしま）
交通 笠岡の住吉港から約45分
三陽汽船
URL sanyo-kisen.jp

1977年の映画『獄門島』は真鍋島でも撮影が行われた

疎開宅から徒歩約5分の千光寺。『獄門島』に同名の寺が登場する

八つ墓村

金田一シリーズのなかで気味悪く、息の詰まる雰囲気を効果的に作り上げているのが洞窟。満奇洞は、『八つ墓村』や『悪霊島』のモデルといわれる鍾乳洞で、映画『八つ墓村』のロケ地にもなっている。名前の由来は与謝野鉄幹、晶子夫妻が奇に満ちた洞と詠んだことから。巨大なつらら石や畦石(あぜいし)などが幻想的にライトアップされている。

満奇洞(まきどう)
🏠 岡山県新見市豊永赤馬2276-2
🚌 JR井倉駅から備北バスで満奇洞下車

ライトアップされた満奇洞

犬神家の一族

金田一耕助シリーズのなかでも屈指の人気を誇り、11度も映画やドラマ化されているのが『犬神家の一族』。信州那須という架空の地名を舞台としているが、那須湖は長野県の諏訪湖をモデルにしていると考えられている。1976年公開の石坂浩二主演の映画で、湖面から突き出た足がVの字になっている死体は長野県の青木湖(写真)で撮影された。原作では冬の出来事で湖面は凍っていた。

金田一耕助の生みの親
横溝正史

横溝正史疎開宅。近くには金田一耕助の銅像が立っている

1902年神戸市生まれ。24歳の頃、江戸川乱歩の招きで上京し執筆活動をするも、代表作となる金田一耕助シリーズは40歳を過ぎた戦後になってからだ。シリーズ第1作目の『本陣殺人事件』は、横溝の疎開先だった倉敷市真備町(まびちょう)が舞台。真備町では清音(きよね)駅から川辺宿(かわべじゅく)駅にかけて、ゆかりの場所が「巡・金田一耕助の小径」として整備されている。

横溝正史疎開宅
🏠 岡山県倉敷市真備町岡田1546
🚶 井原鉄道川辺宿駅から約30分

真備ふるさと歴史館
🏠 岡山県倉敷市真備町岡田610
🚶 井原鉄道川辺宿駅から約30分

横溝正史の遺品を展示する真備ふるさと歴史館

広島のピラミッド

広島県

葦嶽山

住 広島県庄原市本村町

🚗 庄原ICから約20分

元祖日本ピラミッド

葦嶽山
あしたけやま

葦嶽山の山影。熊鈴はハイキングの必携アイテムだ

コラム
今回、地球の歩き方取材班に葦嶽山とヒバゴン（→P.293）の情報提供をしていただいた庄原観光推進機構の熊本さんは、知る人ぞ知る名物ガイド。ヒバゴンの目撃スポットや葦嶽山に関する情報を教えてもらえる。最近はYouTubeも鋭意投稿中！

地元のパワスポ・蘇羅比古神社の由緒を説明する熊本さん

葦嶽山は、日本ピラミッドの原点としてオカルトマニアの関心を集める815mの山。地元では**神武天皇陵**と伝わっているが、宮内庁によると奈良県の畝傍山（→P.238）に隣接するミサンザイ古墳が神武

市内の案内標識にもピラミッドと記されている

天皇陵であるとされている。葦嶽山中腹には巨石が多数見られ、**古代祭祀の場であった可能性は高い**とのこと。さらにこの周辺の天気は変わりやすく、急な雨風も茶飯事だったそう。現在は登山コースが設けられているが、冬季は降雪のため避けたほうが無難だ。

弥山

住 広島県廿日市市宮島町

🚶 宮島ロープウエー獅子岩駅から弥山展望台まで約30分

世界遺産にも登録されている山岳信仰の霊山

弥山
みせん

世界遺産

厳島神社で知られる宮島にそびえる弥山は標高535mの山。山頂一帯に見られる巨石群は**古代山岳信仰の場**であったと考えられており、古墳時代の勾玉や土器などが出土し

弥山頂上に集まる巨石群。古代文字が刻まれているペトログラフもあるとか

ている。巨石のなかには、**現代の技術でも困難な積み上げ方**がされているものも見受けられるが、詳しいことはわかっていない。登山コースもあるが、麓と山頂を結ぶ**宮島ロープウエー**の利用がおすすめ。

くぐり岩は、岩がもたれるようにしてできた岩窟

歩き方＋「きえずの霊火」「干満岩」「曼荼羅岩」「錫杖の梅」「しぐれ桜」「籠燈の杉」「拍子木の音」の言い伝えは弥山の七不思議として広く伝わっている。

ムー編集部がついに導き出した
オリオン・ミステリーに関する仮説とは？

日本のオリオン・ミステリー

葦嶽山は原ピラミッド

異色の古代史研究家、**酒井勝軍**（かつとき）（→P.116）が「日本国内にはエジプトのピラミッドよりも古いピラミッドが存在する」という自説を立証すべく、広島県の葦嶽山を探訪し、この山を「太古日本のピラミッド」と断じたのは、1934年のことだ。そして彼は超古代史のバイブル『竹内文書』を根拠に、葦嶽山ピラミッドが建造されたのは今からおよそ2万2300年前だと結論づけた。

もっとも、葦嶽山は確かにピラミッド形をしてはいるが、厚い木々に覆われ、人工的に建造されたようには見えない。だが酒井によれば、太古この山の頂には**太陽石**と呼ばれる巨石が鎮座し、それをストーンサークルが取り囲んでいたというのだ。

そもそも酒井理論にもとづけば、真正のピラミッドとは太陽神を祀る天然の神殿なので、人工の手を加える必要がない。エジプトの場合は砂漠で自然の山がないので、やむを得ず石材を用いて建造されたが、日本の場合は自然の山が豊富にあるので、あえて建造する必要はない。四角錐状の山に太陽石を置くなどして、少々手を加えるだけで十分なのだ。

そして酒井は、葦嶽山はあらゆるピラミッドの原型であり、エジプトのピラミッドは日本のピラミッドの模倣にすぎない、と考えたのである。

鏡石を前に記念撮影をする酒井勝軍ら

オリオン座に照応する日本の三大ピラミッド

ところで、エジプトのピラミッドといえばギザの三大ピラミッドが有名だが、三大ピラミッドについては近年、興味深い学説が出されて注目された。それは「ギザの三大ピラミッドの配置はオリオンの三ツ星の並びに照応している」という説で、1994年に刊行されたエジプト出身の建築技師ロバート・ボーヴァルと著述家エイドリアン・ギルバートの共著『オリオン・ミステリー』において提示された。同書によれば、古代エジプトではオリオン座は冥界を司る神オシリスと同一視され、王は死後、天空へ旅立ってオシリス＝オリオン座になると信じられた。そこで、オリオン座の中心である三ツ星（一直線上にほぼ等間隔で並ぶ3つの星）をギザの地表上に表現することが試みられ、その結果、3基の巨大ピラミッドが三ツ星に照応するように、一直線上にほぼ等間隔で並んで建てられたのだという。これが**オリオン・ミステリー**である。

ここで酒井のピラミッド理論を振り返ると、エジプトのピラミッドが日本の模倣であるならば、エジプトのオリオン・ミステリーも日本の模倣であるはずだ。言い換えれば、日本にもオリオン・ミステリーが確認できなければならない。

そこで近年、葦嶽山周辺をムー編集部が調査したところ、興味深い事実が浮かび上がった。葦嶽山の南東に隕石落下伝説のある星居山（ほしのこやま）がそびえ、北西には息を呑むほどに美しいピラミッド形をした八国見山（やくにみやま）がそびえている。そして八国見山、葦嶽山、星居山はほぼ等間隔で一直線上に並んでいるのだ。この3山は日本の三大ピラミッドであり、オリオン・ミステリーのオリジンだったのだろう。

ギザの3大ピラミッドは、オリオン座の配置を地上に投影させていて南西から北東に並ぶ。一方、日本の3大ピラミッドは、オリオン座が地球を見た視点（南東から北西）に並ぶ。見方が異なるのだ。

戦いの舞台として何度も登場

下関市彦島の不思議スポット

山口県下関市の彦島は、本州と九州を隔てる関門海峡で本州に寄り添うように浮かぶ島。神話によると、彦島は仲哀天皇が熊襲征伐のため九州へ向かう際に上陸したとされ、この伝説についての碑が彦島八幡宮に残されている。その後、幾度も戦いの舞台になっており、源平合戦のクライマックス、壇ノ浦の戦いでは平家の陣所が彦島に置かれ、幕末に長州藩が西欧列強と戦った下関戦争においても、砲台が設置されている。江戸時代に宮本武蔵と佐々木小次郎が決闘した巌流島は、彦島のすぐ沖に浮かぶ小島だ。

不思議 1 彦島八幡宮のペトログラフ

1159年に宇佐神宮から八幡様の分霊を迎えた彦島の総鎮守。海上安全や安産の神様としても崇敬されている。秋の例大祭で行われる「サイ上がり神事」は860余年の歴史をもち、市の無形民俗文化財。境内には、仲哀天皇が訪れたという伝説を示す石碑や、彦島各地で見つかったペトログラフなどがある。

🏠 山口県下関市彦島迫町5-12-9
URL hikoshima-guu.net
🚌 JR下関駅からサンデン交通のバスで東圧(とうあつ)正門前下車すぐ

海中で見つかった、八幡尊像が描かれた明鏡を祀ったことが発祥とされる彦島八幡宮。古代文字彫刻の磐座が話題に

ペトログラフって何？

ギリシャ語でペトロは石、グラフは絵や図形を意味し、岩に描かれた文様やイメージのことを指す。日本では刻画、線刻文字、岩面彫刻などと訳されることが多い。

不思議 2 巌流島を見下ろす丘にある杉田岩刻画

杉田岩刻画は、表面に人の形や丸や四角などの幾何学模様が刻まれた岩。長い間野ざらしにされていたため風化が進み、現在は岩の上に屋根が設置されている。刻まれた文様は、有明海沿岸の装飾古墳のものと共通点が見られるという。

🏠 山口県下関市彦島江の浦町5
🚌 JR下関駅からサンデン交通のバスで杉田下車、徒歩約5分
＊民有地なので見学希望の際は、下関市教育委員会文化財保護課に要連絡 URL www.city.shimonoseki.lg.jp

見学するためには事前連絡が必要
所蔵：下関市教育委員会

彦島神社巡り

平安時代末期、平家の祈願所を作ろうとしていた平清盛は、縁起を担いで「七里七浦七曲り」の場所を全国で探させ、最終候補にあがったのが彦島と宮島だった。しかし彦島は七里にわずかに足らず、最終的に宮島に平家の祈願所として厳島神社が建てられることとなった。とはいえ彦島も縁起のよい島であることには変わりない。7ヶ所の神社を巡る「彦島神社巡り」も人気がある。

A.彦島八幡宮
B.貴布祢（きふね）神社・貴布祢稲荷神社
C.恵美須神社
D.竹ノ子島金刀比羅宮・竹ノ子島天満宮
E.福浦金刀比羅宮・福浦稲荷神社
F.塩釜神社
G.田の首八幡宮

D 竹ノ子島金刀比羅宮
C 恵美須神社
B 貴布祢神社
① 彦島八幡宮
④ 下関漁港閘門
A
③ 巌流島（船島）
② 杉田岩刻画
彦島
E 福浦金刀比羅宮
F 塩釜神社
G 田の首八幡宮

下関駅
海峡ゆめタワー
唐戸市場
海響館
関門橋
関門海峡
JR山陽本線
小森江駅

北
0 1km

恵比寿大神を祀る恵美須神社

不思議 ③

宮本武蔵と佐々木小次郎決闘の地
巌流島

彦島のすぐ沖に浮かぶ巌流島は、1612年4月13日に、宮本武蔵と佐々木小次郎が決闘したことで有名な島。正式名称は船島で、佐々木小次郎の流派である巌流にちなみ巌流島と呼ばれるようになった。無人島だが、武蔵・小次郎像や武蔵が乗ってきた伝馬船のレプリカ、巌流島文学碑などが見られる。

🚢 唐戸港から約10分

不思議 ④

世界最小の
パナマ運河式
下関漁港閘門（こうもん）

彦島と本州の間を通る水路に設置された世界最小のパナマ運河式の水門。このエリアでは日本海と瀬戸内海の干満差により激しい潮流ができ、それを抑えるために戦前に建設されたものだ。また、車の通る水門橋は昇開式可動橋で、閘門の上に架けられた可動橋としては日本唯一だという。

🏠 山口県下関市彦島本村町6-1-1
🚌 JR下関駅からサンデン交通のバスで彦島口下車すぐ

彦島に寄り添うように浮かぶ巌流島

299

メソポタミア文明を築いたシュメール人が遠く離れた日本に上陸していた!

謎のペトログラフ

山口県下関市に鎮座する彦島八幡宮（→P.298）には、奇妙な石がある。境内のその石——**神霊石**を見ると、看板には彦島ペトログラフと書かれている。ペトログラフとは、古代の文様や文字が刻まれた岩絵のことだ。研究者は文字をペトログリフ、絵や文様をペトログラフと使い分けるが、そのような謎の文字が刻まれた神霊石が、境内に7つ祀られているのだ。

神霊石に関して彦島八幡宮のウェブサイトにはこうある。

「これら7個の岩は『日の神や大地の女神、大気の神、天なる父神などに、豊穣をもたらす雨を、男女神にかけて、**日の王**（日子王＝古代彦島の王）が祈り奉った』と解釈できる」

文面からは、この地にいた王が神に雨乞いをした、ということになる。もちろん貴重な記録だ。だが重要なのは、使用された文字そのものにこそある。なんとこの文字は、メソポタミアで使われたシュメールやバビロニアの文字と、中央アジアや南シベリア地域で使われた古代文字が入り混じったものではないか、と指摘されたのだ。

杉田丘陵の神殿

仮に文字がシュメールのものであるなら、なぜ神霊石が彦島八幡宮にある

杉田丘陵に残るペトログラフこと杉田岩刻画（→P.298）。白い線は刻画をなぞったもので、現在は見られない

のかが問題になる。これも彦島八幡宮のウェブサイトを見てみよう。

「彦島八幡宮境内のペトログラフのある神霊石は、元から境内にあったわけではなく、それぞれ運び込まれ安置されたものです」

彦島八幡宮に神霊石が運ばれ、祀られたのは1982年5月のことだ。この石はもともと、下関市に近い山陽小野田市の某家の庭に置かれていた。彦島にある三菱重工業下関造船所前の道路工事で大きな石が出てきたので、庭石にと貰い受けたのだそうだ。ところが原因不明の不幸な出来事が起こったので調べたところ、石に謎の文字が刻まれてた。そこで祟りを恐れ、彦島八幡宮に奉納したのである。

話はまだある。三菱重工業下関造船所のドックと巌流島（がんりゅうじま）の海底には、**泳ぐ岩**があった。常に海底を移動しており、進水式の邪魔にもなる。ついには神霊の宿る岩として引きあげられ、これも彦島八幡宮に安置された。

鍵となるのは、三菱重工業下関造船所だ。実はこの場所は、杉田丘陵という地のすぐ近くにある。巌流島を見下ろす丘陵が杉田丘陵で、頂上には1mほどの岩が数個あり、そのうちのひとつでも、やはりペトログラフが確認されている。三菱重工業下関造船所は、この丘陵を見上げる海側だ。そこから考えられるのは、杉田丘陵の山頂もしくは海岸に神殿があり、そこで古代の祭祀が行われたということだ。すなわち、古代シュメール人、もしくはシュメール文字を知っていた人々が遠い昔にこの地に上陸し、神殿を築いた——そう考えなければ、この謎の神霊石の説明はつかないのだ。

歩き方＋ 現在最古の文字体系とされているのは、5000年以上前にシュメール人によって作られたウルク古拙文字。それ以前にも文字的なものはあったが、それが文字体系か記号かについては議論がある。

太古の遺跡とソロモンの秘宝
四国のパワースポット

高知県 ✈ 徳島県

日本有数の巨石パワースポット
✈ 足摺岬の唐人駄馬と巨石群
あしずりみさきのとうじんだばときょせきぐん

不自然なまでに巨石が集中している唐人駄馬

唐人駄馬

住 高知県土佐清水市松尾977

🚗 四万十ICから約1時間

日本人として初めてアメリカに渡り、測量や航海術などを学んで帰国したジョン万次郎。足摺岬に銅像があるのだが、左脇に直角定規と円を描くコンパスを携えていることに注目せざるを得ない。これらはなんとフリーメーソンのシンボルなのだ。万次郎はアメリカ滞在時にメーソンの諜報部員として教育され、日本に送還されたのだろうか。

　四国の最南端にある**足摺岬**。断崖は打ちつける黒潮の影響で高さ80mにも及び、岬の先端には白い灯台がそびえる。足摺岬の海岸から2kmほど入った高台は唐人駄場と呼ばれるパワースポット。唐人とは光り輝く神の居場所を意味し、当時、沖合を航海する人々からは光って見え、灯台のような役割を果たしたと伝わっている。また駄場とは平坦地を意味する地元の方言とのこと。そんな唐人駄場には巨石が点在し、かつては周囲に列石をなしていたという。

定規とコンパスを携えているジョン万次郎像

●背後の森に現れる白く輝く巨岩群
　唐人駄場の背後にも、亀石、鏡石、鬼の包丁石、祭壇石と、さまざまな名前がつけられた巨岩が乱立している。なかでも、**再生のエリア**と呼ばれる磐座（いわくら）の密集地は一番のパワー

左から母子父を表す石が並ぶ再生のエリア

スポットとして知られ、子孫繁栄や健康長寿を祈った祭祀の場であったとされている。また、空中にせり出した神楽の舞台を思わせる**千畳敷岩**（せんじょうじきいわ）から太平洋を見渡す景色は格別で、条件がそろえば九州を望むことができる。古代史家である古田武彦氏のおすすめは太陽光を反射して白く輝く**鏡岩**。古田氏は鏡石について、**太陽の似姿として遙拝し、拝礼した縄文以前の御神体である**と唱えており、人々のロマンを掻き立ててやまない。

千畳敷岩から太平洋を望む

唐人駄場、唐人石の「唐人」とは、異国人全般を指すともいう。足摺を含む四国南西部は「波多国」であり、波多＝秦氏に通じる。すなわち、この地には渡来人の関わりがあったことを示唆する。

301

剣山に鎮座する劔山本宮宝蔵石神社の御神体岩

剣山
▷剣山観光登山リフト
住 徳島県三好市東祖谷菅生205-25
URL www.turugirift.com
車 美馬ICから約1時間20分

剣山頂上ヒュッテと劔山本宮劔神社

コラム
剣山の山頂周辺は「平家の馬場」とも呼ばれる地域。剣山に限らず、三好市は源平合戦で敗れ、山間部などに落ちのびたとされる平家の落人伝説が残る地域が多い。平家の末裔といわれる阿佐氏が居住する平家屋敷や、生き延びた安徳天皇が隠れ住んだとされている東祖谷栗枝渡（ひがしいやくりしど）が有名。町内にある栗枝渡八幡神社の境内には、安徳天皇を火葬したと伝わる火葬場が残っている。

四国を代表する名峰

剣山
つるぎさん

徳島県の三好市、美馬市、那賀町にまたがる標高1955mの剣山。剣山観光登山リフトを利用すれば、登山口の見ノ越駅から頂上付近まで15分で行くことができる。

リフト利用で頂上近くまで簡単アクセス

●頂上までトレッキング

リフト終着駅の西島駅から頂上までは、初心者でも楽しめるトレッキングコースだ。途中にある**劔山本宮宝蔵石神社は運気向上のパワースポット**として知られている。社殿の背後にそびえ立つ巨石は、壇ノ浦の戦いで入水したとされる**安徳天皇が生き延び、宝剣を納めたと伝わる宝蔵石**。その宝剣にはスサノオノミコトの神霊が宿っており、スサノオノミコトはこの神社の主祭神として安徳天皇とともに祀られている。

周辺には安徳天皇が山頂に宝刀を納めに来た際、部下をねぎらい刀を掛けて休憩させたといわれる**刀掛の松**や、隣接する大剣神社の大岩から湧き出る**若返りの御神水**など見どころやパワースポットが多い。宿泊も可能な山小屋、**剣山頂上ヒュッテ**では、ご当地グルメの半田そうめんを味わうことができる。

山頂にある三角点の周囲には、展望デッキが設けられている

歩き方+ 壇ノ浦の戦いにて数え年8歳で崩御した安徳天皇。『平家物語』では三種の神器である草薙剣と八尺瓊勾玉とともに入水した。八尺瓊勾玉は発見されたが、草薙剣は海に沈んだままとされている。

剣山に伝わる秘宝伝説。
大規模発掘調査で判明したこととは？

剣山に眠るソロモン秘宝伝説と阿波の忌部氏

ソロモンの秘宝の行方

標高1955mの**剣山**は、徳島県三好市、那賀郡那賀町、美馬市木屋平の境目にそびえる、四国第2の高峰だ。この剣山に、古代イスラエルの王ソロモンが蓄えた莫大な財宝が埋蔵されている——そんな伝説がある。

紀元前1300年頃、モーセに率いられてエジプトの圧政から逃れ、再びカナンの地に戻った古代ユダヤ人は、紀元前1000年頃には大戦略家ダビデのもと、一大王国を築いた。そしてこの王国を受け継いでさらに発展させ、古代イスラエル王国の絶頂期を到来させたのが、ダビデの子**ソロモン王**である。

『旧約聖書』によれば、ソロモンはエルサレムに7年かけて神殿を建造したが、その内部はすべて純金で覆われた。そして、殿内奥に設けられた至聖所には、モーセの十戒が刻まれた石板を収めた契約の箱（アーク）が安置された。さらに彼は黄金の大盾200、小盾300を作って宮殿に納め、象牙で作られた王座は金で覆われた。宮殿の杯や器はすべて純金だったそうだ。

だが、無比の栄華を誇った王国も、ソロモンが亡くなると内乱が生じ、エルサレムを都とする南のユダ王国と、サマリアを都とする北のイスラエル王国のふたつに分裂してしまった。そして紀元前722年には北王国がアッシリアによって滅ぼされる。紀元前586年には南王国も新バビロニアによって滅ぼされ、大勢のユダヤ人がバビロンに連行された。これが**バビロン捕囚**だ。

このとき、エルサレムの神殿・宮殿は徹底的に破壊され、宝物は略奪された。契約の箱を含めたソロモンの莫大な財宝もまた、この混乱時に奪われてしまったのだろうか。それともどこか別の場所に隠されたのだろうか。

秘宝の行方は永遠の謎とされているのだが、他方、こんな説もある。「一部のユダヤ人がソロモンの秘宝を密かに持ち出し、東方へあてどのない亡命の旅に出たのだ」

そして、この財宝を携えた亡命ユダヤ人が行き着いた先が、四国の剣山だった——というのが剣山ソロモン秘宝伝説の骨子なのである。

剣山にあると断じた高根正教

ソロモンの秘宝は四国の剣山に眠っているという怪説を最初に唱え出したのは、明治生まれの聖書研究家である**高根正教**という人物だ。高根は『新約聖書』の「ヨハネの黙示録」を独自の言霊学にもとづいて解説し、次の文章に注目して、ここにソロモンの秘宝のありかの謎を解く鍵があると考えた。

「御座のまえに水晶に似たる瑠璃の海あり。御座の中央と御座の周囲とに4つの活物あり。第1の活物は獅子のごとく、第2の活物は牛のごとく、第3の活物は面の形、人のごとく、第4の活物は飛ぶ鷲のごとし」

高根はここに見える「4つの活物」とは、四国の隠喩にほかならないと断じた。その理由は、鳴門海峡を口にした徳島県は獅子にあたり、香川県は牛の形を、愛媛県は人面の形を、高知県は鷲の形をしているから、というものであった。

剣山にソロモン王の秘宝が眠っているという説を提唱した、聖書研究家の高根正教

しかも、徳島県の東半分は王冠をかぶった横顔に似ている。したがって、その中心にある剣山は御座であり、そこにソロモンの財宝、なかんずく契約の箱が埋蔵されていると結論づけたのだった。ちなみに高根によれば、契約の箱にはユダヤの三種の神器であるアロンの杖、十戒の石板、マナの壺が収められているのだという。その後、高根は独自に調査を重ね、剣山山麓の住民にはユダヤ人特有の顔相を持った人が多い、剣山には『ヨハネの黙示録』に記された獅子、牛、人面、鷲に似た岩があり、頂上には宝蔵石と呼ばれる巨岩がある、といったことなども、剣山にソロモンの秘宝が埋まっていることの裏づけとした。

何度か試みられた発掘調査

自説への確信を深めた高根は、1936年からは同志を得て現地での発掘に取り掛かった。足かけ3年で150m近くまで掘り進んだところ、そこで巨大な球形の玉石を掘り当てた。また、その下方からは馬蹄形のレンガ製アーチが出土。アーチの入口の天井には三日月形の磨かれた大理石がはめ込まれていたという。果たしてこれらの遺物は、ソロモンの秘宝と関連があるものなのか。

しかし、その後の発掘ではめぼしいものは出土しなかったらしく、いったん作業は中断。その後は、活動資金の問題や官憲から取り調べを受けたことなどもあって、高根たちが剣山に入ることは困難になっていった。

昭和戦後の1952年になると、新たなメンバーによって再び発掘が試みられた。元海軍大将で剣山ソロモン秘宝伝説を信奉する山本英輔がリーダーとなり、これに宗教家などが加わった。

彼らは高根らの発掘を受け継ぐ形で坑道をさらに掘り進めた。だが結局、財宝を探し当てることはできなかった。このとき、山本一行がミイラ100体を発見したという話もあるが、真偽は不明である。

山本英輔の剣山発掘図面

剣山とユダヤのリンク

剣山ソロモン秘宝伝説は、結局は高根正教の妄想にすぎなかったのだろうか。剣山にソロモンの秘宝が眠っているなどというのは、所詮ありうべからざることなのだろうか。

ところが意外なことに、高根の指摘以外にも、剣山にはユダヤとのつながりをうかがわせるものが散見される。例えば、剣山山頂に鎮座する宝蔵石神社で毎年7月17日に行われてきた例大祭での神輿渡御がそうだ。これは山頂まで神輿を担いで上がるというものだが、7月17日は、『旧約聖書』では大洪水の難を逃れたノアの箱舟がアララト山の山腹に漂着して人類の新時代がはじまった日だ。しかも白装束の人々が神輿を担いでゆく姿は、古代ユダヤ人が荒野を彷徨していた時代に、祭司たちが契約の箱を担いで民を導いていたさまを彷彿させるものがある。

また、剣山の東北麓にある白人神社の奥宮である磐境神明神社は、長方形状をなす石垣の内側に祠があるというユニークな形態をもっているが、これは古代イスラエルの神殿に酷似しているという指摘がある。

もうひとつ挙げておきたいのは、剣山を擁する徳島県を本拠とした忌部氏と、古代ユダヤ人であるイスラエル十二支族のひとつ、レビ族との類似だ。

忌部氏は古来、宮廷の祭祀や祭具の製作に従事した一族で、いくつかの系統があるが、そのなかのひとつで特に有力だったのが阿波を拠点とした忌部氏だ。彼らは阿波忌部氏とも呼ばれ、

天日鷲命の子孫と伝えられている。いわば祭司氏族である。

一方のレビ族は、イスラエルの父祖ヤコブの息子レビの子孫で、祭司としてユダヤ祭祀をつかさどることを生業とした。つまりこちらも祭司氏族だ。すると、忌部氏はユダヤのレビ族の後裔なのではないか、という推論も導かれてくるのである。

剣山の尾根

忌部のアラタエと
キリストの聖骸布

さらに興味深いことに、忌部氏に関しては、キリスト教との接点も見出すことができる。このことを解説するためには、大嘗祭と忌部氏について触れておく必要がある。

天皇は毎年11月、皇居の神嘉殿で新嘗祭を親祭するが、即位後、最初に執り行う新嘗祭のことを特に大嘗祭と呼ぶ。新嘗祭は皇祖アマテラスオオミカミと天神地祇に神饌を供え、五穀豊穣と国家国民の安寧を祈る祭りで、一種の収穫祭である。大嘗祭はこうした通常の新嘗祭をより大規模にしたものだが、単なる収穫祭を超え、皇位継承儀礼としての神事という極めて重要な意味をもち、遅くとも7世紀には行われていた。2019年11月に今上天皇の大嘗祭が厳粛に執り行われたのは記憶に新しいところだ。

この大嘗祭では、アラタエ（麁服）と呼ばれる特別な布（反物）が祭場である大嘗宮に奉安されるという伝統が

ある。アラタエの語義は「折り目の粗い布」だが、大嘗祭の伝統では麻で作られた特別な織物のことを指し、しかもそれは忌部氏もしくはその子孫が阿波国において作ったものでなければならないということになっている。これは忌部氏が古来、宮廷祭祀に従事してきたことと深く関係している。

2019年の大嘗祭でも古式にのっとり、阿波忌部氏後裔の三木家の統轄のもとで、剣山の北東麓にある徳島県美馬市木屋平で麻が栽培され、それを原材料としてアラタエが制作され、大嘗宮内の神殿に奉安されている。問題は、何のためにアラタエが作られ奉安されるのかだが、一般的には、アラタエはアマテラスオオミカミがまとう服、つまり神衣として解釈されている。

これに反して、アラタエはキリストの聖骸布をモデルにしているのでは、という驚くべき見方もある。キリストの聖骸布は磔刑に処せられたイエス・キリストの遺体を包んだ埋葬布のことで、『新約聖書』には、亜麻布であったと記されている。アラタエ＝キリストの聖骸布を唱える論者によれば、麻で織られたアラタエは、亜麻で織られたキリストの聖骸布をモデルとしたもので、新天皇は大嘗祭においてこの布に包まれることによって、キリストの死と復活を演じるのだという。

さらに、大嘗祭のクライマックスは天皇が神饌をアマテラスオオミカミの神前に供え、自身もこれを飲食する儀式だといわれ、これを神人供食というが、これはキリストと最後の晩餐を行うことと同義なのだという。要するに、アマテラスオオミカミの正体はイエス・キリストだというのである。

剣山とその周辺には、ユダヤやキリストを巡る謎がうず巻いている。

天皇家の祭祀を司る阿波忌部氏。
彼らが古くから調進してきた麻布は
キリストの聖骸布がルーツだった！？

日本一危ない国宝

三佛寺奥院（さんぶつじおくのいん）投入堂（なげいれどう）

建造方法が解明されていない国宝

三徳山（みとくさん）三佛寺の投入堂は、垂直にそそり立つ断崖に建ち、手足を使ってよじ登って参拝しなくてはならないことから、日本一危ないといわれる**国宝建築**。伝説によると、**修験道の開祖**とされる**役小角**（えんのおづぬ）が、堂宇を麓から断崖絶壁に投げ入れてできたとされ、投入堂という名もその伝説に由来する。調査によって**平安時代後期**に建てられたことがわかっているが、くわしい建築方法は現在でも謎のままだ。

名湯で清めて参拝

三徳山のある**三朝町の三朝温泉**（みささ）は、開湯850年以上を誇る歴史ある温泉で、世界屈指のラ↗ドン温泉として知られている。日本遺産「**六根（ろっこん）清浄と六感治癒の地**（しょうじょう ろっかんち ゆ）」では、三徳山が六根清浄の地で、三朝温泉が六感治癒の地。六根とは仏教用語で眼、耳、鼻、舌、身、意という人が備える6つの知覚器官のこと。六感とは、六根の眼、耳、鼻、舌、身、意に対応する感、聴、香、味、触、心のこと。三徳山に登る前後には、三朝温泉で湯治を行い、**身を清める**とよいとされている。苛酷ながらも美しい自然で行われる参拝登山のなかで、参拝者は自身の六根が清められていくのを実感することだろう。

三徳山三佛寺は、山全体が修行の場となっている修験道の霊場で、麓にある本堂から投入堂までは鎖をつかみながら登るくさり坂や、すべりやすい岩の尾根を渡るなど、**いくつもの難所**が続く。参拝登山にかかる時間は往復1時間30分〜2時間。危険がともなう登山なこともあって、厳しいルールが敷かれており、単独登山は禁止されているほか、登山前には服装チェックもある。途中には、文殊堂、地蔵堂、鐘楼堂、納経堂といった堂宇が点在し、それぞれ**重要文化財**や**県指定保護文化財**に指定されている。

参拝登山できない人でも、投入堂が見られるようにと、三徳山の麓には遥拝所が設けられている。2022年11月にリニューアルされ、投入堂が間近に見られるように、双眼鏡も設置されている。

三徳山三佛寺　住 鳥取県東伯郡三朝町三徳1010　URL www.mitokusan.jp　JR倉吉駅から日ノ丸バスで三徳下車、徒歩約5分

九州と沖縄地方のミステリースポット

神話のはじまり、日本のはじまり。
卑弥呼の国はどこにある？
海底遺跡の真実は？
ルーツを訪ねて南の国へ出発だ！

神話の舞台とパワースポットを訪ねる

熊本
宮崎

1日目

9:00 熊本空港

↓ 1時間

10:00 草千里ヶ浜で阿蘇山の雄大な自然を体感

熊本といえば阿蘇山。なかでも草千里ヶ浜は阿蘇山を訪れるなら見ておきたいポイントのひとつ。阿蘇五岳のひとつである烏帽子岳（えぼしだけ）の北麓に広がる大草原で、火山博物館や物産館もある。

↓ 1時間

12:00 幣立神宮で宇宙の神のパワーを授かる ➡P.334

宮崎と熊本の県境にある2000年以上の歴史をもつ古社。11代、1万5000年以上にわたりこの地に立つというヒノキの御神木に、宇宙の神が降臨したという。

↓ 30分

13:00 高千穂が世界に誇る高千穂牛に舌鼓

高千穂は黒毛和牛の生産で知られ、高千穂牛は内閣総理大臣賞を受賞したこともある。

↓ 5分

14:00 天孫降臨にかかわる神々を祀る高千穂神社にお参り ➡P.314

高千穂八十八社の総社。開運のパワースポットとして知られ、特に縁結びの御利益で有名。境内にある夫婦杉の周りをカップルが手を繋いで3周している様子がほほえましい。

↓ 15分

15:00 高千穂観光のハイライト！高千穂峡で絶景を堪能

宮崎屈指の景勝地として知られ、県外からも多くの人が訪れる。渓谷と滝が織りなす絶景をボートで楽しもう。

↓ 30分

16:30 神々が集い話し合いが行われた天岩戸神社、天安河原へ ➡P.314

天岩戸（あまのいわと）の神話でアマテラスオオミカミが隠れた洞窟を御神体として祀る神社。近くの川には神々が集まり知恵を出し合ったという、天安河原がある。

天孫降臨などさまざまな神話の舞台として知られる宮崎県。
特に高千穂は風光明媚な観光地でもあり人気が高い。
高千穂へのアクセスが便利な熊本から入って、宮崎の見どころを巡ろう。

ポイント
ドライブは絶景の連続。
道路からの
撮影はマナ
ーを守って。

2日目

8:00 高千穂を出発

🚗 75分　国道218号線を東に進み、東九州自動車道に入って南下する。

9:15 神武天皇が出港した美々津に残る歴史的町並みを歩く

神武天皇は美々津（みみつ）で舟を作り、大和へ向けて出発したといわれている。かつては宮崎県の県庁が置かれていたこともあり、古い町並みが国の重要伝統的建造物群保存地区に指定されている。

🚗 1時間

11:15 ニニギノミコトとその妃の伝説の地西都原古墳群へ ➡ P.313

3〜7世紀に造られた300基以上の古墳が残り、特別史跡に指定されている。春は桜と菜の花、秋はコスモスなど、花見スポットでもあるので季節に合わせて訪れたい。

🚗 1時間

14:30 海幸彦・山幸彦の神話の舞台、青島でお参りして日南海岸をドライブ

海岸に沿って南下すると、宮崎屈指の景勝ルート、日南海岸へと出る。その手前にある青島は海幸彦・山幸彦の伝説の舞台とされ、青島神社が鎮座する小さな島。島は亜熱帯性植物で覆われて独特の雰囲気だ。
青島神社
🏠 宮崎県宮崎市青島2-13-1
🚶 JR青島駅から約10分

🚗 30分

16:00 サンメッセ日南でモアイ像と記念撮影！ ➡ P.330

日南海岸では見逃せない見どころ。イースター島長老会公認のモアイ像が立つ人気スポットで、モアイ像にタッチすれば運気が上がるともいわれている。

宮崎のおみやげ
甘党なら
マンゴーの菓子が
おすすめ！

まだまだある！ 宮崎の神話スポット

荒立神社（高千穂町）
天孫降臨でニニギノミコトを高千穂に導いたサルタヒコノミコトと、天岩戸神話に出てくるアメノウズメノミコトが結婚して新居を構えた地。

国見ヶ丘（高千穂町）
神武天皇の孫である建磐龍命（タケイワタツノミコト）が九州統治の際に国見をしたと伝わる丘。雲海で有名。

鵜戸神宮（日南市）
日南海岸きっての開運スポット。神武天皇の父君であるウガヤフキアエズノミコトの生誕地と伝わる。

みそぎ池（宮崎市）
阿波岐原（あわきがはら）にあるみそぎ池は、黄泉の国から逃げ戻ってきたイザナギノミコトが初めてみそぎを行った池。

Power 1 縄文杉
じょうもんすぎ

木にダメージを
与えないように
見学しよう

屋久島のシンボルともいえる杉の木。樹齢は2000〜7200年
まで諸説あり定説はないが、確認されている屋久杉のなかでは
最大級の老大木。ちなみに屋久杉という種はなく、樹齢1000
年以上の杉の木を島では屋久杉と呼んでおり、縄文杉も通称に
すぎない。島の中心部にあり、片道5時間程度のトレッキング
でアクセスする。途中、ウィルソン株（→下記）、夫婦杉、大
王杉などの屋久杉の古木を通る。

🚶 荒川登山口から約5時間

Power 2 白谷雲水峡
しらたにうんすいきょう

屋久島自然休養林に指定されているエリアで、縄文杉と
並んで人気のあるスポット。古木が生い茂る苔むした森
林が広がり、屋久島ならではの景観が楽しめる。1〜4時
間のコースが整備され、往復で丸1日かかる縄文杉に比べ、
気軽にトレッキングができる。

🚗 宮之浦港から約25分、屋久島空港から約40分

うっそうとした白谷雲水峡。さら
に奥地にある辻の岩屋（下）

神秘のパワー

Power 3 ウィルソン株

400年ほど前に伐採された巨杉の切り株
で、中が空洞になっている。中から見上
げると空がハートの形に見えることから
恋愛のパワースポットとして知られてい
る。発見者である植物学者のアーネスト・
ウィルソン博士にちなんでこの名がつけ
られた。

🚶 荒川登山口から約3時間

きれいなハートに見える位置を探ってみよう

屋久島メモ

世界遺産 屋久島は**日本で最初の世界遺産**として法隆寺（→P.240）、姫路城（→P.51）、白神山地（→P.133）とともに1993年に登録された。屋久島は亜熱帯に属しながらも中央に1936mの高峰があるため、標高によって**多彩な植生**が見られる。また、樹齢数千年ともいわれる巨樹群は貴重な天然林と認められている。

気候 世界遺産に認められた植生を育んだのは、その地形と雨の多い気候。「ひと月に35日雨が降る」といわれるほどで、場所によっては年間降水量は8000mmを超え、日本の年間平均降水量の4倍以上もある。夏の沿岸部は南国らしい暑さ、一方で冬の山は積雪することもある。

旅のヒント 島へは飛行機のほか、鹿児島から高速船で2〜3時間。島を一周するのに車で約3時間かかる。内陸へのトレッキングをするなら、事前に**屋久島世界遺産センター**などで情報収集しよう。

URL www.env.go.jp/park/yakushima

矢筈嶽神社
宮之浦港
益救神社
白谷雲水峡
縄文杉
ウィルソン株
屋久島空港
荒川登山口
安房港
西部林道
北
0　　　　10km
世界遺産登録エリア

世界遺産

みなぎる屋久島

Power 4 矢筈嶽神社
（やはずだけじんじゃ）

一湊（いっそう）集落にある矢筈岬という美しい景観が広がる場所にある。自然の洞窟の中にあり、海上安全、縁結びの御利益があるとされている。

🚗 宮之浦港から約15分

遠くから見た矢筈嶽神社。中央に赤い鳥居が見えている。鳥居の奥は天然の洞窟で祠が祀ってある

Power 5 益救神社
（やくじんじゃ）

平安時代に編纂された『延喜式神名帳』にも記載のある古社で、屋久島、種子島の島民の鎮守の宮として崇敬を集めた。山幸彦の名でも知られる天津彦彦火火出見尊（アマツヒコヒコホホデミノミコト）を祀り、屋久島指折りのパワースポットとしても有名。

🚗 屋久島空港から約15分

現地では「救いの宮」とも呼ばれる

Power 6 西部林道
（せいぶりんどう）

島西部の海岸沿いに20kmにわたって続く道路で、うち15kmは世界遺産地域に含まれている。人の手の入っていない緑豊かな照葉樹林に囲まれ、野生のヤクザルやヤクシカに出くわすこともしばしば。屋久島の大自然を気軽に楽しむことができる。

🚗 永田側西部林道入口までは宮之浦から約40分

動物に餌をあげるのは禁止されている

311

九州の古墳

福岡県 🐾 熊本県 🐾 宮崎県

王塚古墳

▶王塚装飾古墳館
🏠 福岡県嘉穂郡桂川町寿命376
🔗 www.town.keisen.fukuoka.jp/ouzuka
🚶 JR桂川駅から約8分

壁面に描かれた騎馬像（レプリカ）写真提供：王塚装飾古墳館

極彩色の古墳

🐾 王塚古墳
おうづかこふん

　福岡県の中央、桂川町にある6世紀前半に造られたとされる装飾古墳。壁面に赤、黄、緑、黒、白、灰の6色が用いられており、これは**国内の装飾古墳のなかで最多の色数で**ある。描かれているのは三角

王塚装飾古墳館で展示されているレプリカ
写真提供：王塚装飾古墳館

文や同心円文といった幾何学的な模様から、騎馬像や盾、大刀といった写実的な絵などさまざま。今のところ被葬者は明らかになってない。ただ福岡県八女市にある岩戸山古墳から出土した盾や靫（矢筒）の石像と、王塚古墳の絵が酷似していることから、岩戸山古墳の被葬者と考えられている筑紫君磐井と関連があるのではないかと主張する有識者もいる。

　年に2回の特別公開日のみ実物の見学が可能だが、併設されている**王塚装飾古墳館**では忠実に再現されたレプリカがあり、内部に入ることができる。

数多くの装飾古墳が見比べられる

🐾 熊本県立装飾古墳館
くまもとけんりつそうしょくこふんかん

　装飾古墳は、九州から関東まで広く見られるが、最も多く見られるのが熊本県。全体の約35％、200を超す装飾古墳が集まっている。熊本県山鹿市にある熊本県立装飾古墳館は、**装飾古墳に特化した日本で唯一の博物館**。数多くの石棺や石室が復元されており、普段はなかなか目にすることができない装飾古墳を、まとめて見学できる。

熊本県立装飾古墳館

🏠 熊本県山鹿市鹿央町岩原3085
🔗 kofunkan.pref.kumamoto.jp
🚌 山鹿バスセンターから約10分

熊本県立装飾古墳館に展示されている千金甲1号古墳のレプリカ
写真提供：熊本県立装飾古墳館

内部公開が定期的に行われている装飾古墳

🐾 チブサン古墳
ちぶさんこふん

　チブサン古墳は、熊本県山鹿市にある日本を代表する装飾古墳。墳丘の全長が約44mある前方後円墳で、石室内は、羨道、前室、玄後室からなっている。チブサンという名は、石屋形に描かれたふたつ並んだ円が女性の乳房のように見えることから付いたとされている。石屋形の向かって右側には7つの星や、冠をかぶった人らしき姿も描かれている。装飾古墳は保存の観点から、年に数回程度しか公開されないもの

チブサン古墳

🏠 熊本県山鹿市城字西福寺
🔗 www.city.yamaga.kumamoto.jp
🚌 山鹿バスセンターから約5分
※見学は山鹿市立博物館に申し込む

歩き方＋ 熊本県立装飾古墳館の周囲には、岩原古墳群として13の古墳が集まっている。最大の双子塚古墳は全長100mを超す巨大な前方後円墳だ。

が多いが、ここチブサン古墳では、土・日に2回ずつ古墳内部の見学が行われており、通年見られるという意味でも、貴重な装飾古墳だ。

チブサン古墳の石屋形
提供：山鹿市教育委員会

日本最大級の古墳群
西都原古墳群
さいとばるこふんぐん

西都原古墳群
🏠 宮崎県西都市三宅
🔗 mppf.or.jp/saito
🚗 西都ICから約10分

宮崎県にある西都原古墳群は、**311基の古墳が点在している九州最大の古墳群**。なかでも**男狭穂塚古墳**は天孫ニニギノミコト、**女狭穂塚古墳**はその妻コノハナノサクヤヒメノミコトの墓という伝説があ

古墳の周辺をコスモスが彩る

り、日本神話に通じるロマンを感じさせる。周囲は特別史跡公園として整備されており、**西都原考古博物館、古代生活体験館、ガイダンスセンターこのはな館**という併設施設もある。春は菜の花や桜、秋はコスモスなど、季節の花が咲き誇る花の名所としても知られている。敷地内は54ヘクタールにも及び、自転車をレンタルすることもできる。

鬼がひと晩で作ったとされる、鬼の窟古墳の石室

九州最大級の古墳が オルメカ文明の遺跡と酷似している！？

岩戸山古墳とオルメカ文明

福岡県八女市にある岩戸山古墳。全長135m、全幅82m、高さ13mという巨大さで、九州地方最大級の前方後円墳として知られている。だが、上空から見ると、前方部と後円部がほぼ同じサイズのデザインになっている。

これは一体なぜなのか。実は興味深いというか、極めて大胆な説がある。

この古墳は、メキシコに栄えた**オルメカ文明の影響を受けたもの**ではないか、というのだ。すなわち、前方部は実際にはオルメカ式のピラミッド、つまり神殿で、地下にはトンネルが掘られているというのである。そして岩戸山古墳は、その周囲も含めた**巨大な祭祀センター**だったのだ、と。

古墳の周辺にある巨大な石人像（隣接する資料館でも一部展示されている）についても、オルメカの有名な人

頭石と共通するもので、一種の呪術像だとする。古墳全体に漂う異質な感覚は、そのためだというのである。もちろんそれには、オルメカ人が太平洋を渡り、日本列島にやってこなければならない。だが、エクアドルのバルディビア遺跡から縄文土器とそっくりの土器が出土するなど、古代の環太平洋文明の存在が明らかになっていることを考えると、それも決して不可能ではないと思える。

オルメカ式神殿説が浮上している岩戸山古墳

日本のUFO研究団体「宇宙友好協会」によれば、チブサン古墳の「チブサン」は、古代原日本民族のプレアイヌ語で「船の降りる場所」＝宇宙船の着陸基地「チブサン」が語源という。

313

天孫降臨伝説の地

宮崎県　鹿児島県

高千穂神社
住 宮崎県西臼杵郡高千穂町
三田井1037
高千穂バスセンターから約
15分

天岩戸神社
住 宮崎県西臼杵郡高千穂町
岩戸1073-1
URL amanoiwato-jinja.jp
高千穂バスセンターから
ふれあいバスで岩戸下車すぐ

コラム 毎年11月中旬から
2月上旬にかけて、
高千穂の集落で行われて
いる夜神楽。高千穂神社
境内の神楽殿では、毎日
20:00から観光客に向け
て夜神楽が披露される。
日本神話の名シーンを再
現する神楽を間近に拝観
できるまたとない機会と
なっている。

毎夜披露される観光夜神楽

高千穂峰
▷高千穂河原ビジターセンター
住 鹿児島県霧島市霧島田口
2583-12
麓から頂上まで往復約5時間

麓の御池から山容を望む

神社が多く集まる神々の里

高千穂町
たかちほちょう

高千穂神社

高千穂神社は、**高千穂郷八
十八社の総社**。境内は凛然と
した空気に満ちており、樹齢
800年の秩父杉や、家庭円満
の御利益がある夫婦杉などの
神木がそそり立っている。

御神木が社殿を囲む神さびた境内

天岩戸神社

天照大神が隠れた**天岩戸**が
地上に実在すると伝わる天岩
戸神社。1日に複数回、神職
さんの案内で、御神体にして
秘所とされる天岩戸を実際に
拝観することができる。

天安河原の石積みは参拝者によるもの

せっかく高千穂を訪れたのなら、境内地に流れる岩戸川を
さかのぼって徒歩15分のところにある**天安河原**も参拝して
おきたい。ここは**アマテラスオオミカミの岩戸隠れの際に、
諸神が神議した場所**と伝わっており、仰慕ヶ窟の大洞穴と無
数の石積みが、訪れる者を神話の世界へと誘ってくれる。

霊峰の山頂に突き立てられた鉾

高千穂峰
たかちほのみね

宮崎県と鹿児島県の県境に
そびえる1574mの活火山。霧
島連峰を構成し、北の韓国岳
に次いで2番目に高い。ダイ
ナミックな景観が人気だが、
火口縁がコースになっている
ので登山の際は注意が必要。
山頂には、霧島東神社の宝物
と伝わる青銅製の天の逆鉾が
突き立てられている。この鉾
は坂本龍馬とおりょう夫妻が
日本初の新婚旅行で登った折
に、**龍馬が引き抜いた**とも伝
わっている。

高千穂峰山頂に突き立てられている天の逆鉾

天孫降臨の地、高千穂峰の山頂に立つ 天を衝く謎の神器の正体とは？

謎の遺物、天の逆鉾は何を意味するのか？

現代の言葉で表現するならば、日本三大ミステリーだろうか。江戸時代に**日本三奇**のひとつに挙げられたのが、高千穂峰山頂の**天の逆鉾**だ。

確かに、存在そのものが謎めいている。逆鉾とあるように、3本の鉾からなる刃を上にして立てられており、束部分に人ならぬ顔がかたどられている。緑青に覆われ、古代の神器を思わせる形だが、詳細は不明という。この逆鉾は以前、火山の噴火で折れてしまい、現在あるものはレプリカらしい。もとの柄の部分は地中に残っており、刃の体は回収され、島津家に献上されたのち、現在は個人蔵となっているそうだ。

記紀神話ゆかりの矛か？

そもそも天の逆鉾は、高千穂峰東麓の霧島東神社の社宝という。同社の由緒板には、イザナギノミコトとイザナミノミコトが高天原から鉾を差し下ろし、かき混ぜて創った国土に、逆さに突き立てたもの（A）。もしくは**天孫降臨**の際にニニギノミコトがアマテラスオオミカミから授かった鉾（B）であると伝わっている。他方、オオクニヌシノミコトを通じてニニギノミコトに譲り渡されたものが天の逆鉾で、国家平定に役立てられた後、国家の安定を願い、二度と振るわれることのないようにとの願いをこめて高千穂峰に突き立てた（C）という説もある。

これらの説は、**記紀神話**の重要な逸話をベースにしたもので、Aは国生みの場面に登場する**天の沼矛**のこと。また、BとCを勘案すると、オオクニヌシノミコトが国譲りの際に高天原の神に渡した矛がそれで、天孫降臨にあたって、アマテラスオオミカミからニニギノミコトに渡され、この地に突き立てられたという。いずれも、この国の支配と平定を象徴する神器を思わせるが、そのありようについてはやや漠然としている。

その典拠は中世神話だった？

霧島東神社の由緒板には、時代は不詳だが、霧島山の修験者たちが神話にならって社宝を山頂に祀ったという一文がある。問題はそれがどんな神話だったのかということだ。神話学者の山本ひろ子氏によれば、天の逆鉾は日本の中世神話に登場する矛であるという。中世神話とは、『日本書紀』をベースとしながらも、仏教思想の影響を受けて再解釈された神話群のことで、その文脈から読み解けるというのだ。

鎌倉時代に記された『**大和葛城宝山記**』という歴史書によれば、天の沼矛は天地のはじまりに発生した霊物で、**大梵天王**（古代インドで万物の根源とされた神）を化生し、それは**金剛杵**（古代インドの武器に由来する法具）となって魔を打ち返すはたらきをなし、別名を**天魔反戈**という。さらに、瓊々杵尊を瓊（宝石）で飾られた杵の神と解釈し、杵によって地上を平定する天杵尊だとしている。

3本の刃は三位一体の意か？

では、逆鉾の3本の刃は何を意味しているのか。一説には、記紀神話の冒頭、高天原に最初に成り出た独り神の3柱を表すという。いわゆる**造化三神**である。ムー編集部では、ユダヤ系キリスト教徒の秦氏が記紀神話の編纂に関与したとされていることから、造化三神は、『聖書』における三位一体と同義だとしている。したがって、天の逆鉾の3本刃は三位一体の象徴にほかならないというのだが、いかがだろうか。

インド神話のシヴァ神、ギリシア神話のポセイドンは三叉槍を持っていたと伝わるが……

十宝山大乗院

住 大分県宇佐市四日市3761
URL www.city.usa.oita.jp/tourist
宇佐ICから約5分

十宝山大乗院の鬼のミイラは、現存する鬼の全身ミイラとしては唯一。一方、鬼のミイラが伝えられる寺社のなかには、例えば大分県中津市の羅漢寺の小鬼のミイラや、愛知県犬山市の桃太郎神社の鬼のミイラなど、焼失して写真しか残っていないケースも多い。そこに〝何かの意図〟があると推測する研究家もいるという。

熊野磨崖仏

住 大分県豊後高田市田染平野2546-3
JR宇佐駅から約30分

コラム

青島神社は宮崎市の青島を境内とする神社。鮮やかな朱塗りの社殿と周囲を彩る緑、そして空と海の青さが、カラフルで力強さを感じさせ、縁結びのパワースポットとしても名高い。緑あふれる中央部とは対照的に、海岸部は波打つように造形された奇岩地帯になっており、鬼の洗濯板と呼ばれている。海底にあった地層が隆起したのち、長きにわたって波に浸食された結果できた自然の造形美だ。

鬼の洗濯板

巨大な鬼のミイラが安置されている

十宝山大乗院
じっぽうざんだいじょういん

大分県宇佐市四日市に鎮座する十宝山大乗院は、**鬼のミイラ**が安置されていることで知られる真言宗の寺院。石段の下に掲げられた説明板によると、鬼のミイラはもともと、とある**名家に家宝として代々伝わっていた**ものが、紆余曲折の後、この寺の檀家の手に渡ったというもの。ミイラを手に入れた檀家が原因不明の病気に冒されたため、祟りだとしてミイラを寺に安置してもらうと、病は治ったという。

座高1.4mで身長は2mと推測される鬼のミイラ。手足の指はいずれも3本

鬼が造ったという伝説の石段の先にある

熊野磨崖仏
くまのまがいぶつ

大分県北東部の国東半島は、**鬼伝説が今も色濃く残る地**。毎年、旧1月7日頃に修正鬼会と呼ばれる鬼を主役とした法会が行われ、**鬼が仏となった里「くにさき」**として日本遺産にも登録されている。熊野

鬼のような形相の不動明王像

磨崖仏へ通じる石段も、鬼ゆかりの場所のひとつ。伝説によると、かつてこの地には**悪鬼**が住んでおり、**熊野権現に人を食べてよいか訪ねたところ、一晩で100段の石段を築くことができたなら、食べてもよいと約束した**。鬼が99段まで石段を造ってしまったので、慌てた熊野権現は鶏の泣くまねをして鬼を騙し、**負けを認めた鬼は逃げ出した**という。加工していない自然石でできた石段は急勾配で登りづらいが、鬼が造ったという伝説にリアリティを与えている。登りきった先の岩壁に刻まれているのが熊野磨崖仏。左の剣をもっている鬼のような姿をしたのが不動明王、右の柔和な姿をしたのが大日如来だ。

歩き方 ➕ 長崎市街にある軍艦島デジタルミュージアムでは、軍艦島の歴史や暮らしについて詳しく解説。VRやプロジェクトマッピングを駆使して立ち入り禁止地区を含む島内を再現している。

不気味なトンネルと人工島
九州にある不思議な建造物

熊本県 　 長崎県

謎だらけの不気味なトンネル
トンカラリン
とんからりん

　トンカラリンは熊本県和水町にある**謎のトンネル**。特徴的な名前は、**トンネルに石を投げ込んだときの音**に由来しているという。全長約450mあり、切石を組んで造られている所や、自然にできた地割れに石を載せた所など、場所によって構造や大きさなどはバラバラ。造られた時代も目的も分かっておらず、近隣に伝承なども残っていない。県による調査が行われたこともあるが、詳しいことはわからなかった。

　トンカラリンが造られた目的については、さまざまな説が飛び交っており、松本清張は邪馬台国の卑弥呼が使ったとされる**鬼道に関係があるのではないか**という説を発表している。トンカラリンから約500m北西には、5世紀後半に築造された**江田船山古墳**（→P.260）があることから、この古墳とトンカラリンに関連があるのではないかともいわれている。

熊本地震の影響で内部は立ち入り禁止

かつて人が生活していた人工の島
軍艦島
ぐんかんじま

世界遺産

　長崎市街から船で南西に約18km、軍艦島こと端島は、石炭採取のために造られた**人工の島**。面積は6.3ヘクタールと東京ドームの約1.3倍ほどに過ぎないが、この小さな島のなかには、学校や病院、映画館などの娯楽施設まであり、最盛期の1960年代には5000人以上が住むという世界で最も人口密度が高い場所だった。1974年には炭鉱が閉鎖されたことで、すべての住民が島から退去したが、21世紀に入ると、廃墟ブームによって徐々に注目を集めるようになり、2015年には映画『進撃の巨人』のロケ地となった。同年、**明治日本の産業革命遺産**として、**世界遺産**にも登録された。軍艦島内の建物は崩落の恐れがあるため、**自由に見学はできない**。訪問者はツアーガイドと一緒に上陸して見学するか、上陸しないで船上から島を見物する周遊クルーズに参加する。

『007 スカイフォール』のセットモデルになった

トンカラリン
住 熊本県玉名郡和水町瀬川
車 菊水ICから約5分

　トンカラリンの語源はほかにも、朝鮮語で洞窟を表す「トングル」由来説や、古代朝鮮語で「天帝」を指す言葉ともいわれている。なお、九州は歴史的に朝鮮半島と関係が深い地域でもあり、何か関連があるのかもしれない。

軍艦島
※見学は以下のツアー会社から運航するクルーズに参加する。

▷やまさ海運
URL www.yamasa-kaiun.net

▷軍艦島上陸クルーズ
URL www.gunkanjima-cruise.jp

▷軍艦島コンシェルジュ
URL www.gunkanjima-concierge.com

▷シーマン商会
URL www.gunkanjima-tour.jp

▷第七ゑびす丸
URL www.7ebisumaru.com

軍艦島は無人の廃墟につきものの、心霊現象のうわさが絶えない。子供の霊や声を聞いたという話や、島内のストリートビュー画像には、心霊の手らしきものが映り込み話題になったことも。

日本全国 弥生遺跡 MAP

弥生時代は水田稲作がはじまり、
農耕が根づいた時期。
身分の格差ができ、金属器も登場した。
各地にある弥生時代遺跡のなかには、
その頃の集落を再現しているところもある。
弥生遺跡を訪ねて、当時の暮らしを想像してみよう。

東京国立博物館収蔵の突線鈕4式銅鐸
出典：ColBase（https://colbase.nich.go.jp/）

いずみの高殿は東西19.2m、
南北6.9mの巨大建築物

大阪府和泉市
池上曽根史跡公園

アナタが
撮った
写真を
貼ってね！

佐賀県吉野ヶ里町
吉野ヶ里遺跡 P.320

大山の麓に広がる日本
最大級の弥生時代遺跡

長崎県壱岐市
原の辻遺跡 P.322

鳥取県大山町
妻木晩田遺跡

318

東北地方では珍しい弥生時代の遺跡。木柵跡が見つかった

秋田県秋田市
地蔵田遺跡

大塚遺跡と歳勝土遺跡のふたつからなり、大塚・歳勝土遺跡公園として整備されている

神奈川県横浜市
大塚・歳勝土遺跡

静岡県静岡市
登呂遺跡 P.211

奈良県田原本町
唐古・鍵遺跡

アナタが撮った写真を貼ってね！

東海地方最大級の弥生遺跡。隣接する博物館は古代体験プログラムも充実している

出土した土器に描かれていた楼閣が再現されている

愛知県清須市
朝日遺跡

弥生時代のテーマパーク
吉野ヶ里 歴史公園

吉野ヶ里遺跡は日本最大規模の弥生時代の遺跡。
紀元前8世紀の弥生時代早期から
3世紀の弥生時代後期にわたる約1000年間を包括している。

❷ 倉と市

高床倉庫が並んでおり、さまざまな交易品が保管されていた
ことがわかる。倉庫の近くでは市が開かれ、生活用品や貴重
品の取り引きが行われた。市を管理する建物もある。

❶ 外壕

壕の外側には敵の侵入を防ぐために土塁と
柵が巡らされている。

古代の原ゾーン　復元水田
弥生の水行
バス池
❶ 市の広場
❷
古代の森ゾーンへ→
祭りの広場
❹
❸
展示室
甕棺墓を復元した
甕棺墓列
JR長崎本線
祭壇
環壕集落ゾーン
環壕入口広場
弥生くらし館
北
❺
❻
0　　　200m
田手川
吉野ヶ里公園駅へ
入口ゾーン
東墳丘墓
歴史公園センター
タクシー乗り場
福岡空港方面バス停へ
歴史公園センターで、まずは
情報収集をしよう

吉野ヶ里歴史公園は入口ゾーンを含め、4つのエリアに分かれている。

環壕集落ゾーン　遺跡の中核的な見どころ。周囲約2.5kmにわたり壕に囲まれた巨大環壕集落が再現されている。外壕に囲まれたエリアは40ヘクタールにもおよぶ。100近い復元建築が並んでおり、弥生時代の生活や暮らしぶりが実感できる。発掘された資料を展示した展示室や、勾玉作りなどの体験プログラムもある。

古代の原ゾーン　広い芝生広場でレクリエーションが楽しめるエリア。古代の水田を復元し、赤米を栽培する復元水田もある。

古代の森ゾーン　弥生時代の植生を再現した古代植物の森がある。吉野ヶ里遺跡で発掘された甕棺墓（かめかんぼ）を約500基復元した甕棺墓列も見どころ。

❸ 南内郭
<small>ないかく</small>

支配者層が暮らしていたとされるエリア。内壕に囲まれ、入口には大きな物見櫓が立つなど、厳重な防御が施されている。

❹ 南のムラ

一般の人が住んでいたと考えられているエリア。内壕はなく、復元された竪穴住居と高床倉庫が建てられている。

❺ 北内郭

支配者層が集まり、祭祀や政治に関する話し合いや意志決定が行われたエリア。環壕に囲まれており、中心に巨大な祭殿が復元されている。この祭殿は3層の高床式の建物で、2階では王と支配者層が会議を行っている様子が、3階では最高司祭者が祖先の霊のお告げを聞く祭祀を行う様子が人形を使って再現されている。

❻ 北墳丘墓
<small>ふんきゅうぼ</small>

人工的に土を盛って築かれた塚で、南北約40m、東西約27mの長方形をしている。歴代の王が埋葬されたと考えられている。

吉野ヶ里歴史公園
住 佐賀県神埼郡吉野ヶ里町田手1843　URL www.yoshinogari.jp　JR吉野ヶ里公園駅から約15分

弥生時代の遺跡

長崎県　佐賀県

原の辻遺跡
住 長崎県壱岐市芦辺町深江
鶴亀触1092-1
URL www.iki-haku.jp
芦辺港から約15分
▷壱岐市立一支国博物館
住 長崎県壱岐市芦辺町深江
鶴亀触515-1

原の辻遺跡から出土した人面石。一支国博物館で収蔵されている

日本最古のとんぼ玉（ガラス製の玉）

菜畑遺跡
▷末盧館
住 佐賀県唐津市菜畑3359-2
JR唐津駅から約15分

コラム　唐津といえば呼子のイカが有名。一説にはイカやタコなどの頭足類は、遺伝子構造の複雑さから地球外生命体説もあり、数億年前に宇宙から卵が飛来したと唱える学者もいる。

コリコリとした歯応えがたまらない活造りは必食！

『魏志倭人伝』に記された海洋貿易国の遺構

原の辻遺跡
はるのつじいせき

『魏志倭人伝』に記されている**一支国**は長崎県の壱岐島だと推定されており、原の辻遺跡はこの一支国の王都とされる遺跡。『魏志倭人伝』の記述によると、一支国は田を耕しても食料として十分でないた

復元された様子から大規模集落であることがうかがえる

め、南北と交易して暮らしているとある。遺跡にはかつての船着き場の跡が残っており、他の遺跡にはみられない**海に開けた貿易国家**としての側面が見られて興味深い。高床式の建物や、王の居城などに加え、交易の倉庫、迎賓所なども再現されている。こうしたことから、原の辻遺跡は、吉野ヶ里遺跡（→P.320）や登呂遺跡（→P.211）と並んで、数少ない弥生時代の特別史跡に指定されている。

遺跡からおよそ1kmほどのところにある**壱岐市立一支国博物館**では、映像や模型、多彩な展示品をとおして、一支国の時代を紹介。**日本最古のとんぼ玉**や、**人の顔を模した人面石**など珍しい展示品が並んでいる。

日本最古の水田遺跡

菜畑遺跡
なばたけいせき

佐賀県唐津市にある**菜畑遺跡**は2500〜2600年前の水田跡が発見された、**日本最古の水稲耕作遺跡**。隣接する**末盧館**は『魏志倭人伝』に記述のある**末盧国**が名前の由来となっており、敷地内の古代水田では**古代赤米**が栽培されている。

復元された水田で栽培されている古代赤米。秋になると赤い稲穂が実る

末盧館では菜畑遺跡から出土した石包丁や木製農具のほか、炭化米が展示されており、縄文時代晩期から弥生時代にかけての稲作を学ぶことができる。

末盧館から東へ100mほどのところにある**桜馬場遺跡**は、第2次世界大戦中に防空壕を掘削した際、偶然発見された遺跡。採掘された甕棺墓からは中国の**銅鏡**などが出土し、一説には末盧国王のものではないかともいわれている。

歩き方＋　日本最古の水田遺跡のある菜畑遺跡だが、『魏志倭人伝』の記述によると、末盧国の人々は魚を取ることに優れていると書かれており、稲作については触れられていない。

『魏志倭人伝』に記された幻の邪馬台国

邪馬台国は3世紀に書かれた中国の史書『魏志倭人伝』に登場する倭の国の名前。卑弥呼という女王が統治し、30の国を束ねていたとされる倭の盟主的存在だ。『魏志倭人伝』は3世紀の日本を知る貴重な記述ではあるが、その場所についての記述は不明瞭な点もあり、正確にはわかっていない幻の王国である。

邪馬台国への道

『魏志倭人伝』には邪馬台国への行き方が書かれており、北九州に上陸するまでは、對馬国（→P.340）、一支国は壱岐、末盧国は唐津市、伊都国は糸島市、奴国は春日市に比定されているが、それ以降は諸説あって一致をみない。

さらに読み進めると、九州北部にある不弥国から20日間、水路で南へ向かい投馬国に到着。投馬国から水路で南に10日、陸路1ヵ月で邪馬台国に到着すると読める。合計すると九州北部から船で30日南に進み、さらに陸を1ヵ月進んだ先に邪馬台国があるということになる。この記述をそのまま信じると「邪馬台国は沖縄諸島なのか？」「九州の南に沈んだ大陸があったのではないか？」など奇説に行き着いてしまい、どこに邪馬台国があったのかわからなくなってしまう。

南は東の間違い（畿内説）

畿内説は、この疑問に対する答えとして、南と書いてあるのは東の間違いであるとする。つまり、北九州にある不弥国から東へ水路で20日行くと投馬国に到着し、投馬国から東へ水路で10日、陸路1ヵ月行くと邪馬台国に到着することになる。九州から南では なく、本州沿いに東進、途中で陸路に切り替えた先に邪馬台国があるとすると、近畿地方で無理がなくなるのだ。

遺跡発掘でも畿内説を支持する出土品が多く、なかでも奈良県桜井市の纒向遺跡は、畿内邪馬台国の有力候補地だ。ここで発掘された大型の建物跡は卑弥呼の宮殿という説があり、箸墓古墳（→P.264）は卑弥呼の墓ではないかとも考えられている。

旅程の起点は伊都国（九州説）

一方の九州説では、投馬国へは水路で20日、邪馬台国へは水路で10日、陸路1ヵ月とあるのは、どちらも北九州の伊都国を起点として書かれたものと考える。水路で10日、陸路で1ヵ月というのも、水路なら10日、陸路なら1ヵ月という意味だとしている。つまり、伊都国から投馬国へは水路で20日、伊都国から邪馬台国へは水路なら10日、陸路なら1ヵ月となり、邪馬台国までの距離が近くなる。

また、『魏志倭人伝』には帯方郡から女王国へは1万2000里という記述があるのだが、帯方郡から伊都国までかかる距離をすべて足すと1万500里なので、伊都国から女王国へは1500里という計算が成り立つ。魏の1里を約434mとすると約651kmになり、一見畿内説が有力になるが、末盧国と伊都国の間が500里と書かれていることから類推すると1500里は85kmほど。女王国が邪馬台国を示すなら、邪馬台国は北九州のどこかにあるということになる。

魏志倭人伝の比定地

對馬国
一支国
伊都国
末盧国
奴国

吉野ヶ里遺跡と徐福

秘薬を求め日本にたどり着いた徐福。
徐福が広めた最先端技術は
九州邪馬台国説を裏づける証拠となるか？

徐福がつくった吉野ヶ里？

日本最大の弥生遺跡として知られる、佐賀県神埼郡の**吉野ヶ里遺跡**。紀元前8世紀から紀元後3世紀までおよそ1000年間にわたる、当時のクニの中心集落の様子と変遷を知ることができる貴重なものだ。

何よりも注目すべきは、あの『魏志倭人伝』に記述されている邪馬台国を思わせるような建物跡や遺構が、見事に揃っているということにある。そのため、気の早い人々からは一時、「邪馬台国を発見か？」と騒がれたこともあるが、残念ながら両者を結び付ける証拠はない。

ただ、興味深い話もある。**徐福伝説**（→P.244）とのつながりである。秦の時代、秦始皇帝は方士の徐福に不老不死の仙薬を探させることにした。徐福は黄金と多くの人を船に乗せ、東海へと旅立つ。目指すは仙人が住むという**蓬莱山**だ。だが、彼らはそのまま二度と中国に帰ることはなかった。徐福一行は、大集団だった。徐福一家12人、老人男35人、同女45人、壮年男138人、同女145人、青年男41人、同女34人、幼児男51人、同女48人──職業も農民、大工、壁塗り、狩人、紙師、笠張り、鋳物師、石工、医師、鍼師、楽人……まさに大規模な移民集団だったのである。

徐福について書かれているのは、武帝治世時に司馬遷が編纂した歴史書『史記』だ。それによれば彼らは、紀元前210年に大船団で船出したとされる。前述のように徐福は秦には帰らなかったが、決して遭難したわけではない。同書には、徐福は平原広沢を得て王となり、帰らずと記されているからだ。

吉野ヶ里のルーツは江南

では、彼らはどこに消えたのか。ヒントとなるのは、目標となったとされる、東方の蓬莱山だ。これは位置的には日本列島と考えていいだろう。

つまり徐福一行は日本列島のどこかに上陸し、そこで定着したのである。実際、日本には徐福上陸の地と伝わる場所が全国にいくつもある。吉野ヶ里遺跡がある佐賀県も、その有力な候補地のひとつだ。

実は最近の研究で筑紫平野の渡来系の人骨のDNAが、中国の江南人骨のDNAと酷似していることがわかった。しかも徐福の出身地である徐福村は、この江南と近い。また、弥生時代の稲作は、中国の江南地方から直接日本列島に伝来した可能性が高いという研究もある。これらの科学的データを見る限り、徐福たちが佐賀に上陸し、稲作など最新の大陸の技術を伝えた可能性は、十分に考えられるのだ。

秦の始皇帝は、徐福に不老不死の仙薬を探させるのと並行し、巨大な陵墓も造営していた

稲作は徐福によってもたらされたのか？

繰り返すが、吉野ケ里遺跡のルーツは江南文化にある。しかもそれは徐福がもたらした稲作技術がベースになっている。これが邪馬台国に発展したとしても——少なくとも邪馬台国に匹敵するクニに育ったとしても——決しておかしくはないだろう。なにしろ彼らが定住すれば、そこにたちまちひとつのクニ、それも当時の中国の最先端技術を手にした人々のクニができてしまうのだから。

佐賀市徐福長寿館に展示される徐福像

吉野ケ里遺跡は弥生時代を代表する遺跡

金立山と徐福の痕跡

佐賀市金立町の**金立神社**も、徐福と関係が深い。この神社は、彼を祭神として祀っているのだ。同社に伝えられた『金立神社画図縁起』を見ると、上段に金立神社上宮、中段に金立神社下宮、そして下段には徐福上陸の絵が描かれている。そして50年に1度開かれる同社の例大祭では、神輿を担ぎながら、徐福が金立山を登った道を逆にたどる「お下り神事」が行われ、徐福上陸の姿が再現されるのである。

ちなみに同社と金立山には、ほかにも徐福にまつわる伝説が多く残る。徐福はこの山で不老不死の仙薬を発見したとも、金立神社上宮の石造りの拝殿は、徐福が中国から連れてきた石工の手によるものだともいわれている。

宇佐八幡宮と邪馬台国

最後に邪馬台国について、同じ九州説でも少し異なった視点のものを紹介しておこう。それは、邪馬台国の場所を大分県の**宇佐神宮**とする説だ。

皇室の祖神であるアマテラスオオミカミだが、一部で卑弥呼が神格化されたものではないか、という主張がある。宇佐神宮の祭神は**八幡大神**（＝応神天皇）と神功皇后、比売大神の3柱だが、この比売大神が、「ヒメミコ＝ヒミコ」ではないか、というのだ。

それだけではない。なんと卑弥呼の墓も、宇佐神宮境内にあるという。それは本殿の建つ小山だ。つまり宇佐神宮の本殿は、卑弥呼の墓の上に建てられているということらしい。実際、そこから石棺が発見されたという話もある。そもそも宇佐八幡宮の神、八幡神は不思議な神といえる。

八幡は、奈良時代までは「ヤハタ」とも読まれていたという。「ハチマン」の神様もともと「ヤハタ」の神様だったということだ。『八幡宇佐宮御託宣集』という鎌倉時代に記された縁起書によれば、ヤハタの神は6世紀中頃、欽明天皇の時代に宇佐の地に現れ、自らを「誉田天皇（＝応神天皇）広幡八幡麻呂」と名乗った。だから八幡社の祭神は応神天皇ということになっている。しかし、その実体はというと、「体はひとつだが、頭は8つもある鍛冶の翁で、彼に近づく者の大半は死んだ。その後、翁は金色の鷹と、金色の鳩に変身した」というように、まさに「異形の神」なのだ。とても応神天皇とは思えない。

もしかするとここに、大きな秘密が隠されているのかもしれない。

古代巨石信仰の聖地
九州の巨石

佐賀県 ▨ 長崎県 ▨ 大分県

下田山の巨石群
🏠 佐賀県佐賀市大和町大字梅野329-5
🚗 佐賀大和ICから約5分

古い伝承に登場する地元の神様が宿る
下田山の巨石群
しもたやまのきょせきぐん

神を守るための神籠石（こうごういし）

　下田山の中腹には**10mを超える17基の巨大な岩**が点在し、**巨石パーク**として整備されている。見るからにいわくありげな大岩が目白押しだが、これらは川の対岸にある肥前国の一宮、**與止日女神社**の上宮とされている神聖なもの。すべての岩に名前が付けられ、いわれを物語る案内板が立っている。17基のうち最も重要とされるのが**造化大明神**と呼ばれる岩で、天地万物を造った神様、あるいは奈良時代に編纂された『**肥前国風土記**』に記載のある石神、世田姫だとされ、明治時代まではこの場所で毎年神事が行われていたという。ほかには、道中安全の神様である、ドルメン状の**道祖神石**、石神が航海に使用したという言い伝えの残る**御船石**、五穀をつかさどるウカノミタマノカミを祀った**イナリ石**、烏帽子の形をした**烏帽子石**、形が蛙に似ている**蛙石**などの岩がある。

　園内には登山コースが設けられ、1～16番の巨石が集まるエリアを巡るAコースが往復2～3時間程度、ひとつだけ離れた17番の**たもと岩**まで足を延ばすBコースは往復でプラス3時間程度となっている。また、園内には釣り堀があり、コイやフナなどを釣ることもできる。

コラム
　下田山に上宮のある與止日女神社は、564年に創建されたとされる古い歴史をもつ神社。御祭神の與止日女命（ヨドヒメノミコト）は、神功皇后の妹、もしくは神武天皇の母・豊玉姫ともいわれている神様で、『肥前国風土記』に出てくる世田姫と同一視されている。境内にある御神木の大楠は、なんと樹齢およそ1450年。三の鳥居は1608年建造で、市の重要文化財に指定されている。下田山の巨石群から近いので一緒に訪れてみよう。

天の岩戸には、大人がすっぽり入れるくらいの隙間がある

烏帽子石は高さ7.5mで、下は洞窟になっている

歩き方 ➕ 巨石パークは花見スポットとしても知られ、3月下旬から4月上旬にかけて約300本の桜が咲き誇る。夜はライトアップも行われる。

ほぼ無人の島にそびえるミステリアスな巨石

王位石
おういし

海上からも確認できるほど巨大な岩

長崎県五島列島の野崎島にある、とても自然に組まれたとは思えない巨大な石の造形物。島の北部にある**沖ノ神島神社**（おきのこうじま）の裏に位置するもので、まるで鳥居、あるいはドルメンのように**巨大な石が組み合わさっている**。高さは24mで、頂上のテーブルのような石は5m×3m。さまざまな伝説が語られるが、詳しいことはわかっていない。神社は、目の前に浮かぶ小値賀島の地ノ神島神社（こうじま）から分祀して704年に創建された。702年に遣唐使が再開した際、航路が五島経由に変更されていることから、**遣唐使との関わりが指摘されている**。登山道はかなり険しい山道で案内板もない。イノシシが出る危険性もあるので、現地で10〜6月に催行されているガイドツアーに参加して訪れよう。

王位石
🏠長崎県北松浦郡小値賀町野崎郷野崎島
🚶野崎港から往復で約4〜5時間

石と古代技術

巨石を自在に加エし、動かした古代人 驚愕の技術はどのようにもたらされた？

古代、巨大建造物の素材として用いられたのは石だった。だが、あまりにも巨大なサイズと重さの場合、どうやってそれらを切り出し、運んだのかが常に議論の的となってきた。

例えばレバノンの**バールベック**には、**トリリトン**（驚異の三石）と呼ばれる巨大な組み石がある。重さは650トンから970トンもあるとされ、石切り場から1km運ばれたと考えられている。そして組むために、少なくとも10mは持ち上げられているのだが、その技術はまったくわかっていない。しかも同地の石切り場には、重さ1200トンから2000トンと推定される巨大な切り石が現在も放置されており、これを切り出した技術も不明だ。

加工技術にしても、例えばインカ文明では、カミソリの刃も入らないほど精緻に巨石が組み合わされている。またペルーの**プマプンク遺跡**には、運ばれてきた巨石をH型のブロック状に加工したり、階段状の溝を精巧に彫ったりする技術があった。

日本各地に残る巨石遺跡も含め、このように古代の技術にまつわる謎は多い。ただ唯一、異星人たちが地球を訪れており、彼らの超テクノロジーが用いられたとすれば、その謎も簡単に解けてしまうのだが……。

バールベックの石切り場に放置された、世界最大級を誇る切り石

野崎島の王位石は成り立ち以外にも謎が多い。そのひとつに、石の近くでは方位磁石が狂うというもの。神島神社を指すとも。この石自体が、磁気を発しているのだろうか？

米神山
住 大分県宇佐市安心院町
🚗 安心院ICから約10分

登山道の途中で現れる「月の神谷」は迫力のある巨石

コラム 霊山である米神山に関してはさまざまな伝説が語られているが、多数の巨石に対する説明として、神武東征にまつわる伝説が残されている。神武東征の際、ここに立ち寄った神倭伊波礼毘古命（カムヤマトイワレビコノミコト、のちの神武天皇）に対し、米神山の神様は「ここを都にすれば、必ず天神地祇の助けがある」と都の建設をすすめる。その証しとして山に1000個の石が降るはずだったが、999個目が降ったところで何者かによって神聖な土地が穢され、1000個目が降ることはなかった。ゆえにこの地は都にはならず、結果的に多くの岩が残されたという。神武東征以外の別バージョンとして、外の神々がここに都を定めようとしていたところ、地元の神様が一計を案じ、わざと聖地を穢して石を降らせなかったという話もある。

無数の巨石が散らばる神の山

🔭 米神山の巨石群
こめかみやまのきょせきぐん

佐田京石の向かいには駐車場があるので、気軽に訪れることができる

宇佐神宮から南に10kmほどの場所にある、標高475mの米神山。**古くから神が宿ると言い伝えられ、頂上には古代の祭祀場跡と思われる環状列石があり**、ほかにも中腹から麓に至るまで、いくつもの巨石が点在する。諸説あるが、これらの巨石は古代における何らかの信仰の痕跡と考えられている。**山はいまなお霊山として崇敬を集め、毎年3月には巨石祭りが開催される。**

米神山の標高は低いが傾斜がきつく、登山には体力が必要になる。所要時間は**佐田京石登山口から頂上の往復で2時間程度。**ロープを頼りに、登り下りしなければならない場所もあるので、軍手を持っていこう。巨石祭りは山開きの神事でもあるので、祭りの後だと登山道が整備済みで比較的登りやすい。登山口は佐田京石登山口と、こしき石近くの熊登山口、それらとは山の反対側にある徳瀬登山口の3コースがある。

◉佐田京石

登山口の脇にある不思議なストーンサークル。**高さ2～3mの9つの柱状石が円を描くように配置されている。**200年頃のものと推定され、宇佐の市指定史跡。巨石祭りは米神山の麓に位置するこの場所で行われる。すぐそばには、1992年に地中から見つかった「平成の京石」という19本の巨石もあるので合わせて見学したい。

◉山頂の環状列石

佐田京石に比べると石の大きさは小さくなるが、山頂部にも古代の祭祀場と見られる環

頂上付近の開けた場所に並ぶ環状列石

歩き方→ 「月の神谷」は米神山の中腹にある巨石群。一帯には大岩が集まっているが、特に宙に突き出た巨石が特徴的。山頂近くには「日の神谷」と呼ばれる巨石群もある。

状列石が見られる。ただ詳しいことはわかっておらず、謎の多い遺跡だ。山頂は南側に開けており、由布岳や鶴見岳、立石岳などを望むことができる。

こしき岩

　佐田京石から600mほど北に行くと、滑川沿いの田んぼのなかに、しめ縄が巻かれた立石が現れる。石のてっぺんには**笠石**と呼ばれる平らな石が乗っており、**これを動かしてしまうと嵐が来る**という伝説から、**暴風石**とも呼ばれている。高さ1.6m、周囲は1mと大人の身長と変わらない大きさ。そしてなぜだか**米神山の頂上を拝むかのように60度傾いている**のだ。この風変わりな石は歴史を経て人々の興味を惹きつけ、江戸時代後期の豊後国の儒学者、帆足万里は「苗代に水ひきかけて こしき石むすとや苔乃 幾代かへらん」という和歌を詠んでいる。

米神山があるのは安心院町（あじむまち）という珍しい名前の町

米神山に向かって傾くこしき石

大分県のストーンサークルは邪馬台国九州説を裏づける根拠か？

猪群山のストーンサークル

　大分県豊後高田市にある猪群山（いのむれさん）の東の頂には、約1800年前のものと推定されるストーンサークルがある。

　具体的には高さ4.5m、直径2.5mの巨石が中央に、16個の石が東西33m、南北42mの楕円状に配置されている。さらにその外側にも直径70mの円状に24個の石が置かれ、周縁には土塁と側溝も巡らされるという立派なものだ（土塁と側溝については、後世のものではないかという説もある）。

　中央の巨石は、**山幸彦が竜宮城から持ち帰ったもの**という伝説もある。実際、その頂上にはくぼみがあって、溜まった水は潮の満ち引きと連動しているともいわれている。また、おもしろいところでは、このくぼみには金魚がすんでいて、それを見ると目がつぶれる、という話もある。

　もちろんいずれも真偽については不明だが、かつてはサークルの西側で雨乞いの儀式が行われていたというから、古くから**水神＝龍神信仰**の場であった可能性は高いだろう。

　なお、地元では邪馬台国の**卑弥呼の墓**ではないかという言い伝えもあり、なにかとロマンが尽きない場所だ。

　1981年には小説家の松本清張と地元の考古学者が調査に訪れ、報告書も出版されている。

猪群山の山頂にある巨石

宇佐八幡宮で1907年と1941年の改修の際、地下で謎の石棺が目撃されたものの、恐れ多くて再び埋めたという。石棺は卑弥呼のものとまことしやかに囁かれている。

イースター島 公認！

日本の モアイ

モアイといえば、世界遺産にも登録されている有名な石像。太平洋に浮かぶ絶海の孤島イースター島（現地語ではラパ・ヌイ）に点在し、制作過程から放棄された理由まで、謎が多いことでも知られている。ところで日本にもモアイ像があることはご存じだろうか。本家、イースター島のモアイと密接なつながりがある日本のモアイを見に行こう。

サンメッセ日南
住 宮崎県日南市宮浦2650
JR油津駅から宮崎交通のバスでサンメッセ日南下車、徒歩約5分

タッチ！　タッチ！　タッチ！　タッチ！　タッチ！
仕事運！　健康運！　恋愛運！　総合運！　結婚運！

世界で初めて、現地長老会の許可を得て彫られた
サンメッセ日南のモアイ

　宮崎の風光明媚な観光地として知られる日南海岸。太平洋を望む丘の上に7体のモアイが並んで立っている。このモアイ、ただの観光用の模造品にあらず。世界で初めて、イースター島の長老会に認められたモアイなのだ。

　物語の始まりは1988年に放映されたテレビ番組。「クレーンがあれば倒れたモアイを起こせるのに」とイースター島の知事が発言し、これを知ったクレーンメーカーのタダノ、奈良国立文化財研究所、飛鳥建設がモアイ修復委員会を結成。現地大学の協力を得て、地震や部族間の争いで倒れた

石像を修復し、これが1995年の世界遺産登録にもつながった。

　この貢献を経て、日本側の希望を受けた現地の長老会は、世界で初めて海外でモアイを復刻することを許可。日南海岸はモアイ建立にふさわしい地であるという理由で、タダノと関わりのあるサンメッセ日南に設置されることになった。復刻されたのは島に点在するモアイのなかでは数少ない、海を向いている7体のモアイ「アフ・アキビ」だ。その独特のフォルムで世界的に有名な石像は、日本とチリの絆のシンボルとして、今も静かにたたずんでいる。

太平洋をバックに並ぶ「アフ・アキビ」。当時イースター島の石は持ち出し禁止だったので、福島県白川村の凝灰岩が使用された

タッチ！
金運！

タッチ！
学業運！

\東北にも！/ 門外不出のイースター島の石を使用
南三陸町「うみべの広場」のモアイ

目の入ったモアイは世界に2体しかない貴重なもの

　宮城県南三陸町には、復興のシンボル、ならびに日本とチリとの友情の証しとして立つモアイがある。門外不出とされているイースター島の石を使い、イースター島出身の彫刻家、マヌエル・トゥキ氏によって彫られたものだ。目があるモアイは世界に2体だけで、このモアイのほかには、本場イースター島に1体しかない。

　もともと南三陸町には、ふるさと創生事業の一環として1991年に造られたモアイ像が置かれていたが、東日本大震災のときに津波で流されてしまった。日智経済委員会チリ国内委員会は、南三陸町に新たなモアイ像を贈ろうとイースター島の長老会に協力を求め、こうして新たに造られたのが目の入ったモアイ。2013年、当時まだ仮設だったさんさん商店街に設置された。2023年7月には、発見された旧モアイとともに、商店街から歩いてすぐの「うみべの広場」に移設。新旧2体のモアイが志津川湾をバックに町を見守っている。

🏠 宮城県南三陸町志津川五日町201-5　　　志津川ICから約5分

UFO襲来の地
石垣島 久宇良 <ruby>久宇良<rt>くうら</rt></ruby>

「流れ星の丘」での星空観察。草地に寝転んだり、デッキチェアやハンモックでリラックスしながら宇宙の一員に！

伝統のサバニでUFO探し！

久宇良はUFOの目撃情報が多い場所。UFOを呼び寄せる「UFOおじさん」のほかにも住民の目撃談はたくさんあり、2016年9月29日の「発光編隊」は、沖縄タイムスも報じた。少しずつUFOファンにも知られてきており、今後は丸木舟でUFOを探すツアーや、丸木舟での星空観察なども企画したいという。「技術の商品化、例えば舟を造るワークショップもやりたいですね。技術の継承にもなりますから」（吉田氏）。島の自然素材で暮らす長期滞在のプランもあり、これからの久宇良に期待したい。

URL www.cicadae-sailboat.com

外国人にも人気のツアー。スノーケリングなどができるプランもある

もとは1本の木をくり抜いて造る「刳舟（くりぶね）」だったが、琉球王朝が森林保護の観点から禁止、複数の木材をはぎ合わせて造る「剥ぎ舟（はぎぶね）」が主流となった。この工法を継承した吉田サバニ造船の舟は久宇良だけでなく、竹富などでも人気

国内初の星空保護区エリア
「流れ星の丘くうら」。
星がきれいな石垣島のなかでも、
市街地から遠い北部にある
久宇良地区は絶好の星空観察スポットだ。
ここでは唄三線を聞きながら
星を見るツアーが行われ
なんと18年以上、
毎日UFOを呼んでいる
「UFOおじさん」もいる。
今後は、島に伝わる丸木舟で
UFOを呼ぶツアーも企画する予定。
久宇良がUFOの聖地になる日も近いかも！

毎日、朝と夜にフラッシュライトを空に向けてUFOを呼ぶ前田末和さん。集落の皆からUFOおじさんと親しまれている。「雲の下に現れる、もう少し大きいものを見せてあげたかったな〜」。訪れた日は雲が少し流れており、絶好とはいえないコンディション。それでも前田氏は1時間ほどの間にフラッシュライト先に動く光を見つけ「これこれ、見えた？」「ほら動いてる」と教えてくれる。「ときにはこちらの点滅に応えてUFOが合図を送ってくれたりするんだよ」久宇良の人でUFOを見たことがある人は珍しくないのだそうだ。確かに空を見上げていると、UFOも宇宙人も普通のことに思えてくるから不思議だ。

流れ星に逢いに行こう！

市街地の明かりが届かない暗い場所、空をぐるりと見渡せる視界の良さ、これが「流れ星の丘」の魅力だ。草地に寝転んだり、ハンモックに揺られながら天の川を眺め、双眼鏡で流れ星を探す。バックに流れるのは三線の調べ。手の届きそうなところにある無数の星。ここに来れば、誰もが神秘的な星に魅了され宇宙空間の虜になる。

URL goattours.com

ヤギに囲まれる新垣信成さん。ツアーを主催する新垣さんはヤギを飼育し加工肉も販売している。流れ星の丘はヤギの雨の採草地。「流れ星の丘はツアーのある2時間しか開放していません。実は適度に踏まれたほうが草はよく育つんです。沖縄に欠かせないヤギの文化も発展させられるし、星空で観光収入も得られます。リゾート開発などしなくていいエコな循環なんですよ」。

伝統の丸木舟に乗る

久宇良のユニークなアクティビティをもうひとつ。丸木舟で美しい海を楽しむのはいかがだろう。沖縄にはサバニと呼ばれる丸木舟に帆をかけた伝統的な船がある。一時は途絶えた造舟技術を約20年前に移住した吉田友厚氏が継承、久宇良サバニツアーを始めたのだ。「伝統文化も収益性がないとダメなんです。海や風との距離感が近いサバニは観光との親和性が高い」（吉田氏）。自然を壊さずに新しい観光を生み出すというのは、星空ツアーにも通じるものがある。

「海に浮かんでいると、ふと神聖な感じがするときがあるんです。近くにいるエンジン船の音がしていても、無音というかお客さんも静かになる。遠くから見るとサバニは鳥居のように見えるという人もいるんですよ」（吉田氏）。沖縄の古い人は舟を大切にする、そういう考えは大事にしていきたいと語る吉田氏。穏やかな久宇良の海に丸木舟で浮かべば、不思議な体験ができるかもしれない。

透明度の高いサンゴの海に浮かぶサバニ

五色人伝説

熊本県

幣立神宮
🏠 熊本県上益城郡山都町大野712
🚌 南阿蘇鉄道高森駅から約30分

木々に囲まれた境内

コラム
噴火によってできた大きな凹地を意味するカルデラ。阿蘇カルデラは世界最大級を誇り、阿蘇山は阿蘇五岳や外輪山を含む総称だ。荒々しい火口やパワフルな景観は観光客にも人気がある。

ドライブコースやハイキングコースが整備されている

自然信仰の古神道を由来とする
幣立神宮
へいたてじんぐう

阿蘇山の南方、九州のへそともいえる場所に鎮座する神社。さまざまな縁起や伝承のひとつに、太古に幣を立てて天神地祇（てんじんちぎ）を祀ったのが幣立の名の由来とある。2000年以上の歴史があり、主祭神は**カムロギノミコト、カムロミノミコト、オオトノチオオカミ、アメノミナカヌシノオオカミ、アマテラスオオミカミ。**1万5000年前に**カムロギノミコトとカムロミノミコト**が神霊として天降った場所に芽吹いたと伝わるヒノキの御神木は、根を同じにして10代にわたって脈々と命を繋いでいる。現在の大木は樹齢2000年程と伝わり、すでに11代目も樹上に生い茂っている。

神社に伝わる伝承や文献によると、この場所こそが**神話にも出てくる高天原**であるともいわれているそう。毎年8月23日には五色神祭が斎行され、多くの人々が祈りを捧げる。

5年に一度の大祭では多くの人が訪れる

雪積もる参道

コラム

＼平和の祭典／
オリンピックシンボルに込められた思い

古代ギリシアのオリンピアで4年ごとに開催されたというオリンピックの競技会。近代オリンピックはそれから1500年以上の時を超えた1896年にギリシアのアテネで第1回大会が開催された。新型コロナウイルスの影響で、1年延期された東京大会では、205の国と地域と難民選手団ら約1万1000人が参加し、過去最多の33競技339種目が行われた。

異なる色の5つの輪が重なるように配置されたオリンピックシンボルは、一説にはデルフォイの祭壇に刻まれた紋章が由来ともいわれている。左から青、黄、黒、緑、赤の色が用いられているのだが、これらの色はヨーロッパ、南北アメリカ、アフリカ、アジア、オセアニアの5大陸の団結を意味し、地色の白色も合わせれば、ほぼすべての国旗を描けることから近代オリンピックの父クーベルタンが発案したもの。五色人伝説と用いる色がほぼ同じだが関連はない。

2024年の夏季五輪はフランスのパリで開催

歩き方➕ 『日本書紀』によると、神武東征は、ニニギノミコトの天孫降臨から179万2470年余り過ぎた後の出来事とある。神話とはいえ4代で約180万年はあまりに長すぎるため、さまざまな説が出ている。

人類の始まりは日本列島にあり。超古代文献に記された五色人とは！？

人類のルーツ五色人伝説

五色人と五色面

茨城県北茨城市の皇祖皇太神宮には、『竹内文書』と呼ばれる『古事記』以前の書、いわゆる超古代文献がある。それによると人類は日本列島をルーツとし、世界へと広まったとされている。それは上古第2代・造化気万男身光天皇（つくりのしきよろずおみひかり）の御代のこと。この天皇が弟妹を産み、人類の祖五色人となったという旨が記されていたのだ。

まず、日本列島で黄人が誕生した。これが五色人のルーツであり、そのため日本人はすべてを超越した黄金人の末裔であるともされる。黄人の子孫たちは世界各地に散らばり、それぞれの風土や気候の影響で赤人、青人、黒人、白人が生まれた。こうして五色人が誕生する。ただし青人は現在ではほとんど存在せず、赤人もネイティブ・アメリカンなどにわずかに残っているだけというのが、『竹内文書』にある記述である。

幣立神宮と五色神面

興味深いことに、この記述を裏づけるような物証が、九州にそびえる阿蘇山にほど近い熊本県上益城郡山都町の古社、幣立神宮にある。同社の御神体として世界の五大人種を表すという5つの神面、五色神面が祀られているのだ。神面の5色はまさに黄、白、赤、青、黒で、世界の5大人種の特徴を表したものだという。『竹内文書』の記述と一致するものだ。神面は木製で、それぞれの人種の顔がデフォルメされて彫りだされている。五色神面には彩色が施されているが、長い時間の経過による損傷も見受けられる。伝承によれば、幣立神宮は神々が降臨した天孫降臨の基となる高天原であり、世界の霊的中枢として護られてきた。幣立神宮の創建は古くてはっきりとは判明しないが、さまざまな伝承と縁起をもち、古い信仰のかたちを今に残している。

五色神面は、五色人の末裔たちがそれぞれの祖神の御霊代として神面を作り、太古に奉納したのだという。これほどの歴史があるにもかかわらず、幣立神宮は平安時代中期に編纂された『延喜式神名帳』にも記されていない。というのも応神天皇の御代に内乱に巻き込まれ、敗戦してしまったがゆえに正しい歴史が抹消されてしまったとも伝わっている。五色神面は御神体として現在も大切に祀られており、人目に触れることは無いが、8月23日の五色神祭の折に、写真が拝殿の表に掲げられる。

ちなみに幣立神宮は、国内有数のパワースポットとしても知られている。一説によれば、大地の磁場と深くかかわっているらしい。日本列島を縦断する中央構造線上には、多くのパワースポットが存在することが知られているが、幣立神宮もまたその中央構造線上にあり、分水嶺でもある特殊な場所に鎮座しているのである。

木々の間から日が差し込む幣立神宮の参道

沖縄県で発見された石板

沖縄県

沖縄県立博物館・美術館（おきみゅー）

🏠 沖縄県那覇市おもろまち
3-1-1

🌐 okimu.jp

🚃 ゆいレールおもろまち駅か
ら約12分

外観は琉球のグスク（御城）を
イメージしている

港川人の復元模型
沖縄県立博物館・美術館所蔵

> **コラム**
> 沖縄本島北部、今帰仁村にある古宇利島（こうりじま）は、沖縄版「アダムとイブ」伝説が残る島。島へと渡る古宇利大橋のたもとにある古宇利ビーチそばのチグヌ浜には、男女ふたりが暮らしたとされる洞穴がある。このふたりの子孫が、現在の琉球人の祖になったという。

はじまりの洞窟とも呼ばれる

琉球の歴史や文化、自然を学ぶ

沖縄県立博物館・美術館（おきみゅー）

おきなわけんりつはくぶつかん・びじゅつかん（おきみゅー）

　那覇市にある沖縄県最大の博物館で、美術館を併設している。館内には「**海とともに生きる**」をテーマとした総合展示があり、沖縄の歴史・文化・自然を時系列で紹介。また5つの部門展示でさらに詳しく学ぶことができる。沖縄に関する企画展も随時開催している。

◉線刻石板

　博物館の考古部門展示には、沖縄県で発見された線刻石板がある。おもに沖縄本島中部で発掘され、現存する11点のうち4点が解説つきで展示されている。平らで硬い石の表面にさまざまな絵や記号が刻まれているが、用途や作られた意味などはいまだ分かっていない。「沖縄のロゼッタストーン」とも呼ばれている。

複雑な文様が刻まれている
沖縄県立博物館・美術館所蔵

◉港川人

　1968～1970年にかけて、沖縄県島尻郡具志頭村の港川（現在の八重瀬町長毛）で化石人骨が発掘された。**港川人と名づけられた新人の人骨はおよそ2万2000年前のものと推定されている**。県立博物館ではこの化石人骨を収蔵・展示しているほか、復元した港川人の等身大復元模型が2体ある。ひとつは2007年、もう1体は2014年に製作されたもの。新しいほうは、ガンガラーの谷（→P.350）にあるサキタリ洞遺跡から出土した化石人骨をもとにアップデートされているので、違いを確認するのも興味深い。

◉沖縄の民俗学

　自然史、考古、歴史、民俗、美術工芸の5つの部門展示のなかのひとつ。独自の文化を築いた沖縄における村落の成り立ちや、神への信仰と祭り、生活についての展示がある。八重山の祭りなどに登場する**ミルク神**の模型をはじめ来訪神の解説もおもしろい。見るだけでなく、聞く、触る、調べるなど体験的な展示内容となっており、楽しく学ぶことができる。

歩き方＋ ミルク神とは、仏教の弥勒菩薩と沖縄のニライカナイ信仰とが結び付いて生まれた神。海の彼方からやってきて豊穣をもたらすといわれる。笑みをたたえた白いマスクが印象的。

石板に刻まれた線画のなかには
ピラミッドらしき絵も刻まれていた！

沖縄のロゼッタストーン

漢字以前の文字とは

大陸から漢字が渡ってくるまで、日本列島に文字は存在しなかったといわれているのは、よくご存じだろう。ところが実際には、「漢字以前の文字」といわれるものが日本にはいくつもある。例えば、いわゆる超古代文献で用いられている、**神代文字**と呼ばれるものがその代表だ。ただし神代文字の場合、基本的にほぼ解読がなされており、その真贋も含めて論争の的となっている。

一方、このような文献のスタイルをとらない、「文字らしきものの断片」というものも存在する。多くは、岩などに刻まれた線刻文字だ。実際のところ、ほとんどは文字かどうかさえわからない、謎の遺物でもある。

沖縄県内で発掘された石板

沖縄県嘉手納町にある野国総管の墓の近くで、1933年に奇妙な石板が複数枚見つかった。その石板には、船や建造物、動物、そして人らしき姿と、文字のような模様が刻まれていたのだ。また、嘉手納町の南に隣接する北谷町でも、1959年にある民家の敷地内から線刻石板が発見された。こち

らにはなんと、ピラミッドらしき絵が刻まれていた。

こうした石板は現在までに13枚が発見されており、現存するのは11枚だという。これらは総称して**沖縄のロゼッタストーン**と呼ばれているが、詳細な研究はほとんど行われていない。その一部が沖縄県立博物館・美術館（おきみゅー）に収蔵されているのみだ。

ムー大陸とのつながり

沖縄のロゼッタストーンの正体は何なのか。注目すべきはやはりピラミッドの絵だ。また、文字のようなものについては、ヘブライ文字であるとか、あるいはムー大陸で使われていた文字に似ているという指摘もある。

そうしたことを考えると、浮かび上がってくるのが**沖縄ムー大陸説**だ。琉球大学の木村政昭名誉教授が提唱したもので、ジェームズ・チャーチワード氏が著作で記したムー大陸は厳密には**ポリネシアムー大陸**であり、その流れとして沖縄にも高度な文明圏——**琉球ムー大陸**があったという説だ。

実際、石板が出てきた北谷町には、文明の痕跡らしき海底遺跡が存在している。しかもそこには、階段状の**海底ピラミッド**も確認されているのだ。もしも石板に刻まれたピラミッドが、この海底ピラミッドなのだとしたら、海底遺跡との関係は極めて濃厚ということになる。そして、石板にムーと共通する文字が刻まれていたことも納得がいく。

謎の文字や図形が刻まれた沖縄のロゼッタストーン

沖縄のロゼッタストーンに刻まれた文字らしきものは、ジェームズ・チャーチワード氏が解読してムー大陸の存在を知った「ナーカル碑文」とよく似ている。

潜伏キリシタンゆかりの
長崎&天草の
個性的な教会を訪ねる

世界遺産

長崎県と熊本県天草地方では、キリスト教が禁止された江戸時代に独自のキリシタン文化が育まれた。2018年には「長崎と天草地方の潜伏キリシタン関連遺産」としてユネスコの世界遺産に登録されている。潜伏キリシタンということで、禁教期には教会はなく、信者の家などでひっそりと信仰が守られてきたが、1873年になって禁教が解かれると、教会が建てられるようになった。ここでは個性的な教会をいくつか紹介しよう。

崎津教会

天草の崎津集落に建つ教会で、海の教会として親しまれている。崎津集落は、1569年、ルイス・デ・アルメイダ神父によって布教が行われた場所で、禁教令以降も弾圧を受けながら信仰を守り続けてきた。現在の教会はカトリック復帰後の1934年に建てられたもの。ゴシック様式の教会だが、堂内は畳敷きになっている。

住 熊本県天草市河浦町崎津539
🚌 本渡バスセンターから約50分

江上天主堂
え がみ

長崎県五島市の奈留島にあるカトリック聖堂で、日本における教会建築の父といわれる鉄川与助による設計。1918年の完成で、木造ながら淡い色の外観がかわいらしい。賛美歌を美しく響かせるように考えられた天井、柱やガラス窓の装飾も見どころ。

住 長崎県五島市奈留町大串1131
🚗 奈留港から約15分

旧五輪教会堂
きゅう ご りん

五島列島の久賀島に建つカトリックの聖堂。同じ久賀島にあった1881年建立の旧浜脇教会を1931年に移築したもの。一見すると日本家屋を思わせるが、リブ・ヴォールトや尖頭アーチなど、ゴシック様式の特徴を備えている。

住 長崎県五島市蕨町五輪
🚗 田ノ浦港から約35分、駐車場から教会堂まで徒歩10分

旧野首教会
きゅう の くび

五島列島の野崎島にある鉄川与助設計の教会。当初木造だったが、17世帯の信者が資金を工面し、1908年に現在見られるレンガ造りの教会が完成した。その後人口流失が進み、1971年に最後のカトリック信者が島を去ったことで、教会としての役目を終えている。2025年6月30日まで全面改修のため見学不可。

住 長崎県北松浦郡小値賀町野崎郷
🚗 野崎港から約5分

大浦天主堂
おおうら

1864年、長崎居留地だったこの地に、在留外国人のために建てられたゴシック様式の教会。現存する教会では国内最古で、国宝にも指定されている。博物館は国指定重要文化財である旧羅典神学校と、神父の執務室だった旧長崎大司教館のふたつの建物からなり、禁教時代や「信徒発見」に関する展示がある。

住 長崎県長崎市南山手町5-3　URL nagasaki-oura-church.jp　🚶 路面電車大浦天主堂電停から約5分

大野教会堂
おお の

外海(そとめ)地区の大野集落は禁教時代に多くの潜伏キリシタンがいたエリア。大野教会堂は、ここで宣教していたマルク・マリー・ド・ロ神父が、1893年に私財を投じて信徒とともに建てた石造りの教会。内部は非公開になっている。

住 長崎県長崎市下大野町2619　🚌 JR長崎駅からさいかい交通のバスで大野下車、徒歩約10分

教会の見学について

大浦天主堂以外の潜伏キリシタン関連の教会を見学する際は、事前の連絡が必要。長崎と天草地方の潜伏キリシタン関連遺産インフォメーションセンターのウェブサイトなどから申請できる。

URL kyoukaigun.jp

江戸時代のドック跡
対馬藩お船江跡
（ふなえあと）

久田川の河口に1663年に造られた、船を留め置く施設。4つの突堤と5つの船渠が設けられ、満潮時には大型船が出入りできる深さとなり、一方の干潮時には干上り、船底の手入れができた。現在ひとつの船渠は埋め立てられたが、残る石積みはほぼ当時のまま。休憩所などの施設も残る全国的にも貴重な遺跡だ。

🏠 長崎県対馬市厳原町久田64
🚗 厳原港から約6分

荷運びをする船舶を留め置くお船江（お船屋）という施設は重要だった

対馬を支えた宗氏の菩提寺
万松院
（ばんしょういん）

宗氏は中世、近世を通じて対馬を支配した一族。日朝間の交易や外交の窓口として、江戸幕府にも大きな影響力を及ぼした。万松院は、20代義成が父のために建立した寺院。以降は宗家の菩提寺となり、代々の墓所、御霊屋（おたまや）が並ぶ。堂内には朝鮮国王から贈られた三具足（燭台・香炉・花瓶）がある。

🏠 長崎県対馬市厳原町厳原西里192
🚶 対馬市役所から約5分

百雁木（ひゃくがんぎ）と呼ばれる132段の石段が奥の墓所へと誘う

日露戦争の防衛線
豊砲台跡
（とよ）

軍艦赤城（他説あり）の主砲を据え、当時世界最大級の威力といわれたが実戦で使用されたことはない。しかし日本海沿岸の抑止効果はかなりあったといわれている。このような砲台は日露戦争時から第2次世界大戦まで建設されており、保存状態もよい。代表的なものは観光地として整備されている。

🏠 長崎県対馬市上対馬町豊
🚗 対馬空港から約2時間10分

豊砲台跡は遊歩道のようになっており、内部もライトが点いて見学しやすい

釜山～博多航路で見える対馬。なだらかな地形ながら南北に約82kmと、1枚の写真に収まり切れない大きさがある

霊験著しい名神大社が6社鎮座
最前線の地には神社も多い

大陸から日本列島への玄関口である対馬は、国生み神話にも登場する、神話と歴史が入り交じった島。古代から文化、防衛などの面で極めて重要な地で、歴史の痕跡が各地に点在している。神話にまで遡る伝承を伝える古社も多い。

和多都美神社もそのひとつで、ヒコホホデミノミコトとトヨタマヒメノミコトを祀っている。海幸彦・山幸彦の伝説が生まれた地ともいわれる。

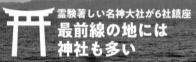

和多都美神社。殿前から5つの鳥居が並び、ふたつは海中に立つ。手前の鳥居は満潮時には基台が水に浸かる

1360年前の戦いを語る
城山の金田城跡

663年の白村江の戦いで倭国(日本)は百済に与し、唐・新羅連合軍と戦って大敗を喫した。唐・新羅の日本侵略への恐れから、日本各地には防衛のために朝鮮式山城が築かれたが、その最前線として対馬に築かれたのが城山の金田城。1000年以上の時を経て日露戦争では日本軍が城址を活用。近代要塞と古代城址が共存する珍しい史跡となっている。

住 長崎県対馬市美津島町黒瀬城山 🚗 厳原港から約25分

今はただただ美しい浅茅湾は、かつて重要な防衛拠点だった

久須保水道に架かる橋
万関橋

明治期、ロシアの南下政策に対抗するべく、日本軍は水雷艇を対馬海峡に通すため浅茅(あそう)湾と三浦湾の間に久須保水道(万関瀬戸)を造った。その運河に架かるのが万関橋。現在の橋は3代目で、1996年に架け替えられた。

住 長崎県対馬市美津島町久須保 🚗 厳原港から約30分

海の色に朱色が映える、小さいが重要な橋

国境の島の最前線
対馬の防衛遺産

九州本土まで直線距離で約120km、
韓国までは約50km。対馬は古来大陸との関わりが深く
交易も盛んであり、本土防衛の最前線でもあった。
ここではおもに戦いにまつわる史跡を紹介しよう。

釜山市
釜山港
比田勝港
対馬
厳原港
下関港
北九州市
芦辺港
壱岐島
印通寺港
郷ノ浦港
福岡市
博多港
唐津東港

対馬の太陽信仰と壱岐の月神信仰

対馬の天道伝説

九州と朝鮮半島を隔てる海峡に浮かぶ長崎県の**対馬**は、古来、海上交通の要衝として、また軍事上の要衝として発展してきた。そのため人や物の往来が盛んだったはずだが、日本本土からも朝鮮半島からも海によって適度に隔てられているせいか、固有の民俗信仰が古態をとどめてよく残っている。

そんな対馬の民俗信仰で代表的な地位を占めるのが、**天道**と呼ばれる民俗神である。対馬の各地には天道を祀る祠や聖所が点在し、それらは天道地と称されている。

天道は優れた祈祷の術を身につけていたという伝説的な聖者を神格化したもので、天童、天道菩薩、天道法師などとも呼ばれている。中世にはその原型が成立していたとみられる『**天道菩薩縁起**』には、天道の由来を語る次のような説話が記されている。

「天武天皇の時代（7世紀後半）、対馬の豆酘に住む娘が日光に感精して懐妊し、男の子（天道）を産んだ。天道は呪術を修めて法師となり、33歳のときには評判を聞きつけた元正天皇に召されて都へ飛び、天皇の病気を祈祷で治した。対馬に帰ると、豆酘の卒土山に入って入定した（亡くなった）」

禁断の聖地、八丁郭

天道信仰は中世の神仏習合の産物と考えられている。だが、対馬では天道に対して、赤米で作られた餅を御神体として祀り、亀の甲羅を焼き、生じた割れ目の模様で吉凶をみる占いである亀卜を行うなど、原始神道の姿をしのばせる祭祀が行われてきたことは興味深い。

『天道菩薩縁起』によれば、天道は**卒土山**に入って最期を迎えたことにな

っているが、対馬南端部の豆酘地区にある**竜良山**は卒土山とも呼ばれ、この山の南側中腹の森の中にある**八丁郭**と呼ばれる方形地に築かれているピラミッド状の石塔（石積み）は、天道の墳墓とされている。

八丁郭は竜良山の北側にもあり、こちらは「裏八丁郭」と呼ばれていて、天道の母の墓とされる石塔がある。八丁郭は俗に「**おとろし所（オソロシドコロ）**」とも呼ばれ、みだりに足を踏み入れてはいけない聖地となっている。タブーを犯せば祟りが起きる、畏怖すべき禁足地ということだろう。

八丁郭のピラミッド状石塔は、日本本土には見られない非常にユニークな形態だが、これを**磐境**の原型とする見方がある。磐境とは岩や石を積み並べることで結界された祭場のことで、神社の原初的形態のひとつといえよう。

豆酘には**多久頭魂神社**という古社があるが、祭神の多久頭魂は天道の原像ではないかともいわれていて、八丁郭は多久頭神を祀るための磐境ではなかったか、ともいわれる。つまり、八丁郭は原初的な神社ではないか、ということである。

多久頭魂神社の鳥居と石塔

対馬の太陽信仰

　天道信仰の背景には、対馬に古くから見られた太陽信仰もあるといわれる。『先代旧事本紀』という9世紀頃に成立した史書によると、対馬県主（対馬の古代豪族）は天日神命を祖神とした。天日神命とは太陽の神格化であり、皇室の太陽神・アマテラスオオミカミの原像のひとつと考えることもできる。対馬市美津島町に鎮座する阿麻氐留神社はこの天日神命を祀っているが、社名のアマテルとは天照であり、天日神命＝アマテラスオオミカミ＝太陽神の言い換えにほかならない。

　一方、天道信仰を見ると、日光に感精した娘から生まれたという説話からすれば、天道とは「日の神の子」であり、対馬の太陽神の御子である。さらに天道＝テンドウとは、太陽を意味する「オテントウ」の転訛と考えることもできる。

　これらのことを考え合わせると、天道信仰は対馬に古くからあった太陽信仰の系譜を受け継いだものではないか、という話にもなってくるのだ。

壱岐に顕著な月神信仰

　対馬とは対照的に、太陽ではなく月神への信仰の痕跡がみられるのが、対馬から南東へ50kmほどの洋上に浮かぶ壱岐島である。

　この島の中心付近に月の神格化であるツクヨミノミコトを祀る月読神社が鎮座しているが、この神社の歴史はかなり古い。『日本書紀』顕宗天皇3年2月条に、「朝廷の使者が任那（朝鮮半島南部）へ向かう途中、月神に憑依され、『土地を奉れ』と託宣した。そのため、山背国葛野郡（現在の京都市西部）に月神が祀られた」という記述があるのだが、この月神とは、壱岐の月読神社のこととみられている。この記述に、京都の月神に仕えたのが壱岐県主の先祖だったことが付記されているからだ。

　顕宗天皇は5世紀後半頃に在位したとみられる天皇で、京都に祀られた月

壱岐島の月読神社

神は、旧葛野郡に鎮座する松尾大社の摂社、月読神社のこととされている。ちなみに葛野郡は有力な渡来人、秦氏の本拠地で、松尾大社の祭神は秦氏の氏神のひとつとみられている。ということは、秦氏もまた月神信仰を有していたのかもしれない。

神社の故郷としての対馬・壱岐

　ツクヨミノミコトは『古事記』、『日本書紀』の神話にはアマテラスオオミカミの弟神として登場するが、先の『日本書紀』の記述に基づけば、この神の本源地は壱岐であったとも考えられることになる。一方のアマテラスオオミカミもまた、先に触れたように、太陽信仰が盛んな対馬にひとつのルーツをもつと考えることができる。

　そして対馬には原始神道の面影を伝える聖地や神社が残り、壱岐島はさほど広くはない島でありながら、150もの神社があり、祠の類も含めるとその数は1000に及ぶという。神社の密度が日本一、世界一なのだ。これらのことは何を意味しているのだろうか。

　ところで、神社祭祀と密接な関係をもつ卜占を職掌とした氏族である卜部氏には複数の系統があり、それによって出身地が異なるが、実は対馬も壱岐も卜部氏の出身地だった。そして対馬・壱岐の卜部氏は、中央に出仕して朝廷の卜占に従事したのである。

　神道・神社は対馬と壱岐に源流があり、それが同地の卜部氏の中央進出にともなって日本全体に広まっていったのだろうか。対馬と壱岐は、神道・神社の原郷である可能性を宿している。

450年にわたって栄えた海洋国家
琉球王国の歴史探訪

1429〜1879年まで、沖縄は琉球王国という独立国家により統治されていた。琉球国王を元首として沖縄諸島全域を治め、明と冊封関係を結びながら日本とも交流をもち、中国や日本など諸外国の文化を取り入れ、琉球独自の文化を発展させてきた。首都であった首里城をはじめとする関連施設は2000年に「琉球王国のグスク及び関連遺産群」として世界遺産に登録されている。

首里城

城内への入口となる守礼門

世界遺産

園比屋武御嶽石門は、沖縄の石造建築物の代表格。かつて国王は外出するときにここで祈りを捧げた

琉球王国の王都であり、国王の居城が首里城。創建年代は不明だが、14世紀末には築かれていたとされる。琉球伝統の祭事や芸能、文化、芸術の中心で、現在でも沖縄県民の心のよりどころ。2019年に正殿が焼失したが、復興途中の姿を一般公開する「見せる復興」で注目されている。

見学のポイント

首里城公園として全体が一般に公開されている。城内は無料ゾーンと有料ゾーンに分かれ、無料ゾーンにも守礼門や世界遺産の園比屋武御嶽石門（そのひゃんうたきいしもん）などさまざまな見どころがある。大龍柱補修展示室では、火災で焼け残った大龍柱の実物を見ることができる。
奉神門の先が有料ゾーンで、門を抜けたすぐ先では復元工事が進められており、シャッターに首里城正殿を描いた木材倉庫・加工場・原寸場を設置。2026年の完成を目指す正殿の復元は、素屋根の中で進められ、外から見学することができる。奥には王国時代に未婚の王女が暮らした世誇殿（よほこりでん）があり、現在は首里城に関する映像を上映している。

首里城は高台に位置しており、アザナという物見台からは市内を一望できる

首里城 　住 沖縄県那覇市首里金城町1-2　URL oki-park.jp　ゆいレール首里駅から約15分

世界遺産

近くの複合施設「あまわりパーク」には観光案内所もある

勝連城跡
（かつれんじょう）

沖縄本島中部の東海岸、うるま市にあるグスク。海外との貿易により財をなした阿麻和利（あまわり）が居城とした。城は5つの曲輪（くるわ）からなり、頂上からは青い海を見渡すことができる。

勝連城跡
🏠 沖縄県うるま市勝連南風原3807-2　URL www.katsuren-jo.jp　🚗 沖縄北ICから約20分

世界遺産

城郭部だけで約12万3000㎡もの規模がある

中城城跡
（なかぐすくじょう）

14世紀頃に先中城按司が築城し、15世紀前半頃に御佐丸（ござまる）により増築された。周囲二方を崖に囲まれた天然の要害で、野面積み、布積み、相方積みという3種の石積みが一度に見られる。

中城城跡
🏠 沖縄県中城村字泊1258（事務局地：北中城村大城503）
URL www.nakagusuku-jo.jp　🚗 北中城ICから約10分

琉球創生神話

琉球王国時代の1650年に編纂された歴史書『中山世鑑（ちゅうざんせいかん）』によると、アマミキヨという神が地上に降り立ち、琉球の島々と7つの御嶽（うたき）を創った。これが琉球創世の神話だ。アマミキヨが最初に創った7御嶽のうちのひとつが、沖縄本島南東部、南城市にある斎場御嶽（せーふぁうたき）。神の島といわれる久高島（くだかじま）を望む聖地であり、琉球王国時代には最高位の神職である聞得大君（きこえおおきみ）の就任式である「御新下り（おあらおり）」をはじめ、さまざまな祭事や儀式の場となった。敷地内には御嶽のシンボルともなっている三庫理（さんぐーい。立ち入り制限中）を含む6つの神域があり、ゆっくり歩いても1時間ほどあれば回れる。

世界遺産

琉球開闢の聖地である斎場御嶽

＊

南城市の沖に浮かぶ久高島は、琉球創世の神アマミキヨが最初に降り立った聖なる島。沖縄最大の聖地とされ、琉球王国時代には国王による礼拝も行われていた。島にはアマ

久高島北端にある岬が聖地・ハビャーン

ミキヨが降臨したハビャーンや五穀発祥の地・イシキ浜など数々の見どころがあ

浜比嘉島の岩礁にあるアマミチューの墓

る。島内には御嶽や拝所などの聖域が数多くあり、木や砂ですら神聖なものと考えられている。島内最高の聖地であるクボー御嶽など立ち入りが禁止されている場所も多いので、マナーをしっかりと守って見学しよう。島は広くはなく、自転車なら半日で十分観光できる。

＊

琉球各地に伝わる伝承をまとめた歌謡集『おもろさうし』によると、琉球はアマミキヨ（アマミチュー）とシネリキヨ（シルミチュー）という2柱により生み出されたとされている。このアマミキヨとシネリキヨが降り立ったとされるのが浜比嘉島（はまひがしま）。島内には2柱が住んだとされる洞窟（シルミチュー）やアマミチューの墓などの見どころがある。島はうるま市の東に位置しており、本島から海中道路でアクセスできる。

洞窟への階段下には、石の鳥居が立つ

斎場御嶽　🏠 沖縄県南城市知念久手堅山内　URL okinawa-nanjo.jp/sefa　🚗 南風原北ICから約30分
久高島　⛴ 安座真港から約20分　浜比嘉島　🚗 沖縄北ICから約30分

失われたムー大陸の手がかりは沖縄の海底に？
沖縄の海底遺跡

沖縄県

与那国の海底遺跡
▷**サーウェス・ヨナグニ**
🏠 沖縄県八重山郡与那国町
字与那国214
🔗 www.yonaguni.jp
🚗 与那国空港から約5分

北谷のピラミッド
▷**沖縄ダイビングスクール
ワールドダイビング**
🏠 沖縄県国頭郡恩納村仲泊
47
🔗 www.owd.jp
🚗 石川ICから約8分

祭祀場のようにも見える

北谷には自然にできたものとは
考えづらい岩場もある

コラム 鹿児島県の与論島
には宮殿が海底に
眠っている。これ
は与論町とギリシャのミコ
ノス市が姉妹都市だったこ
とから、地元ダイバーによっ
て企画されたダイビングポ
イントで、およそ20年前
に制作された。深度も浅い
ので初心者でも行くことが
できる。

海底宮殿をバックに記念撮影

海に沈む古代遺跡？
沖縄海底遺跡
おきなわかいていいせき

Stéphane
GRANZOTTO
ダイビングツアーで訪れることができるほか、グラスボートによる見学も行われている

◉ 与那国の海底遺跡

1986年、与那国島でダイブショップを営む新嵩喜八郎さんにより、巨岩を加工した**人工建造物**と思われるものが与那国島の新川鼻の沖合約100mの海底で見つかった。東西約250m、南北約150m、海底からの高さが25mという巨大なもので、**溝や階段のようなものもあり、沖縄のグスクを思わせる**形状をしている。

遺跡説にはロマンを感じるものの、残念ながら学術的には、岩が侵食されてできた**自然地形という説の方が支配的**。沖縄県もここを遺跡とは認定していない。自然説、遺跡説以外にも、この地形は氷河期には海面に顔を出し、与那国島とつながっていたことから、**古代人が石切場として利用していたのではないか**という説も聞かれる。

◉ 北谷のピラミッド

アメリカンビレッジで知られる沖縄本島中部のリゾートタウン、北谷の沖合には、**砂辺の遺跡ポイント**と呼ばれるダイビングポイントがある。三角状になった根や半円柱、階段状の段差まで確認でき、まるで人工物のような地形になっている。水深は5〜20mほどで、ダイビングポイントとしては初心者向けだが魚影が濃く、さまざまな熱帯魚が見られる。北谷や恩納村などのダイブショップでツアーを催行している。

歩き方＋ 慶良間（けらま）諸島にあるトムモーヤは、昔から神聖な場所と伝えられている海底ストーンサークル。ダイビングで訪れることは少ないが、リクエストが多ければ行くこともあるという。

美ら海に沈む古代神殿の謎

海底にあった謎の階段

1986年、沖縄の与那国島南沖の海底で、ダイバーが階段らしき構造物を発見した。その後の調査により、この階段状構造物が巨大な岩の一部であることが確認される。

それだけではない。調べていくにつれ、その岩全体が、まるで人工物のような複雑な構造をしていることが判明してきたのだ。1995年になると、与那国島に謎の海底遺跡があることが新聞報道され、**沖縄海底遺跡**として広く世間に知られるようになる。

この海底遺跡は岩といっても、よくある規模のものではなかった。東西約250m、南北約150m、高低差約25mというまさに巨大な岩なのだ。しかも全体のつくりを細かく見れば見るほど、ひとつの神殿そのもののような構造をしていた。

具体的にいうと、あちらこちらに切り込みが彫られ、通路が確保されていた。また各所にテラス状に広がった平地が切り出されている。そして各テラスをつなぐような階段や、柱を立てた跡のような加工された穴の痕跡まで見られたのだ。

続々と見つかる海底遺跡

それ以降、与那国島以外でも沖縄周辺の海底で、次々と遺跡らしきものが発見されていくようになる。海底遺跡は沖縄本島を中心に、かなり広範囲にわたって存在していることが判ってきたのだ。

そのうちのいくつかを、簡単に見てみよう。まず、慶良間諸島の海底では、ストーンサークルが数多く見つかっている。最も大きなものだと、中心部に組まれた円形の石の直径が6m以上と、かなり巨大さだ。また周囲には通路のような溝が広がっており、それをたどっていった先には、祠や鏡岩の

ようなものが置かれている。おそらくこれは、古代の祭祀場跡ではないかと思われる。

同じようなストーンサークルは、粟国島や宮古島、西表島などの近海でも見つかっている。果たしてこれが、本州の縄文遺跡のストーンサークルと関係があるのかどうか、今後の研究に期待がかかる。

また沖縄本島では、北谷町沖に延々と続く城壁状の構造物や、きれいな円管状にえぐられた岩、高さ10mほどの階段ピラミッドの存在が確認された。北谷町の近くでは、ピラミッドの絵や謎の文字が刻まれた石板（→P.336）が発見されている。それとの関係も気になるところだ。

ただし、これが本当に遺跡なのかについては正式な答えは出ていない。1992年以降、複数回の調査が琉球大学の木村政昭名誉教授によって行われ、人工物の可能性があるとされているのだが、学術的な意見としては、あくまでも自然の産物にすぎないと見なされている。残念ながら遺跡としては認められていないのだ。

沈んだのは1万2000年前？

では、これが人工物だったとして、海底遺跡はいつ造られたのだろうか。まず人工構造物である以上、人が住んでいなければならない。海底鍾乳洞や港川で見つかった人骨から、遅くともおよそ2万年前にはすでに沖縄本島を含む島々に人が暮らしていたことは判明している。

また当時、沖縄は九州から台湾、中国へとつながる弧状列島の一部だった。当然、人が島づたいに移動することも可能だったはずだ。

問題はこの陸橋が海中に消えた時期だが、約1万2000年前とされている。つまり、海底遺跡はこのときに海底に

沈んだと考えられる。逆にいうと海底遺跡が造られたのは、1万2000年よりも前ということになるわけだ。

世界史の常識からいえば、このころにはまだ、文明と呼ばれるようなものは地球上に存在していない。世界最古とされるシュメール文明でさえ、およそ6000〜7000年ほど前にすぎない。日本列島を見ても、縄文時代が始まったばかりなのである。

そこで気になるのが、超古代文明の存在だ。アトランティス大陸しかり、ムー大陸しかり、いずれも海底に沈んだのは今から1万2000年前とされている。この数字の一致は、果たして偶然なのだろうか。

「ムー」＝「ニライカナイ」

前述の木村政昭名誉教授は助教授時代、海洋地質学者として沖縄の海中を潜水調査したときに、**琉球古陸**を発見している。文字どおりそれは、はるか昔に沈んだ沖縄の陸地の一部だ。

木村名誉教授はほかにも水深600mの海底で哺乳類の骨や、通常は水面近くにしか存在しないはずのサンゴ礁なども見つけた。こうしたことから沖縄の地質学的な歴史を見直し、かなり広範な地域が文明とともに海中に沈んだのではないかと考えたのだ。

そこで思い出すのが、**ニライカナイ**だ。ニライカナイとは沖縄地方において、遠い東の海の彼方、あるいは海の底、地の底にあるとされる神の住む世界のことで、豊穣や生命の根源とされる。琉球古陸とは、このニライカナイのことなのではないか？　同名誉教授はそう考えた。そして1万2000年前、太平洋に存在した高度な文明を誇る国といえば……**ムー大陸**である。

ムー大陸とは、太平洋を中心に東西8000km、南北5000kmに広がっていたとされる大陸である。ところが海底の質を見る限り、そこに大陸が存在していた痕跡は見られない。ここで木村名誉教授は、大きく発想の転換をする。ムー大陸とは、太平洋を取りまく広大な文明圏——環太平洋文明のことだったのではないか。そしてかつての沖縄も、そのムー文明圏の一端を担っていたのではないか、と。

これが**ムー沖縄説**だ。

太平洋の孤島イースター島に立つモアイ像。ムー大陸、そして沖縄との関連は？

高知県の唐人駄馬にある巨石群

環太平洋文明

　現在の太平洋には、ハワイ諸島、イースター島、ニュージーランドなど、広大な海域にたくさんの島が点在している。海に囲まれているため、どの島も孤立しているように見える。ところがどの島にも、なぜか古代の巨石遺跡がある。しかも、互いに共通点をもっている。これはいったい何を意味しているのか。

　最初にムー大陸の存在を主張したイギリスの考古学研究家ジェームズ・チャーチワードは、ムー文明の遺産は今でもポリネシアの島々に見ることができると主張した。その具体的として、次のような遺跡を挙げている。

・イースター島／モアイ像。「ロンゴ・ロンゴ文字」を刻んだ石板。
・ポンペイ島／巨石で築かれたナン・マドールの遺跡群。
・トンガタプ島／アーチ形をした巨石建造物。ハアモンガの三石塔。
・ハワイ島／伝説の巨石ナハストーン。
・マンガイア島／巨大な石人像。埋葬建造物。
・マーシャル諸島やグアム島／ピラミッド型の巨石建造物。
・コスラエ島とナビゲートル群島／石像建造物。

唐人石と唐人駄馬

　実は日本には、環太平洋巨石文明の存在を暗示させるものが他にもある。

　高知県南西端にある足摺岬だ。その先端に近いところにある、謎の巨石遺跡を、唐人石という。唐人石のすぐ近くには唐人駄馬（→P.301）と呼ばれる広場があり、ここでは古代のストーンサークルが確認されている。唐人石の特徴は、何といっても石の大きさにある。木々が茂った山の斜面に、巨大な岩が折り重なるように積まれているのだ。その規模から、おそらくは自然によるものなのだろうと思われるが、なかには整形したような痕跡が見られる岩もある。そして、重なった巨石の下の空洞からは、縄文時代の黒曜石の鏃が発見されている。

　また唐人駄馬でも、やはり黒曜石の鏃が出土した。唐人駄馬は唐人石を見上げる位置にあるので、縄文時代にはここから唐人石を崇め祀った――祭祀場だった――可能性もある。そして唐人駄馬の背を見れば、そこには太平洋が広がっているのだ。

　おそらくはここも環太平洋文明、すなわちムー文明に含まれていたはずだ。そう、ムー大陸は、日本列島にもあったのである。

太平洋に浮かぶ島々に共通する文化の謎。
日本列島もムー大陸の一部だった？

\太古の森に抱かれた鍾乳洞跡/
ガンガラーの谷

「森の賢者」とも呼ばれる大主ガジュマル

沖縄本島南部の南城市にある、数十万年前に形成された鍾乳洞が崩れてできた谷。岩肌に根を伸ばすガジュマルなど、周囲を太古の森に覆われている。入口にはサキタリ洞という大ホールの鍾乳洞があり、現在はケイブカフェとしても利用されている。港川人の居住区の可能性もあるとされ、発掘調査が今も行われている。

2万3000年前の釣り針が見つかる

2016年、ガンガラーの谷で太古の釣り針が発見された。釣り針はその後の調査で2万3000年前のものとされ、世界最古の釣り針となっている。発見されたのはケイブカフェのあるサキタリ洞の発掘調査Ⅰ区で、現在ガイドツアーが出発する洞窟の一角。釣り針の大きさは約1.4cmで、ニシキウズ科の貝で作られており、きれいな鉤状で、先端部分を尖らせてある。同じ地層から研磨に使われたとされる砂岩片も見つかっている。2023年4月現在、沖縄県立博物館・美術館（おきみゅー）（→P.336）にレプリカが展示されている。

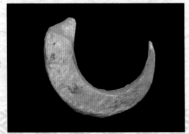
サキタリ洞遺跡から出土した太古の釣り針のレプリカ
沖縄県立博物館・美術館所蔵

ガイドツアーで谷を回る

ガイドツアーが出発するケイブカフェ。ツアー参加者のみ利用可

ガンガラーの谷は、予約定員制のガイドツアーでのみ見学することができる。ツアーの出発場所はケイブカフェ。まずは世界最古の釣り針が発見されたサキタリ洞内を通り、亜熱帯の森が広がるアカギの森へ。その後、良縁と安産に御利益がある女性の洞窟・イナグ洞、命の誕生や成長を願う男性の洞窟・イキガ洞などを回る。最大の見どころは、崖面を覆い尽くす大主（ウフシュ）ガジュマル。20mほどの高さがある大樹で、天井から差し込む光が木々を照らす様子は、神秘的ですらある。ツアーでは、森の中を約1km、1時間20分ほど歩く。歩きやすい靴や飲み物を用意しておこう。

歩きやすい道のり

ガンガラーの谷
住 沖縄県南城市玉城前川202
URL gangala.com
🚗 南風原南ICから約10分

パラレルワールドの歩き方

不思議の国ニッポンの
まだ見ぬ扉をそっと開けよう。
旅は道連れ、怖いものなし！

旅のプランニング

　旅の成功は、いかに入念に準備するかにかかっているといっても過言ではない。事前に考えるべきことは、大まかな目的地と日程、そして予算の3つだ。その3点を踏まえたうえで必要なものを揃えていこう。

旅のスタイル

個人旅行

　個人旅行は、自由に旅のスケジュール作りができるのが、最大のメリット。宿と予約が必要な交通手段以外は、そのときの判断で自由に変更ができ、自分が気に入った場所には長く滞在できるし、意に満たなかった場所はさっさと切り上げることも自由自在だ。自由度が高い一方で、交通や宿など旅の手配はすべて自分で行う必要がある。

団体ツアー

　団体ツアーは、手配をすべて旅行業者に代行してもらえるため、旅行中は旅を楽しむことに集中できる。神社仏閣を巡るツアーや古代遺跡を巡るツアーなど、テーマが決められていることが多く、なかにはミステリースポットを巡るものも。

折衷スタイル

　UFO発見ツアーやナイトツアーなど、現地集合現地解散のツアーも多い。現地までの移動や宿の手配は自分でしなくてはならないが、ツアー参加までの間は、好きなときに好きな場所を楽しむことができ、個人と団体のいいとこ取りができる。ツアーの参加者だけ特別に入場できる施設もある。

プランニングの注意点

繁忙期と閑散期

　日本の旅行業界における繁忙期は、お盆、年末年始、GW、シルバーウイークなどの大型連休。閑散期は平日や、雨の影響を受けやすい6月など。長距離移動をになう公共交通機関やレンタカー会社は、閑忙によって料金が変動する。では極力人のいない時期に行けばよいのかといえば、必ずしもそうではなく、オフシーズンの平日には閉まってしまう観光施設も少なくない。下調べをしておくことが肝要だ。

イベント開催時

　祇園祭（→P.234）やキリストの墓（→P.117）で行われるナニャドヤラ祭など、行事の開催期間は普段以上に活気あふれる。場合によっては、宿泊施設や乗車券の確保が難しくなっ

2023年6月に行われた三上編集長と行くミステリーツアー

ゴールデンウイークは交通渋滞が恒例となっている

キリストの墓で催されるナニャドヤラ祭

たり、たまたま訪れた日が、花火大会など大きなイベントと重複してしまうというような予期しないケースも想定される。予定が決まりしだい、できるだけ予約をしておこう。

収蔵品と展示品

博物館や美術館の作品は収蔵されているからといって、常に展示されているわけではない。作品保護のために展示期間が定められていたり、ほかの施設に貸し出し中だったりと理由はさまざま。目当ての作品があるなら、公式ウェブサイトや問い合わせなど入念な下調べが大切だ。

山間部

富士山（→P.164）など、ピラミッド説が噂されている日本の山々。山の天気は変わりやすいと古くからいわれるように、登山を予定している場合は相応の準備が必要となる。また、登山コースによっては鎖場など険しいポイントを通過する場合があるので、自分のレベルに合わせてプランを立てよう。

海や河川部

クルーズツアーや沿岸の探索くらいであれば特に注意することはないが、沖縄の海底遺跡（→P.346）などでのダイビングを検討している場合は、水着などの準備が必要。ダイビングの場合、ポイントによっては経験本数や資格等の条件があるので、ダイビングショップへ問い合わせをしておこう。

手配

旅行予約サイト

旅行の手配は旅行予約サイトを介することが主流。手配が必要な旅行のパーツを分解してみると、交通、宿泊、現地観光プランの3つに分けることができる。旅行予約サイトは、これら3種類のうちのどれかを取り扱っているウェブサイトのこと。交通予約と宿泊予約は専用サイトも多いが、同じサイト内で両方の予約ができる場合もある。こうした交通と宿泊の組み合わせをダイナミックパッケージといい、それぞれ単独で予約するより割安になることも。予約サイトは、それぞれ独自のポイントシステムやステータスの付与を行っている場合がほとんど。頻繁に利用する予約サイトを1本化することで、ポイントの分散を防ぐことができる。

直接予約

旅行予約サイトで宿泊予約で行うと、宿泊費の一部が旅行サイトに手数料として支払われる。つまりホテルとしては、旅行予約サイトを介するよりも、直接予約してもらったほうが利益が大きいことになる。そのため、ホテルによっては部屋に空きがあったら無料で部屋をアップグレードしてくれるなど、直接予約の宿泊客に対して何らかのサービスをしてくれる可能性が高くなる。

ムー的文法、ムー編集話法として、「フリーメーソン」と「平将門」など時代場所を超越して「メーソンは将門だった」的につなぐ技法がある。あなたの旅も別個のものを組み合わせて、巡る場所を決めてみるのはどうか？ これまでにない視点の新見解が見つかるかもしれない（もちろんメーソンと将門は、"今のところ、関係ない）。

旅行保険

海外旅行ならいざしらず、国内旅行で旅行保険に加入する人はそれほど多くないかもしれない。しかし、山登りやダイビング、スキーなど、場合によっては大けがどころか命の危険があるアクティビティやレジャーなどをする人は、遭難救助費用や治療費が高額になる恐れもあるので、保険に入ることを検討したい。特にアイゼンやピッケルを用いるような本格的登山については、普通の旅行保険では補償の対象外になる場合が多いので、事前によく内容を確認しておくこと。

青春18きっぷ

目的地をあえて決めない旅行もしたくなるもの。そんなときに重宝するのが青春18きっぷだ。JR全線の普通車自由席が1日乗り放題になる期間限定乗車券で、5枚綴りとなっている。自分の感性に身を任せて、ふらっと降り立った駅で新しい発見があるかもしれない。

情報収集とお役立ちアプリ

　一般的な旅行と異なり、ムー的冒険の旅には入念な情報収集が重要だ。現代はインターネットが発達した情報化社会ではあるものの、口承でしか伝わっていない情報も多いはず。デジタルとアナログを使い分けながら収集にあたろう。

情報収集

情報収集（準備編）

　旅の目的地が決まったら、情報を集めよう。ほとんどの見どころは公式サイトや地方自治体の観光課のサイトで情報を収集可能だ。観光地化が進んだ遺跡やパワースポットに関しても、公式サイトやSNSによる発信が活発になっているので調べてみよう。ツアーパンフレットや『地球の歩き方』などのガイドブックで、あらかじめその地域について知っておくことも重要だ。

JR福井駅近くにある観光案内所

情報収集（現地編）

　主要な観光地の多くは観光案内所が設置されている。そこではさまざまなパンフレットが手に入るほか、旅行の相談にも乗ってもらえる。大都市ではたいてい町の中心部に位置しているが、規模はさまざま。小さな町では、定休日があるところや閑散期は営業していないところも多い。

不思議スポットの情報収集

　伝承や伝説にまつわる話、パワースポットに関する情報などは、観光案内所のスタッフや公式の観光サイトではなかなか集めることが難しい。神社や寺院で話をうかがったり、地元の人が集まる居酒屋で、お酒を酌み交わしながら情報を仕入れるのがオススメだ。また、地方の図書館には、郷土史に関する資料を揃えていることが多い。いずれにせよ、地道な聞き込みや調査が基本となる。

河童ポーズを決める伝承園のスタッフさん。まだ本物の河童を見たことはないらしい

不思議スポットの情報収集に役立つウェブサイト

　日本におけるオカルト業界のパイオニア『ムー』。公式サイト「webムー」では編集部によるウェブマガジンも人気だ。月刊誌の特集記事や、マニアックなロングインタビューなど毎月30〜40本を投稿している。また、Spotifyでは2020年から「ムー公式超日常ポッドキャスト」が配信されており、バックナンバーはいつでも聴くことができる。

　今やYouTubeもUMAやオカルト情報の宝庫。ムー公式チャンネルはもちろん、稲川淳二氏や島田秀平氏などオカルト界の著名人らがYouTubeチャンネルで活動している。

ムー公式webサイト「webムー」では、日本のムー的スポットを旅するのにはかどりそうな、「ムー的ミステリーマップ」計画（web-mu.jp/mu-tabi）が始まっている。都道府県ごとに情報のリンク先を随時更新中なので、旅する前にぜひチェックのうえ、ご活用を！

お役立ちアプリ

ナビゲーション

Google マップやYahoo! マップは、日常的に使うことが多いのでなじみがあるアプリだろう。カーナビとしても利用することができる。NAVITIME Transitは列車、地下鉄、バスなどの乗り換え検索ができる。

YAMAPやヤマレコは登山に特化したナビゲーションアプリ。登山計画機能を用いることで所要時間を把握できる。また事前にダウンロードをしておけば、オフラインでもコースマップが表示され、万が一、進む道から逸れてしまった際のアラート機能が備わっている。

熊鈴

不思議スポットを求めて山の奥へと分け入るときには、人に危害を加える動物、特に熊との遭遇は命にかかわるので注意が必要だ。基本的に熊は人を避ける習性があるので、鈴の音を鳴らして存在を認知させると熊よけになる。もし、熊鈴を忘れてしまった場合は、熊鈴アプリをダウンロードしておけば代替となる。ただし、ヒバゴンやツチノコを求めて山に入るのだったら、これらUMAも熊鈴の音で逃げてしまう恐れがあるのが悩ましいところ。

くずし字解読

古文書カメラはTOPPAN株式会社が開発した古典史料読み取りアプリ。一般的な現代人では読むことが困難なくずし字が書かれた古文書をカメラで撮影し、画像を読み込めば解読してくれるという優れものだ。同様のアプリとしてみをがある。残念ながらどちらのアプリも、現在はカタカムナ文字（→P.266）には対応していないが、専門知識がなくても、古文書を読む手助けになる。

磁気探知と心霊探知

Metal Detecterは名前のとおり金属探知機アプリ。スマートフォンに内蔵されている磁気センサーを応用して地中に埋まる金属を探知する。金銀財宝を夢見る冒険家には必須のアプリかもしれない。最近のアプリでは心霊探知もお手のもの。心霊たんち機Plusではスマートフォンのカメラで写真を撮ると、磁場や方位などの情報から霊波を検出して数値化できる。

位置情報共有

NauNauは家族や友人と互いの位置情報をGPSを用いてリアルタイムで共有できるアプリ。同様のサービスを提供していたZenlyはサービスを終了している。UFO探索など、連れ去られる恐れのある場合は、事前に誰かと共有しておいたほうが無難だ。

梵珠山にあった熊注意の看板

自転車シェア、電動キックボードシェアアプリ

東京や大阪などの大都市を中心に自転車シェア、電動キックボードシェアのポートが増えている。あらかじめアプリをダウンロードして登録しておけば、スマートフォンでカギを開け、簡単に利用することができる。

しかし、旅行中に知らない道を移動するのは、意外と危険なもの。ナビアプリを見ながら運転するのは危険極まりないので、停車しているときだけ利用すること。注意して運転しよう。また、運転に際してはヘルメットの着用が努力義務化されている。法的な罰則はないが、事故の際には命にかかわるので、極力着用するよう心がけて。

夏の富士登山

カーシェア

カーシェアサービスは予約から利用、決済までがスマートフォンのアプリひとつで行われることが多い。利用時にはスマートフォンの電池切れは是が非でも避けたい。

予算とお金

滞在費の算出法は1日の費用（宿泊費、旅先での交通費、食費、雑費）×日数分。そこに現在地から目的地までの往復料金を加えた総額が大まかな旅の予算となる。ただしそれは、あくまでもどんぶり勘定で算出した金額。旅先では思わぬトラブルに遭ったり、つい余計な出費をしてしまいがちなので、多少の余裕を持って見積もりを出そう。

現在使用できる現金通貨

日本銀行券

いわゆる紙幣のことで、日本銀行が発行している。2024年1月現在流通しているのは1000円札、2000円札、5000円札、1万円札の4種だが、過去に発行されていた18種類の紙幣も加えた22種類が法的に使用可能となっている。1000円札でいえば、法的には現行の野口英世が肖像のものはもちろんのこと、1代前の夏目漱石が肖像のもの、その前の伊藤博文が肖像のもの、さらに聖徳太子が肖像の1000円札まで使用することができる。

貨幣

1964年に開催された東京オリンピック記念貨幣

いわゆる硬貨のことで、政府が発行している。現在流通しているのは1円貨幣、5円貨幣、10円貨幣、50円貨幣、100円貨幣、500円貨幣の6種類。デザインの刷新はあまり見られないが、500円に関しては1982年に紙幣から貨幣へと変更され、以来およそ20年ごとにあしらいが変更されている。2021年には21年ぶりに変更され話題となった。通常に使われる貨幣のほかに、天皇即位やオリンピック開催など国家的行事が行われた際に製造されるものもある。これら記念貨幣は、クラッドやニッケルといった通常貨幣と同じ金属素材のほか、純金貨幣や純銀貨幣もあり、純金貨幣では最大10万円貨幣もある。こうしたプレミア貨幣は額面以上の価格で限定販売される。例えば2025年に行われる大阪万博を記念して発行される純銀の1000円貨幣は1万3800円で販売される予定だ。

2024年に発行される新紙幣

2024年7月にはデザインを一新した新紙幣が発行される予定になっている。1万円札の図柄は実業家の渋沢栄一とJR東京駅丸の内駅舎、5000円札は津田塾大学創設者の津田梅子とフジの花、1000円札は細菌学者の北里柴三郎と『富嶽三十六景』より「神奈川沖浪裏」が採用された。

日本最古の貨幣

日本で初めて鋳造された通貨は飛鳥時代の富本銭（ふほんせん）とされている。奈良県の飛鳥京跡などを中心に長野県や群馬県の遺跡からも発見された。素材にはおもに銅が使用され、直径の平均値は10円玉より1mmほど大きいおよそ24.5mm、重さは4.4gで、10円玉とほぼ変わらない。中央には四角い穴が開けられており、その上に「富」下に飛鳥時代に「本」の異体字として広く使われていた「卒」という字が刻まれていた。富本銭をはじめとする歴史的な貨幣は、東京日本橋にある貨幣博物館で数多く収蔵、展示している。

香川県観音寺市にある銭形砂絵。寛永通宝がデザインされている

日本で使われている硬貨は、1円、5円、10円、50円、100円、500円の6種類。すべてを足せば、666円。これはすなわち悪魔の数字である。さらに日本の紙幣1000円、2000円、5000円、10000円を足すと18000円で、18は6＋6＋6と偶然の一致とは思えない。お金を使う旅は、悪魔もろとも道連れにする勢いで楽しもう。

キャッシュレス決済

キャッシュレス決済とは、クレジットカードやQRコードなど、現金を直接用いない決済方法のこと。2022年には民間総支出額のおよそ36%がキャッシュレス決済になっている。

クレジットカード

クレジットカード払いはキャッシュレス決済の代表格であるが、個人経営の飲食店やみやげ物屋、民宿などでは利用できない場合もある。十分な現金を持ち合わせていない場合は、利用する前にクレジット決済が可能かどうかをあらかじめスタッフに確認しておいたほうが無難。

支払いは後払いで、1ヵ月分まとめての請求になるため、発行にあたって審査が必要。JCB、MasterCard、VISA、American Express、Diners Clubが5大国際ブランド。支払い時に国際ブランドの名称を告げ、カードを端末に差し込むか、かざして決済する。差し込みのときは、4桁の暗証番号が必要になる場合もあるので覚えておこう。

デビットカード

使える場所と使い方は基本的にクレジットカードと同じだが、クレジットカードが後払いなのに対して、デビットカードは銀行口座から即時に引き出されるため、原則審査なしで発行してもらえる。チャージの必要がなく、残高不足の場合には基本的に利用できないので使い過ぎる心配もない。一部のカードには一時立て替え機能が付いたものもある。

QRコード決済

PayPay、メルペイ、楽天ペイ、LINE Payなどスマートフォンで支払うキャッシュレス決済のひとつ。ユーザーが店側のQRコードをスマートフォンで読み取るか、ユーザーの端末に表示されているコードを店側で読み取ることによって決済する。全国旅行支援事業の一環で付与される地域クーポンも、紙媒体のほか各自治体で電子化が行われた。

タッチ式電子マネー

SuicaやICOCAをはじめとする交通系カードや、楽天Edy、QUICPay、nanacoなど多様な種類がある。事前にお金をチャージするプリペイド式も運用しているのが特徴。支払い時に電子マネーの種類を告げ、端末にかざして支払う。

スマートフォンのウォレットアプリ

iPhoneならAppleウォレット、Android系のスマートフォンならGoogleウォレットの中にクレジットカードやデビットカード、Suicaやnanacoなど一部のタッチ式電子マネーの情報を入れることが可能。スマートフォンのみで支払うことができ、複数のカードを携帯する必要がないので、財布を軽くできる。

心霊スポットは電磁場が異常に強いという話がある。電気が脳に作用して〝おかしなもの〟を見る、とも。そこで留意したいのが、クレジットカードだ。強い磁気に晒されて使えなくなったら悲劇である。

クレジットカードの付帯保険

クレジットカードによっては国内旅行保険が付帯しているものもあり、事故による怪我や飛行機の欠航による損害など、万が一のトラブルにも安心できる。ただし、付帯には自動付帯と利用付帯の2種類があり、利用付帯の場合は交通費や宿泊費など、旅行代金をそのカードで支払うことが補償を受ける条件になっている。事前に付帯条件の確認をしておきたい。

さまざまな支払い方法を選ぶことできる

スマホに全振りは危険

スマホがあれば、クレジットカードもデビットカードも交通系電子マネーカードも必要なくなる。しかし、ひとつのものに頼り過ぎるのは、それがなくなったときの被害も大きくなる。特に旅行中であれば、大事な物は分散しておいたほうが賢明だ。スマホのほかに、クレジットカードなどのカード類は財布の中にも入れておきたいし、もしものとき用の現金もどこかに忍ばせておいたほうがよい。

服装と持ち物

一般的な旅行であっても、都市部での観光か自然アクティビティかなど、目的によって服装や持ち物は大きく異なってくる。何が起こるかわからないムー的旅行ならなおさら、身につけるものにはこだわりたいところ。

キュウリを持ちながら、河童の痕跡を探す石原まこちん氏

ツチノコを捕獲する際はストリームーポンチョを着用しよう

旅の目的が異星人との遭遇の場合、相手は高度な知的生命体なので、なるべく彼らにとってのフォーマルな服装を心がけたい。参考になるのは『未知との遭遇』『E.T.』などのスピルバーグ作品だ。実は彼は実際に遭遇していた噂もあり、少なくとも映画に登場する異星人と接した人々の格好をしておけば、失礼にならないだろう。もしかするとあれらは地球人への異星人からの啓蒙映画の可能性が高い……かも!?

服装

都市部の場合

国内旅行とはいえ南北に長い日本は、地域によって気温差が激しい。同じ本州でも青森市は東京都心と比べて年間平均気温は5℃も下回るうえに、昼と夜の寒暖差もある。現地の天気予報チェックは入念に。また交通網が発達している都市部とはいえ、旅行中は思いのほか歩くことが多いので、履き慣れた靴を履くのが無難だ。都心部に限らず、神社仏閣などへの参拝時には、タンクトップなど極端な肌の露出は控えよう。

山間部の場合

海抜が高くなる山間部は、平野部と比べると気温がグッと低くなる。本格的な山登りではないハイキングなどでも、撥水性や速乾性に長けた服装を心がけて。

海や河川部の場合

古くから河童が出没すると伝わる場所は、水難事故がよく発生する地域。急流域や、海中を探索する際はライフジャケットを着用して行こう。

本格的な冒険の場合

藤岡弘、さながらの冒険をするのであれば、サファリジャケットやサファリハットは外せない。より実用性を求めるのなら、ミリタリージャケット一択だ。ただし、上下ともミリタリースタイルで揃えると浮いてしまいがち。警察の職務質問に備えて、運転免許証など身分証明書を携帯しておこう。

UMAを探す場合

見つけるUMAの種類にもよるが、あまり派手な格好や色は敵意を向けられる可能性があるため、自然に溶け込む服装を身に着けよう。UMAのなかには鋭い爪や猛毒をもつ個体がいるかもしれないので、厚手の防護服もおすすめ。

異星人と会う場合

UFOを呼ぶ方法（→P.191）があるのだから、異星人と会える機会がないとは限らない。もしUFOに招待されても、船内が空気で満たされているとは限らないので、宇宙服は決して脱がないように。

✈ 基本荷物チェックリスト

持ち物	必要度	現地調達	
現金	★★★	容易	地方の個人商店などでは現金払いのみの場合が多い
クレジットカード	★★★	不可	暗証番号と利用限度額を確認
スマートフォン	★★★	可能	支払いやナビなど用途は無限大
運転免許証	★★★	不可	車を運転するなら必須
保険証	★★★	不可	万が一のけがや体調不良に備えて
ETCカード	★	不可	高速での支払いがスムーズになり料金も安くなる
Cカード	★	不可	体験ダイビング以外なら必要
着替え類	★★★	容易	洗濯するなら少なくてOK
デジタルカメラ	★	可能	こだわるなら一眼、こだわらないならスマホで十分
ウェアラブルカメラ	★	可能	決定的瞬間の録画に
モバイルバッテリー	★★★	容易	旅先ではバッテリーの減りが早いもの
USB充電器プラグ	★★	容易	バッテリーも使うなら2つ口が便利
USB充電ケーブル	★★	容易	端子の確認はしっかり
トラベルセット	★★	容易	環境保全のためアメニティがないホテルが急増中
洗濯用洗剤	★★	容易	使いきりの小袋タイプが便利
常備薬	★★★	可能	忘れずに持参を
サニタリー用品	★★	容易	予定がわかっていれば必須
サングラスや日焼け止め	★★	容易	日差しが強い地域に行く場合は用意しておこう
雨具	★★★	容易	山の天気は変わりやすい
水着	★	容易	ダイビングや水辺の探索に
御朱印帳	★	可能	旅先での御朱印集めに
エコバック	★★	容易	ついつい増えるおみやげの持ち運びに

🪼 冒険用荷物チェックリスト

持ち物	必要度	現地調達	
インスタントカメラ	★★★	可能	霊的なものがデジカメよりもよく撮れる
塩	★★	容易	お清めの塩。霊がついてると感じたらまいておこう
ダウジング用品	★★	困難	振り子式やLロッドが市販で売られている
メディカルポーチ	★★	可能	万が一の流血もこれがあれば安心
登山靴	★★★	可能	舗装されていない道を長時間歩くなら
シュラフ（寝袋）	★★	可能	いつでもどこでも眠れる用意を
トランシーバー	★★	可能	携帯が通じない場所でも仲間と連絡がとれる
サバイバルキット	★★	可能	これさえあれば野営も快適
ヘッドライト	★★	可能	夜間の探索に
コンバット・レーション	★★	困難	栄養価も高く保存性に優れる野戦食、宇宙食もぜひ
音楽プレイヤー	★★	可能	言語を持たない宇宙人との交流に
日本酒	★★	容易	ツチノコや天狗は酒を好むとされている
方位磁石	★★★	可能	GPSが効かないところで役立つかも
熊鈴	★★	困難	山奥へ行くならもっておきたい。アプリもある
熊撃退スプレー	★★	困難	万が一、熊に遭遇したときの用心のため
双眼鏡	★★★	可能	UFOもUMAもこれで探そう
お守り	★★	可能	神頼みも有効、お好きな神様のものを

旅のトラブルとマナー

旅行中は誰しも楽しさのあまり、気が大きくなりがち。最悪の場合、トラブルに巻き込まれたり、知らないうちに法を犯してしまうケースも散見される。下記に留意すべき法律の一部を取り上げた。神社仏閣での参拝マナーも念のためおさらいしておこう。

留意しておきたい日本の法律

刑法第130条

いわゆる住居侵入罪。条文には、「正当な理由がないのに、人の住居若しくは人の看守する邸宅、建造物もしくは艦船に侵入し、又は要求を受けたにもかかわらずこれらの場所から退去しなかった者は、3年以下の懲役又は10万円以下の罰金に処する」とある。登山の際に管理者によって立ち入り禁止の看板等が掲げられている場所への侵入は軽犯罪法違反となる。

文化財保護法

文化財の保存と活用を図り、国民の文化的向上を目的とした法律。特に留意しておきたい事項は、個人の土地で土器や石器が発見された場合は、発見届を役所に提出しなければいけないということだ。現に三内丸山遺跡(→P.88)は土木工事を行っていた際に発見されたため、届出が提出された。

埋蔵金などの財宝が発見された場合は、民法第241条が適用され、遺失物として警察に届出をしなければならない。1963年に鹿谷清兵衛という豪商が隠したとされる大量の金貨がビルの建設現場から発見され、子孫に返還されたケースがある。海中でお宝を発見した場合は水難救護法が適用され、沈没品または漂流物として各市町村へ届出をする必要がある。

鳥獣保護管理法

野生の鳥獣は許可なく捕獲することができない。そのため哺乳類の特徴のあるヒバゴン(→P.293)に偶然出くわしても捕らえることは違法となる。ちなみにツチノコ(→P.220)は爬虫類の一種とされているので、その限りではない。

神社仏閣参拝時のマナー

神社

神社の境内の前には鳥居が置かれている。鳥居は、聖域へ通じる門の役割を果たしているので、一礼してくぐろう。次いで手水舎の水で手や口を清めて拝殿へ。賽銭箱にお賽銭

日頃の感謝を込めて参拝しよう

石川五右衛門

日本史に残るダークヒーローとして挙げられる石川五右衛門は、安土桃山時代、京に出ては豪商や貴族の家に入り盗みを繰り返していた。時の権力者だった豊臣秀吉は捕縛命令を出し、やがて石川五右衛門を捕縛、見せしめに親族もろとも釜茹での刑に処したと伝わっている。一説によると五右衛門は子供を守るために力尽きるまで両手で抱え上げ続けていた、または苦しませないようひと思いに子供を沈めたなど、処刑の際のさまざまな逸話が語り継がれている。

東京湾でゴールドラッシュ

1964年、東京都江東区にある埋め立て地から、中学生によって江戸時代の小判が偶然発見された。その後、噂が広がり採掘者が殺到。最終的に総計は35枚となり、見つかった小判は土地の所有者である東京都と発見者で折半されたという。これらの小判は、当時の運搬の際に千両箱を海に落としたか、もしくは沈没の際に、海底に眠っていたもの。時が経ち、埋め立てのために掘り起こされたものと推定されている。現在、発見された場所周辺は有明テニスの森公園となっている。

江戸時代の金座
国立公文書館蔵

を静かに投じたら、本坪鈴（ほんつぼすず）があれば鳴らし、2回お辞儀をして、2回手を打つ。神様にお願い事をしたら、もう1回お辞儀をする。参拝の作法は、この2拝2拍手1拝を基本とするが、異なる作法を正式とする神社もある。

寺院

　門は一礼をしてからくぐる。手水舎の水で手と口を清めたら、本堂へ向かう。本堂の前に常香炉（じょうこうろ）がある場合は線香を供え、次いで静かに賽銭箱にお賽銭を投じ、合掌して祈る。神社ではないので手を叩かないように。

ムー的トラブルの場合

異星人にさらわれたら

　異星人やUFOの目撃例は数あれど、さらわれた報告は少ない。そんななか、1961年にアメリカで発生したヒル夫妻誘拐事件は、異星人にさらわれながらも帰還したとされるレアなケースだ。夫妻に目立った外傷がないことから、異星人は友好的だったことがうかがえる。つまり、こちらから危害を加えないよう心がけることが肝要なのだ。

妖怪に襲われたら

　河童の原動力は頭の上にある皿の水。水が無いと力を発揮できないので、もし襲われそうになった場合は、頭の皿を割ったり、乾かしたりしよう。鬼はイワシの生臭さとヒイラギの葉の棘（とげ）が苦手だと古くから伝わっている。

UMAに襲われたら

　文字どおり未確認生物なので、対処法が確立されていない。そのため、想定できる最大限の予防策は講じておきたいところ。一説には、ツチノコは毒を有しているという。蛇に似ていることから神経毒や出血毒の可能性が高く、応急処置としては毒を吸い出すのが効果的。安静にしつつ傷口を縛って止血し、早めに医療機関へと急ごう。

　クッシー（→P.96）などの巨大水棲爬虫類は、プレシオサウルス類と仮定すると魚食性の可能性が大。人間が捕食される心配は少ないが、警戒心が強く襲いかかってくる可能性はある。水中では相手に分があるので、十分に距離を取ろう。

呪いにかかってしまったら

　災厄や穢れを取り除く行為、すなわち厄除けには神社や寺院に参拝するのが一般的だ。ブルーな気分が続くのであればお祓いをしてもらうのもおすすめ。お守りなども肌身離さず身に付けておけば安心できる。

タイムリープしてしまったら

　現在の紙幣や硬貨は使えない可能性が大。持ち運びが便利で時代と場所を選ばずに価値が高いものといえば、やはりゴールドこと金。もっておくと、もしもの時に役立つかも。

凛とした空気が漂う千光寺

神社などでお祈りするときは、願い事をただ伝えるだけでなく、「自分が何者か」「自分がどこに住む者なのか」も、きちんと報告しておくことをおすすめする。神様はすべてをお見通しというわけではないので、気づいてもらえるようにアピールしよう。

宇宙人誘拐保険

アメリカの Saint Lawrence Agency では宇宙人誘拐保険商品が販売されている。その補償内容は、宇宙人による誘拐によって発生した損害に対して、総額US$1000万（年間US$1の1000万年払い）を支払うというもの。費用は掛け捨てUS$25 程度と格安だ。ただし補償金を受け取るためには証拠を持っていないといけないので、請求は難しいかも。

鬼が嫌うヒイラギとイワシ

東南アジア原産のミズオオトカゲは、わずかながら毒をもつ

「出る？」ホテル

ミステリーハンティングの成果を確固たるものにするならば、寝ている間も気は抜けない。何かが「出る」ところに宿泊し、証拠をつかんでおこう！

竪穴住居からは海が見える

縄文人が「出る？」

原始村キャンプ場

竪穴住居3棟、横穴住居1棟、さらにテントサイトがある。煮炊きはBBQ棟や河原で行うが、ランチは隣接する食事処ムッカでもとれる。敷地内を流れる小川では川遊びを楽しめ、その本流となる小菅川では渓流釣りもできる。

洞窟の入口のようで、探検気分が盛り上がる横穴住居

🏠 山梨県北都留郡小菅村1970
🔗 www.genshi-mura.com
🚗 大月ICから約40分

古代体験の郷 まほろば

瀬戸内海に浮かぶ鹿久居島（かくいじま）にある宿泊施設。高床住居と竪穴住居が復元されており、火おこしや竹竿釣りも体験できる。自炊がメインなので、本格的な縄文人気分を味わえる。

🏠 岡山県備前市日生町日生
🔗 www.ikoi-okayama.com/mahroba/
🚗 備前ICから約50分

座敷童が「出る？」

緑風荘
りょくふうそう

座敷童は一般に姿が見えない幼子の精霊。家に居つくと栄え、その姿を見たり不思議な体験をした者には幸運が訪れるという。五日市家の奥座敷「槐の間」には座敷童の亀麿（かめまろ）が住み着いているとされ、何人もの宿泊客が姿を見て運を授かったとか。

🏠 岩手県二戸市金田一長川 41
🔗 www.zashiki-warashi.co.jp
🚃 いわて銀河鉄道金田一温泉駅から約5分

座敷童の亀麿くん

入城（チェックイン）時には盛大なセレモニーが行われる

武士が『出る？』

大洲城キャッスルステイ
おおずじょう

愛媛県にある大洲城は宿泊可能な復元天守。入城体験や、国の重要文化財である臥龍山荘での朝食など、プレミアムな殿様気分に浸ることができる。2名1泊132万円という価格だが、その収益を文化財保護に充てることで、サステナブルな観光事業に取り組んでいる。

住 愛媛県大洲市大洲888
URL castlestay.ozucastle.com
🚌 松山空港から送迎

湯浅城
ゆあさじょう

和歌山県湯浅町にある湯浅城は、外観は紛れもない城だが、25部屋の客室からなる現代的な温泉宿。湯浅町は古くから温泉地として知られ、とろみのある泉質で人気が高く、大浴場からは町を一望できる。醤油発祥の地として日本文化に貢献した湯浅の歴史も堪能したい。

住 和歌山県有田郡湯浅町青木75
URL yuasajyo.jp
🚗 湯浅ICから約5分

ライトアップされると、ますます重厚感が増す！

よい気が『出る？』

欧風宿 ぶどうの樹

天孫降臨の地として知られる高千穂（→P.314）にあるペンション。敷地内に姫神様を祀る御社があることから、宿全体がよい気であふれていると人気を呼んでいる。知識が豊富なオーナーによる神社案内も不定期で開催されている。

住 宮崎県西臼杵郡高千穂町押方1222
URL budounoki.jp
🚶 宮交バスセンターから約30分

移動手段

日本国内の移動は、飛行機や鉄道、自動車、バスなどインフラ整備が発達しており、さまざまな選択肢がある。基本原則として押さえておきたいポイントは、出発地から目的地まで所要時間が短ければ短いほど交通費は高くなること。日程や予算に合わせて移動手段を考えよう。

中・長距離の移動

飛行機

福井県、群馬県、栃木県、埼玉県、神奈川県、山梨県、岐阜県、三重県、滋賀県、奈良県、京都府の11府県を除いた各都道府県に旅客機の定期便が発着する空港があり、その総数はおよそ85。単純な移動時間はほかの交通機関と比べて短いが、空港までの移動時間や搭乗手続きなどの時間も加味しなければならない。

鉄道

中・長距離の都市間移動は、新幹線もしくは特急列車がメジャー。特に新幹線は東京駅から北は北海道まで、博多駅で乗り継げば南は鹿児島県まで行ける巨大交通網だ。

新幹線は乗客を輸送する営業車とは別に、線路のゆがみ具合や架線の状態を点検する保守車両がある。東海道・山陽新幹線区間はドクターイエロー、東北・上越新幹線はEast iが10日おきにダイヤ非公表で運行していることから、車両を見ると幸せになるという都市伝説が広まっている。

さまざまな移動手段の普及によって姿を消しつつあるのが寝台列車。現在、通年運行する寝台列車は、東京駅と島根県の出雲市駅を結ぶサンライズ出雲と、岡山駅までサンライズ出雲に併結して香川県の高松駅まで行くサンライズ瀬戸のみ。

バス

高速バスは、ひとり当たりの輸送コストが鉄道や飛行機に比べて低いことから、割安で移動できる交通手段。行き先も細かく設定されており、鉄道や飛行機だと乗り換えが必要な場合でもバスであれば直行できることが多い。夜行バスを中心に完全個室仕様などラグジュアリー化も進んでおり、一般の夜行バスと比べると割高だが、移動費と宿泊費の合算と考えれば決して高くないともいえる。

船

ほかの移動手段に比べて目的地の選択肢は大幅に減ってしまうが、車やバイクも積み込める大型カーフェリーであれば、遠方でもマイカーやマイバイクで観光できるという利点があ

松山空港にあるお遍路さん用の更衣室

交通ICカードとエリアまたぎ
交通ICカードの普及は全国的に広がっており、一部を除いて相互利用も可能だ。しかし在来線のJR東日本管轄駅で乗車してJR東海管轄駅で下車するような、いわゆるエリアまたぎの場合は相互利用ができない。この場合は、下車駅にある精算機で手続きが必要になる。
特に注意したいのは、第三セクターの鉄道に交通ICカードで乗車して、改札を経由せずに別会社の鉄道に乗り換える場合。到着した鉄道駅では第三セクターの鉄道会社分の精算ができないため、ICカードで乗車した記録を消すためにかなり煩雑な作業が強いられる。第三セクターの鉄道を利用してから乗り換える場合は、たとえ乗り換え列車を1本遅らせることになっても、改札をいったん出るようにしよう。

富士山とドクターイエロー

る。また、利島(→P.180)や女木島(→P.281)など飛行場の
ない離島に行くためにはフェリーしか方法がない。

フェリーの利用で留意すべき点は、ほかの交通機関よりも
天候に左右されやすいということ。荒天の場合は運休する場
合があるので、余裕を持った旅程を計画しておこう。

市内の移動

近郊鉄道、地下鉄、路面電車

日本の鉄道は、天災や乗客トラブル以外で遅延することは
あまりなく、ほぼ定刻通りに発着する。郊外になればなるほ
ど1日あたりの運行本数が減少し、大歩危・小歩危(→P.292)
の小歩危駅や伝承園(→P.130)のある遠野駅などは1〜3時間
に1本程度となるので、スケジュール管理が肝要だ。

バス

日本のバスも鉄道と同様、ほぼ定刻通りに発着する。遺跡
などは人里離れた郊外にあることが少なくなく、駅からビジ
ターセンターまでバスが運行している場合が多い。ただし、
必ずしも便数が多いわけではないので、事前に帰りの時刻表
も確認し、滞在プランを練っておこう。

タクシー

日本では海外のようにタクシーで遠回りされたり、ぼった
くりの被害に遭うケースはほとんどない。自治体によっては
時間定額制の観光タクシー制度が充実している町もあり、目
的地をはしごするのに重宝する。

自家用車、レンタカー、カーシェア

人や車すらもあまり見かけない不思議スポット、例えば日
本のピラミッド(→P.58)などに行く場合に心強いのは自家用
用車。必要な荷物をトランクに詰め込めるし、公道さえあれ
ばどこへでも行くことができる。

レンタカーショップは、中核となる町の駅前や空港などに
集中している。旅行する日が閑散期や平日であっても、ビジ
ネス利用者が多くて空き車両がないケースもあるので、日程
が決まりしだいネット予約をしておいたほうが無難だ。料金
は車種やレンタル時間によって変わるが、大手のレンタル料
金はほぼ同価格帯。車メーカーにこだわりがなければ、保険
内容等もあまり変わらないので、出発場所と返却場所の利便
性で考えるとよい。

都市部を中心に利用者が増えているカーシェアは、利用し
た時間だけ料金が発生する仕組み(別途月額料金がかかるこ
ともある)。最大のメリットは、営業時間が決まっておらず、
24時間いつでも借りることができるという点だ。県立ぐん
ま天文台(→P.145)での星空観賞や、大江山(→P.249)の雲
海など、時間的制約がある場合に役立つ。

ふ だ らくとかい
補陀落渡海
中世の和歌山県熊野地方を中
心に行われていた捨身行。南
方の海の果てには観音菩薩が
住むとされる補陀落浄土があ
るとされ、僧侶が単身で舟に
乗って目指したという。

恐竜がデザインされたえちぜん
鉄道の恐竜列車 (→P.188)

鬼北町を走るラッピングバス
©海洋堂/鬼北町

ミステリースポットを
求めて、知らない町
で電車移動する際には、
停車駅名に注意。有名
な「きさらぎ駅」や、そ
こと繋がる「やみ駅」、未
来的な都会の景色が広が
る「つきのみや駅」、あの
世へと人を運ぶ「ごしょう
駅」などに停車していた
ら、戻ってこれない可能
性が高い。異界は意外な
場所と通じている。

ガソリンスタンドが運営してい
るレンタカーショップ

旅の食事

せっかくのムー的旅行なのだから、日本各地のユーモアに富んだ食事も楽しみたい。山奥を探索するのであれば、あらかじめ保存食や携行食の準備が必要だ。宇宙開発が進むにつれてメニュー内容が豊富になった宇宙食は、通販でも入手可能なので、誰でも気軽に食べることができる。

ご当地グルメ

ビジターセンター

大規模な遺跡のビジターセンターには食堂が併設されていることが多く、当時の食材を使用した料理などが食べられる。例えば三内丸山遺跡(→P.88)では、縄文人が食べていたどんぐりを練り込んで、現代風にアレンジした縄文うどんが人気。また吉野ヶ里遺跡(→P.320)では、古代米のひとつである赤米を使用した定食が提供される。

町おこしグルメ

町おこしの一環で、地元の飲食店が考案したグルメが密かな人気を呼んでいる。

民話が息づく遠野ではカッパ焼き(→P.130)や、あずき味の座敷わらしソフトなど妖怪にまつわるグルメ

仁徳天皇陵近くにある「花茶碗」で元祖古墳カレーをいただく

が豊富。UFOの目撃情報が多数寄せられる石川県の羽咋市では、UFOカレーやUFOラーメン、UFOお好み焼きなどバラエティに富んだメニューを楽しめる。

根っからの辛党なら、地元の酒蔵やブリュワリーとのコラボ商品も要チェック。大阪の箕面ビールではビリケンビールが製造されているほか、飛騨高山の二木酒造では両面宿儺の名称がつけられた大吟醸酒が人気になっている。

門前町の名物

門前町とは神社仏閣の周辺に形成された町のこと。比叡山(→P.259)の湯葉や高野山(→P.259)のごま豆腐、富士講(→P.165)に愛された吉田のうどんなど、古い歴史を持つ門前町には

太宰府の梅ヶ枝餅

名物料理が盛りだくさん。太宰府天満宮(→P.226)の梅ヶ枝餅など甘味も絶品だ。

縄文クッキーを作ろう
縄文人にとって重要な栄養補給源だったどんぐり。おもに煮たり、粉状にしたものを練って焼いたりして食べていたことが判明している。縄文クッキーとはどんぐりの粉末を使ったクッキーのことで、小麦粉や卵も使って食べやすくしたレシピが主流だ。

羽黒山のちょうど中腹にある「二の坂茶屋」

旅先で苦手な食事に出合ってしまうと、せっかくの旅行気分も台無しに。そこでおすすめなのが、催眠術だ。どんなものでも自分の好物の味に感じるよう、自己催眠をかけておこう。また、舌に電気刺激を与えることで味を変えるムー的研究もある。結局、味は脳で感じるので、脳をだませば、どんな味に出合っても問題なしだ。

保存食

移動しながらの食事や野営の際に役立つ保存食。保存食とひと口にいっても、味やバリエーションはさまざま。用途や好みによって選ぼう。

伝統的な保存食

人間は、自然現象を利用して食料を保存する方法を長い年月にわたって培ってきた。塩や酢に浸けたり、煙で燻したり、発酵させたりするのはその代表格で、梅干しやチーズ、煎餅など、普段何気なく食べているもののなかには、もともと保存食だったものが多い。世界的に見れば、紀元前1万2000年頃には食料を乾燥させる長期保存の方法があったとされる。

缶詰や瓶詰、レトルト製品など

科学技術の向上により、さらなる進化を遂げた保存食。缶詰やレトルト製品は、現代における保存食の代名詞となった。最近は高級化も進み、火やお湯さえ確保できれば、立派なディナーになる商品もある。

宇宙食

宇宙開発や宇宙人に興味がある人であれば、宇宙食はぜひ入手したい。最先端の技術が詰まっており、宇宙食開発によって得られた技術は、通常の保存食にも応用されている。宇宙食の多くは温度変化や衝撃に強く、軽量化もされているので長期の

コスモアイル羽咋のおみやげコーナー

野営にも最適だ。日本の食品メーカー各社がハンバーグやカレー、醤油などさまざまな食品や調味料を開発し、JAXAから認定を受けている。これらの多くは、筑波宇宙センター（→P.142）やコスモアイル羽咋（→P.190）など、宇宙関連施設や博物館、ネットショップなどで購入できる。

古今東西、邪気を払うとされる食材＆料理

食材	効果
桃	『古事記』にも登場する元祖魔除けフルーツ
あずき	赤い色は生命の象徴。あずきご飯は座敷童の大好物
ニンニク	原産地は中央アジア。吸血鬼撃退にも役立つ
唐辛子	辛さに浄化作用があるとされ、中国ではお守りの定番
餅	中国の妖怪・キョンシーは餅米を投げると撃退できるそう
清酒	お清めの定番。どぶろくや濁り酒は不向き
りんご	ギリシア神話では、黄金のりんごに不死の効果があるとされる
鬼除け汁	大豆が入った豚汁。大豆は魔滅（まめ）に通じるとされている
おにぎり	一説には鬼を切るという意味があるとか
ジンジャーブレッド	ヘンリー8世が黒死病予防のために市井にショウガを広めた

日本最古のおにぎり

おにぎりは、日本が誇る携帯食。現在確認される、おにぎり的特徴をもつ日本最古の出土品は石川県中能登町にある弥生時代中期の遺跡、杉谷チャノバタケ遺跡から発掘された。「チマキ状炭化米塊」と名づけられ、現在は石川県埋蔵文化財センターで保管されている。

人魚の肉が、万が一でも手に入ったのなら、すぐ食べずによく考えよう。人魚の肉は不老長寿をもたらすが、実際、食したとされる八百比丘尼のように、辛い思いをしなければならなくなるかもしれない。

国際宇宙ステーションの節水事情

空気や食料と比べ、水は圧縮や軽量化が難しいため、宇宙空間において生活水の使用は著しく制限される。輸送コストを換算するとコップ1杯の水が40万円にも及ぶとか。現在は技術が進み、クルーの尿や空気中に含まれている気化した水までも再利用されるのは有名な話だ。

人型のジンジャーブレッドは16世紀のイングランド王・ヘンリー8世がモチーフともいわれる

旅の古代日本語会話

　日本各地にある古代遺跡や不思議なスポット、あるいは昔のお墓を訪ねたとき、ひょんな拍子にどんな不思議なことに遭遇するかもわからない。そんなときに備えるためにも、古代の日本語を知っておくのは大切だ。もし突然古代の人々と出会うことがあっても、基本の会話を使うことで意思の疎通ができるかもしれないのだから。

1300年以上、連綿と続く日本語の歴史

　日本語のまとまった文献が残る最古の時代は、今から約1300年前の奈良時代だ。東アジアにはたくさんの言語があるが、中国語を除いてこれほど大量の記録が残っている例は存在しない。幸いにして、日本にはこれ以降の言葉が文献として残り、また、言語学研究の進展から、時代ごとに当時の発音がどのようなものだったかも明らかになってきている。次ページには、奈良時代の日本語をもとに旅の基本単語と会話を挙げている。当時は母音の数が現在よりも多く、最大8母音あったとされているが、ここでは書き分けることなく5母音で表記している。

現代の話し言葉に近くなるのは江戸時代

　時が流れて平安時代になると、「いろはにほへと」の歌にあるように現在と同じ50音となる。清音と濁音の区別がないなど発音の違いはあるが、古文であっても語彙の知識があれば日本語として読めるようになる。室町から戦国時代には庶民の文化が息吹き始め、言葉も今のものにさらに近づいてくる。江戸時代も後期になると現代の話し言葉にかなり近く、十返舎一九の『東海道中膝栗毛』などの滑稽本に出てくる会話は、そのまま読んでも違和感はそれほどなくなってくる。

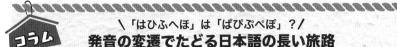

コラム

＼「はひふへほ」は「ぱぴぷぺぽ」？／
発音の変遷でたどる日本語の長い旅路

1300年の間に子音はこう変化した
　「日本」という言葉の読み方には「ニッポン」と「ニホン」がある。古くは八行の音がパ行で発音されており、「ニホン」の「ホ」の音が時代とともに変化してきたのに対して、「ニッポン」のほうは変わらないまま残っているというワケだ。中世に入ると、パ行だった音はおおむね「フワ」行になったと考えられている。戦国期にアルファベットで日本語を表記した『日葡辞書』などによれば、当時も「フワ」に近い発音がなされていたことがわかる。現在と同じハ行となるのは江戸時代になってから。また、「ティ」「トゥ」と発音されていた「チ」「ツ」が、戦国時代以降「チ」「ツ」となり、「ディ」「ドゥ」と発音されていた「ヂ」「ヅ」は「ジ」「ズ」と区別がなくなったことなどもわかっている。

奈良時代には今より多くの母音があった
　カナには濁音を示す文字がないが、奈良時代の万葉仮名にはガ行やダ行など濁音に使われた文字も存在する。ただ、濁音で始まる単語はない。現在では、さらに古い時代の日本語には、濁音は存在しなかったのではないかと考えられている。つまり、「が」のような濁音は「んか」が短く詰まってできたという。また、このような経緯から、語中に登場する濁音は「んだ」「んば」など鼻濁音として発音されていたようだ。
　母音は、イ段、エ段、オ段について2種類の書き分けがなされており、最大で8つの母音があったことになるが、現在ではそれ以前にあった二重母音の名残りとも考えられるようになってきており、当時の母音がどのようなものだったのかわかる日も近そう。

あいさつ

こんにちは/すみません	Ya.
はい	Wo.
いいえ	Ina.
そうです	Sikari.
あなたは誰？	Na pa tare naru ya?
お元気ですか	Tutuga nasi ya.
ありがとうございます	Katazikenasi.
マジで？	Makoto nari ya?
すごい！	Apare!
またね	Mata mamiyemu.
早く帰ってきてね	Paya kapyerimase.
よい旅を	Tapi sakiku are.

船はどこから出航しますか？ — **Iduku yu pune kogi iduru ya?**

4隻の母船は難波津です — **Yotu no opopune pa nanipa-du yu iduru.**

港へはどうやって行きますか？ — **Minatwoni ikani yukamu?**

いよいよ出航しましたね — **Tupi ni kogi idenu.**

病気になりました。医者を呼んでください — **Yamisi, kusurisi yowba maku posi.**

中国ではどこで暮らしていましたか — **Kara no iduku ni ya sumapu?**

私は寺にずっとおりました — **Pisani tera ni wori.**

私は日本からきました — **Wa pa yamato pito nari.**

おお、私も日本からです — **Apare! Ware mo yamato pito nari.**

どこの人ですか — **Iduku no pito nari ya?**

私は奈良人です — **Wa pa narapito nari.**

私は九州の人です — **Wa pa tukusinosima pito nari.**

私の名は麻呂です。あなたは？ — **Aga na pa Maro, na pa?**

奈良は何年ぶりだろう？ — **Nara no miyako ikutose mizu ari ya?**

日本の歌垣が見たいなぁ — **Yamato no utagaki koso mimaku posikere.**

そうそう、私は加わりたいよ — **Ubena ubena, a pa maziparamu.**

きっと使える古代日本語基本単語

私	a/wa(ア/ワ)	6	mu(ム)	住居	yadwo(ヤドゥオ)
あなた	na(ナ)	7	nana(ナナ)	寺院	tera(テラ)
彼	si(スィ)	8	ya(ヤ)	神社	yasiro(ヤスィロ)
こちら	konata(コナタ)	9	kokono(ココノ)	宮殿	miya(ミヤ)
あちら	kanata(カナタ)	10	towo(トゥオ)	上	upe(ウペ)
どちら	iduku(イドゥク)	お父さん	titi(ティティ)	下	sita(スィタ)
朝	asita(アスィタ)	お母さん	papa(パパ)	右	migi(ミギ)
昼	piru(ピル)	子	kwo(コウォ)	左	pidari(ピダリ)
夕方	yupu(ユプ)	人	pito(ピト)	前	mapye(マピェ)
夜	yopi(ヨピ)	神さま	kamu(カム)	後ろ	usirwo(ウスィルウォ)
1	pito(ピト)	海	wata(ワタ)	船	pune(プネ)
2	puta(プタ)	山	yama(ヤマ)	港	minatwo(ミナトゥオ)
3	mi(ミ)	川	kapa(カパ)	出発する	inu(イヌ)
4	yo(ヨ)	天	ama(アマ)	到着する	itaru(イタル)
5	itu(イトゥ)	家	ipye(イピェ)	旅行者	tapipito(タピピト)

昔ながらの度量衡の単位

　言葉といっしょに知っておきたいのは、昔ながらの度量衡の単位。現在では日本でもメートル法がすっかり浸透しており、長さはメートル、重さはグラムで、それ以外の単位で言われてもピンとこない人がほとんどだろう。古来日本で使われてきた度量衡の単位は、尺貫法といわれるもの。お米の計量で用いる合や、部屋の広さの坪のように今でも使われているものもあるし、おとぎ話の一寸法師、呪いの藁人形に打ち付ける五寸釘など、意外と身近な単語に残るものもある。尺貫法は古代中国を起源としており、東アジアで広く使われた単位。日本には遣隋使や遣唐使を通じてもたらされ、701年の大宝律令で初めて制度化された。しかし、地域や時代によって同じ1尺でも長さが違っていたりするので、その点は注意が必要だ。

長さ

1寸（すん）＝約3cm　一寸法師は身長約3cm、五寸釘の長さは約15cm。

1尺（しゃく）＝10寸＝約30cm　身の丈6尺の大男は身長約180cm。

1丈（じょう）＝10尺＝約3m　釈迦の身長は一丈六尺、つまり身長約4.8mと考えられていた。

1間（けん）＝6尺＝約1.8m　三十三間は約60mだが、京都の三十三間堂の実際の長さは約120m。

1町（ちょう）＝60間＝約109m　短距離走をするのにぴったり。

1里（り）＝36町＝約3.9km　千里の道とは約3900km、北海道から沖縄よりも長い。

重さ

1匁（もんめ）＝約3.75g　江戸時代は銀は重さで取引されていた。はないちもんめは銀3.75g分の花のこと。

1斤（きん）＝160匁＝約600g　現在はすっかりパンを数える単位のようになってしまった。

1貫（かん）＝1000匁＝約3.75kg　伝説の力士である雷電爲右エ門（らいでんためえもん）は45貫＝168.75kgだった。

容積

1勺（しゃく）＝約18㎖　おちょこのサイズは2〜5勺が一般的。

1合（ごう）＝10勺＝約180㎖　お米を量る単位で今も普通に使われている。

1升（しょう）＝10合＝約1.8ℓ　一升瓶は、約1.8ℓ入る瓶のこと。

1斗（と）＝10升＝約18ℓ　一斗缶は約18ℓ入る金属容器。

1石（こく）＝10斗＝約180ℓ　百万石がどれだけすごいか、想像すらできない。

面積

1坪（つぼ）＝1間（約1.8m）四方＝約3.3㎡　畳1畳をふたつ並べてできた正方形。

1畝（せ）＝30坪＝約99㎡　100㎡は1アールなのでほぼ同じ広さ。

1反（たん）＝10畝＝約992㎡　反は長さの単位でもあり12m。妖怪の一反木綿の1反は長さの方で、面積ではない。

1町（ちょう）＝10反＝約9917㎡　坪にすると3000坪で、大邸宅のイメージ。1ヘクタール（1万㎡）とほぼ同じ広さ。

＼日本語の祖先は大陸に？／
日本語はどこからやってきた？

日本国外でも日本語に近い言語があった？

　遺跡から出土した人骨のDNAの研究が近年急速に進んでいる。現代人のDNAは縄文人や初期弥生人の要素よりも、後期弥生時代以降にやってきた渡来人のDNAがより強く残ることがわかってきた。また、朝鮮半島を中心に残る古い地名や言葉の断片的な記録を調べていくと、日本語と似た単語が見つかっている。今では絶滅したが、古い時代の朝鮮半島の一部では日本語に似た言語が話され、その言語と日本語は、共通する祖先をもつという説が唱えられている。

日本語の最古の記録は？

　縄文時代の遺跡は日本に数多く残っているが、そこに言語と思われるものが記された遺物は発見されておらず、この時代の人々がどんな言葉を話していたかはまったくわかっていない。『魏志倭人伝』には、対馬や壱岐などで長を「ピコ（彦）」、副官を「ピナモリ（夷守）」と呼んだことが書かれており、これらの単語は奈良時代にも継続して使われていることから、3世紀には日本語の祖先となる言葉が話されていたことがわかる。

コラム

\意外と知らない時にまつわるあれこれ/
日本古来の暦と時間

太陽暦と太陰暦

　現在日本で使われている暦は、太陽暦であるグレゴリオ暦。だが、1873年に西暦を導入するまで日本では長らく太陰暦が使われていた。太陰暦の太陰とはお月様のことで、現実にある月の満ち欠けをもとに立てられている暦。このため旧暦の1日は常に新月、15日が満月になり、29日か30日が月の最後の日としてだいたい交互にくる。太陰暦では、三日月が見られるのはいつだって3日、15日のお月様はいつだって満月なのだ。これに対して太陽暦は、月との繋がりが断たれており、名目上のものでしかない。15日が三日月のこともあるし、満月がいつになるかは暦を見るだけではわからない。

　一方で太陽暦のメリットは、月との関連性はなくなってしまったが、4年に1度2月29日を加えれば、基本的に調整しなくて済むわかりやすさ。1年は約365日と4分の1日だが、太陰暦の12ヵ月は355日と10日分足りない。調整するのも一月まるごと入れなくてはならないので、約3年に一度1年が13ヵ月になる。さらに閏月の入れ方は、季節感がずれないように調整するため、その年の閏月がどの時期に置かれるかもばらばらと、なかなか複雑だ。

二十四節気

　約3年に一度閏月が入る旧暦だと、月日と季節に差が生じ、田植えや稲刈りなど、農作業を行う上で問題になることもある。西暦では春分の日は3月20日か21日のどちらかだが、旧暦では年によってどの日になるか大きく異なる。そのため、1年間かけて一周する太陽の運行を24分割したのが二十四節気。立春、夏至、立秋、冬至などは二十四節気に含まれている。これを陰暦と一緒に用いることで、月日とは別に季節を区切り、知ることができた。二十四節気は4世紀頃の中国で発明されたもので、2016年にはユネスコの無形文化遺産に登録されている。

日の十干十二支

　現在のカレンダーで書かれる情報で必須なのは年、月、日、曜日だが、カレンダーによっては、これに加えて甲子、乙丑など、日の十干十二支も書かれている。十干十二支の十干は甲・乙・丙・丁・戊・己・庚・辛・壬・癸。十二支は子・丑・寅・卯・辰・巳・午・未・申・酉・戌・亥のこと。これを組み合わせて甲子、乙丑、丙寅と1日ごとに順に繰り返していく。こうして11番目になると、十干のほうは最初に戻り甲となるが、十二支は終わっておらず、戌が続き甲戌となる。10と12の公倍数の60を過ぎると一周して甲子に戻る。年の十干十二支であれば還暦だ。

方角と時刻の干支

　十二支は年、日のほかに、方角と時刻にも使われる。方角では北が子、東北が艮寅（艮）、東が卯、南東が辰巳（巽）、南が午、南西が未申（坤）、西が申、北西が酉戌（乾）の方角だ。時刻では、子が23:00〜翌1:00頃で、丑が1:00〜3:00頃。2時間が1刻にあたり、昼の午は11:00〜13:00頃にあたる。午前と午後の午とは午の刻が由来になっている。深夜の表現として、「草木も眠る丑三つ時」というが、丑とは丑の刻でわかるが、三つ時とはなんだろう？
一刻は約2時間あるので、それをさらに4等分していたのだ。丑の刻でいくと1:00頃にスタートしてから1:30頃までが丑ひとつ。1:30頃〜2:00頃までが丑ふたつ。丑三つ時は2:00頃から2:30頃ということになる。

大阪天満宮にある十二支方位盤

不定時法

　先ほど丑三つ時は2:00頃から2:30頃にかけてと書いたが、わざわざ「頃」と付けたのには理由がある。現在は昼の30分も夜の30分も同じ長さだが、江戸時代の日本では、同じ一刻でも昼と夜では長さが異なり、季節によって変化するからだ。現在では1日を等しく24に分割するのに対して、江戸時代ではまず1日を昼と夜のふたつに分割し、その上で昼と夜を各6等分していた。昼が最も長くなる夏至であれば、昼の長さは約16時間で、夜の長さが約8時間。これをそれぞれ6等分すると、昼の一刻は約2時間40分で、夜の一刻は約1時間20分になる。同じ一刻でも昼と夜で倍も違うことになる。

時の鐘

　時を知らせる鐘は鳴らす数で時間を伝えたので、江戸時代に時間は干支でなく、数でも表した。子の刻で九つ、そこから一刻ごとに八つ、七つ、六つ、五つときて、巳の刻で四つ。午の刻でまた九つに戻り、そこからまた八つ、七つ、六つ、五つ、四つときて、子の刻で九つに戻る。3時のおやつは、八つが語源になっている。

ムー的 おみやげ図鑑

不思議を求める冒険の旅に、ふつうの郷土名物は似合わない。
突き抜けた個性をもつ刺激的なおみやげを探してみよう！

伝承、信仰

古くからの聖地も、怪しさ満点の伝説も、その土地だけがもちうるパワーにあふれている。おみやげを触媒にして神秘のエナジーをチャージ！

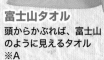

富士山タオル
頭からかぶれば、富士山のように見えるタオル
※A

富士山トレイル マグカップ
霊峰富士の登山ルートが描かれたマグカップ
※A

キリストのハッカ飴
キリストの墓近くにある売店「キリストっぷ」の人気商品。飴だけにア〜メンと書かれている　※B

徐福茶
不老不死の仙薬を求めて日本にやってきたと伝わる徐福の名を冠したお茶。徐福公園で購入できる

モアイ焼酎
モアイがデザインされた容器に入った焼酎。サンメッセ日南で販売されている

大吟醸 両面宿儺
仁徳天皇の時代に飛騨国にいたとされる両面宿儺にちなんだ日本酒。岐阜県高山市内の酒屋で購入

キリストの墓 手ぬぐい
『竹内文書』の内容がプリントされたオリジナル手ぬぐい　※B

※A　静岡県富士山世界遺産センターで購入　　※B　キリストっぷで購入
※C　福井駅前のショッピングモール、ハピリンで購入

UMA、妖怪、恐竜

存在が確認できないUMAや妖怪、太古の昔に絶滅した恐竜……。実際に見ることは困難なので、せめておみやげだけでもゲットしたい。

岩手遠野カッパの鼻くそ

河童伝説で知られる**遠野**のお菓子。鼻くそ味ではなくココア味

はっくつバウム

恐竜王国福井で売られている和風バウムクーヘン。地層に化石が埋まっているよう ※C

もののけクリアファイル

三次もののけミュージアムで販売されている「もののけ」のキャラクターが描かれたクリアファイル

フタバスズキリュウのぬいぐるみ

恐竜ブームの火つけ役となったフタバスズキリュウをモデルにしたぬいぐるみ。**国立科学博物館**のオリジナルマスコット

男鹿のナマハゲフェイスパック

ナマハゲの顔がプリントされているフェイスパック。**男鹿市内の物産館**のほか通信販売も可能

ヒノキのスマホスタンドティラノサウルス

福井県産のヒノキでできた恐竜の形をしたスマホスタンド。実用的で香りもすばらしい ※C

ツチノコ出没注意ステッカー

東白川村の**つちのこ館**で販売しているステッカー。防水仕様で屋外に貼っても大丈夫

古代

力強さとユルさが同居する、古代の品からインスピレーションを受けたグッズ。古代人の優れた造形センスには現代人もびっくり。

『円筒埴輪さん』ステンレスボトル

人面つき円筒埴輪をモチーフにしたステンレスボトル。**群馬県立歴史博物館**のオリジナル商品

金印ストラップ

漢の光武帝から倭奴国王に贈られたとされる**福岡市博物館**収蔵の国宝金印を再現したストラップ

遮光器土偶ニット帽&遮光器土偶メガネ

青森市の**小牧野遺跡**で販売されているオリジナル商品。ニットは手編みで入手困難。販売情報は小牧野遺跡のウェブサイトにて告知される

合掌土偶

青森県八戸市の**是川縄文館**に収蔵されている国宝「合掌土偶」のレプリカ

踊るはにわ

大阪を代表する盆踊り、河内音頭を踊っているはにわ像　※D

さかいラスク

世界遺産の大型古墳がある堺市のご当地ラスク。前方後円墳の形をしている　※D

JOMON

板状土偶マグカップ

三内丸山遺跡出土の板状土偶がデザインされたマグカップ

国宝火焔型土器ネクタイ

十日町市で出土した国宝の火焔型土器がデザインされたシルクのネクタイ

はにわマスキングテープ

休暇を過ごす埴輪がかわいいマスキングテープ　※D

　※D　百舌鳥古墳群ビジターセンターで購入

宇宙

宇宙を愛する者はＵＦＯマニアも天体観察好きも、みな仲間。宇宙グッズを身につけて自分の熱い宇宙への想いをアピールしよう。

宇宙人キーホルダー

とっても目立つので、カギをなくしやすい人にもおすすめ　※E

牛アブダクションエコバッグ

ウシがＵＦＯにさらわれる瞬間が描かれたエコバッグ　※E

宇宙服Tシャツ ＆ 宇宙人ニット帽

「宇宙服」とプリントされたTシャツと、宇宙人サンダーくんのニット帽　※E

宇宙開発えんぴつ

日本産のロケットをモチーフにした鉛筆セット　※F

はやぶさ2根付ストラップ

小惑星リュウグウを探査し、戻って来た「はやぶさ2」のストラップ　※F

宇宙食

筑波宇宙センターやコスモアイル羽咋など宇宙関連の博物館では、多種多様な宇宙食が売られている

若狭宇宙鯖缶。若狭高校の生徒たちが14年かけて開発した

袋を開けたらすぐに食べられる、乾燥たこやき

名古屋コーチン味噌煮。そのままでも、温めても美味しい

宇宙で食べることを想定し、濃い目の味付けがされたスペースカレー

宇宙のパンチョコレート味長期保存ができるのにふんわりやわらか

一口ようかん。実際に宇宙ステーションに搭載される袋で梱包されている

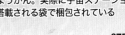

アームチェア・トラベルのための

書籍セレクション

地球の歩き方によるムー的

旅行前の勉強に。これまで行った観光地の、新たな側面を知るために。読者を不思議な世界へといざなう傑作50選。

聖地・パワースポット巡礼

縄文聖地巡礼
2010年　坂本龍一 中沢新一
木楽舎

諏訪、三内丸山、若狭、山口、鹿児島まで、音楽家と文化人類学者が縄文の地や聖地をたどる。紀州熊野では、田辺の**南方熊楠**にまつわる地も訪問。福井からつながる東寺では、お水取りの背景や隠された意味に迫る。著者の両氏が交わす会話の随所に、本質的な現代への危惧と警鐘が提起されている。縄文文化の観点からさまざまな問題に対してアプローチすることで、かつて日本人が育んだ豊かな感性と生き方の再認識や、原点への回帰を読者に訴える内容。

日本の聖地ベスト100
2012年　植島啓司
集英社

30年以上にわたる著者の調査に基づいて、日本全国の訪れるべき聖地をランキングにまとめた至極の1冊。パワースポット巡りの初心者は、聖地とは何かということをこの本を読んで知ったうえで、興味を惹かれるところからスタートしてみよう。また、かつて訪れた聖地に関するページを読んでから、その地を再訪問してみるのも**新発見**があるかもしれない。

古代史ホツマツタエの旅
2009年　いときょう
ホツマ出版

記紀神話の基になったという五七調で書かれた**『ホツマツタエ』**の研究・解説者であるいときょう氏の全6巻からなる紀行文集。『ホツマツタエ』全48紋（巻）に記述されている神社や跡地を、実際に夫婦で旅をしながら、往時に思いを馳せている。全編にわたって著者の古代人への敬意や温かなまなざしが垣間見え、今も残る地名には、本来の由縁や埋もれてしまった意味があることを再認識できる。

日本石巡礼
2008年　須田郡司
日本経済新聞出版社

巨石専門の写真家であり、**石の語り部**でもある須田郡司氏の著書。石に呼ばれて日本列島を北から南まで巡り、信仰の対象となっている石や、森の中にひっそりとある石などを撮りまとめた。石たちの声を傾聴してきた**巨石ハンター**ならではの視座と、勇壮な石の写真に多くの読者が圧倒され、いまや磐座ファンによってイワクラ（磐座）学会まで結成されている。

聖地巡礼
2003年　田口ランディ
メディアファクトリー

小説『コンセント』で人気作家になった田口ランディ氏が、占星術師の**松村潔氏**や霊能力者の**秋山眞人氏**ら多彩な同行者と、聖地開発事業団と称して各地を巡るスピリチュアル痛快紀行エッセイ。巡ったのは多摩川源流の水神社、河口湖鵜の島、屋久島、高千穂峡など。屋久島で出会った詩人の山尾三省氏の「水と魂は姿を変えても本質が変わらないところが似ている」という言葉のように、どの聖地にもふさわしい形で水があることを伝えている。

選者：SUMIKO！さん

古代文字・やまとことば研究家、あわのうた普及協会代表。現在八ヶ岳在住。清里から宇宙生成の5元素からなる48音あわのうたを広めている。楽曲「AWAHULA」などをYouTubeあわのうたチャンネルで発信中。URL linktr.ee/AWAUTA48

縄文

甦る高原の縄文王国
井戸尻文化の世界性
2004年　井戸尻考古館
言叢社

長野県諏訪郡富士見町にある縄文遺跡と土器の宝庫、**井戸尻考古館**が開いた講演会・座談会の記録本。**中沢新一**や**宮崎駿**の興味深い講演も収録されているため、考古学や縄文に関心ある読者でなくとも楽しめる内容だ。宮崎駿が講演のために描いた八ヶ岳山麓や、富士見高原の平安時代図まで収録されている。

光の神話考古
ネリー・ナウマン記念論集
2008年　山麓考古同好会 縄文造形研究会
言叢社

縄文文化および**記紀神話**研究に寄与したドイツの日本学者ネリー・ナウマン記念論文集。縄文土器の図象解析をはじめ、シュメール文化やオセアニア文化との類似点を探ったり、大湯環状列石から先史の時代意識を読み取ったりと、ナウマンによる50年にわたる日本研究の範囲の広さと深さに驚愕すること請け合い。

土偶を読む
130年間解かれなかった縄文神話の謎
2021年　竹倉史人
晶文社

「縄文の土偶は植物や貝類像である」と**最新の土偶論**を展開した研究書。第43回**サントリー学芸賞**の社会・風俗部門を受賞した。竹倉氏によれば、ハート形土偶がクルミ、縄文のビーナスがトチをかたどっているという。その相似ぶりの真偽はともかくとして、かつて人と植物がそのくらい近しく、互いの世界に境界を引かずに暮らしていたと想像すると、ほっこりと温かな気持ちになる。

神話

よくわかる山岳信仰
2020年　瓜生中
KADOKAWA

山岳信仰にまつわる基本知識を得るための1冊。昔から山に畏怖の念を感じている日本人の想いそのものが、山岳信仰の本質であるという著者の言葉が深く胸を打つ。修験や山伏など山岳信仰にまつわる用語は混然となりがち。この入門書を読めば、歴史や構成、修行のスタイルや服装の違い、役行者が興した修験の順番や、出羽三山と大峰の違いなども理解できる。

日本書紀に秘められた古社寺の謎
神話と歴史が紡ぐ古代日本の舞台裏
2020年　三橋健
ウェッジ

古代日本の舞台裏の解析を試みた書籍。著者は元國學院大学教授で神道学者の三橋健氏なので、藤原京や法隆寺などへの考察はさすが。ただ、第4章の「なぜか日本書紀が語らない有名古社寺の謎」での熊野三山や上賀茂、三輪の興りなど、不明とされている寺社への仮説ついては、こうした内容が詳細に記されている『ホツマツタヱ』の存在を知る選者にはいささか消化不良感が否めない。アカデミズムの権威が『ホツマツタヱ』など古史古伝の存在をふまえたなら、どう展開されるかぜひ読んでみたいところだ。

隠された神 サルタヒコ
1999年　鎌田東二
大和書房

著者である鎌田東二氏は、伊勢の猿田彦神社にておひらき祭りや、猿田彦大神フォーラムを主催するなど**サルタヒコのディレクター的研究者**。その一方で、かつて細野晴臣を中心に結成された環太平洋モンゴロイドユニットの一員として活動していたという異色の経歴をもつ。この本は、なぜそこまでサルタヒコが重要なのか、南の神サルタヒコの復活は何を意味するのかを、各界の識者たちと語る1冊となっている。

おさながたり
1998年　出口すみ子
天声社

著者の出口すみ子氏は、京都亀岡に本拠地をもつ神道系の新宗教、**大元教**の開祖である出口なおの末子。その後、大元教2代教主となった。この書籍はタイトルどおり、幼

少期の自分の目に映った母の姿や、夜中に見えない訪問者と会話をしていた母の声などのエピソードを集めた回想録となっている。描写のなかには驚くような歴史的秘話も含まれており、興味をそそる。

丸石信仰・ペトログラフ・磐座

▌丸石神
庶民のなかに生きる神のかたち
1980年　丸石神調査グループ
木耳社

山梨県内には、さりげない形で随所に**丸石神**が存在する。御幣がまかれて祀られているものから、ただ無造作に積まれているものまで、ほとんどが由緒不明だ。この研究に正面から取り組んだグループの中心、中沢厚氏は、かの人類学者、中沢新一氏の実父でもある。このような丸石神が多いのは南紀地方と山梨の2地域だけだという。離れたふたつの地の共通点や背景を想像するのも面白い。

▌宇宙に抱かれた石庭
1997年　新城定吉
個人出版

天啓を受けた日から、地球と宇宙、人の生き方、素粒子と万物など、深く**自問自答**を繰り返してきた著者の新城定吉氏。この個人出版された書籍は、天啓を受けた使命感から、宮古島にある自家の庭を掘り起こして石を収集し続けた記録である。収集した石の数は600個以上にのぼり、新城氏亡き現在も、「石庭」と呼ばれる知る人ぞ知るパワースポットになっている。

▌超古代日本は世界の臍だった
石が語り始めた超古代日本の謎
1993年　吉田信啓
文化評論出版社

人類は地球を走る**レイライン**の要所にメンヒル（立岩）という磐座を置き、そこに**ペトログラフ**を刻み祭祀を行った。ペトログラフの世界的権威である著者の吉田信啓氏は長年にわたり拝石山、鬼ヶ城山、位山などのペトログラフを調査し、そこにシュメール文字や古代ケルトのオガム文字などを認め、先史時代の民族の移動ルートと文化

の連鎖をひも解いていく。そして結論として、日本こそが**世界のへそ**、ワンワールドの中心であったと記している。

聖山

▌富士山の謎
1974年　遠藤秀男
大陸書房

その昔、胸をはずませながら読んだ**失われた大陸シリーズ**や**オカルト・四次元シリーズ**でおなじみの大陸書房から出版された、富士山にまつわる書籍。富士王朝から徐福伝説、聖徳太子や空海の富士登山説まで、富士山とその周辺にまつわる伝承を網羅している。モノクロながら**貴重写真**も多数添えられており、資料としての価値も高い。同一著者による『富士山麓伝承の旅』を参照すれば、より深く富士山について知ることができる。

▌富士山縁起の世界
赫夜姫・愛鷹・犬飼
2010年　富士市立博物館
個人出版

赫夜（かぐや）姫は帝の求婚から逃げ、月にではなく富士山に帰ったという言い伝えを検証した博物館発行の出版物。翁は愛鷹（あしたか）山で、媼は犬飼にて、それぞれ没したという。807年創建の**忍草浅間神社**に祀られている鷹飼、犬飼、コノハナサクヤヒメの**三神像**について、鷹飼いは竹取の翁、犬飼は媼、女神像はかぐや姫であるという著者の考察は興味深い。

▌日本のルーツ飛騨
飛騨は古代の中心地だった
1997年　山本健造
福来出版

『古事記』に記されている日本のルーツの舞台は実は飛騨にあるとする古代飛騨文明に関する考察の書。荒唐無稽に思える論だが、選者が地元高山のとあるペンションで出合い、不思議な信憑性があるように感じた絵本仕立ての1冊。超古代に飛騨の**乗鞍**（当時アワ山と称す）の麓にいたという純日本人の話と、**日抱御魂鎮**を行った**日抱宮**の話などぜひ一読を。

飛騨の霊峰 位山
2003年　都竹昭雄
今日の話題社

この本では、祭壇岩や標岩など巨石群のある**位山**に**太陽神殿**を開いた著者が、位山の歴史や周辺の遺跡、神社などの解説をしている。そして、位山の未来に向けて、その役割とメッセージを綴っている。北米の**ホピ族**の**シャーマン**が、大切な石を日本に納めなさいという**天啓**を受けて来日、クライヤマの祭壇岩の地を選んだと選者は聞いたことがあるが、位山はなぜもっと注目されないのかが不思議なほどの霊山なのだ。

古史・古伝

ホツマ・カタカムナ・先代旧事本紀
古史古伝で解く「太古日本の聖なる科学」
2019年　エイヴリ・モロー
ヒカルランド

古代の叡智を求めて各国で研究してきた米国人著者による、フェアで俯瞰した視点から記した**日本の古史古伝研究書**。モロー氏は『ホツマツタヱ』『カタカムナ』『先代旧事本紀』の3書を通して日本の叡智への賞賛を送っている。ちなみに、止むに止まれず古史古伝の書籍を長年にわたって出版し続けた版元の社長は、感激のあまり異例の感謝の序文を捧げている。

富士王朝の謎と宮下文書
2016年　伊集院卿
学研プラス

徐福によってまとめられ、富士北麓の**阿祖山太神宮**の斎主だった宮下家に伝わる『**宮下文書**』に記された、富士王朝の考察本。かつて同文書は『神皇紀』として大きな反響を呼び、それが逆にアカデミズムから偽書の烙印を押される結果となってしまった。しかしながら、著者の伊集院氏はこの偽書説に一石を投じる。偽書であろうとなかろうと核を探す、柔らかさ、謙虚さの大切さを説きながら、神武以前の7代の記録、徐福伝説と蓬莱山の関係など、文書の内容と富士の秘密に迫ったのだ。

隠された言霊の神
ワカヒメさまの「超」復活！
2014年　SUMIKO! アマノコトネ 宮崎貞行
ヒカルランド

『古事記』、『日本書紀』から消されたアマテルカミの姉姫、ワカヒメと48音からなる**アワのうた**や、宇宙生成の図である**フトマニ**について、この書籍コラムの選者を含めた3人が座談、検証、物語の3部形式で伝える1冊。近年、封印が解かれたかのようにそれまで偽書とされてきた**ヲシテ文字文献**などが注目を集めはじめたが、なかでもこの書籍は女性たちから大きな反響を呼んでいる。アワのうたも今や広く知られ、歌われるようになった。

神代の神代の話
1969年　竹内義宮
個人出版

『**竹内文書**』を公開した竹内巨麿の息子であり、**皇祖皇太神宮**の宮司である竹内義宮氏が著した1冊。神宝の**ヒヒロイカネのヤマト魂剣**や**神代文字の刻まれている神骨石**など珍しい写真も掲載されている。個人出版した書籍で、出版からかなりの年月が経過しているので、一般の書店では現在売られていない。古書店などを巡って手に入れよう。

[正釈] 日月神示
宇宙の直流 火水土の異変＝聖なる神の声に耳をかたむけよ
1995年　中矢伸一
徳間書店

画家の岡本天明（1897〜1963年）に降りてきた**天啓**を自動書記した『日月神示』の解説本シリーズの4冊目。手厳しい表現が随所に見られるが、人々の霊的成長を願い、そのための食べ物の選び方や太陽礼拝などについて詳しく言及されている。出版からおよそ30年経ったが、我々の生き方はどうあるべきかを改めて考えさせられる。

カタカムナ 言霊の超法則
言葉の力を知れば、人生がわかる・未来が変わる！
2015年　吉野信子
徳間書店

カタカムナウタヒ80首が収録され、その意

味や効果が語られている書籍。選者はかつて、**カタカムナ神社**と称される西宮の個人所有の庭、というより山に、その保存会なる方々と掃除に参加する機会を得たのだが、48ある磐のひとつの地下に、この本に書かれている声音付きカタカムナ文字を再発見した**楢崎皐月氏**が住み込んで研究していたという。六甲、ピラミッドの甲山とともに、関西のこの辺りの地域には秘められた謎がまだまだ残されている。

龍蛇族直系の日本人よ！その超潜在パワーのすべてを解き放て
シリウス・プレアデス・ムーの流れ
2011年　浅川嘉富
ヒカルランド

ニュージーランドのパワースポットで封印された龍たちを解き放ったと語る著者が、マオリ族より古い**ワイタハ族の長老**から聞かされたのは、日本人のルーツは**龍蛇族系の宇宙人**であるということだった。そして、世界に散らばってしまった**シリウス・プレアデス**からやってきた、ムーの流れをくむ龍蛇族のトップは、日本の**スメラミコト**であることを知る。新生地球の命運のために、いまこそ日本人は自らのなかに秘められた遺伝子を活性化しなければならないと、読者を啓発する1冊。

東日本

炎の馬
アイヌ民話集
1998年　萱野茂
すずさわ書店

二風谷（にぶたに）の重鎮にしてアイヌ初の国会議員でもある萱野茂氏の著書。アイヌのおばあさんたちが語り部となり、数多くあるウウェペケレ（アイヌ語で民話のこと）を録音したものを文字に起こした。ウウェペケレには、それぞれ話のおしまいに、必ず教訓めいた言葉が入っているのが特徴。聞かされた子どもたちは、自然と世の善悪を知り清らかに育つという。それぞれのウウェペケレからは、動物や植物とともにあるアイヌの生活ぶりもよくうかがえる。

キリストは日本で死んでいる
1988年　山根キク
たま出版

磔刑されたのはイエスの弟で、イエス本人は日本の青森に移住し亡くなったという内容が記されている『**竹内文書**』。その超古代文献に触発された著者が、生涯をかけて実証せんとした1冊である。発禁本となってしまった『**光は東方から**』の後に出版された。現在では観光地として定着した青森県の戸来村だが、まだ墓標と十字架だけだった頃の様子や、ヘブライ語風の歌詞の地元の盆踊り、子供たちの額に描かれていた籠目紋の印など、貴重な写真も収録されている。

えほん遠野物語
ざしきわらし
2016年　原作:柳田国男　文:京極夏彦
汐文社

この書籍を絵本と侮るなかれ、怖いのである。妖精のようなかわいいイメージと重ねたり、素朴な東北の言い伝えとしてロマンを感じていた遠野物語の**座敷童**が、さすが**京極夏彦**の手にかかると、絵の雰囲気と迫力とともにホラー風味満載となる。座敷童がいると家は栄える、いなくなると家は滅びる……。ベストセラーにもなった『ほんとうは怖いグリム童話』ほどではないが、絵本だからと、うっかり小さな子どもに読み聞かせるとトラウマになってしまうかも。大人向けの絵本。

西日本

クマグスの森
南方熊楠の見た宇宙
2007年　松居竜五　編:ワタリウム美術館
新潮社

2007年に東京のワタリウム美術館で**熊楠の森展**が開かれた際に出版された書籍。その後、**南方熊楠**はエコロジストとして世間から再注目されるようになった。熊野がパワースポットであることや、粘菌の研究、那智や神島での植物観察などを通して、熊野に愛情を注いだ南方熊楠を知るには最適な1冊といえよう。

熊野物語

2009年　中上紀
平凡社

読後もずっと熊野という不可思議な宇宙のなかにいる気分になれる作品。ジャンルとしては小説であるが、熊野の伝説に息を吹き込んだ短編の一つひとつに、熊野の各地域に漂う空気、気配が満ちあふれている。**那智の浜、補陀落渡海の串本、大斎原、花の窟**などについて、解説本などよりもこの小説を読むほうが、地霊や人々の思いが近くなる。

日本「国つ神」情念史1
清姫は語る

2009年　津名道代
文理閣

安珍・清姫の伝説といえば、恋に迷った女の怖ろしい執念が印象的だが、著者はまったく意外な視点から物語を見せてくれる。清姫が安珍を必死に追いかけ続けた本当の理由は、安珍が盗んだ清姫の家に伝わる鉱床秘図を取り返すためだったというものだ。日本の征服された「国つ神」たちの情念の視座を得た著者は、ほかにも神武に征服された**丹敷**、名草の女性**戸畔（トベ）**たちの悲歌に関しても同シリーズから刊行している。

風の王国

2006年　五木寛之
アメーバブックス

奈良の葛城山を舞台とする、滅びゆく**サンカの一族**と浪民の物語。翔ぶ女**葛城裏**の歩く姿とはどのようなものかと、真似を試みたことのある読者も少なからずいるのではないか。かつて天狗や鬼と呼ばれ、追われていった特殊な能力の持ち主たちへの慚愧と鎮魂の想いが重なって、手に汗を握りながら読破してしまう作品。

水木しげるの古代出雲

2015年　水木しげる
KADOKAWA

出雲神話の秘められた壮大な謎を解く古代出雲史コミック。夢に古代出雲族の青年が現れ、無念を訴えたことから、水木氏が出雲に導かれて、国譲り神話の本当の姿を探し求めるといった内容だ。島根県隠岐島にルーツを持つ著者によるからなのだろうか、

国譲りの真偽はともかく、『日本書紀』のような為政者側の歴史書より、大和国に滅ぼされて神話に組み込まれた側の視点で描かれた本作のほうが、整合性があると感じさせられてしまう。出雲へ行く際に携えていくのも趣深いものだ。

沖縄

写真集　波照間島
祭祀の空間

2004年　コルネリウス・アウエハント
榕樹書林

日本最南端の有人島で、南十字星の見られる島として、いまやメジャーな観光地となった**波照間島**。かつてこの島に、文化研究のために妻とともに移住し、島の人と同じ暮らしをしながら、**失われゆく祭祀**や言語、**島唄の保存と記録**に努めたオランダ人がいた。非常に価値ある記録は今、オンデマンド電子出版としてのみ復刻されている。

全南島論

2016年　吉本隆明
作品社

およそ590ページという厚み、その重さ、その価格におののきながらも所有欲を禁じ得ない1冊。起源、神話、**琉球弧**、**鬼伝承**、**スサノオ**……、そこに書かれている考察と内容もずっしりと重い。南島とは人類の計り知れない秘密と記憶を秘めた、かくも果てしない世界なのだ。

邪馬台国総合説
赤椀の世直し

2019年　名護博
ゆい出版

縄文から弥生への移行期、部族同士の争いが起こり始めた。そこで平和会議を開くべく各部族から**女性シャーマンの長**が海や陸を越え**アマミ**に集結。そして**赤い塗りの椀**で神酒を酌み交わし、**護宝螺貝の腕輪**を参加の証しとした。奄美や琉球の島唄に**赤椀の世直し**として残るこの伝承を考察した書籍。卑弥呼伝説との関係、古墳の形と護法螺貝の断面の秘密にも迫る。

日本人の魂の原郷 沖縄久高島
2000年　比嘉康雄
集英社

修験の世界が女人禁制である一方、女性神職のみによる祭祀が琉球王朝よりはるか昔から現在まで継承されている島も存在する。斎場御嶽から東へ5kmほどの地にある久高島である。現代では完全男子禁制とまではいかないが、母神を守護神とする祭祀イザイホーが行われる。連綿と受け継がれた古代人の鎮魂や、神の概念が息づくこの島を詳細に記録した1冊。

妖怪・神獣

妖怪画談
1992年　水木しげる
岩波書店

妖怪と聞いて思い浮かぶ人物といえば、**水木しげる氏！** この書籍はフルカラーの妖怪画集（解説つき）となっており、紹介されている妖怪の数は**192体**にも及ぶ。妖怪好きにはたまらない1冊となっている。読後、自分が人間であることに気がひけるくらいの迫力。タンコロリンという入道の妖怪が、映画『千と千尋の神隠し』に登場するかしらにそっくりなことも発見できる。

絵で見て不思議！
鬼とものけの文化史
2005年　笹間良彦
万来舎

日本人の基礎文化として、いにしえからの**鬼の歴史と変遷**をたどった解説本。『日本書紀』に始まり、陰陽道との習合による**百鬼夜行、江戸時代の鬼女**などを紹介している。「絵で見て不思議！」と副題があるように、こうした文化を子供たちにも伝えたいという著者の思いから、多数の画像も収録されている。

日本もののけ奇譚
2016年　三澤敏博
白地社

もののけとは元来、**モノの怪**であり（中略）**鬼**となるか、**神**となるかは受け取るものの心持ち次第という定義から始まり、おとぎ話や絵本に登場するもののけたちが、どこの地域の話なのかを紹介している。例えば、

カチカチ山は山梨県河口湖町、**一寸法師**は大阪市住吉区など。楽しいコラムやしゃれたイラストが満載なのもうれしい。

龍の起源
1996年　荒川紘
紀伊國屋書店

日本の龍を知るため東方の龍の起源を探りに、赤い龍との関連を知るため西洋のドラゴンの記録を探りにと、著者は龍の調査で西へ東へ奔走する。蛇や渦巻、シュメールなどを掘り下げた後で、日本の龍の起源について著者は、八岐大蛇、三輪山の蛇と関連づけ、さらに古代の日本の神々、**アマテラス**も**サルタヒコ**も蛇の神であったと帰結した。河童は人間化した龍、天狗は山に棲む河童とも。**宇宙と龍の関係**についても考察している。

泣いた赤おに
1992年　浜田廣介
偕成社

村人と仲良くしたいと願う**赤鬼と青鬼の友情**を描いた児童文学。子供の頃にこの物語と出会って、鬼とはやさしい存在なのだと胸に刻んだ人も少なくないはず。そして、悪役を引き受けて去って行った青鬼はどうなったかと、心のどこかに残っている人もいることだろう。ひょっとすると、鬼や河童など、「異端」と蔑まれた存在に味方したくなる心理は、この物語の影響なのかもしれない。『**りゅうの目のなみだ**』も著者が遺した名作である。

歴史

捏造された聖徳太子神話
聖徳太子は実在しなかった
2004年　佐治芳彦
日本文芸社

聖徳太子は『日本書紀』による創作で、**想像上の人物**として創り上げられたという説を論証した書籍。聖徳太子といえば類まれな才能をもつ偉人をイメージする人が多いだろう。もちろん選者もそのひとりだったので、聖徳太子は実在しなかったという説にはキリスト来日説と同じくらい大きなインパクトを受けて読み進めた。歴史的偶像

が必要とされた背景はごもっともではあるが……まずは一読してほしい。

黄金結界
甲州埋蔵金の呪いに挑む
1999年　加門七海
河出書房新社

テレビプロダクションからの依頼で、甲州の**埋蔵金伝説**を追ったルポルタージュ。戦国期に武田氏が統治した甲州の地には、**金山衆**という金鉱脈を探すプロたちが集めた、膨大な金が眠っているとされる。取材を重ねるなか、熊野や妙山、金峰山など、各地から引かれたラインが甲州で重なる。そこに関わる呪いともいうべきものを知った著者は、欲をもたず謎を解くというスタンスを貫いている。

ピースメーカー天海
2021年　波多野聖
幻冬舎

僧侶でありながら卓越した政治手腕と知恵を買われた**天海**をテーマにした本。著者自身の願いや思いが垣間見えるが、江戸時代を平和な世の中にしたいという思いで尽力した天海像が魅力的で読みやすい。同様のシリーズで『ダブルエージェンシー明智光秀』、『ディープフィクサー千利休』というタイトルも刊行されている。

空海の本
密教最大の聖者の実像と伝説を探る
2006年　藤巻一保
学研プラス

日本史上で最も謎に包まれている偉人の筆頭に挙げられる**空海**。この書籍では、そんな**謎多き高僧**の空白の7年間や、密教との出合い、入定などエピソードごとに詳しく紹介している。日本各地にあまた残されている空海にまつわる伝説もリスト化されているので理解がはかどる。

神社

天河
スーパー・サイキック・スポット
1986年　柿坂神酒之祐
扶桑社

大宮司である柿坂氏自らが「**日本に開かれた最高峰のスーパーパワースポット**」と称する奈良県吉野の**天河大弁財天社**。**UFO出現**や**超常現象**が日常的に起きるこの地での過ごし方、言霊や音楽から通じる宇宙意識への道など、興味深い内容が記されている。霊能者やアーティストたちも多数訪れており、細野晴臣や美内すずえ、志穂美悦子の体験談も収録されている。

アースダイバー
神社編
2021年　中沢新一
講談社

この書籍では**聖地**の起源を、前宗教、縄文、弥生人神道の3つに分類し、さらに神社のルーツを**縄文系**と**海民系**とに分けて考察しており、その柔軟な視点に脱帽させられる。著者は聖地を地球の特異点であると定義し、聖地のなかでも、特に神社には日本人の精神の秘密に関わる多くの謎があるとしている。あの**南方熊楠**が、かつて神社合祀を断固阻止せんとしたのも、鎮守の森の保護以外にこうした背景を見通していたからであろう。

アマテラス
倭姫幻想まほろば編
1994年　美内すずえ
KADOKAWA

コミックの名作として知られるシリーズ『**アマテラス**』の番外編。現代からタイムスリップした青年が、倭姫としての使命を帯びた少女とともに元伊勢の地を巡る。多くのファンが三輪神社や元伊勢など物語の舞台となった地を訪れるなど、『**聖地巡礼**』ブームの先駆けとなった。

ムーの特集で日本の

12月号

欧州ハプスブルク家は伏見宮が創設した!!

霊界通信

平田篤胤が語る古神道の

霊査の旅！

天狗が導く

国学者が見た神々の真実とは!?

11月号

陰陽師が使ったリアル呪物

化学兵器や生物兵器開発

紙幣偽造を手掛けた

日本の黒い霧と陸軍の特務機関

登戸研究所

10月号

発掘された
巨大蛇行剣 が明かす
「三種の神器」の正体!!

封印された
龍蛇族物部氏 の大王
ニギハヤヒ の謎

十王が支配する仏教の死後世界
閻魔大王 と地獄絵

9月号

ヤースー
喜屋武岬の霊史継承

大台ヶ原を開いた
孤高の行者 古川嵩

8月号

奇書「青木文書」が語る
もうひとつの 天皇秘史

知られざる 三河南朝 の謎

チビル松村 深川の地霊 巡り

白狐と天狗が町を朱に染める!
愛知県豊川の奇祭 どんき祭り

神話から妖怪まで、
歴史の闇に蠢く
異形のものたち
日本の鬼

7月号

新天皇を自称した女性霊能者 璽光尊

ビルの一室で次々に起こる怪奇現象と
物質化した幽霊 の謎

三軒茶屋の ポルターガイスト現象 を追う!!

真実を知る!

ムー ミステリーワールドを広げる

必読図書

世界をくまなく歩く「地球の歩き方」シリーズでは
異世界や神域も旅先として紹介している。
ミステリー体験をもっと深めよう！

世界編

地球の歩き方 ムー
異世界の歩き方

**イエス・キリスト
ゆかりの秘宝はどこに？**

**ロズウェル事件の真相を
ムーが解説**

**驚きの真実！
異世界への扉を開こう
定価：2,420円
（税込）**

**大胆なイラストで
展開するムー理論**

世界197ヵ国のふしぎな
聖地&パワースポット

**2cmを超す
厚みの読み応え**

**地球の歩き方
ガイドブックより、
ちょっと広め**

大迫力！
神秘的な写真が満載
定価：1,870円
（税込）

美しくミステリアスな
世界のBEST聖地&パワースポット**47**

・驚異の大自然　　・神秘の古代遺跡　　・祈りと奇跡の地
・謎の巨石とアニミズム　　・日本の聖地

日本の凄い神木

全都道府県250柱のヌシとそれを守る人に会いに行く

**グラビアで
迫力ある樹影を紹介**

**祀られ方や由来も
しっかり解説**

圧倒的風格！
神宿る木々を紹介
定価：1,870円
（税込）

まだまだある
日本のガイド

**日本を旅するシリーズには、
「島旅」や「御朱印」を
テーマにしたガイドブックも！**

地球の歩き方ガイドブックは1〜数年で改訂されます。改訂時には価格が変わることがあります。
●最新情報は、ホームページでもご覧いただけます。 💻 hon.gakken.jp

2024年3月現在

地球の歩き方 ガイドブック 国内

J00	日本
J01	東京23区
J02	東京多摩地域
J03	京都
J04	沖縄
J05	北海道
J06	神奈川
J07	埼玉
J08	千葉
J09	札幌・小樽
J10	愛知
J11	世田谷区
J12	四国 ハナハ七ヶ所完全制覇！
J13	北九州市

地球の歩き方 島旅

1	五島列島
2	奄美大島 喜界島 加計呂麻島（奄美群島①）
3	与論島 沖永良部島 徳之島（奄美群島②）
4	利尻 礼文
5	天草 ルーツを探れ隠れキリシタンの里
6	壱岐
7	種子島
8	小笠原 父島 母島
9	隠岐
10	佐渡
11	宮古島 伊良部島 下地島 来間島 池間島 多良間島 大神島
12	久米島 渡名喜島
13	小豆島（瀬戸内の島々①）
14	直島・豊島 女木島 男木島 犬島（瀬戸内の島々②）
15	伊豆大島 利島（伊豆諸島①）
16	新島 式根島 神津島（伊豆諸島②）
17	沖縄本島周辺15離島 伊平屋島 野甫島 伊是名島 伊江島 水納島 津堅島 久高島 粟国島 渡名喜島 座間味島 阿嘉島 慶留間島 渡嘉敷島 北大東島 南大東島
18	たけとみの島々 竹富島 西表島 小浜島 波照間島 黒島 鳩間島 新城島 由布島 加屋真島
19	淡路島（瀬戸内の島々③）
20	石垣島 竹富島 西表島 小浜島 由布島 新城島 波照間島
21	対馬
22	島旅×ねこ にゃんこの島の歩き方

地球の歩き方 旅の図鑑

W01	世界244の国と地域
W02	世界の指導者図鑑
W03	世界の魅力的な奇岩と巨石139選
W04	世界246の首都と主要都市
W05	世界のすごい島300
W06	世界なんでもランキング
W07	世界のグルメ図鑑
W08	世界のすごい巨像
W09	世界のすごい城と宮殿333
W10	世界197ヵ国のふしぎな聖地＆パワースポット
W11	世界の祝祭 世界のナマハゲほか奇祭満載！
W12	世界のカレー図鑑
W13	世界遺産 絶景でめぐる自然遺産 完全版
W15	地球の果ての歩き方
W16	世界の中華料理図鑑
W17	世界の地元メシ図鑑
W18	世界遺産の歩き方
W19	世界の魅力的なビーチと湖
W20	世界のすごい駅
W21	世界のおみやげ図鑑
W22	いつか旅してみたい 世界の美しい古都
W23	世界のすごいホテル
W24	日本の凄い神木
W25	世界のお菓子図鑑
W26	世界の麺図鑑
W27	世界のお酒図鑑
W28	世界の魅力的な道178選
W29	世界の映画の舞台＆ロケ地
W30	すごい地球！
W31	世界のすごい墓
W32	日本のグルメ図鑑

地球の歩き方×ムー　Special Thanks（敬称略）

さじきまい

デザイナー、コラージュ作家。大人の女性向きのストーリーのある画面づくりが得意。WEB、誌面、映像など多方面にて活動中。

石原まこちん

漫画家。『月刊ムー』にて『BAR未確認 MUMINZ』を連載。代表作に『THE 3名様』、キン肉マンのスピンオフ『THE 超人様』など。都市伝説ウオッチャーの顔ももつ。

松富ランラン

キャラクター、風景イラストレーター。web3界隈でキャラクターデザイナーとして活躍中。

嘉志高久

ゲームの背景画を多く手掛ける一方で、鉄道や艦船などのイラストも得意。今回は想像力で日本の不思議を表現。

中村友紀夫

『月刊ムー』で約40年のキャリアをもつベテランライター。ノストラダムス直撃世代として少年時代を過ごした。得意分野は超古代史、天皇関連を含む日本の歴史の全般。本書では「日ユ道祖論」や「沖縄海底遺跡」など多数のムー理論を担当した。

並木伸一郎

UFOをはじめ、日本における超常現象研究の第一人者。フィールドワークを重視し、海外の研究者との交流も多い。『ムー認定』シリーズなど著書多数。YouTube「並木ミステリーチャンネル」も必見！ 本書では日本各地のUFO発見現場などの貴重な写真を多数提供。

こざきゆう

ライター、編集者。『月刊ムー』編集製作にも関わる。著書に『ムー公式 実践・超不思議生物捕獲マニュアル』、『Dr.ちゅーぐるの事件簿』ほか。本書では「ハミダシ情報」「ムーぷち情報」など小ネタを担当。

古銀剛

ライター、編集者。『竹内文書』や『宮下文書』といった日本超古代史や古代宗教が得意分野。著書に『本当は怖い『古事記』』など。

高野勝久

日本の神話や歴史に強いライター。うつろ舟の資料取材など、ていねいで地道な調査に定評がある。本書ではほかに「キリストの墓」や「レイラインと結界」なども執筆。

本田不二雄

神道、仏教、仏像に精通するライターで、神仏探偵を名乗る。著書に『怪仏異人ミステリー』など。本書ではムー理論のほかに「古津軽の鬼伝説」「高千穂」なども執筆。

須田郡司

巨石ハンター、写真家。30年にわたり日本のみならず、世界各地で巨石を撮り続けている。著書に『石の声を聴け』など。

大城道則

古代エジプト研究者。駒澤大学文学部教授。『地球の歩き方エジプト編』を監修。YouTube「おもしろ教授のエジプトマニア」では硬軟両刀の解説を披露。本書電子版の鼎談企画で「ムーTシャツ」を愛用していることが発覚！

地球の歩き方 ムー JAPAN
～神秘の国の歩き方～

STAFF

制作● 池内宏昭
編集● 有限会社どんぐり・はうす（大和田聡子　平田功　柏木孝文）
ムー的監修・協力● ムー編集部（三上丈晴　望月哲史）
地球の歩き方解説執筆● 有限会社どんぐり・はうす（平田功　岩崎歩　柏木孝文）
　　　　　　　　　　　田中健作（グルーポ ピコ）　本田不二雄　須田郡司
　　　　　　　　　　　早川須美子（SUMIKO! 映画書籍紹介）
ムー理論執筆● 中村友紀夫　古銀剛　高野勝久　こざきゆう　本田不二雄
デザイン● 有限会社エメ龍夢（坂部陽子）
イラスト● さじきまい　石原まこちん　松富ランラン　嘉志高久
地図● 有限会社どんぐり・はうす（黄木克哲）
表紙● 日出嶋昭男　zalartworks（目のイラスト）
裏表紙● zalartworks
カバー協力● 株式会社明昌堂
校正● 三品秀徳 川上きくえ

写真提供● 豊島正直　岩間幸司　須田郡司　並木伸一郎　各関連施設　JOMON ARCHIVES
　　　　　ColBase（https://colbase.nich.go.jp/）　PIXTA　© iStock

2024年4月2日　初版第1刷発行

Published by Arukikata. Co., Ltd.
2-11-8 Nishigotanda, Shinagawa-ku, Tokyo, 141-8425

著作編集：地球の歩き方編集室
発行人：新井 邦弘
編集人：由良 暁世
発行所：株式会社地球の歩き方● 〒141-8425　東京都品川区西五反田2-11-8
発売元：株式会社Gakken● 〒141-8416　東京都品川区西五反田2-11-8

印刷製本　株式会社ダイヤモンド・グラフィック社

●この本に関する各種お問い合わせ先
・本の内容については、下記サイトのお問い合わせフォームよりお願いします。
　URL▶https://www.arukikata.co.jp/guidebook/contact.html
・在庫については Tel 03-6431-1250（販売部）
・不良品（落丁、乱丁）については Tel 0570-000577
　学研業務センター 〒354-0045　埼玉県入間郡三芳町上富279-1
・上記以外のお問い合わせは Tel 0570-056-710（学研グループ総合案内）
・発行後の更新・訂正情報　URL▶https://www.arukikata.co.jp/travel-support/

学研グループの書籍・雑誌についての新刊情報・詳細情報は、下記をご覧ください。
学研出版サイト　https://hon.gakken.jp/